U0710794

21世纪经济管理精品教材·物流学系列

供应链物流管理教程

杨建华
王为人 编著

清华大学出版社
北京

内 容 简 介

本书从理论与实践两个角度，围绕着为企业创造竞争优势和市场机会，对供应链物流管理理论与方法从四个方面展开论述。第一，全局战略。从价值链视角介绍了供应链与供应链管理，分析了物流管理的发展、分支、分类与新出现的全球物流、电商物流等；从供应链变革出发，构建供应链战略与规划框架，权衡供应链战略规划与设计。第二，进出物流。从上游的战略采购与库存管理，到下游的分销物流，详细阐述供应链多级库存管理、仓储与运输管理决策问题、分销网络优化方案。第三，关系管控。介绍供应链中的客户关系管理、供应商关系管理及战略联盟合作关系的发展，关注供应商偏好与供应市场的监控，看重供应商质量、供应商绩效的管控。第四，健康运行。介绍了维持供应链安全运营的供应链风险管理、危机管理与应急理论与方法。阐述了供应链可持续运营的社会责任问题，介绍了可持续、绿色、低碳物流与供应链的理论与方法。

针对每一部分内容，展示了业界卓越公司的实践，精选了案例与讨论题，利于师生结合实际开展协同教学与研究。

本书封面贴有清华大学出版社防伪标签，无标签者不得销售。

版权所有，侵权必究。侵权举报电话：010-62782989　13701121933

图书在版编目(CIP)数据

供应链物流管理教程 / 杨建华 王为人编著. — 北京：清华大学出版社，2016
（21世纪经济管理精品教材·物流学系列）
ISBN 978-7-302-42438-3

Ⅰ. ①供… Ⅱ. ①杨… ②王… Ⅲ. ①物资供应—物资管理—高等学校—教材 Ⅳ. ①F252

中国版本图书馆 CIP 数据核字(2015)第 306751 号

责任编辑：左玉冰　吴　雷
封面设计：汉风唐韵
版式设计：方加青
责任校对：王凤芝
责任印制：刘海龙

出版发行：清华大学出版社
　　　　　网　　　址：http://www.tup.com.cn, http://www.wqbook.com
　　　　　地　　　址：北京清华大学学研大厦 A 座　　　邮　　编：100084
　　　　　社 总 机：010-62770175　　　　　邮　　购：010-62786544
　　　　　投稿与读者服务：010-62776969，c-service@tup.tsinghua.edu.cn
　　　　　质 量 反 馈：010-62772015，zhiliang@tup.tsinghua.edu.cn
　　　　　课 件 下 载：http://www.tup.com.cn, 010-62770175-4506
印 刷 者：三河市君旺印务有限公司
装 订 者：三河市新茂装订有限公司
经　　销：全国新华书店
开　　本：185mm×260mm　　印　张：22.25　　字　数：510千字
版　　次：2016 年 1 月第 1 版　　印　次：2016 年 1 月第 1 次印刷
印　　数：1～3000
定　　价：45.00 元

产品编号：064306-01

序

物流管理，作为连接供应链的活动，是为了满足顾客需求而对商品、服务以及相关信息从产地到消费地的高效、低成本运输和储存进行规划、实施与控制的过程。物流管理，不仅对于物流公司，而且对于制造企业、服务企业、公共机构等，都已经成为他们重要的利润源泉与管理决策领域。从战略上看，企业不能孤立地看待物流管理，而是应该从整个供应链全局战略来把握物流管理，进而作出物流管理决策。因此，"供应链物流管理"更强调供应链运营的系统性、全局性与整体性。

近几年，随着企业对供应链管理的空前关注以及物流领域的高速发展，物流与供应链管理在国内外著名大学中成了热门专业，例如MIT、Stanford、Columbia等。商学院专门有物流系，设有本科、硕士和博士学位，在MBA中设有供应链管理方向。国内重点大学的物流与供应链管理发展也很快。

本书参考国际供应链管理师认证（certified supply chain professional，CSCP）课程要点来组织教学内容，从理论指导与实践应用的双重视角，对供应链物流管理核心理论与关键方法展开陈述。CSCP是美国营运管理协会（APICS）为了适应供应链管理知识领域快速变化而规划的一个全新的供应链专业资格国际权威认证，体现了国际化高级管理人才在供应链管理方面的专业资格。本书结合国际权威教科书与我国实际情况，在CSCP知识体系框架下将各部分内容推向深入，满足读者对供应链物流管理领域知识的进一步需求。全书内容较丰富、知识较全面、案例较深刻。首先，从整体上介绍供应链与物流管理理论——导论（第1章）、供应链战略与规划（第2章）；然后，沿企业价值链上游—下游方向介绍库存管理与战略采购（第3章）、分销物流（第4章）；再次，全面阐述达成供应链成功协作的供应链关系管控（第5章）；最后，介绍供应链物流管理中的两个重要的前沿领域：供应链风险及危机管理（第6章）、供应链物流管理中的社会责任（第7章）。本书增加了电商物流、一带一路、供应链危机管理、安全管理、可持续发展的最新主题，提供了可给企业带来竞争力的社会责任视角。

本书编写获得北京科技大学研究生教材专项基金资助，特别感谢学校研究生院的大力支持。感谢研究生阎建红、李洋、杨洋、韩梦颖等为本书收集的许多有价值的资料。还有一些公司的资料、专家的文章都为本书写作提供了帮助，在此一并感谢。

供应链物流管理本身是一门发展着的新兴学科，由于作者水平有限，本书难免会出现谬误，恳请读者不吝赐教。

作者
2015年8月于北京

目 录

第1章
导　论

1.1 供应链与供应链管理

■ 1.1.1 理解供应链

当今世界的变革速度在逐渐加快，科技产业对于传统产业的影响日益加大，供应链管理以"跨越企业边界""跨越产业"和"超越时间"的整合方式，不断促进着产业的融合，新兴产业的诞生和发展。互联网、物联网、大数据、云计算等技术的发展促使供应链管理模式的进化，迅速改变着企业的经营管理方式与人类生活方式。我们先看看大家都熟悉的苹果公司，你会发现：苹果公司在推出一代代iPad和iPhone的过程中，商业模式并没有改变，通过精心打造的纵向整合的产业链——从硬件、软件到零售店和在线应用商店（App Store），直到消费者的客厅与家庭娱乐系统（iCloud），实现完全无缝的衔接。苹果公司的全球供应链视野及不断完善的供应链模式成就了苹果卓越的运营能力，使得苹果的市值在2011年就达到了4 229亿美元。为了理解供应链，有必要先学习运营系统SIPOC模型。

运营系统SIPOC模型

系统是一组相互依赖、相互关联的组成部分，通过协同运营实现系统的目标。系统成功的秘诀在于系统的各个组成部分相互合作，密切配合，共同向系统的目标努力。如果各个部分以自我为中心，变成竞争的独立单元，就会破坏整个系统。系统可以是最广大的宏观系统（如银河系统），也可以是最小的微观系统（如遗传DNA系统）。我们平常处理的系统一般介于上述两者之间，系统可以是一个组织，可以是一个产业，也可以是整个国家，系统范围越大，可能产生的效益就越大，然而管理的难度也更大。

运营使企业能够创造财富，并支撑全球经济运转。运营管理研究企业生产产品和提供服务的方式，运营管理关注企业生产率的提高，强调通过运营系统内部或运营系统间有效的运营获得质量、成本、柔性、时间、服务等方面的竞争优势。对于运营系统，应当进行系统思考。系统思考就是以系统的观点、整体的观点，以各种相依、互动、关联与顺序，来认识现实世界、解决问题的一般反应能力与习惯。

以系统的观点看待运营系统，所有的运营系统必须首先明确"为谁做"（顾客或消费者），"做什么"（生产什么产品或提供什么服务）；还要知道"怎么做"最好（最具有竞争优势的流程），"需要什么资源"（输入资源），这些资源在哪里，由谁来提供（供应商）；当然也要知道运营系统所处的政治、经济、社会、技术环境及其不确定性、利益相关者及其期望。本质上看，运营系统就是以一定的方式，按照一定的转换程序，将输入资源加以变换，从而产生一定的输出（产品或服务），满足下游系统或顾客、消费者的需求。系统输出与系统输入相比，其状态或性质发生了显著变化。

为了关注系统的供应商与顾客，了解全面的运营视野，企业运营管理系统模型采用

SIPOC模型（S：供应商Suppliers；I：输入Input；P：流程Process；O：输出Output；C：顾客Customers）模型，如图1-1所示。

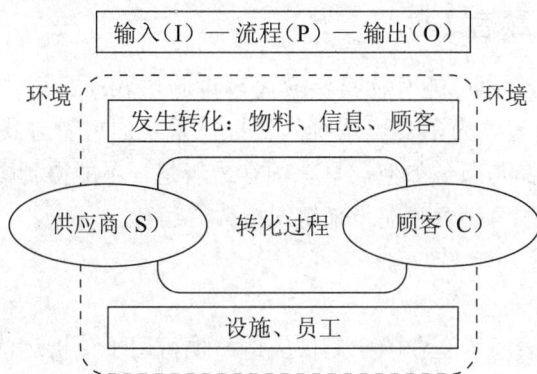

图1-1 运营管理系统模型

输入（I）

输入的资源可分为以下两种。

（1）待转化资源：将要被加工、转换或改变的资源，如制造系统中的物料、服务运营系统中的信息（管理咨询公司、新闻机构等）与顾客（医院、旅店、美发店等）。

（2）转化资源：支持运营系统转化过程的资源，如运营系统的基础设施、机器设备、员工、自动化系统以及信息管理应用软件系统。

流程（P）

不同的运营系统有不同的流程，流程指具体的转化过程、转化条件、方法与步骤。需要根据输入的待转化资源的性质，从而设计出不同的转化过程：以物料加工为主的运营系统、以信息加工为主的运营系统以及以顾客接待为主的运营系统。

大多数制造系统需要对物料进行加工转化，有些是形状或物理组成的变化（如汽车、冰箱、电话机的制造等），有些是化学成分的变化（如炼钢、酿酒等）；有些运营系统是改变物料地理位置（如邮政快递、包裹快运、运输、城市配送等），有些则是以存储物料为目的（如仓库存储）；管理咨询公司、会计师事务所需要对信息进行加工；医院、美发美容店、饭店、旅馆等需要对顾客进行直接的接待服务。虽然运营系统的转化过程不同，但所有的运营系统都有四个关键过程：适应环境的战略；系统设计；系统运营管理与控制；系统改善。

输出（O）

运营系统的输出是提供的产品与服务，不同运营系统的输出存在多种差异，如有形的产品、无形的服务。从顾客的角度看，产品与服务会给他们带来介于喜悦与愤怒之间的感受；从组织的观点看，产品与服务会给他们带来利润与市场份额。

同样的输入资源，要想更好的输出，必须改善系统的流程，改善系统的转化过程与方法。

供应商（S）与顾客（C）

组织的运营系统供应商可能有物料供应商、设施供应商、人才市场（人力资源供应者）、信息系统服务商等。为了实现系统的目标，系统的思考方式应当以顾客优先为原则，运营系统提供的产品与服务如何，只有顾客最清楚，不能得到顾客的反馈意见，就无法界定工作的好与坏。顾客满意才能带来组织持久的运营。

SIPOC

SIPOC模型实质上表示了企业的全局供应链，也可用于分析运营系统内部，这正是系统方法的魅力所在。运营系统可以看作是由众多微观运营构成的层级结构。组织内各个部门、每个人的工作都可以用SIPOC模型表示，组织的运营也可以用SIPOC模型表示，同样可看作是多个SIPOC的集合，每个人的工作都是整体流程的一部分。在内部运营中，存在内部顾客与内部供应者，内部顾客指从其他微观运营获得输入的微观运营，内部供应者就是向其他微观运营提供输出的微观运营。微观运营中也需要强调顾客优先，顾客优先是善解人意的思考方式，而不是以自我为中心。

在信息化、经济全球化浪潮下，组织面临多变的宏观环境，行业竞争不断加剧，运营系统要想完全满足顾客需求，组织势必向上游、下游扩展，借助于利益相关者的资源，达到快速响应顾客需求的目的。对运营系统的分析需要以网络化、系统化的观点，考虑所有与之相互作用的扩展组织的运营系统组成的供应链网络。由大量制造商和服务商共同合作的供应链网络对组织的卓越运营至关重要。

供应链

供应链由直接或间接地满足顾客需求的各方组成，不仅包括制造商和供应商，而且包括运输商、仓储商、零售商，甚至顾客本身。在每一个组织中，例如制造企业中，供应链包括接收并满足顾客需求的全部功能，如新产品开发、市场营销、生产运作、分销、财务和客户服务。

以顾客走进大型仓储式超市沃尔玛去购买清洁剂为例。供应链始于顾客及其对清洁剂的需求，下一个环节是顾客走进沃尔玛零售店。沃尔玛的存货摆满货架，这些库存由成品仓库或者分销商用卡车通过第三方物流企业供应。制造商（在这个例子中是宝洁公司）为分销商供货。宝洁公司的工厂从各种供应商那里购进原材料，这些供应商可能由更低层的供应商供货。例如，包装原材料可能来自A包装公司，而A包装公司从其他的供应商那里购进原材料来生产包装材料。这一供应链如图1-2所示，图中的箭头反映"物"的流动方向。

供应链是动态的，包括不同环节间的信息流、产品流、资金流的持续流动。在上述例子中，沃尔玛向顾客提供了产品，顾客付款给沃尔玛；沃尔玛把销售点信息和补充订单信息传达给分销商，分销商用卡车把补充订单所需要的货品送至商店，补货后沃尔玛付款给分销商；分销商为沃尔玛提供价格信息，提交发货日程安排；沃尔玛还可以回收包装物，以便于循环使用。类似的信息流、物流和资金流发生在整个供应链之中。

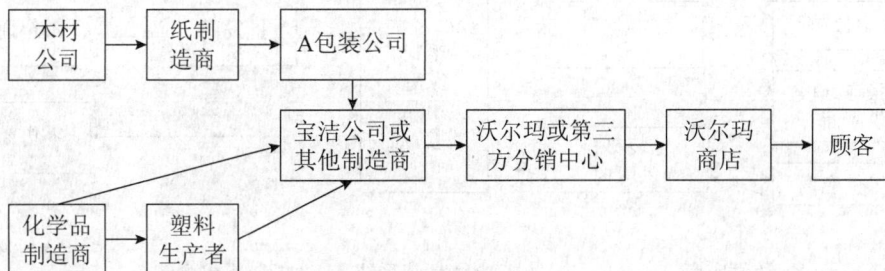

图1-2 清洁剂供应链示意图

供应链成为描述组织（供应商、制造商、分销商、批发商、零售商）如何连接在一起的重要术语。史迪文斯（Stevens）认为："通过增值过程和分销渠道控制从供应商的供应商到顾客的顾客的流就是供应链，它开始于供应源头的端点，结束于最终消费者的端点。"哈理森（Harrison）认为："供应链是执行采购原材料、转换为中间产品和成品、并且将成品销售到顾客的功能网链。"

国内学者马士华教授在研究分析的基础上，也给出了供应链的定义：供应链是围绕核心企业，通过对信息流、物流、资金流的控制，从采购原材料开始，制成中间产品以及最终产品，最后由销售网络把产品送到消费者手中，将供应商、制造商、分销商、零售商、直到最终顾客连成一个整体的功能网链结构模式。它是一个范围更广的企业结构模式，它包含所有加盟的节点企业，从原材料的供应开始，经过链中不同企业的制造加工、组装、分销等过程直到最终用户。它不仅是一条连接供应商到用户的物料链、信息链、资金链，而且是一条增值链，物料在供应链上因加工、包装、运输等过程而增加其价值，给相关企业都带来收益。

我国发布的《物流术语》给出供应链的定义是：供应链是在生产及流通过程中，为了将产品或服务交付给最终用户，由上游与下游企业共同建立的网链状组织。

供应链的层次结构

以塑料家庭用品制造商的供应链（如图1-3所示）为例说明构成供应链的主要部分，具体内容如下所述。

① 中心运营系统。所研究的提供产品/服务的中心运营系统。

② 中心运营的上游供应商。向中心运营直接提供产品/服务或信息的运营，通常称为一级供应商，一级供应商自身的供应又需要二级供应商……组织在上游可具有多级供应商。

③ 中心运营的下游需求方。中心运营向一级顾客提供产品/服务，一级顾客又为二级顾客服务，中心运营也可能直接向最终顾客提供产品/服务，组织在下游具有多级经销商。

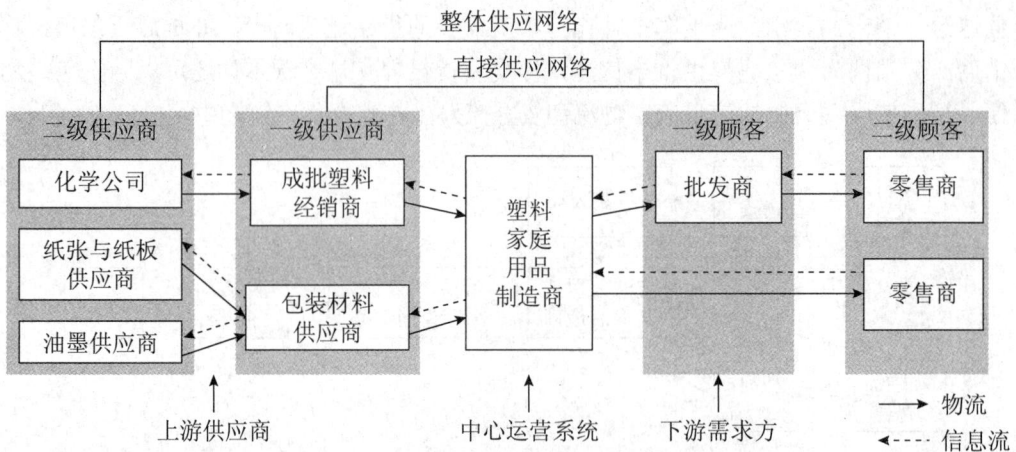

图1-3   塑料家庭用品制造商的供应链

④ 直接供应网络。与中心运营有直接联系的供应商与顾客的集合。

⑤ 整体供应链网络。按顾客的顾客，供应商的供应商逻辑推演产生的与中心运营有关的全部运营组成的集合。

一般情况下，可将供应链的结构简单归纳为多层次的结构，如图1-4所示。从图中可以看出，供应链由所有加盟的节点企业组成，其中一般有一个核心企业（可以是产品制造企业，也可以是大型零售企业），节点企业在需求信息的驱动下，通过供应链的职能分工与合作（生产、分销、零售等），以资金流、物流和服务流为媒介实现整个供应链的不断增值。

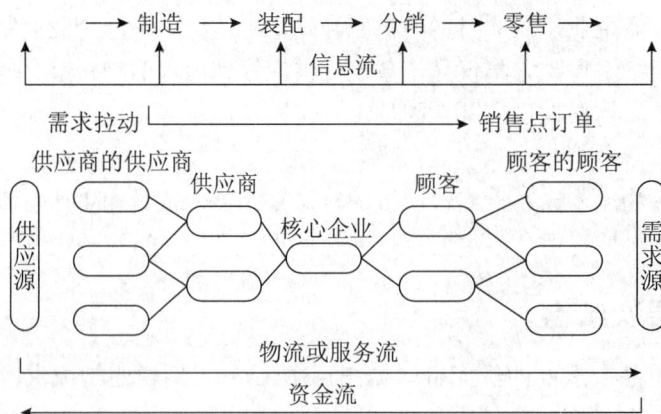

图1-4   供应链的层次结构

现在来看另外一个例子，当顾客在线购买戴尔计算机时，供应链包括顾客、戴尔网站、戴尔装配商以及所有的戴尔供应商和戴尔供应商的供应商。网站为顾客提供定价、产品种类和产品可获得性的信息。选择产品后，顾客输入订单信息并付款。随后，顾客可以返回网站来检查订单履行的状态。这个过程涉及供应链不同环节的信息流、物流和资金流的变化。一般的供应链可以包括许多组织机构或个人：顾客、零售商、批发商/分销商、制造商、零部件/原材料供应商。

顾客是供应链不可分割的一部分。事实上，建立供应链的主要目的都是满足顾客的需求，企业单靠自身能力已经不能很好地满足顾客日益苛刻的需求。如果不能比竞争对手做得更好，企业利润就不能实现持续增长。供应链这一术语形象地描述了物料在供应商到制造商、分销商，再到零售商直至顾客这一"链"中移动的过程，其中包括了供应链中合作企业的活动过程，也包含了信息流、资金流和物流的传递过程。

供应链的各环节通过物流、信息流和资金流彼此相连。这些流动经常是双向的，可能通过其中一个环节或一个协调者来进行管理。以戴尔为例，其顾客主要分为两类，一类是公司客户群，另一类则是需要个性化配置计算机的个体消费者，针对上述顾客，戴尔设计了两种供应链模式，以便提供细分市场的服务。戴尔按订单生产，即戴尔制造始于顾客订单，戴尔的直销供应链体系中不需要零售商、批发商或分销商。自2007年起，戴尔开始在大型超市、电器连锁店、办公用品商店等出售其个人电脑。超市等零售商都有戴尔计算机的存货。与戴尔原有的直销模式不同，这些供应链增加了零售商环节。在其他零售店的例子中，供应链也可能包括处于商品和制造商之间的批发商或分销商环节。

■ 1.1.2 价值链和供应链

价值链

价值链是企业设施和企业增值过程构成的网络，在该网络中有产品流、服务流、信息流和资金流，它们来自于供应商，利用企业的资源和设施，经过一系列的生产过程，生产出产品，并传递给顾客，提供服务。上一节所述的运营系统SIPOC模型就是价值链的一个模型，如图1-5所示，产品价值链也反映了产品的全寿命周期过程，它起始于供应商，供应商为产品的生产提供原材料或组件，即为生产过程网络提供输入。

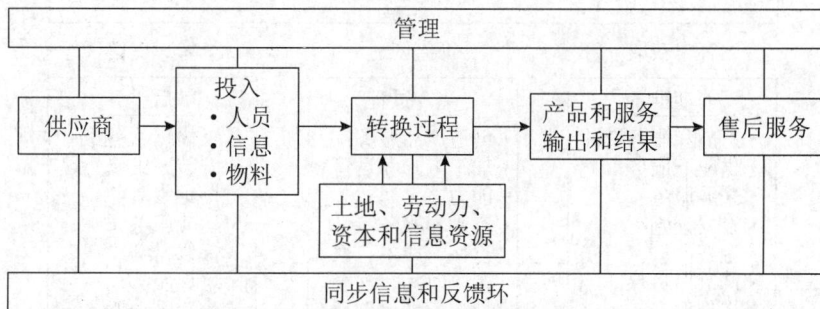

图1-5　基于SIPOC模型的价值链

价值链中上下游实体间的关系就是供应商与顾客间的关系。制造企业的供应商可能是零售商店（灵活供应办公用品等）、经销商、信息与网络公司（提供信息系统的应用服务）、维护和修理中心（提供设备的维护维修服务）、原材料及其组件的制造商。这些输入通过过程或活动的网络被转换成增值的产品或服务，支持这些过程或活动的是土地、设施、劳动力、资金和信息等资源。输出的商品或服务将被交付给顾客，售后服务也是一个增值过程，因为优秀的售后服务可以留住顾客并使顾客放心使用产品，从而提高顾客的满意度。

整个价值链的成功依赖于价值链的供应商、输入、过程、输出等所有方面的设计和管理，包括各环节的短期和长期决策。表1-1中表示了价值链的一些例子，汽车零部件或组件需要一系列的加工处理过程，才能产出市场需要的汽车；医院的病人也需要一系列的加工处理过程，才能治愈疾病，成为健康人群。

表1-1　制造业和服务业价值链中的SIPOC示例

组织	供应商S	输入I	过程P	输出O	顾客/细分市场C
汽车装配厂	引擎厂 轮胎制造商 车架车轴、 座椅生产商	汽车零部件或组件 装配线 工人及管理人员 能源 ……	焊接 切削 装配 测试	汽车	经济型 豪华型 出租、货运 救护车、警车 ……
医院	制药公司 设备供应商 食品供应商 器官捐赠人 医疗供应商	病人 医护人员 药物 诊疗设备设施 医学知识 ……	住院治疗 实验室检测 医生诊断 护理服务 手术安排 药物管理 康复保健	健康人群 化验结果 准确账单 保健知识	老人 中青年 儿童 急救 外科 专科 ……

价值链中，价值创造的重要过程无疑是产品的生产过程。产品生产的前期准备、产品的售前服务、售后服务也是产生价值的重要过程，如图1-6所示。

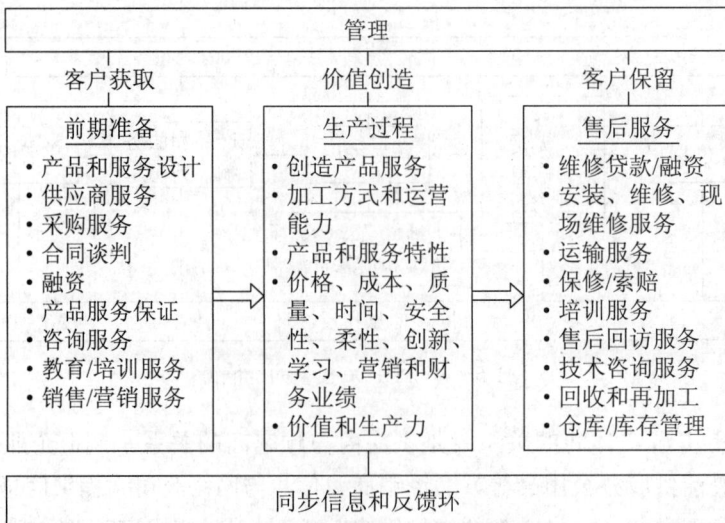

图1-6　价值链中的增值过程：价值创造及其前期与后期的增值服务

前期准备的重点就是"获得客户"。这些前期增值服务通常是使公司在市场脱颖而出的闪光点。在产品服务的特点和竞争者的价格差不多一样的时候（也就是产品质量和价格相当）尤其如此。

售后服务的重点就是"留住客户"。后期加工服务为产品和服务实现增值，并且为价值链过程的改善提供了反馈信息，有利于日后的产品再设计、持续改进过程。

价值链理论强调服务对于制造流程的重要性。例如，福特公司研究发现，当车辆特性和品质、性能以及在目标市场中的价格同竞争对手大致相同时，售前和售后服务则就成为吸引顾客的关键要素。服务对于制造企业来说，已经成为企业获得顾客青睐并留住顾客的竞争差异化要素。

价值链增值指标

在价值链的SIPOC模型（图1-5）中，增加了组织绩效评价的指标，可以用来评估价值链上每一环节的绩效，如图1-7所示。中层管理者、一线主管和员工可利用这些评价指标来监控各自的增值流程。当然，高级管理者一般不会对这些日常细节感兴趣，但他们感兴趣的企业绩效指标往往来源于此。这些指标遍及财务会计、市场、人力资源和运营，可以帮助高层管理者评估并改善整个价值链的绩效（如图中虚线所示），实现企业战略目标。

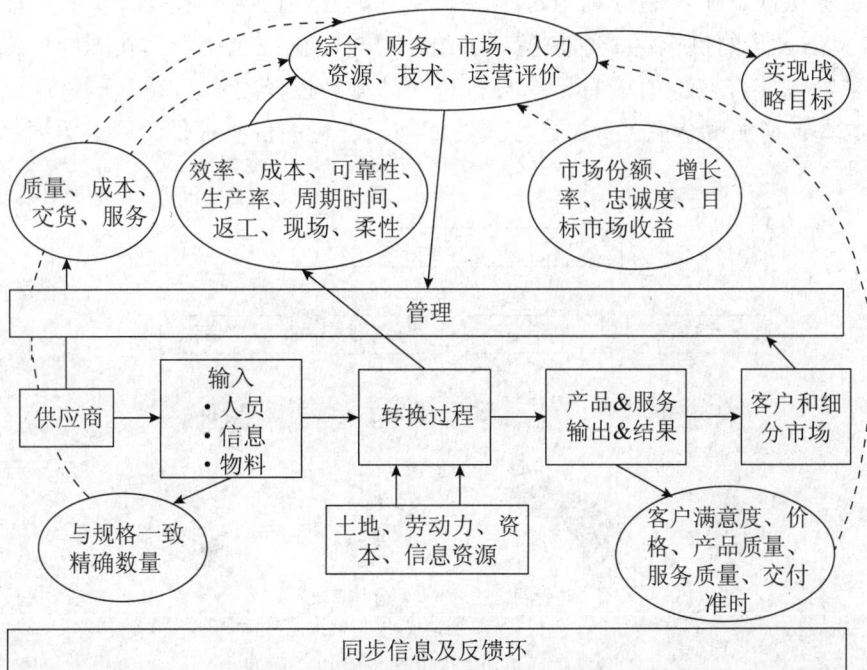

图1-7 价值链增值绩效评价指标

供应商将产品和服务投入到价值链中，用来创造和产生价值链的输出。评价供应商的绩效对价值链管理至关重要。如果购买的产品和服务的质量很差，那么顾客就无法感受到价值。如果供应商不能精确、及时地交付，企业就很难完成自己的计划。因此，企业需要从其供应商处获取与产品和服务相关的绩效数据，如质量、价格、交付可靠性以及服务等。供应商基础数据也是企业与供应商合作的基础。

运营管理者对设计、管理价值链上的增值流程及相关资源负有主要责任。流程数据可以反映运作的缺陷和错误，还能有效地评价成本、周期、交付柔性、生产率、进度、设备可靠性、预防性维修工作、能源和设备效率以及原材料使用效果等。

企业通过评价产品或服务，来了解流程是否满足了顾客期望的质量和服务水平，了解产品合格率，了解各职能部门的绩效及缺陷率，这也为如何控制生产制造过程提供了反馈信息。

企业通过顾客和市场信息，来了解顾客满意度、股东满意度，了解如何更有效的配置产品和服务（即顾客价值包），并从中发现增加价值、需要改善的价值链环节。

同步信息和反馈是协调价值链中的物质流和信息流，评估组织战略目标的实现所必须的。及时的信息共享有利于降低存货，合理安排员工，合理安排运输计划等。及时准确地连接价值链中的各种信息，利用大数据分析，可以帮助供应链创造卓越绩效。

供应链与价值链的关系

供应链是价值链的一部分，主要关注产品和原料的实物移动过程，支持信息流和资金流，贯穿供应、生产和分销全过程。如今，供应链已经为所有公司所关注。如图1-8表示了宝洁公司的供应链概念模型。宝洁的"典型供应系统"旨在理解供应链合作伙伴的要求，以整合双方的信息、原材料和产品流动以及财务活动，最后达到提高销量、降低成本、增加现金流，并且在恰当的时间以合适的价格提供给顾客需要的产品的目的。

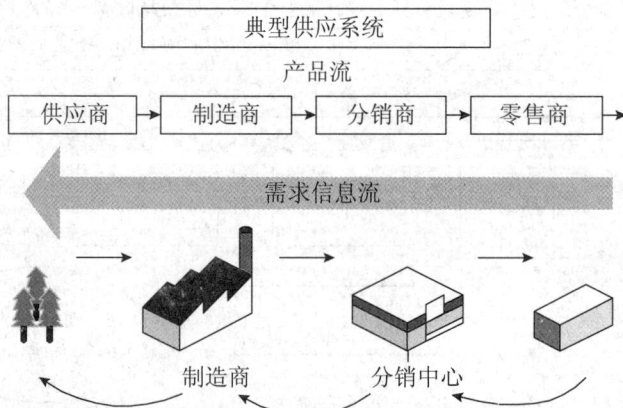

图1-8　宝洁公司纸制品供应链概念模型

许多公司在使用价值链和供应链术语时往往是互换的，但是这两个概念是不同的。价值链比供应链的范围更广，囊括了创造顾客价值包的所有活动，包括售前和售后服务。价值链是从满足顾客要求的角度出发，考虑为顾客创造价值，提供一体化的产品和服务。而供应链则更多的是从企业内部关注产品的生产过程。价值链理论鼓励广泛地思考产品和服务在创造顾客价值中的作用；供应链则主要关注物流、制造与分销等运营活动。另外，价值链理论既可以应用在服务型企业中，又可以应用在制造型企业中。供应链理论应用于服务业中，有学者采用服务链的说法，以充分展现服务的特性。

■ 1.1.3 供应链管理理论

供应链管理的演进

尽管供应链是任何公司所固有的，但供应链管理理论的发展是在不断演进的。20世纪70年代以前，制造企业往往更注重采用新的技术来提高质量、通过扩大规模来降低成本、并开始改进设计流程以及生产工艺流程的柔性，当时企业关注的是自身企业所具有的技术能力，大多都没有考虑建立供应商合作关系，工厂里到处都堆满了物料的库存，企业的各项功能活动基本上都是孤立的，即采购、生产、运输、中转、仓储、销售等是分散独立的。这可以说是供应链管理发展的第一阶段——活动孤立阶段，大约在1960—1980年期间，虽然开始采用计算机辅助管理技术、制造资源计划应用系统，而且由于产品产量的增加导致了运输量、仓储量、分拣、包装作业量的大幅增加，且生产过程中及时供货的呼声越来越高，但因管理人员的认识、组织的局限性、技术等方面的原因，几乎没有考虑建立供应商合作关系，且企业内部部门功能化管理结构导致了生产过程"孤岛化"、部门间"高墙耸立"、订单处理时间长、环节库存多等现象，降低了生产效率。

进入20世纪80年代，美国企业开始学习日本式准时制生产模式，开始意识到生产工序间的高度依赖性，意识到与供应商建立合作关系对准时化采购、准时制生产乃至全面质量管理的重要性，通过生产活动的依赖性来降低各环节的库存。供应链管理的术语开始出现，供应商战略合作关系成为供应链管理理论发展的基础。另外，进厂物流方面的需求预测、制造资源计划、采购计划、生产计划、制造库存等管理活动获得集成，出厂物流方面的成品库存、分销计划、订单管理、运输及客户服务等管理活动获得集成，仓库管理、物料管理、包装管理等贯穿于进厂物流与出厂物流。这就是供应链管理发展第二阶段——活动优化及局部集成阶段。大量库存等浪费问题引起社会关注，资源计划系统获得广泛应用，企业开始在一些局部阶段把分散的活动联系起来，建立"依赖"关系，通过下游向上游"拉动"，或者上游向下游的"推动"来优化各种功能，从注重单个功能转变成为注重整个"过程流"，如进厂物流、出厂物流。这样就可以更好地组织和优化企业内部的生产和外部供应商，改善采购、生产的集成，组织和优化企业内部成品库管理和统一渠道销售环节，以低成本方式满足顾客的需求。

第三阶段进入供应链综合集成阶段，在20世纪90年代中期至21世纪初，市场日益全球化，顾客需求日益"苛刻"，企业面临的竞争进一步加剧，企业不仅需要进一步提升质量、降低成本，提高效率，而且需要改进顾客服务，缩短交货期，增强顾客响应能力，满足不同细分市场中顾客的个性化需求。所以，很多企业注重生产组织的全局优化，沿供应链向上游或下游集成（也称前向集成、后向集成），物流功能的整合趋势也越来越明显，在信息技术支撑下，把供应链中的多个环节、多个部门甚至包括产品开发、零部件生产、废物回收等都纳入统一规划和管理中，形成了从企业上游活动到下游活动的"纵向一体化"的供应链及物流管理模式。这就是经常说的供应链的纵向一体化方式，它关注供应链活动的所有权与协调，组织文化仍然是注重短期利益，注重规模化，注重本公司的"大而全"，以大幅度提升本公司绩效为目标。不过，这是供应链集成的"老范式"，它是供应链第二阶段发展的惯性反映。

很快，实施这一模式的公司在竞争中遇到了困难，因为公司再大，也不可能做所有的事情，仅仅靠自己的能力是无法满足顾客不断变化的需求的，还是需要依靠战略供应商及合作伙伴的核心能力，供应商合作伙伴做的要比公司自己做得更好，因为它们拥有这方面的核心能力，生产会更加专业。从战术上看，这也是一个"自己生产"还是"购买"的经典决策问题。瑞士手表由30家不同的公司共同生产，每个公司只会生产其中几个零部件。可口可乐分装厂面临着对外采购装瓶所需的碳酸气，还是投资工厂自行生产碳酸气的决策。福特汽车公司曾拥有一个牧羊场，出产的羊毛用于生产本公司的汽车坐垫，但现在剥离了，因为顾客所关注的汽车核心能力并非坐垫。供应链纵向一体化集成方式加强了企业的控制能力，加强了质量保证能力，降低了供应链上的库存。但做自己不擅长的事情有点为难自己，也会增加企业的投资风险。企业过于臃肿，官僚主义的出现会使企业丧失市场开发的时机。

为了保留纵向一体化的优势，抛弃纵向一体化的劣势，加强供应链管理的灵活性，提升供应链各环节的专业化、协同化能力，供应链管理开始围绕核心企业的战略联盟关系，集成供应链上的核心能力，选择部件制造能力最强的供应商，综合物流服务最好的第三方物流服务提供商，让它们利用专业物流技术和先进的物流理念为企业提供个性化的仓储、运输、信息等服务。加强横向合作与部署，形成以价值链为基础的一体化供应链及物流管理模式。这就是供应链管理新范式，它要求供应链中的各个公司更加专业化，聚焦各公司的核心能力，强化同供应商及客户的信任关系，实现共赢。新范式是核心能力的集合，是一种"强强联合"的方式，同供应商及客户自愿缔结以信任为基础的关系，由于合作紧密，合作伙伴间已经不存在清晰的"分界线"了。供应链集成管理新范式也涉及了退货处理、维护、保修及回收利用的"逆向"物流。

第四阶段是供应链物流网络化集成阶段，是进入21世纪后供应链管理新范式的进一步发展。随着经济全球化、市场一体化以及信息化的全面推进，制造及物流服务都呈现出全球化、网络化的特征。专业化国际物流企业利用在供应链一体化集成中形成的专业优势，目前已经渗透到世界各地，物流市场的地区边界已被打破，制造商、贸易商、开发商对面向全球的物流服务及产业融合协作的重视达到了前所未有的程度。全局物流与全局供应链管理模式整合更加灵活，抛弃了线型、链型的结构，而且产业融合更加紧密，希望读者在后续章节的案例分析中认真体会。

将供应链及物流管理的发展与演进四个阶段集中标示在图1-9中。

2000年以后	网络式、全球化的全局物流及全局供应链		供应链物流网络化集成阶段
20世纪90年代	以价值链为基础的一体化物流及供应链新范式 顾客 → 供应 → 生产 → 贸易 → 分销 → 顾客 第三方物流服务商 面向生产过程的纵向一体化供应链物流 供应公司 → 生产需求 → 供应 → 生产 → 配送 / 回收 → 顾客 自营物流		供应链综合集成阶段
20世纪80年代	注重需求且优化的相关活动局部集成 采购 运输、中转和仓储 生产 运输、中转和仓储 销售 → 顾客 进厂物流 出厂物流		活动优化及局部集成阶段
20世纪70年代	注重环节能力的独立功能 采购 运输、中转和仓储 生产 运输、中转和仓储 销售		活动孤立阶段

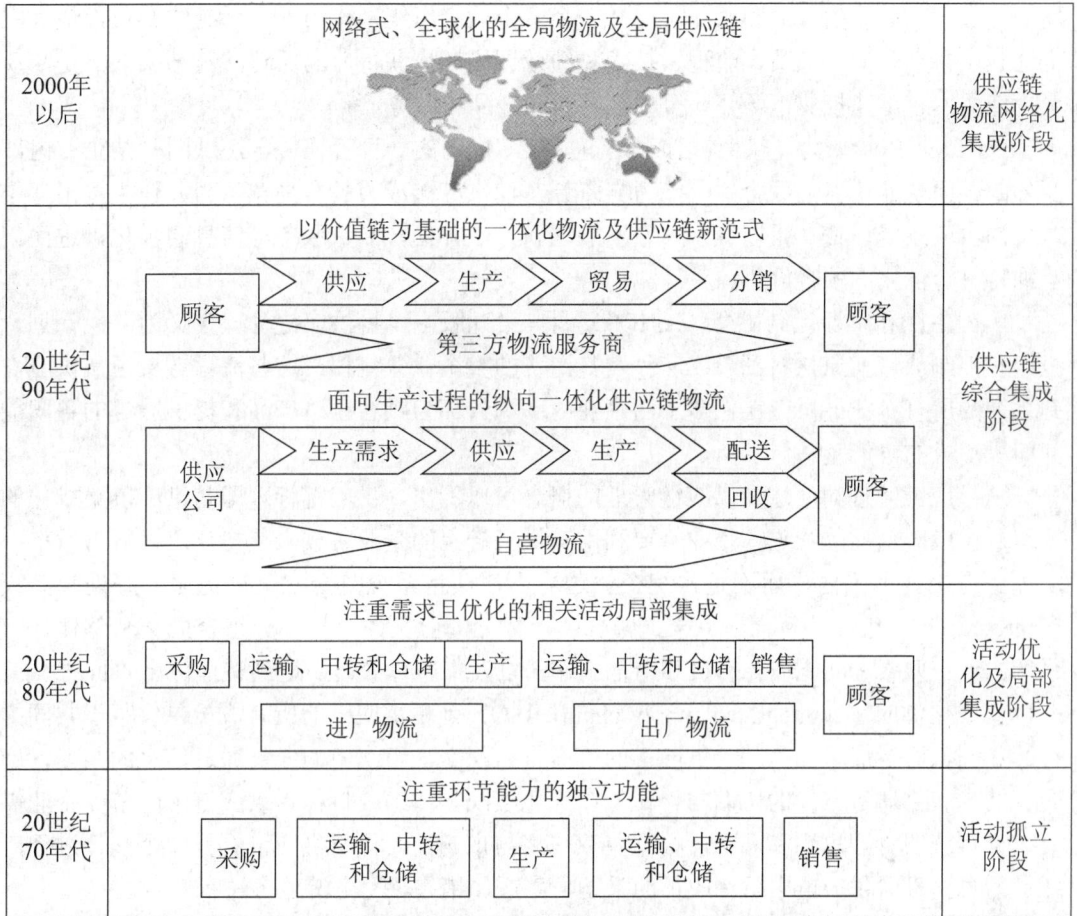

图1-9 供应链及物流管理的演进

管理理念

从供应链管理（supply-chain management）的发展阶段不难看出供应链管理理念的精华。很多学者及机构都给出了供应链管理的理念。供应链管理采用跨越公司边界的整体化管理模式，管理从原材料供应商，通过制造工厂、仓库到最终顾客的整个物流、信息流及服务流。

我国《物流术语》中给出的供应链管理的解释是：对供应链涉及的全部活动进行计划、组织、协调与控制。这一术语的解释给供应链管理理念的发展预留了充分的空间。

伊文斯（Evens）认为："供应链管理是通过前馈的信息流和反馈的物流及信息流，将供应商、制造商、分销商、零售商，直到最终用户连接成一个整体的模式。"

菲利浦（Phillip）认为供应链管理不是供应商管理的别称，而是一种新的管理策略，它把不同企业集成起来以增加整个供应链的效率，注重企业之间的合作。

Fred A. Kuglin定义了以顾客为中心的供应链管理，制造商与它的供应商，分销商及顾客——即整个"外延企业"中的所有环节—协同合作，为顾客所希望并愿意为之付出的市场，提供一个共同的产品和服务。这样一个多企业的组织，作为一个外延的企业，最大限度地利用共享资源（人员、流程、技术和绩效评测）来获得协同运营，其结果必然是高质量、低成本、迅速投放市场并获得顾客满意的产品和服务。

David F. Ross认为，供应链管理是正持续演进中的一种管理哲学，试图联结企业内部及外部结盟企业伙伴之联合生产能力与资源，使供应链成为具有高竞争力并使"输出"丰富化的供应系统，使其得以集中力量发展创新方法并使产品、服务与信息同步化，进而创造独特且个性化的顾客价值源头。

美国生产和库存控制协会（APICS）词典第九版中，将供应链管理定义为："计划、组织和控制从最初原材料到最终产品及其消费的整个业务流程，这些流程链接了从供应商到顾客的所有企业。供应链包含了由企业内部和外部为顾客制造产品和提供服务的各职能部门所形成的价值链。"

从供应链管理的演进及供应链管理的概念可以看出，供应链管理即是供应链集成化的管理，供应链全局的管理。企业需要利用其供应链上的企业集成来获得竞争优势与效率；从供应链全局范围内，而不是传统企业边界内，获得系统整合、全局优化的好处。集成（Integration）包含了整合、综合、融合、一体化的含义，"把部分组合成一个整体"，系统的各个要素之间能彼此有机和谐地工作，以发挥整体效益，达到整体优化的目的。

集成化供应链（integrated supply chain，ISC）是指供应链的所有成员单位基于共同的目标和利益而组成的一个基于供应链的"虚拟组织"，组织内的成员通过信息的共享，资金、技术和物质等方面的协调与合作，以优化组织整体绩效目标。供应链中的节点企业需要摈弃传统的管理思想和观念，根据企业战略与市场需要，将供应链看作一个整体过程，通过信息技术对供应链中所有成员的采购、生产、销售、财务等业务进行整合。

Mentzer 等人认为供应链管理是传统企业各个部门之间，供应链上各个企业之间的系统的、具有战略性的协调活动，其目的是改善企业及供应链各个环节的长期运营绩效。他们提出的供应链管理模型如图1-10所示。

从Mentzer供应链管理模型中可以看出供应链管理的范围与聚焦点，尽管这些活动术语与传统企业管理相同，但其含义却已发生变化，因为供应链管理的目标是实现供应链上所有成员企业的多赢局面，获取整体竞争优势和赢利能力，提高顾客满意度。

供应链集成管理反映了企业部门间、全球化环境下企业间的协调与集成。供应链企业之间和各企业内部的物流、业务流程、财务资源和信息等需要综合集成。供应链上下游企业之间的关系是供需关系，不仅彼此相容，而且互补。各成员企业所拥有的资源和核心能力具有互补特征。供应链集成管理的目的在于通过合作伙伴之间的有效合作与支持，提高整个供应链中物流、价值流、信息流和资金流的通畅和快速响应，提高增值性，使所有与企业经营活动相关的人、技术、组织、信息以及其他资源有效地集成，形成整体竞争优势。在市场竞争中，各成员把主要精力用在培育自身的核心能力上，达到强强集成的效果。从这方面来说，供应链管理是获取基于核心能力集成的竞争优势的管理模式。在这一模式中，各成员都可以从整体的竞争优势中获得风险分担、利益共享的好处。

Christopher（1996）提出：供应链可能不仅是单纯的三四个成员企业的线性连接，

需方/供方或买者/卖者之间的连接方式对改进供应链中的物流和信息流非常重要。Christopher 提出了供应链管理的观点，如，供应链之间的竞争并非单个公司的竞争；供应链成本降低和价值增加的多数机会存在于供应链成员集成的方式上；供应链竞争是基于增值的信息交换；供应链的集成（或整合）意味着面向顾客的业务流程的整合；供应链竞争力的提升需要供应链整体战略的决策。

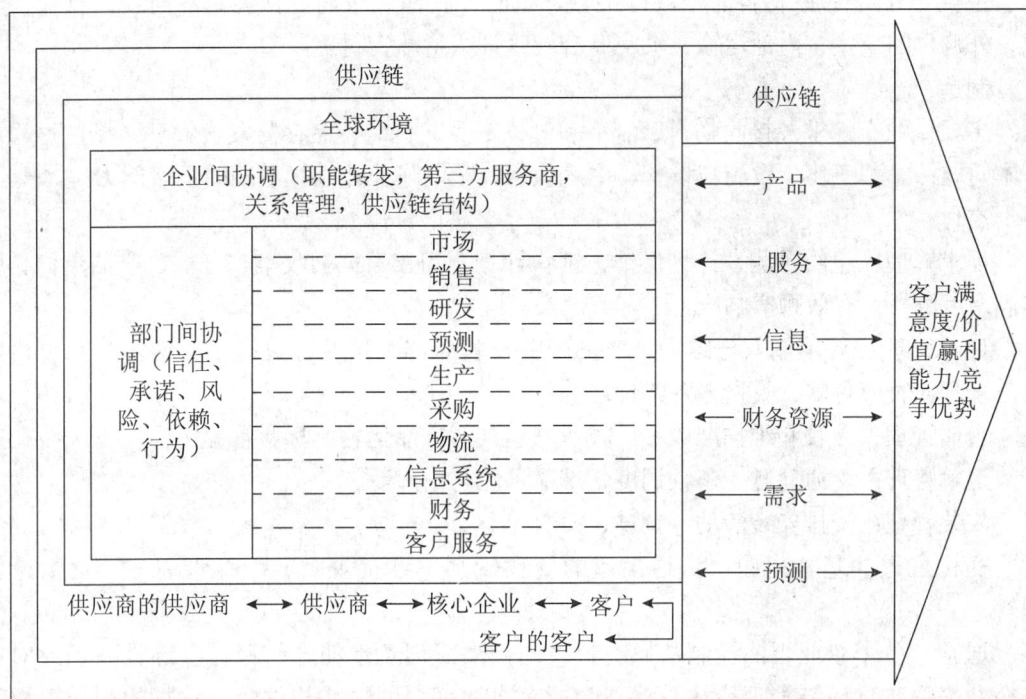

图1-10 Mentzer供应链管理模型

供应链管理理念具有如下五大基本内涵：

（1）以关注最终顾客，即消费者的需求为前提；

（2）以核心能力集成与外包战略为出发点；

（3）以撤除"高墙"的跨界合作、构建多赢合作关系模式为基础；

（4）以整体供应链物流战略创造竞争优势为重点；

（5）以全局中获得平衡，形成"生态"进化的供应链为根本。

供应链管理活动

供应链理事会在1997年提出了一个供应链参考模型SCOR（supply chain operation reference，SCOR）。SCC将SCOR看作是描述和运用过程的工业标准。在SCOR中，计划、采购、制造、交付作为四个基本过程的过程类型，是企业建立供应链的起点。然后对每个过程类型分别定义了可能会包含的核心过程目录，作为供应链的可能组成部分。通常每个类型都包含有下列内容。

计划

主要是需求/供应计划：评估供应链资源、汇总和安排满足需求的次序、库存计划、评价分销需求、确定生产、物料和关键能力。计划过程的基本问题：自制/外购决策、供应链构建、长期能力和资源计划、企业计划、产品输入/输出、产品组管理等。

采购

主要是外购件/原材料的获取：接收、检验、存储。采购过程的基本问题：供应商认证、外购件的质量、内部运输、供应商合同管理、货款支付等。

制造

主要作业有请求及接收物料、制造和测试产品、包装、储存与发货管理。制造过程的基本问题：工程变化、设施与设备、生产状态、车间作业计划、短期的生产能力等。

交付

需求管理：组织预测、计划促销、销售计划、销售数据的收集与分析、产品定价、顾客满意度测量、有效顾客响应。

订单管理：订单输入与维护、产品配置、建立和维护顾客数据库、维护产品价格数据、管理应收应付款、收据与发票管理等。

仓储管理：接收和维护产成品、收货与包装、产品运输、标签管理等。

运输管理：交通问题、车辆调度、产品入库与出库等。

安装管理：安排安装活动、调试、检验等。

交付过程的基本问题：流通渠道的商业规则、订货规则、库存管理、交货数量管理等。

通常，单个企业无法控制从原材料产地到最终消费地的产品流通全过程，因此对单一企业来说，供应链管理往往是对与企业有直接联系的采购与供应、实物的配送渠道予以管制，并实现与企业物料管理、订单管理、客户服务的集成，实现一体化的物流管理（Logistics Management）。然而在20世纪60年代，需求预测、采购、需求计划、生产计划、库存管理、仓储管理、物料搬运与包装、配送计划、订单管理、运输等都是孤立的活动，由相应的职能部门完成。后来在供应与生产方面，物料实现了统一的管理，在产品交付方面实现了统一的配送管理。

供应链管理与传统的物料管理和控制有着明显的区别，从前面供应链管理的发展阶段可以看出，主要体现在以下几个方面：供应链管理把供应链中所有节点看作一个整体，供应链管理涵盖从供应商到最终用户的采购、制造、分销、物流、零售等职能领域过程；供应链管理强调依赖战略。"供应"是整个供应链中节点企业之间事实上共享的一个概念（任两节点之间都是供应与需求关系），同时它又是一个有重要战略意义的概念，因为它影响或者可以认为它决定了整个供应链的成本和市场占有份额；供应链管理中关键的是需要采用集成的思想和方法，而不仅仅是节点企业、技术方法等资源简单的连接；供应链管理具有更高的目标，通过管理库存、合作与信任关系去达到满足顾客需求的能力水平，而不是仅仅完成一定的市场目标。

■ 1.1.4 供应链"牛鞭效应"

"牛鞭效应"

供应链中各个企业的运作之间存在一定的动力机制，这可能会导致决策失误、准确性下降和不确定性，而且这种影响将会沿着供应链向上游移动，并在运动过程中不断增大，如图1-11所示。这就是供应链中的"牛鞭效应"（Bullwhip Effect），最早发现这一现象的是麻省理工大学斯隆管理学院的教授Jay Wright Forrester，在他1961年出版的著作*Industrial Dynamics*提及。1997年Lee，Hau L、Padmanabhan，V. 与Whang，Seungjin在斯隆管理评论上发表了供应链中的"牛鞭效应"论文。牛鞭效应是供应链运作过程中的一种信息扭曲现象，这种现象直接导致供应链效率的降低：库存投资增加，顾客服务质量差，利润减少，能力误导，生产与运输计划的失效等。由于信息流逆供应链而上（从顾客到供应商），逐级扭曲，导致需求信息的波动越来越大。这种信息扭曲如果和企业制造过程中的不确定因素叠加在一起，将导致巨大的经济损失。

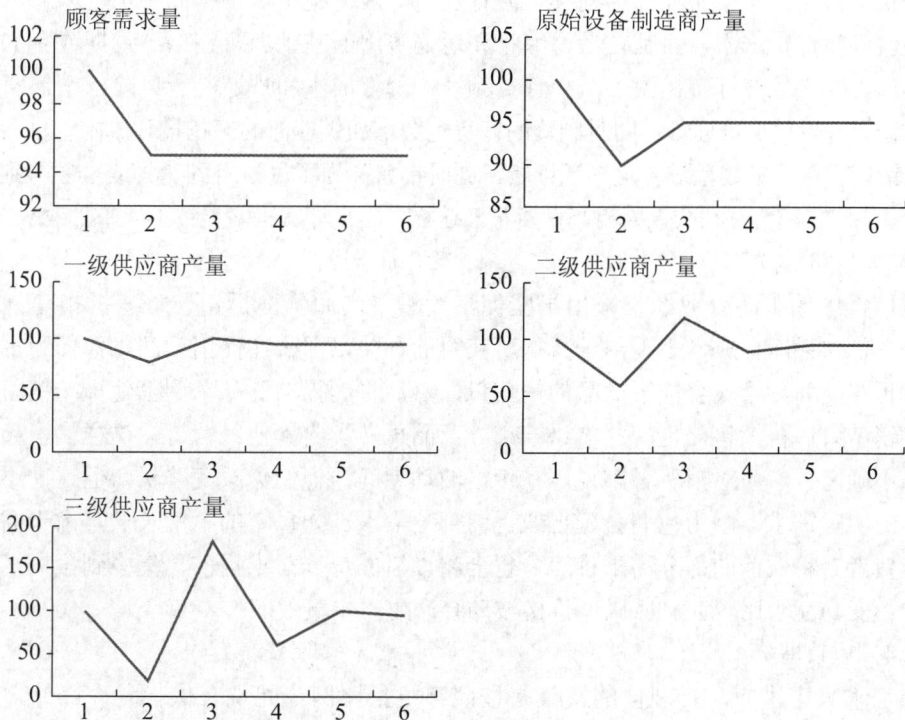

图1-11 供应链中订货数量由顾客端向上游逐级放大

1995年，宝洁公司（P&G）管理人员在考察婴儿一次性纸尿裤的订单分布规律时，也发现了"牛鞭效应"现象：某一地区的婴儿对该产品的消费比较稳定，零售商那里销售量的波动也不大，但厂家从经销商那里得到的订货量却出现大幅度波动，同一时期厂家向原材料供应商的订货量波动幅度更大。

模拟供应链运营的"啤酒游戏"也证实了供应链运行中存在的"牛鞭效应",这不是意外,而是供应链存在的系统性问题。

导致这一情况的主要原因,并非单纯由错误、误解引起,而是一个非常理性的理由:供应链内每一环节都想以最明智的方式来制订生产计划、采购计划,管理库存水平。

"牛鞭效应"的成因

供应链运作中"牛鞭效应"的成因可以归纳如下几点。

(1)需求预测修订

在传统的供应链中,各节点企业总是以其直接下游的需求信息作为自己需求预测的依据。比如,当某企业销售了100个产品时,他可能会乐观地估计未来,也为了保证不断货,他会增加进货,提高到120个。同样地,由于信息的不完全,批发商和分销商也可以做出比以往更多的库存的决策,传到制造商时,订单可能就是200个,甚至更多了。而实际需求最多不会超过110个,"牛鞭效应"也就产生了。

(2)订单批量决策

在供应链中,每个企业都会向其上游订货,一般情况下,销售商并不会来一个订单就向上级供应商订货一次,而是在考虑库存和运输费用的基础上,在一个周期或者汇总到一定数量后再向供应商订货;为了减少订货频率,降低成本和规避断货风险,销售商往往会按照最佳经济规模加量订货。同时频繁的订货也会增加供应商的工作量和成本,供应商也往往要求销售商在一定数量或一定周期订货,此时销售商为了尽早得到货物或全额得到货物,或者为备不时之需,往往会人为提高订货量,这样,由于订货策略导致了"牛鞭效应"。

(3)价格波动

供应链中的上游企业经常采用一些促销策略,比如价格折扣、数量折扣等。对下游企业来说,如果库存成本小于由于折扣所获得的利益,那么在促销期间,他们为了获得大量含有折扣的商品,就会虚报商品的销售量,然后将虚报的商品拿到其他市场销售或者推迟到促销结束后再销售,也有的将这一部分商品再转卖给其他经营者,这样就引起了需求极大的不确定性。而对消费者来说,在价格波动期间,他们会改变购买,但这并不能反映消费者的实际需求,因为他们会延迟或提前部分需求。如每年的三次长假,由于商家的促销,消费者会将假前的部分需求推迟,也会将以后的部分需求提前,集中到假期消费,这样需求的变动就会比较大。所以,价格波动会产生"牛鞭效应"。

(4)短缺博弈

当需求大于供应时,理性的决策是按照订货量比例分配现有供应量,比如,总的供应量只有订货量的40%,合理的配给办法就是按其订货的40%供货。此时,销售商为了获得更大份额的配给量,故意夸大其订货需求是在所难免的,当需求降温时,订货又突然消失,这种由于短缺博弈导致的需求信息的扭曲最终导致"牛鞭效应"。

(5)提前期

总提前期是由用于订单处理、采购和制造商品、在供应链不同阶段运输商品的时间构成的。提前期越长,对企业的订购点和安全库存的影响越大,也会降低需求信息的时效性，从而引起"牛鞭效应"。

（6）供应链的结构

一般地说，供应链战线拉得越长，供应商离消费者越远，对需求的预测越不准确。同时经过各环节的传递及各企业安全库存的多层累加，需求信息的扭曲程度越大，"牛鞭效应"越明显。

通过以上的分析，我们可以发现"牛鞭效应"产生的根本原因在于供应链中上、下游企业间缺乏沟通和信任机制，而每一个企业采用理性的思考方式，考虑各自的利益，由此造成需求信息在传递过程中多次被扭曲。这应归咎于企业自己造成的波动与延迟，而不是他人。但是，大家都在埋怨、指责合作方，这就会进一步造成对合作方的伤害，进而造成供应链更加混乱的局面。

解决"牛鞭效应"的对策

"牛鞭效应"将会增加生产成本、库存成本；出现生产能力不足或库存不能满足需求的缺货情况；导致运输需求剧烈波动，高峰需求的应付必然会增加运输成本；导致劳动力需求波动，增加劳动力成本；出现大规模缺货，减低服务水平；导致供应链实体间的不信任，增加未来协调的难度；增加物流总成本，降低供应链赢利能力。因此在供应链管理中只有通过合作，才能消除"牛鞭效应"现象。没有合作，各顾各的，不仅会产生"牛鞭效应"现象，而且还会相互指责，相互埋怨，进而破坏合作关系。

解决"牛鞭效应"的根本对策是建立供应链合作关系，整合链中企业，建立企业之间的诚信机制，实现信息共享。信息共享，就是供应链中各个企业共同拥有一些知识或行动，如生产、销售、需求等信息，实现信息共享，可以减少由于信息不对称或不完全带来的风险。通过建立一个基于互联网（Internet）的供应链信息系统实现信息共享管理，协调各企业的行动，确保需求信息的真实、快速传递，从而减少供应链中的"牛鞭效应"。

具体对策可参考如下几点内容。

（1）缩短提前期

一般来说，订货提前期越短，订量越准确，因此鼓励缩短订货期是破解"牛鞭效应"的一个好办法。根据Wal-Mart的调查，如果提前26周进货，需求预测误差为40%，如果提前16周进货，则需求预测的误差为20%，如果在销售时节开始时进货，则需求预测的误差为10%。并且通过应用现代信息系统可以及时获得销售信息和货物流动情况，同时通过多频度小数量联合送货方式，可以实现实需型订货，从而使需求预测的误差进一步降低。

使用外包服务，如第三方物流也可以缩短提前期，实现规模经营，这样销售商就可以采取多次小批量订货方式，无须一次大批量订货。虽然这样会增加额外的处理费用和管理费用，但只要所节省的费用比额外的费用大，这种方法还是值得应用的。

（2）规避短缺情况下的博弈行为

首先，当出现商品短缺时，供应商可以通过互联网查询各下游企业以前的销售情况，以此作为向他们配货的依据，而不是根据他们订货的数量，从而杜绝了下游企业企图通过夸大订货量而获得较多配给的心理。惠普公司就采用这种办法。其次，通过互联网，链中所有企业共享关于生产能力、库存水平和交货计划等方面的信息，增加透明度，以此缓解下游企业的恐慌心理，减少博弈行为。制造商也能够了解到更加准确的需求信息，从而合理有序地安排生产。

（3）加强出入库管理，合理分担库存责任

避免供应链决策误判断的一个方法是使上游企业可以获得其下游企业的真实需求信息，这样，上下游企业都可以根据相同的原始资料来制订供需计划。例如，IBM、惠普和苹果等公司在合作协议中明确要求分销商将零售商中央仓库里产品的出库情况反馈回来，虽然这些数据没有零售商销售点的数据那么全面，但这总比把货物发送出去以后就不管货物的信息要好得多。

使用移动互联网及现代信息技术对销售情况进行适时跟踪也是解决"牛鞭效应"的重要方法，如戴尔（Dell）通过互联网、移动电话等组成了一个高效信息网络，当订单产生时即可传至Dell信息中心，由信息中心将订单分解为子任务，并通过互联网和企业间信息网分派给各区域中心，各区域中心按Dell电子订单进行组装，并按时间表在约定的时间内准时供货（通常不超过48小时），从而使订货、制造、供应"一站式"完成，有效防止了"牛鞭效应"的产生。

联合库存管理策略是合理分担库存责任、防止需求变异放大的先进方法。联合库存管理是使供应商与销售商权利责任平衡的一种风险分担的库存管理模式，它在供应商与销售商之间建立起了合理的库存成本、运输成本与竞争性库存损失的分担机制，将供应商全责转化为各销售商的部分责任，从而使双方成本和风险共担，利益共享，有利于形成成本、风险与效益平衡机制，从而有效地抑制了"牛鞭效应"的产生和加剧。

（4）加强企业和消费者的沟通，建立新型的客户关系

通过互联网，企业和客户可以进行互动的交流，不仅缩短了企业和客户的距离，便于企业了解客户的需求和趋势，使企业做出的需求预测准确度增高，而且上游企业也能够和客户交流所得的信息，对下游企业的订单要求进行评估判断，这就有效地缓解了"牛鞭效应"。

同时，制造商也可以通过互联网，建立直销体系，减少供应链中的层次，简化供应链的结构，防止信息在传递过程当中过多地被人为扭曲，避免"牛鞭效应"的产生。比如Dell公司通过互联网、电话、传真等组成了一个高效的信息网络，顾客可以直接地向公司下订单要求进行组装、供应，使订货、制造、供应"一条线"完成，实现了与顾客的直接交易，有效地防止了"牛鞭效应"的产生。

综上所述，对大多数企业而言，单靠自己的实力，要想在激烈的市场竞争中求得生存和发展，是相当困难的。企业之间通过供应链彼此联系起来，以一个有机的整体参与竞争，共同合作，优势互补，实现协同效应，从而提高供应链的竞争力，达到群体共存。供应链运营需要企业相互信任，整合供应链业务流程，才能互惠互利，实现多赢、共赢的格局，需要各节点企业共同参与合作，才能从整体最优的角度做出决策，实现产品/服务在供应链过程中不断增值，塑造有竞争力的供应链品牌。

1.2 物流与物流管理

■ 1.2.1 物流

物流定义

商品的生产地与消费地的不同，必然需要商品流通。物流促进了商品流通，并且给人们的日常生活带来了很大的方便，例如农产品在收获的季节可以存储起来供以后使用，或者运输到其他不生产这种产品的地方。在古代，商品的流通在小范围内，而在现代，物流的飞速发展使得商品流通进入全球化时代，国际贸易额逐年增长。现代物流为跨国企业在全球化范围内充分利用各地资源优势，部署制造工厂、销售网络等提供了机会。物流恰恰是物品从供应地流向需求地的桥梁，物流是国际贸易、国内贸易所必需的。

物流是指物品从供应者向需求者的物理移动，它由一系列创造时间价值和空间价值的经济活动组成，包括运输、保管、配送、包装、装卸、流通加工及处理等活动。物流概念最早起源于军事领域，当时称为后勤保障，它是军事科学的一个分支，包括了供应前方作战人员所需军用物资（军械、粮草、被服等，中国古代称为辎重）以及装备的采办、维护和运输。物流军官负责为部队安营扎寨、安排住宿和管理补给仓库。在第二次世界大战中的战争物资供应方面，将战时物资生产、采购、运输、配给等后勤活动作为一个整体进行统一布置，以求战略物资补给的费用低、速度快、保障好。这就是美军所倡导的后勤学（logistics）。

如今，物流这一术语已经为广大普通民众所认可。远洋或内陆运输公司、仓储公司、配送公司等常常将自己称为物流公司，并强调它们的服务对各类企业成功的重要性。例如，电商在11月11日（双11）网上销售的成功被认为是物流系统的成功。消费者网上购物的不满意也往往会指责物流配送的不及时。那么，如何定义物流呢？

中国国家标准《物流术语》中将物流定义为：物流是为物品及其信息流动提供相关服务的过程。在物品从供应地向接收地的实体流动过程中，根据实际需要，将运输、储存、装卸、搬运、包装、流通加工、配送、回收、信息处理等基本功能有机结合。

美国军方文件JCS Pub 1-02 excerpt上对物流的解释是：对运输和后勤保障资源的计划与执行的科学，包括军用物资调度的设计与开发；军用物资的采购、储存、运送、维护；人员和物资装备储运中心的建设、维修等。

美国物流管理协会（Council of Logistics Management）对物流的定义是：供应链过程的一部分，是以满足客户需求为目的，以高效和经济的手段来组织产品、服务以及相关信息从供应地到消费地的流动和存储的计划、执行和控制的过程。

Langley，C.J（2009）将物流定义为预测顾客需求，获取必要的资本、物资、人员、技术和信息，优化产品生产网络及服务网络，并利用这一网络及时满足顾客需求的过程。

美国物流学会给出的物流定义中，引入了人的因素，以及"供应链"这个术语，使物流概念可以包括企业管理的所有方面：物流是与时间相关的资源及其定位，与整个供应链战略管理一致。供应链是满足顾客需要的一系列事件，包括采购、制造、配送、废物处理及其相关的运输、存储和信息技术等。物流与商品、人员、生产能力、信息等密切相关，物流要求它们做到合适的地点、合适的时间、合适的数量、合适的质量和合适的价格。

物流的价值体现

所谓"价值"，不仅仅指金钱的价值，尽管对多数购买者来说，金钱价值是购买的关键；但"价值"也意味着感知收益。感知收益包括与产品相关的有形收益和与服务相关的无形收益。

顾客价值可以定义如下：

$$顾客价值=感知收益/总体拥有成本$$

感知收益会因人而异。总体拥有成本反映了与产品所有权相关的所有成本，不仅仅指产品的价格，库存持有成本、订货成本、运营与维护成本及其他交易成本都应包括在内。

企业通过提高顾客的感知收益水平或者降低顾客的拥有总成本，来为他们创造价值。

顾客要求产品有更高的附加值，以及更低的成本。当然，在现实中仅仅追求低成本竞争是不够的。仅仅在产品价格上竞争，只能让顾客觉得这种产品是一种商品。一个公司只会降价，那么它在其他方面如何与竞争对手竞争呢？尽管价格是重要的，但是关注价格的目的应该是出于提高顾客价值的感知，只有这样，顾客才乐意为这个产品支付一个更高的价格，觉得产品不仅仅是一个产品。

对企业而言，物流管理是一个寻求优化组织内部物料流动和供应及其面向消费者的业务的集成过程。它本质上是计划过程和基于信息的活动。物流管理能对顾客价值公式中的分子和分母都产生影响，所以物流管理为提高顾客价值提供了有效的方法。

生产通过生产过程将一些资源转化成了顾客需要的产品。生产通过提供形式效用来满足顾客需求，依靠生产过程来增加产品的价值。

有些物流活动也能提供形式效用。例如，在配送中心所进行的分装、简单的装配等，它改变了产品的装运规格和包装，进而提供了产品的另外一种形式。航空公司的配餐中心将大量的面包、水果等拆开，分装形成面向消费者的快餐盒，这就增加了产品的形式效用。

多数物流活动会产生空间效用、时间效用和数量效用，进而满足了顾客需求。这正是物流价值的体现。

（1）空间效用。物流通过将产品从生产地移动到需求地而提供空间效用。物流跨越了地理区域，在顾客需要的地方出现了，从而增加了产品的经济价值。物流主要是通过运输活动产生空间效用。当然，空间效用也会导致产品的市场区域扩大，使企业面临的市场竞争加剧，进而导致产品降价，但顾客满意度会提升，因为顾客面临的选择更多了。

（2）时间效用。物流主要通过适当的仓储，使产品在顾客需要的时候出现，这就产生了时间效用。运输通过更加迅速地将某种产品运往需求地也会产生时间效用。在今天这个基于时间竞争的时代，顾客需要产品在恰当的时间点到达，时间效用变得更加重要。

（3）数量效用。当今企业面临的竞争环境不仅要求产品能够及时地送达正确的目的地，而且要求按照正确的数量送达。因此，时间和空间的效用要结合数量效用。将正确数量的产品送达要求的地点就产生了数量效用。物流通过预测、调度和库存控制来创造数量效用，例如，在准时化生产企业中，准确的供货数量尤为重要，需要的供货不多也不少，多了势必要存起来，需要额外的存储空间，增加成本；少了就不够用了，生产势必要停下来。再比如，你们家早餐每人只要吃一个煎鸡蛋，一碗面条，而你家冰箱里只剩一个鸡蛋了，也没有面条了，妈妈做了一个煎鸡蛋，谁吃？有人要挨饿了。物流没有跟上，没有计划好。明天再买一箱子鸡蛋都不能解决今早的问题。如果要提前购买很多鸡蛋，就需要冰箱工作了，那样会增加库存持有成本。物流必须要在正确的时间、按照正确的数量将产品传递到正确的地点，从而增加产品的效用和价值。

■ 1.2.2　物流管理的发展

物流是在供应链运作中，以满足顾客需求为目的，对货物、服务和相关信息在产地和消费地之间实现高效率和低成本的正向和反向的流动和储存所进行的计划、执行和控制的过程。对于传统制造企业来说，不管是制造的上游还是下游，物流似乎是无足轻重的辅助活动，但今天，物流，这一基本的活动对于满足顾客需求的重要性在增加。网上销售和电子商务的迅猛发展，更是显现出物流对于顾客满意度的重要作用，有效的物流对于电子商务的发展起了关键推动作用。对于供应链来说呢，离开物流，"链"就会被分割、分离，因而，不是要区分供应链与物流，而是要将两者结合起来，物流是供应链管理中不可或缺的。供应链物流管理已经成为企业发挥竞争优势和持续运营的重要手段。

军事后勤

随着第二次世界大战的爆发，美国军事后勤活动为怎样将物流一体化提供了宝贵经验，推动了战后对物流活动的研究以及实业界对物流的重视。1946年，美国正式成立了全美交通与物流协会（American Society of Traffic and Logistics），这是美国第一个关于运输和物流业的社会团体组织。

工厂物流

进入20世纪50年代后，在生产管理方面，企业开始重视工厂范围内物流过程中的信息传递，对传统的物料管理进行变革，对厂内的物流进行统一的规划，以寻求物流合理化的途径。欧美制造工厂多是从上到下的纵向一体化模式，制造工厂设立加工车间，生产需要的物料由工厂设立的仓库提供；顾客要求大多是月内供货，信息交换通过邮件；产品跟踪采用贴标签的方式；信息处理的软硬件平台是纸带穿孔式的计算机及相应的软件，这一时期的储存与运输分离，各自独立经营。

随着市场营销观念的形成，企业意识到顾客满意的重要性，顾客服务成为企业经营管理的核心要素。越来越多的企业认识到物流在顾客服务中发挥的重要作用。1963年，物流管理协会（National Council of Physical Distribution，1985年更名为Council of Logistics Management）成立，促进了对物流过程的研究和理解及物流管理理论的发展，促进了物流界与其他组织的联系与合作。物流总成本分析概念开始形成。

工厂物流管理的重点放在管理库存上，作为平衡有限的生产能力和适应用户需求变化的缓冲手段，它通过各种协调手段，寻求把产品迅速、可靠地送到用户手中所需要的费用与生产、库存管理费用之间的平衡点，从而确定最佳的仓储能力及库存水平。因此其主要的工作任务是管理库存和运输。

流通物流

1956年，日本开始从美国引入物流概念，将物流称之为"物的流通"。1964年日本的通产省为了降低产业的总体成本，将要推动除生产、流通的费用之外第三种成本的消减，即搬运、保管、包装等物流的成本。日本还把"物的流通"视为一种包括运输、配送、装卸、仓储、包装、流通加工和信息传递等多种活动的综合行为。这一时期是日本经济高速增长的时期之一，商品流通量大大增加。随着生产技术向机械化、自动化发展以及销售体制的不断扩充，物流已成为企业发展的制约因素，日本政府因而加强了物流基础设施建设。如1953—1958年交通运输投资占公共投资总额的19.2%，1959—1963年交通运输投资已占公共投资总额的29.5%，从基础设施上为物流发展打下了良好的基础。日本政府在全国范围内开展高速道路网、港口设施、流通聚集地的建设，各厂商也高度重视物流，并积极投资物流体系的建设，构筑与大规模现代生产、销售相适应的物流设施，采用叉车等机械化装卸设备和采用自动化仓库，灵活运用托盘和集装箱，实现货物单元成组装卸。同时建立物流中心，推行物流联网系统，开发车辆调度、配车系统等物流软件。1970年日本同时成立了两个最大的物流学术团体：日本物流管理协会和日本流通协会。

20世纪80年代，日本物流企业发展迅速，一般较大的物流公司都在全国各地设有自己的分公司或支社，面向全国乃至国外开展物流业务，如通运公司、两派公司、大和运输等，形成了多渠道、多层次、多形式、工商齐办的现代化物流系统网络。

同期，美国政府对航空、铁路、公路及远洋运输的经济法规进行了修订，鼓励市场竞争，在市场准入、运价、运输路线等方面给运输企业更大的自主权，大大促进了运输业的发展，使流通物流达到了前所未有的水平。

一体化物流/供应链物流

20世纪70年代末80年代中期，随着计算机及应用软件的发展，企业制造资源计划（MRPII）、准时制生产（JIT）等先进管理技术获得广泛应用与完善，从而推动了物流活动一体化的进程。1984年，G.Sharman在哈佛商业评论中发表的"物流的再发现"指出，企业高层管理人员应重视物流在企业规划和战略决策中的重要作用。1985年，W.D.Harries和J.R.Stock在市场营销研讨会上发表了《市场营销与物流的再集成——历史与未来的视角》，强调了物流在营销、顾客服务水平方面的战略作用，提出了营销与物流一体化的必要性，这无疑又从顾客驱动的下游推动了物流供应链过程一体化的研究与实践。

同期，在欧洲也开始应用供应链物流的概念，发展联盟型或合作型物流新体系；供应链物流强调的是在商品的流通过程中企业间的合作，改变原来各企业分散的物流管理方式，通过供应链物流这种合作型的物流体系来提高物流效率。欧洲的协作物流协会（Corporate Logistic Council）推动供应链物流的发展。这时期物流需求信息可直接从仓库出货点获取，通过传真方式进行信息交换，产品跟踪采用条形码扫描；信息处理的软硬件平台是客户/服务器模式和商品化的软件包。第三方物流（TPL）在这一时期开始在欧洲兴起。

20世纪90年代，为降低成本，不少美国企业纷纷把加工厂移到劳动力便宜的国家和地区。为了促进产品的销售，各公司也热衷于建设全球网络，如可口可乐、百事可乐等都通过遍及全球的物流网络，提供世界范围的服务。国际物流量迅速增加，这使物流业在美国占有越来越重要的地位。20世纪90年代以来，第三方物流（TPL）在美国得到迅速发展。全球化、合作伙伴、服务型经济、环境等因素使企业运营环境发生了深刻的变化，时间开始成为企业运营中最重要的因素之一。物流信息系统和电子数据交换（EDI）技术，以及互联网、条形码、卫星定位系统（GPS）及无线电射频技术在物流领域中得到应用，企业将物料管理、库存管理、配送管理、顾客服务等集成起来作为一体化的供应链物流管理就"水到渠成"了，满足了物流全球化，服务形式多样化和快速反应的要求。

Slats等人1995年给出一体化供应链物流的定义。

一体化供应链物流是所有与物料流与信息流直接相关或间接相关的活动和系统的集成。一体化供应链物流管理主要定位于面向产品，也关注供应商和分销商/客户的联系。强调供应链整体绩效，物料与信息流是多维集成体；将物料流与信息流的控制集成在供应链结构中，消除古典物流结构中的多重组织层次协调、库存与物料流、信息流控制中的浪费；特别需要过程、部门、功能、组织、规定和系统的集成，关系管理和伙伴关系是根本；面向业务、功能集成、关注顾客、关注新技术与信息系统的利用；供应链上多个企业组织联合起来共享技术、资源，这种合作以计算机网络、信息技术工具和协议为基础。

一体化供应链物流管理则把供应链上的各个企业作为一个子系统，使供应链上各企业分担的采购、生产、分销和销售的职能成为一个协调发展的有机体。一体化供应链物流管理需要注重总体物流成本与顾客服务水平之间的关系，为此要把供应链各个职能部门有机地结合在一起，从而最大限度地发挥出供应链整体的力量，达到供应链企业群体获益的目的。

可见，一体化供应链物流管理需要供应链管理，供应链管理不仅包括物流管理，而且还应包括供应链战略与规划、关系管理、信息服务、分销管理与财务管理等。供应链管理要研究商品流、物流活动，还要考虑企业间资金流管理（涉及汇率、成本等）、产品质量、供应与需求渠道、信息管理、整合与协调等。

供应链与物流系统不是孤立存在的，因为制造商物流系统的进厂物流和其供应商物流系统的出厂物流是连接在一起的，制造商物流系统的出厂物流和其他制造商的进厂物流或城市配送物流是连接在一起的。供应链管理要求供应链网络中所有组织构建的物流系统不能孤立地运作，而应从总体上形成合作的、协调的物资流和商品流。可见，供应链物流管理应该更加注重系统的协同与整合。

全球物流/全局物流

20世纪90年代以来，全球经济一体化的发展趋势十分强劲，欧美等发达国家的跨国企业纷纷在国外，特别是在劳动力比较低廉的亚洲地区建立生产基地，生产零部件，甚至建立总装厂。由于生产地与需求地的跨国性，国与国之间的商品流通量呈现增加趋势，国际贸易快速增长，全球物流应运而生，全球物流主要指进口国与和出口国之间的物流和信息流。跨国企业开始关注其跨越多国的生产与分销集成的全局物流。

这一时期，欧洲的供应链着眼于整体提供产品和物流服务的能力。欧洲制造业已发展到精益制造。为了应对顾客的物流服务要求，欧洲建设了许多具有一定规模的综合物流中心，如荷兰的鹿特丹港物流中心，石油加工配送量为6 500万吨/年，汽车分销量300万辆/年，橙汁与水果分销量90万吨/年。供应链集成管理的模式也在发生变化，供应方、运输方需要寻求合作伙伴，首席物流官（chief logistics officer）开始作为供应链管理的主导者管理企业的全局供应链。这一时期，物流的需求信息直接从顾客消费点获取，采用电子信息交换方式，应用无线射频标识技术进行产品跟踪，应用互联网和物流服务方提供的软件进行信息交换与处理，现代化的全球物流体系已经形成。

在《美国运输部1997—2000年度战略规划》中，运输部长R.E.Slater提出，美国应建立一个国际性的以多式联运为主要形式、以智能为特征并将环境包含在内的运输系统，该系统将是世界上最安全、最便利、最经济和有效的系统。同时指出，数据和信息的收集和传播、知识的创新和共享对国际运输业的发展是非常重要的，该报告对推动美国运输和全球物流的发展起到重要的指导作用。

1997年4月，日本政府制定了一个具有重要影响力的《综合物流施策大纲》，要求到2001年，既要达到物流成本的效率比，又要实现不亚于国际水准的物流服务，为此要求各相关机关联合起来，共同推进物流政策和措施的制定。该大纲是日本物流现代化发展的指针，对于日本物流管理的发展具有历史意义。到2001年日本物流发展要实现以下三项基本目标：

（1）亚太地区便利性且充满活力的物流服务。

（2）实现对产业竞争不构成阻碍的物流成本水平。

（3）减轻环境负荷。

为实现上述目标，大纲中还制定了具体实施措施，如下所述。

（1）通过相互合作来制定综合措施。为确保适应消费者需求的有效运输体系，以及创造良好的交通环境，道路、航空、铁路等交通机构要合作，共同制定综合交通措施。

（2）通过竞争促进物流市场活性化。

（3）促进社会资本的合作与集中使用。提高运输能力，消除物流瓶颈，建设国际港口、机场及相应的高规格的道路，建设主要干线铁路、公路，建设大都市圈物流中心，在法规和政策上进一步推动物流的效率化。

（4）促进物流系统的信息化、标准化，实现无纸贸易。

（5）对城市物流要建立道路交通的畅通机制，提高汽车装载效率，提高物流服务质量，减轻环境负担，对地域之间的物流要进一步完善多方式运输的竞争条件，实现多式联运，促进水路、铁路货运，建立区域性物流中心及道路。

（6）对于国际物流要进一步缩短物流的时间、降低成本，提高产业或地区的竞争力。

（7）建立各部门合作的政策推进体制。推动政府机关、地方团体、物流业者和货主联合的物流现代化，形成一体化物流效应。

■ 1.2.3 物流分支

进入21世纪，物流作为供应链管理的有机部分，至少产生了以下四个主要分支物流。

（1）企业物流，指为满足顾客需求，在供应链上，对产品/服务及相关信息从生产地到消费地的输送和仓储等进行计划、实施和控制的过程，以达到高效、低成本的目标。

（2）军事物流，指为确保迅速、可靠、有效地保障军事力量的作战效能，对人员、物资及装备保障进行整体的设计、统一的调度与部署的过程。

（3）应急物流，指为突然发生的事件及事后的有效救援及恢复，组织、调度和配置所需要的资源（如组织、设备和人员等）网络的过程。

（4）服务物流，指服务业运行中的保障或维护过程，对服务企业的设施资产和备件、材料等物资进行采购、调度和管理。

这四个分支都需要有预测、调度、运输和仓储等功能，但是其主要目的略有不同。这四个分支都可以视为供应链中的上游或下游组织，与其他组织紧密合作，共同为整个供应链的成功和长期发展做出贡献。

■ 1.2.4 物流分类及管理活动

物流分类

物流可以进行如下分类。

按照物流的环节与属性，可分为：入厂物流（以前的物料管理）、出厂物流（实物分拨、分销物流）、生产物流、逆向物流。

按照物流活动的空间范围，可分为：区域物流、国内物流、全球物流。

按照物流系统的性质，可分为：社会化物流、行业物流（农产品物流、林业物流、服装物流、药品物流、电子高科技物流等）、企业物流。

按照物流的主体类型，可分为：自营物流、委外物流（第三方物流）、第四方物流；还有些特殊物品的物流，如危险品物流、低温物流（冷链物流、鲜活物流）。在中国台湾地区，低温物流又可分为冷气物流、冷藏物流、冷冻物流。如表1-2所示。

表1-2 物 流 分 类

分类标准	分类名称	特点与活动内容
按照物流的环节与属性	入厂物流	在采购过程中所发生的物流活动，如运输、仓管、库存控制等。采购与供应管理直接影响企业生产成本。
	出厂物流	生产企业、流通企业销售产品时，在供方和需方之间的物品流动与储存，如库存管理、配送、包装、装卸、搬运等。
	生产物流	在企业内部的生产过程中原材料、在制品、半成品、产成品等的内部物料管理活动，如取送、物料控制、传输、分拣、包装等。
	逆向物流	多种原因导致的不合格物品和报废物品的返修、退货、回收，以及周转使用的包装容器从需方返回到供方的逆向物流活动。
按照物流活动的空间范围	区域物流	在地区内及地区之间所产生的物流活动。
	国内物流	在一个国家范围内产生的物流活动。
	全球物流	国与国之间因进出口贸易、交流等需要而产生的物流活动。
按照物流系统的性质分类	社会物流	某区域全社会物流活动的总称。
	行业物流	某产品行业部门或特定物品类的物流活动。
	企业物流	企业运营，生产产品或提供服务所形成的物流活动。
按照物流的主体类型	自营物流	物流作业与管理由企业本身承担的物流活动。
	委外物流	由产品供方和需方以外的第三方物流企业提供专业化的物流服务的业务模式。
	第四方物流	是供应链物流服务中的综合服务供应集成商，提供组织物流服务所需设施、信息装备等资源和资金、技术以及物流方案等。

物流管理活动

我国《物流术语》定义的物流活动是物流过程中的运输、储存、装卸、搬运、包装、流通加工与信息处理。

美国物流管理协会（CLM）认为一个典型的物流系统的主要管理活动包括如下内容。

客户服务、需求预测、配送系统、库存控制、物料搬运、订单处理、零配件和服务支持、工厂和仓库选择（即物流网络设计）、选址分析、采购与供应管理、包装、逆向物流（退货及废弃物处理）、交通与运输管理、仓储管理。

当然，构成企业物流管理的活动因企业而不同，它取决于企业类型、特点及组织结构、管理层对物流范围的不同理解等。可以在图1-12所示的供应链中找出企业物流的一些重要活动。有些活动是关键性物流活动，有些是支持性物流活动，每一种活动都涉及一些决策问题。

这里列出了很多物流活动，但并不意味着企业的物流部门负责所有这些活动。与这些活动相关的决策的制定必须运用供应链物流管理的系统理论与方法，这对供应链物流管理非常关键。

企业物流

物料管理　　　　　　　实物分拨

供应源　　　　工厂/运作　　　　客户

运输　　　　　　　运输
库存控制　　　　　库存控制
订单处理　　　　　订单处理
采购　　　　　　　生产调度
保护性包装　　　　保护性包装
仓储　　　　　　　仓储
物料搬运　　　　　物料搬运
信息维护　　　　　信息维护

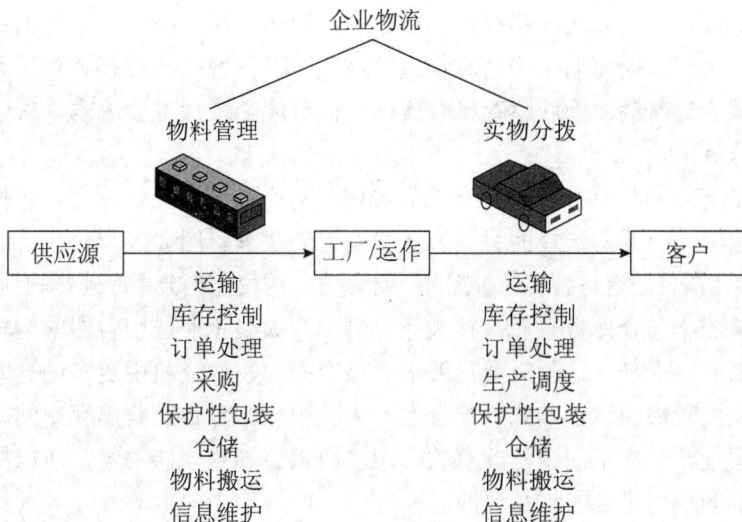

图1-12　企业物流中的物流活动

下面对主要的物流活动，做一下简单的介绍，让读者大概了解下。

客户服务　客户服务有两个对物流很重要的维度：一是客户接触及客户沟通，这往往是获得客户订单的关键；二是客户服务质量，这对留住客户，扩大市场占有份额至关重要。

从获得订单的角度看，物流关注的是为了满足客户的订单需求而在适当的地点持有一定的库存。同时，物流还关注订单履行的承诺，如接收订单时向客户做出的交货期承诺，兑现这些承诺需要加强库存控制、制造、仓储、运输活动的协同。

客户服务质量可以从产品可得性、交货可靠性、订单履行速度和交货及时性等得到体现。库存、运输、仓储决策与客户服务质量相关联。物流在确保消费者在正确的时间和地点得到正确的产品方面发挥了非常重要的作用，而这些都是客户服务质量的重要维度。

运输　运输是物流系统非常重要的组成部分，而且通常是最大的物流成本因素。物流中一个主要的焦点问题是商品的流动，或者是使商品流动的网络。这个网络包含了为企业提供物流服务的货物运输代理机构。物流管理人员负责选择物流运输服务商的方式，或者发展自营运输业务，或者选择第三方物流企业。

库存控制　仓库及运输途中都存在库存。库存控制需要确定一定的库存水平，保证不会导致缺货。例如，在配送中心履行客户订单时，现有的库存量就会降低。当现有库存量到达再订货点时，就要将补货订单通过人工或电子方式发布给供货仓库或供货工厂，以确保达到顾客可接受的服务水平。库存控制还要保证库存数量的准确性，确保仓库中的物资库存数量与信息系统中的数量一致。往往通过库存盘点来控制库存数量的准确性。库存准确性对确保及时履行客户订单有着重要作用。

订单处理　订单处理包括与完成客户订单有关的活动。订单处理需要确保在交货期内履行订单。短的交货期可能要求较快的运输方式，较快的运输方式可能意味着高成本。企业需要在订单处理中采用互联网及信息技术，从而有效减少订单处理时间。

采购　采购是物流的重要活动。运输成本与企业生产所要采购物资的地理位置有直接关系。经济订货数量与运输成本和存货成本相关。例如，从中国为一家美国的制造厂购买零部件需要几个星期的提前期，这会对制造厂最低库存预警线的设置有直接影响。使用快速运输方式可减少提前期，降低库存持有成本，但可能会增加运输成本。所以，采购决策需要考虑物流总成本。

包装　工业包装可以在产品运输和储存的时候对产品起到保护作用，包括厚纸板、包裹、捆绑、袋子等。企业所选择的运输方式影响包装要求。例如，为防止可能的破损，铁路或水路运输通常需要规定包装要求。因此，运输方案的变化也会相应地影响到包装成本。

仓储　运输成本与仓库数量有直接关系。例如，如果企业选用较慢的运输方式，就不得不保持较高的库存水平，这就需要足够的仓储空间，建设或租用更多的仓库。当然，企业也可以考虑使用较快的运输方式（如空运）来减少仓库数目及其储存空间。仓库数量、仓库选址和仓库规模等决策问题与此有关。运输决策会影响仓储决策，所以权衡各种方案对整个物流系统的最优化是非常必要的。

物料搬运　物料搬运也是生产企业运营中遇到的非常重要的物流活动。物料搬运决策受仓库布局设计和运营的影响，物流管理人员关注商品进入仓库的运动，商品在仓库的放置，以及商品从储存区到包装区及准备运出仓库的运动。物料搬运通常使用短距离移动的机械设备，这种设备包括输送机、堆高机、高架起重机和自动存取系统（automated storage and retrieval systems，ASRS）。物料搬运系统的设计必须保证所使用的各种设备能够相互匹配。

选址　物流的另外一个重要活动是工厂和仓库的选址。位置的变化可能改变工厂与市场之间或供应地与工厂之间的时间和地点关系。这种变化将影响运输费用、客户服务质量、库存水平等。

其他活动　其他活动，如零配件和服务支持、退货处理、废弃物处理等都广泛存在于生产耐用消费品和工业品的企业物流活动中。运输和仓储决策直接影响这些活动。产品维护、售前、售后服务都需要一定的物流服务支持。绿色、可持续发展理念要求企业重视逆向物流的发展，即要将使用过的、损坏的、废弃的产品返回给供应商进行循环利用或处理。

1.3　典型的几种物流

1.3.1　全球供应链物流

全球供应链物流的兴起

如今社会存在着一个明显的趋势，就是国际物流或全球物流的发展。不断改善的信息通信和更好的运输工具意味着距离不再那么的重要，组织将具有全球眼光，它们可以有效地在全球市场购买、运输、存储、制造、销售和配送商品。列昂蒂亚迪（Leontiades，1985）曾指出："20世纪最重要的现象之一就是工业的国际化扩张。实际上，所有的大公司都在它们本土之外进行重要和持续的业务拓展。"工业化国家之间一半的贸易可能发生在同一家公司的子公司之间（Julius，1990）比如，由美国公司出口到它们的海外子公司，或者是美国在其海外的制造公司又将产品进口到美国本土市场。

在本章1.2.2物流管理的发展中已经提到了全球物流的发展。事实上，许多因素促进了全球物流及国际贸易业务的发展，具体内容如下所述。

- 新兴市场不断增加的需求。当发展中地区的经济变得具有发展前景时，外国公司意识到在新兴市场销售它们产品的机会来临了。
- 瞄准规模经济的制造商。许多制造业务依赖于稳定、大规模的产品生产。其最优经济规模通常比单一市场的需求更大。
- 对供应商的需求增大。当顾客的需求越来越多时，当地的供应商可能无法满足他们的需求，组织必须从更广的区域来寻找更好的资源。
- 市场需求的集中，不同的市场逐渐接受相同的产品，至少在制造完成时差别极小，奥梅（Ohmae，1985）称这种效果为"加利福尼亚化"，它使得可口可乐、麦当劳、丰田和索尼几乎可以在任何一国销售同一种商品。
- 贸易壁垒的消除。许多自由贸易区特别鼓励国际化运营，包括上海自贸区、欧盟和北美自由贸易区。
- 变化灵活的物流运营。良好的物流可以使国际贸易更轻松，例如集装箱和多式联运使得货物运输更方便、更快捷和更便宜。
- 专业化运营支持。许多组织专注于它们的核心竞争力，将物流业务外包给第三方。外包业务地点由其他组织决定，甚至可能不在同一国家。
- 企业之间通信便捷，消费者之间沟通改善。卫星电视、网络和其他沟通渠道使得顾客能更好地关注当地之外的产品。

当然，全球供应链物流实践也可能存在着一些障碍和困难。例如，国际化产品设计存在问题——不同的地区要求不同的产品，产品本身不会国际化，或者顾客并不看好这些产品。有时，顾客需要某种产品，由于边境问题、不够完善的基础设施、流失的技术资源和人力技能及其他的文化差异等，供货商难以交货。不过在各国的努力下，这种情况正在改变。例如，跨国的自由贸易区政策，国与国之间的双边或多边贸易自由化协议的签署等都为全球供应链物流的运营大开绿灯。

对企业而言，一个普遍存在的问题是寻找一种合适的组织结构来进行全球供应链的运营，面临的主要选择是在国内、多国间还是全球范围运作。通常，国内公司仅仅在本国市场上开展业务，然后出口商品到外国的其他公司。国际化的公司将总部设在一个国家，通过这个总部来控制在别国子公司的业务活动。多国公司由一些相互联系但是位于不同国家的独立公司组成。跨国公司将世界市场当作一个市场，在效率和效益最高的地方经营。这些描述可能过于古板，组织通常在面对当地的条件、实践和需求时会更灵活，这会产生一个更加松散的"跨国界"组织，它涉及不同类型的业务，但是仍然具有整个公司的统一文化。

全球供应链及其特点

全球供应链（global supply chain）是指在全球范围内整合供应链，它要求以全球化的视野，将供应链系统延伸至整个世界范围，根据企业的需要在世界各地选取具有竞争力的合作伙伴。全球供应链管理强调在全面、迅速地了解世界各地消费者需求的同时，对其进行计划、协调、运作、控制和优化，依靠互联网及信息技术支撑，实现供应链的一体化和快速反应，达到商流、物流、资金流和信息流的协调通畅，以满足全球消费者的需求。全球供应链需要整合一系列分散在全球各地的相互关联的商业活动，包括采购原料和零件、生产产品、分销及配送服务增值等。并在各个商业主体之间交换信息，在价值链上降低成本、扩大收益。

当企业供应链的活动由国内发展到国外，产品流动穿越不同国界而遍布世界时，就会面临全球供应链物流网络的挑战与机遇。从管理的观点上看，经济全球化将给供应链管理带来更多的不确定因素，从而使全球供应链面临着更大的经营风险和更高的经营难度，主要体现在以下几个方面。

（1）汇率和通货膨胀对全球供应链运营的影响显著

汇率和通货膨胀是影响全球供应链的两个复杂的经济因素。汇率将影响任何国外买家、供货商或竞争对手的公司的经济状况，进而影响输入成本、销售价格与销售量。通货膨胀则影响一个国家的企业从生产到销售的全部过程。

高效的全球供应链运营可以有效消除因局部汇率和通货膨胀而给企业带来的不利影响。公司可以与许多不同国家的供应商建立关系，并采取动态管理方法，不断调整和吸收新的国际供应商。这样，公司就可以根据汇率的变化，将它的采购对象及时转移到那些能够提供输入最低成本的供应商，尤其是那些货币价值被长期低估的国家的供应商，这样就可以最大限度地获得汇率上的好处。对于存在多重生产来源和过量产能的全球供应链来说，通过网络把过量的产能在不同国家重新分配，可以有效地避免汇率波动带来的风险。

全球供应链上的节点企业，应对通货膨胀的有效方法就是及时提高价格与尽可能缩短收款期和前置时间，这样就可以确保快速和准确的配送。公司应确保与客户及时完全地沟通。

（2）地理距离导致更高的库存

全球供应链穿越不同的国家，从而使供应链的空间距离拉大，这意味着更长的运输周期，必然导致各种不确定因素的增加，如公司存货的增加、市场环境的变化、顾客需求的变化等。跨国运输会由于各国烦琐的海关手续而拖延时间。应对各种不确定性，需要通过增加缓冲存货来实现，这必然加剧"牛鞭效应"的程度。所以，供应链空间距离的增加将可能造成大量的库存，从而增加管理费用和供应链成本。

管理全球化工厂网络的公司在供货商具有不同地理位置的情况下，将面对如何执行及时生产的挑战。一些公司发现，面对时差，与远程供货商进行信息回馈是非常困难的。例如，某大计算机公司要完成全球采购是如此复杂，以至于无法对销售国家实现及时交货。虽然商品在2～3天之内就可以完成通关手续，但是文件的问题会耽误2～3个星期的配送，如此延误的情形通常会在一个产品上每年发生一次或两次。

（3）准确预测更加困难

共同组成供应链的来自不同国家的企业，处在不同的文化、经济和法律环境下，并使用不同的语言，这就意味着供应链上的各个节点企业，一方面以不同的观点和预测来评估未来的市场演变，另一方面因相互间的交流和沟通更加困难，而对同一信息的理解本身就有可能存在偏差，这就可能使各个节点或部门建立在同一信息基础上而形成不同的预测结果。同时，客观的空间距离拉长导致不确定因素的增加，结果公司会发现自己正在使用高度失真的不准确信息，这必然使预测的准确度下降。因此，在全球化供应链中，往往靠增加安全存货量来调整预测误差，以应付需求的不确定性。

（4）技术障碍给全球供应链管理带来巨大挑战

全球供应链节点企业在不同国家经营，因而在基础设施、设备和人员等方面有可能遇到障碍，如员工技术和供货商品质等，都会影响整体供应链的运作。

员工技术的高低将会影响或改变公司在新的环境中可能采用的技术。

供应商质量、原物料短缺是全球供应链遇到的严重问题。进口原物料因外汇准备不足而被限制输入，或者进口供货商组织结构和运输系统不完整，都会造成供应短缺。供应短缺或不稳定会在全球供应链的规划过程中引起混乱，同时，下游工厂的准时化供应和生产计划就会搁浅。

在某些国家中，缺少加工设备和技术也会严重地阻碍新产品的开发和生产过程。在这种情况下，公司不得不在发达国家进行研发工作，以推动本地加工设备和技术的发展。

能力不足的运输设施将会延长供应链活动的提前期，其结果是增加供应不确定性、配送费用和控制配送渠道的难度。信息技术应用的不足意味着缺少及时、可靠的信息挖掘与交换，这样会导致公司不能及时了解和全面把握市场，从而影响公司全球竞争战略的实施。

（5）供应链涉及的产品具多变性，需要模块化技术与方法

全球市场中，不同国家和地区所接受的产品和服务差异很大，并且由于产品种类更多，环境更复杂，产品变化的可能性更大。往往需要跨国公司给许多不同国家的消费者提供个性定制化的产品与服务。通常，为制造一种适合不同市场的产品，公司会先生产一个基本产品，其中包含大部分的特性和组件，最后再通过增加组件、本地组装使产品适合本地市场的需求。例如，对不同国家所销售的计算机会有所不同，其电压、频率、插座规格、键盘和手册等都必须与当地情况相匹配。

阅读 　　　　　　　　　　**利丰集团的全球供应链**

利丰集团是一家基于中国香港的最大的跨国贸易公司之一，公司有三类核心业务：出

口贸易、经销和零售。利丰有经营贸易业务的传统，为买卖商家牵线搭桥，将亚洲消费产品出口世界上各主要市场。利丰现在将业务范围拓展到对整个供应链的管理，将从最初生产阶段直到消费者的全部流程加以集成。最终目标是找到最佳地点，以最节省成本方式生产所需产品，并在最短时间内将它们交付零售商与消费者。

利丰的定位是开创一个全球范围的供应链管理。比如，利丰从一家欧洲零售商那里接到一个1万件服装的生产订单。它们可能要为该客户从一家韩国制造商那里买纱线，在中国台湾纺织和印染。因为日本有最好的拉链和纽扣，再到日本的一家大型拉链制造商YKK那里，从它们的中国工厂订购合适的拉链。考虑配额与劳动力因素之后，利丰可以最后认定这批服装的最佳制造地是泰国。为在交付期间内完成，利丰会将这个订单分给五家不同的工厂来做。在接到订单的五周之后，1万件服装即在欧洲上架，而且看上去都像是从同一地方来的货。无论哪里出现了问题，利丰总是能将订单重新分配给它们的全球供应商网络上的其他国家，以避免延迟。利丰的角色是要迅速而节省成本地完成产品交付，在整个生产过程中实现增值。这并不是去追逐最低成本供应商的问题，而是将整个的生产过程转变为一个供应链管理概念。利丰是整个链条的"链主"，从纱线到服装，乃至到仓储和成品运输。

利丰统筹着全球供应链，管理着每个客户的生产计划。利丰面对的挑战就是将供应链分解成各个更小的组成部分，完善物流，以并行而非顺序的方式推进。利丰通过高效的供应链管理，在支付运费、完成原材料与产品运输后，依然成功地降低了总体拥有成本。

全球经济走向一体化，企业面向世界市场机会的同时也面对来自世界市场的竞争。消费者和企业客户从各种渠道寻找价格最低、质量最高的产品和服务。产品的竞争力已非单一企业能够决定的。竞争方式已从单体竞争转向企业间的网络竞争和供应链间的竞争。中国香港利丰集团已经从一家传统贸易商成功转型为以供应链管理概念运作的现代跨国贸易集团。

【思考】你认为利丰是家什么样的公司？客户为什么需要利丰？工厂为什么需要利丰？

1.3.2　区域物流与城市物流

区域物流

区域一般是指某个行政区域或两个以上行政区域的联合体。区域物流是区域之间及区域内部的物的流动，是在一定的区域地理环境中，以大中型城市为中心，以区域经济发展规模和范围为基础，区域内外物资从供应地到接受地的实体流动。我国的行政区域划分为省、市、县、乡等。从这个意义上讲，区域物流包括省域物流、城市物流、县区物流、农村物流等。

区域物流活动凭借区域内的物流基础设施条件，将多种运输方式及物流节点有机地进行衔接，并通过物流业务活动的有机集成来提高本区域物流系统的水平和效率。扩大物流活动的规模和范围，辐射其他区域，促进区域经济协调发展，提高区域经济运行质量，增强区域综合经济实力。

从现实来看，区域物流联合体主要包括两大类：第一类是一国之内的区域联合体；第二类是跨越国境的区域联合体。第一类联合体的例子有我国传统的东北、华北、华东、华南、西北、西南六大联合体，以及近些年出现的新区域联合体（如京津冀区域联合体、珠江三角洲、长江流域、长江三角洲、环渤海经济圈、大西北经济区等）。与此相对应地产生了东北物流、华北物流、珠三角物流、长三角物流、西南物流、大北京物流等。第二类联合体的例子有北美自由贸易区、东北亚经济圈、欧盟联合体等，其特点如下：一是联合体的成员是多国的；二是联合体的成员只是某个国家的部分行政区域。例如，东北亚经济圈的主要成员有中国的天津、大连、青岛、烟台，日本的福冈、北九州、下关，韩国的釜山、仁川、蔚山。由于这种跨国区域联合体的存在，因此，也就自然产生了跨国性区域物流（如东北亚物流）。当然，这种跨国区域物流具有双重属性，即：可以划归为区域物流，也可以划归为国际物流。

区域物流的特点

区域物流具有如下特点。

（1）主体多元化

由于区域物流中的"区域"首先是一个地理区域，在这个地理区域内，往往存在着数量庞大的微观物流组织，这些微观物流组织是各种物流经营的主体，组织间存在着竞争与协作关系，从而形成复杂的物流市场竞争结构。同时，区域物流的行政管理主体也是多元的，区域物流行政管理主体之间存在着竞争与协作关系。

（2）区域边界的多变性

随着经济资源、产业结构、物流技术、信息技术等的变化，区域物流中的"区域"成员及区域边界也会发生相应的变化，导致区域的经济规模与结构发生相应的变化，从而导致该区域的物流规模与结构发生相应的变化。当区域经济衰退时，该区域的物流规模及其辐射范围就会缩小，甚至被整合到其他区域（如一些资源枯竭的城市）。上述物流环境的变化，将改变原有区域的成员构成或者导致新成员的加入或者原有成员的退出，从而导致区域边界的扩大、重组、缩小甚至消失。这就是说，区域物流的区域边界是经常变化的，而且缺乏稳定性。

（3）组织和管理的难度大、成本高

由于区域内存在数量庞大的物流经营主体，又存在多个物流行政管理主体，因此，要组织和管理好区域物流，难度很大，成本很高。这要求区域物流的组织与管理者探讨科学的管理体制与管理方法，不仅要有效率观念，而且要有效益观念。特别是对于包含多个行政区域的区域物流的组织和管理者，在组织或加盟区域物流之前，应充分考虑区域物流的组织与协调成本及其分担形式，不能盲目增加区域物流的加盟成员或扩大区域边界。

区域物流系统分类

一般而言，区域物流系统可以分为以下几类。

（1）跨国区域物流

跨国区域物流是指跨越国境的区域物流。它是区域物流中层次最高、规模最大、范围最广、管理难度最大的区域物流。因为跨国区域物流的组织和管理涉及许多难题（如区域成员的国境贸易政策（关税）、经济体制、生活习惯、文化传统、商品的腹地延伸、物流设施的共享、物流设备与工具的通用性、物流信息标准化等），同时跨国区域物流的经营主体和管理主体更加复杂。因此，要组织好跨国区域物流，必须建立一个全新的跨国区域物流管理体制，协调各种关系，才能发挥跨国区域物流在促进跨国区域经济发展中的作用。

跨国区域物流是经济全球化的重要体现，也是世界物流发展的必然趋势。随着世界各国贸易与投资壁垒的逐步降低甚至消亡，不同国家的不同地区，特别是地理上相邻或经济上有较大互补与互利关系的地区，将越来越倾向于构筑一个超越国家界限的经济区域，即在经济全球化的背景下，经济生活中的国家概念将日益淡薄，世界经济将由以国家为单位的经济逐步转化为以跨国区域为单位的经济。作为经济活动中的物流，也必将由国家物流时代，逐步进入跨国区域物流时代。

中国提出的"一带一路"战略，即共建丝绸之路经济带和21世纪海上丝绸之路，获得了沿线国家的共鸣，中国与沿线国家正努力在政策、设施、贸易、资金等各方面寻求合作，实现互联互通，直接推动跨国区域物流的发展。

（2）大区物流

大区物流是指一国之内的若干行政区所组成的区域联合体物流（如"珠三角物流""长三角物流""东北物流""华北物流"等）、大区物流包含的区域边界较大，区域成员较多，往往包含若干省区。大区物流之所以能够形成，是因为大区内的区域成员在产业结构、地理位置、产业分工、物流资源等方面具有明显的互补关系。因此，通过组织大区物流，加强大区成员之间的物流协作，可以获得更大的绩效，也可以增强大区的经济竞争优势。大区物流的组织有相当的难度，要协调好各种关系。

（3）省域物流

省域物流是指一个省内的物流。省域物流的组织和管理相对比较容易，即使省域内存在若干层次的区域物流，单由于在行政上隶属于一个省，因此协调比较容易。

（4）城市物流

城市物流追求的目标不仅包括经济效益，也包括社会效益等多种效益，需要考虑在城市整体利益的基础上，全面优化城市物流系统。城市物流是以城市为主体的，围绕城市物流服务需求所发生的物品在城市内部及周边的实体流动，是服务于城市经济发展的一种中观物流。既能够满足于城市内部的物流活动，同时也满足于城市与外界联系过程中产生的物流活动，是城市内部、城市与城市、城市与区域乃至与其他国家和地区进行经济交流活动的桥梁。城市是区域物流的中心。

（5）农村物流

农村物流是指以乡镇和村为活动基地的物流。农村物流与农村的产业结构有直接关系。随着新型城镇化建设，农村物流的主体、客体、网店及组织与管理，与城市物流有许多不同之处，需要与城市物流连接，是一个值得研究的物流领域。

城市物流

城市物流是通过考虑城市货物流通对社会、环境、经济、金融和能源的影响使城市物流活动达到整体最优的过程。日本学者谷口荣一将城市物流定义为："城市物流是在市场经济框架内，综合考虑交通环境、交通阻塞、能源浪费等因素，对城市内企业的物流和运输活动进行整体优化的过程。"王之泰教授1995年在《现代物流学》中提到："城市物流要研究城市生产和生活所需物资，如何流入以及如何以更有效的形式供应给每个工厂、每个机关、每个学校和每个家庭，城市巨大的耗费所形成的废物又是如何进行物流组织的。"

简单地说，城市物流就是物品在城市的实体流动。具体地说，城市物流主要包括三个方面：城市内物品的实体流动、城市外货物的集散、城市废弃物的回收处理。城市内物品的实体流动主要是城市配送，包括城市居民日常生活用品的配送，以及部分生产资料的配送，特别是及时化配送；城市外货物的集散，主要是中转大进大出城市的物资，包括支柱产业所需原材料、商品的流入和流出；城市废弃物的回收处理，主要是生活废弃物的回收处理。

城市物流的特点

城市物流是以城市为依托的物流，是在一定城市规划的约束下，为实现城市商品流通最优化，以及城市运营、管理等的物流活动体系，它具有一般意义上的物流属性，而且城市物流多了个边界，需要在物流涉及的诸多要素上"叠加"地域的限制和城市的属性。现代城市物流更是将物流的内涵进一步拓展，以高科技为支撑，以信息技术为手段，全面涵盖了产品生产前直至销售及售后服务等领域。城市物流的特点归纳起来有以下几点。

（1）城市物流属于中观物流

它介于宏观物流和微观物流之间，可以看作众多企业的微观物流向城市之间的宏观物流的一种过渡，它与企业内部微观物流有着密切的联系。一方面，城市中大多数企业都拥有大量的物流设施，这些也是城市物流基础设施的一部分；另一方面，由于城市物流与企业的微观物流客观上存在着集散关系，输入城市的宏观物流通过城市物流分散为成千上万的微观物流，而企业输入的微观物流也必须通过城市物流才能汇集成输出城市的宏观物流。

（2）城市物流涉及面广、流量大、流向多变

从静态来看，有城市发展规划中的内容，如物流设施及项目，包括公路、桥梁、车站、码头、机场、物流基地和仓库的布局安排；从动态来看，城市物流的内容包括两大方面，其一，是本城市的企事业单位和广大居民，表现为实体物资（包括生产、生活资料、废弃物等）的集散和短距离位移。其二，是由外城市产生的宏观物流，表现为这一城市外其他城市之间或地区之间货物移动时经过该城市的物流活动，是通过本城市对上述物流进行接续和延伸。对于交通枢纽地城市来说，这方面的物流流量往往十分巨大。

（3）城市物流节点多、分布广

城市物流除了存在大量的货物运输外，每个工厂、配送中心、货运场站、各类市场、商业网点、机关、学校甚至广大家庭都形成了物流的结点。最终用户所形成的末端结点在城市内分布数量多，分布范围广。

（4）城市物流是以城市道路系统为基础的短途运输

城市物流除为城市工业企业输送生产资料以及产成品外，它的首要任务是为城市居民生活服务，充分体现了小批量、多品种、高频率、近距离和门到门的服务特性，与普通的物流相比，城市物流受到城市本身地理区域的限制，城市物流的这种特点决定了城市物流的开展在很大限度上是以城市道路系统为基础的短途运输。

（5）城市物流采用集装运送

城市物流配送为小批量、频繁运送，这会导致运输成本增加。为了降低运输成本，城市物流要求集装运送。城市内的不同行业、供应链的不同环节、不同的销售渠道，应进行统一地调度、运输、信息处理、组织和管理，以实现城市物流整体最优，这是现代物流的基本要求。

（6）城市物流以配送为主要运作方式

由于城市范围一般处于汽车运输的经济里程，城市配送可直接将物资送达最终用户，所以，城市配送往往和商品经营相结合。由于运距短、反应能力强等特点，从事多品种、小批量、多批次、多用户的配送服务优势明显，这使得城市配送成为城市物流的主要运输方式。

（7）城市物流应为城市经济可持续发展服务

交通阻塞，环境污染和能源浪费是城市经济可持续发展的潜在威胁，而城市物流通过合理的规划和组织，避免重复、倒流、迂回、单程运输和空驶，提高车辆的利用率，减少汽车在城市里的运行时间和数量，可以既实现城市商品流通的通畅，又减少环境污染和能源浪费。在现代物流的发展过程中，随着城市交通状况的恶化、生态环境的破坏，物流活动和城市发展的协调日益受到社会的关注，城市物流成为现代物流发展的重要领域。在经济全球化，市场国际化和区域经济一体化的背景下，城市物流通过网络系统化，实现网络资源的最优配置和网络要素的最佳组合，进一步完善城市现代化功能，促进经济社会的协调发展。

发展城市物流的意义

城市物流是城市经济的重要组成部分，是城市经济稳定运行的基础保障。城市物流的发展能够改进和提高整个城市物流的经济运行质量，提高城市的综合竞争力。城市物流业的发展也是新时期城市经济发展的重要增长点。

（1）城市物流的发展有利于推动地区经济发展

城市物流是城市经济的主要构成要素之一，对城市生产力布局、生产关系转变和经济整体运行质量的提高都具有拉动效应。城市经济的本质是聚集经济，核心是交换。如何减少交换距离、缩短交换时间、保障交换安全、降低交换费用，是城市经济高效集约发展必须研究和解决的问题。城市建设高效物流体系还可以改善城市的投资环境、增加对外资的吸引、解决城市就业压力等，为发展城市经济打下坚实的基础。城市物流业健康发展是城市经济稳定发展的重要保证。

（2）城市物流的发展有利于降低交易成本，提高运作效率，改变区域经济增长方式

物流业的发展对企业来说，能降低企业物流成本，提高企业竞争力；对整个社会而言，可优化资源配置，降低社会总成本，使区域经济活动高效运转。当一个经济体发展到一定阶段时，单靠土地、劳动、资本的投入是远远不够的，还需要靠技术的进步、制度的完善、要素配置效率的提高等来推动经济发展。快速、无缝、低廉、国内国外一体化的物流业发展可以促进城市技术进步、经济增长、管理制度完善与创新，现代物流是城市现代化、集约化、知识化、信息化发展的基础。

（3）发展物流业有利于产业结构优化

实现地区持续快速的增长和发展要求产业结构的良性演变，因此，必须促进地区产业结构的合理化。现代物流产业属于第三产业。一方面，物流业的发展可以促进农业和装备制造业及电子信息产业等第一、二产业的发展；另一方面，由于物流业与金融业、保险业、信息业息息相关，物流的发展还将带来商流、资金流、技术流的集聚，促进上述三个产业的发展。发展物流也可以使区域的产业结构实现高端化和合理化，从而使整个区域的产业结构得到优化。

（4）城市物流的发展可以促进城市交通运输系统完善

城市交通运输系统是由道路系统、流量系统和管理系统组成的一个开放式系统。在城市物流中，运输水平的高低直接关系到物流业的整体服务水平。随着新一轮物流管理设备和技术的应用，货主对运输服务质量的要求也相应提高，物流已成为提高物资流通速度、节省仓储费用和加速资本周转的一个有效手段。在物流的影响下，车辆定位系统、交通信息服务系统、行车路线优化系统都有了较大的发展。城市运输系统正在以最小交通需要、最小耗能、最小费用、最佳服务为标准，向系统化、信息化、规模化和可持续化的方向发展。

（5）发展物流业有利于城市提质和城市居民生活水平提高

发展现代物流，有利于规范发展、提升城市物流业的行业水平，改变粗放、低档次布局不合理的现状，解决货运车辆无序停放问题；有利于合理利于道路交通设施，缓解城市交通压力，降低城市车辆污染，从而改善城市面貌，美化城市环境，提高城市品位。现代物流配送的发展，能够满足城市居民物质文化生活所需物资的流动需要，为居民节省时间和费用，从而提高城市居民的生活水平。

（6）促进以城市为中心的区域市场的形成和发展

城市相对于农村而言，具备发展现代物流的优势条件，城市里产业密集、商业发达、交通完善，金融资本、人力资本、信息资源和公共服务设施都有绝对优势，而且城市的劳动生产率普遍要高于农村，对生产要素的吸引和产品的扩散能力较强；而在广大农村，由于条件有限，目前仍处在传统物流阶段，有些地方甚至只有运输和仓储这两种基本功能。为此，着重优先发展城市物流业，发挥城市的主导作用，有利于扩大城市辐射功能带动中

小城市和农村物流，促进城市生产要素的流动，实现与周边区域的互动发展。

■ 1.3.3 企业物流

概念

一般来说，在一个企业的范围内，由于生产经营活动的需要而发生的物流称为企业物流。国家标准《物流术语》将企业物流定义为：生产和流通企业围绕其经营活动所发生的物流活动（GB/T18354—2006）。实际上，企业物流是以企业为研究对象，向顾客提供产品或服务所需要的物流活动的总称，涵盖企业的原料供应、生产物流、销售物流、逆向物流。

企业物流必须通过管理层、控制层和作业层三个层次的协调配合，才能有效实现其总体功能。

（1）管理层。管理层的主要任务是对整个物流系统进行统一的规划、实施和控制。其主要工作内容包括物流系统的战略规划、物流系统的总体控制和绩效评价，这些工作应坚持的最基本原则就是要有利于反馈机制和激励机制的形成。

（2）控制层。控制层的主要任务是控制物料流动的过程。其主要工作内容包括订货处理与顾客服务、库存计划与控制、生产计划与控制、用料管理和采购等。

（3）作业层。作业层的主要任务是实现物料的时间效用和空间效用。其主要工作内容包括发货与进货运输、厂内的装卸搬运、包装、保管和流通加工等。

企业运营活动的系统机制是"投入—转换—产出"（即企业运营的SIPOC模型）。而物流活动是伴随企业的"投入—转换—产出"而发生的，相对应投入的是企业外供应或入厂物流，相对应转换的是企业内生产过程物流，相对应产出的是销售物流（分销物流）或出厂物流，相对应废旧物回收的是回收物流，相对应废弃物处理的是废弃物流。退货、缺陷物品的修复或再制造、回收物流与废弃物流的方向与进厂物流、出厂物流的方向相反，因此也统一称为逆向物流。

在企业物流的几个部分中，生产物流是核心。它和生产同步进行，是企业自身所能控制的、合理化的条件最为成熟的一种物流形式。供应物流和销售物流可以看作是生产过程的上游和下游，它们受企业外部环境的影响较大。例如，公共基础设施水平、市场竞争状况、有关政策法规等都会直接影响到这些物流活动的绩效。

在纵横交错的社会物流网络中，企业物流是其中重要的子系统。企业物流通过生产物流来完成产品的转换过程，通过供应物流和销售物流来实现与社会物流的连接。如果供应物流和销售物流不畅通，企业生产就肯定会受到影响。因此，企业物流的效率受到社会物流的制约和影响。

供应物流

从传统的角度看，企业的采购与供应是两个既相互联系又相互区别的概念。与此对应，采购物流与供应物流也是两个不同的概念。一般情况下，人们通常把供应商运送物料到企业仓库的物流过程称为企业的采购物流，而把从企业自身仓库领取物料运送到生产车间或零售店货架的物流过程称为企业的供应物流。随着现代物流管理水平的提高，企业的采购和供应出现了一体化趋势，采购物流直接扩展到了生产企业的车间或流通企业的货架，从而采购物流与供应物流也开始合二为一。但是，习惯上人们总是从生产和销售的角度出发，把此前的这段物流活动统称为供应物流，并将其定义为：提供原材料、零部件或其他物料时所发生的物流活动（GB/T18354—2006）。

所以，供应物流包括原材料、燃料、半成品等一切生产资料的采购、进货、运输、库存、仓储管理、用料管理和供料输送等。它是企业物流系统中相对独立的一个子系统，并且和企业内部的生产、财务等部门以及企业外部的资源、市场等条件密切相关。

供应物流包括采购、供应、库存管理和仓储管理等一系列活动过程。

① 采购。采购是供应物流与社会物流的衔接点，它是依据制造企业的生产、供应和采购计划而进行原材料外购的作业过程。其主要任务是负责市场资源、供货厂家、市场变化等信息的采集、评价和反馈。

② 供应。它是供应物流与生产物流的衔接点，是依据供应计划、消耗定额进行生产资料供给的作业过程。其主要任务是负责原材料消耗的计划与控制。目前，最基本的厂内供应方式主要有两种：一种是用料单位根据自身的实际需要到供应部门领取物料，另一种则是供应部门按时按量向生产部门送发物料。

③ 库存管理。库存管理是供应物流的核心。它首先要依据企业的生产计划制订供应和采购计划，并据此制定原材料的库存控制策略，此外还要定期或不定期地对计划的执行情况进行分析、评价和反馈。

④ 仓储管理。仓储管理是供应物流的转换点，它主要负责生产资料的接货、发货、以及物料的日常保管和养护工作。

生产物流

生产物流是指企业生产过程发生的涉及原材料、在制品、半成品、产成品等所进行的物流活动（GB/T18354—2006）。从工厂购进原材料入库时起，到产品发送进入成品库为止的期间内发生的所有物流活动都属于生产物流的范畴。生产物流是生产（或制造）型企业物流活动的主体内容。这种物流活动是与整个生产的工艺过程相伴而生的，实际上就是生产中的物料管理。企业生产物流的大致流程是：原料、零部件、燃料或其他辅助材料从企业的原材料仓库或企业的大门开始，进入到生产线的开始端，伴随生产过程一个一个环节地流动，在流动的过程中，原材料同时被加工，产生一些废料余料，直到生产加工终结，产品"流"至成品库时便终结了生产物流的过程。

企业的生产类型在很大程度上决定了企业的生产结构、工艺流程和工艺装备，也决定了企业生产的组织形式、管理方法和与之相匹配的生产物流类型。通常情况下，企业生产的批量越大，产品的种类越少，则生产的专业化程度也就会越高，相应的生产物流过程的稳定性和重复性也就越大。反之，如果企业生产的批量越少，产品的种类越多，则生产的专业化程度也就越低，生产物流过程的稳定性和重复性亦会越小。

这些内容主要在"运营管理""企业资源计划"课程中讲授，本书在此不作介绍。

销售物流（分销物流）

销售物流是企业内物流的最后一环，是企业物流与社会物流的一个衔接点。它与企业的销售系统相互配合共同完成产品的销售任务。

生产企业、流通企业售出产品或商品的物流过程被称为销售物流，它是物品从生产者或持有者手中转移至用户或消费者手中的物流过程。我国国家标准《物流术语》（GB/T18354—2006）认为，销售物流就是企业在出售商品过程中所发生的物流活动。

销售活动的主要作用是通过一系列的营销手段来出售产品、满足消费者的需求，最终实现产品的价值和使用价值。销售物流需要与销售系统集成，它离不开市场调研与预测、配送计划、订货合同管理、销售物流分析等，售前、售后服务也离不开销售物流。

回收物流与废弃物流

人类社会所需要的各种资源都来自大自然，如食品、服装、建材、金属和塑料制品等，都是由自然界的原材料经过加工制造而成的。在人类社会的经济活动中，物流的主渠道是"生产—流通—消费"。但是在这一过程中，有大量的资源由于损坏变质而完全丧失了其使用价值，或者在生产过程中未能形成产品且不具有再利用价值，这类物品通常被称为废弃物品；也有一些物品，虽然也有损坏变质，也部分丧失了使用价值，但仍有一定的重新再利用价值，这类物品一般被称为废旧物品。由于废旧物品最开始也是以废弃物的形态出现的，只有当人们认识到其使用价值，准备对其进行回收加工后，它才变成废旧物品。所以，实践中也常将二者统称为废弃物品。如果按来源进行分类，废旧物或废弃物可以分为三种：①生产过程中产生的废旧物或废弃物；②流通过程中产生的废旧物或废弃物；③消费过程中产生的废旧物或废弃物。

由于废旧物与废弃物的使用价值不一样，所以对它们的处理方式也完全不同。一般来说，由于废旧物品具有再利用价值，所以要对其中有再利用价值的部分进行收集、分拣、加工，以使其成为有用的资源重新进入生产领域或消费领域。与此活动对应的物流就是回收物流。废弃物虽然没有再利用价值，但如果不加处置地任意堆放，肯定会影响企业的正常生产经营活动，或者对环境造成危害。所以，企业也要将废弃物送到指定的地点堆放、掩埋，或者将其进行焚烧，对于有放射性或有毒的废弃物还要采取其他一些特殊的处理方法。对废弃物品的处理活动所对应的物流就是废弃物流。

当前社会最关心的问题之一就是环境问题，导致环境污染的最根本原因就是废旧物或废弃物。因此，对回收物流和废弃物流的管理应该不仅仅着眼于经济效益，而应更多地考虑其社会效益。

回收物流与废弃物流的意义如下所述。

（1）回收物流是社会资源大循环的有机组成部分

自然界的资源是有限的，在自然资源日益枯竭的今天，人们越来越重视废旧物品的重新再利用，希望通过回收物流将有利用价值的废旧物品可以重新补充到生产消费系统中去。

（2）回收与废弃物流合理化带来经济效益

废旧物品同样也是一种资源，但它们与一般的自然资源有所不同，它们曾经经历过若干道加工过程，本身凝聚着能量和劳动力的价值，因而常被称为载能资源。回收物品重新进入生产领域作为原材料，可以为企业带来很高的经济效益；同时，回收与废弃物流作为一种必须付出成本的经济活动，它们的合理化利用无疑会降低企业的经营成本。

（3）回收与废弃物流造福社会

如果对废弃物品置之不理，那它们就变成了废弃物污染。由于废弃物的大量产生，会严重影响到人类赖以生存的环节，所以必须有效地组织回收物流，尽量减少废弃物对人类生产生活造成的影响。

■ 1.3.4　电子商务物流

概念

随着互联网在全世界的飞速发展，电子商务发展迅猛，不论是B2B、B2C，还是C2C，最终都会涉及商品实体的交易，而这必须靠物流来完成，电子商务物流量迅速膨胀，已经广泛地引起了世界各国政府的重视和支持，吸引了企业界和消费者的目光。同时物流的电子化、信息化都得到相应的发展，电子商务物流概念也由此而生。

电子商务作为数字化生存方式，代表未来的贸易方式、消费方式和服务方式。因此要求整体生态环境要完善，要求打破原有物流行业的传统格局，建设和发展以商品代理和配送为主要特征，物流、商流、信息流有机结合的社会化物流配送中心，建立电子商务物流体系，达到各种流畅通无阻的目的，才是最佳的电子商务境界。

电子商务物流实际上就是在电子商务环境下的现代物流。具体来说，是指基于电子化、网络化的信息流、商流、资金流下的物资或服务的配送活动，包括虚拟商品（或服务）的网络传送（如软件下载、优惠服务卡等）和实体商品的配送。它包括一系列机械化、自动化工具的应用，准确、及时的物流信息对物流过程进行监控，使得电子商务中物流的速度加快、准确率提高，从而有效减少库存，缩短生产周期，最终达到使物流的流动速度加快，尽量与电子商务中的其他"三流"相匹配的目的。物流需求源自电子商务，物流服务由供货方提供；实现供应或运输交易的最优化供应链管理，需要物流的协同规划、预测和供应。需求信息直接从顾客消费点获取，用互联网技术来完成物流全过程的协调，在货物交付链上实现优化组合，采用数字编码分类技术通过移动互联网进行信息交换，实现产品全过程跟踪。可见，电子商务物流采取了集采购、运输、仓储、分拣、包装、配送、代理与销售等环节为一体的组织方式，应用了现代高科技的计算机技术和信息通信技术，通过运输合理化、仓储自动化、包装标准化、装卸机械化、加工配送一体化、信息管理网络化等，实现了物流运作及服务的快捷与准确、可靠。电子商务物流将成为世界经济的又一助推器。

　　电子商务物流通过互联网，物流公司能够被更大范围内的货主客户主动找到，能够在全国乃至世界范围内拓展业务；贸易公司和工厂能够更加快捷地找到最适合、性价比最高的物流公司；网上物流致力把世界范围内最大数量的有物流需求的货主企业和提供物流服务的物流公司都吸引到一起，提供中立、诚信、自由的网上物流交易市场，帮助物流供需双方高效达成交易。

　　电子商务物流有着不同于一般物流的明显特殊性，除了具备基本的服务功能外，还要提供增值服务，它还要求有高效的组织结构及严格的物流成本控制能力。

电子商务物流的特点

　　随着技术更新和理论研究的日新月异，电子商务物流管理正发挥着巨大的作用，使现代物流具有一些新的特点。从本质上在于市场交易环境的信息化、网络化、自动化和智能化，电子商务物流需要直接与电子商务业务对接。

　　（1）信息化

　　物流信息化是电子商务的必然要求。物流信息化表现为物流信息处理的电子化和计算机化、物流信息传递的标准化和实时化、物流信息存储的数字化等。因此，电子订货系统、电子数据交换、物联网、配送需求计划、线路安排计划以及企业资源计划等技术成为电子商务物流系统的显著标志。没有物流的信息化，任何提高物流系统运作效率的技术设备都不可能应用于物流领域。电子商务物流将会彻底改变世界物流的面貌。

　　（2）网络化

　　电子商务物流网络化是指根据物流网络的发展需要，应用网络技术建立信息网络，并利用电子网络技术进行物流信息交换。例如，物流配送中心向供应商提出订单的这个过程，就可以使用计算机通信方式，借助于增值网上的电子订货系统和电子数据交换技术来自动实现，物流配送中心通过计算机网络收集客户订货信息的过程也可以自动完成。

　　（3）自动化

　　电子商务物流自动化主要是指物流运输、仓储、装卸搬运、包装、分拣等作业过程中的设备和实施自动化。例如，条码、无线射频自动识别系统（RFID）、自动分拣系统、自动存取系统在仓储管理中的使用。

　　（4）智能化

　　电子商务物流的最高层次应用表现为智能化。物流作业过程中大量的运筹与决策，如库存水平的确定、运输路线的选择、自动导向车的运行轨迹和作业控制、自动分拣机的运行、物流配送中心经营管理的决策支持问题，都需要借助于大量的知识才能解决。在电子商务物流的发展进程中，物流智能化是不可回避的技术难题。为了提高物流现代化的水平，智能化已经成为电子商务物流发展的必然趋势。

阅读 "双11"促销　物流"慢递"

　　阿里巴巴集团从2009年开始打造"光棍节"促销活动，曾在24小时内完成数十亿元成交额、产生超过1 000万个快递包裹。加上其他多家电商也在"光棍节"这天发起促销，海量包裹多次导致快递行业大范围"爆仓"，每年的电商大促销也成了快递行业的一场"大考"。

在天猫"11.11购物狂欢节"页面，一些建材、家电品牌网店已经打出了个性化物流服务须知，消费者可以选择"慢递"服务延期提货，或是选择参与线上促销，使用时再由线下实体经销商直接发货、安装。

一家品牌涂料厂商的渠道总监表示，对于经常网购的消费者来说，物流未必都是越快越好，尤其是建材家装类产品，消费者在活动当天打折购买，约定时间内随时需要使用可以随时由厂商发货，能省去大件商品存放、搬运的麻烦事。

业内人士认为，网店推出"慢递"作为物流服务的补充，有望为促销风潮之后的快递运力减压，也让网购不再仅限于"即时消费"。

思考：网商应该为"购物节"的集中的物流配送进行哪些准备？如何防止物流服务滞后而引起消费者的不满意呢？

■ 1.3.5 跨境电商国际物流

跨境电商物流方式

现在跨境电商外贸卖家（出口商）越来越多，接到订单时，要考虑的首先是通过什么方式把货发到国外去。一般来讲，小卖家们可以通过电商平台发货，也可以选择国际包裹等渠道。大卖家或者独立平台的卖家们呢，就需要优化总体物流成本，还需要考虑客户体验，需要整合物流资源并探索新的物流方式。跨境电商国际物流主要有如下几种方式。

（1）邮政包裹

邮政网络基本覆盖全球，比其他任何物流渠道都要广。这主要得益于万国邮政联盟和卡哈拉邮政组织（KPG）。万国邮政联盟是联合国下设的一个关于国际邮政事务的专门机构，通过一些公约法规来改善国际邮政业务，发展邮政方面的国际合作。万国邮政联盟由于会员众多，而且会员国之间的邮政系统发展很不平衡，因此很难促成会员国之间的深度邮政合作。于是在2002年，邮政系统相对发达的6个国家和地区（中、美、日、澳、韩以及中国香港）的邮政部门在美国召开了邮政CEO峰会，并成立了卡哈拉邮政组织，后来西班牙和英国也加入了该组织。卡哈拉组织要求所有成员国的投递时限要达到98%的质量标准。如果货物没能在指定日期投递给收件人，那么负责投递的运营商要按货物价格的100%赔付客户。这些严格的要求都促使成员国之间深化合作，努力提升服务水平。例如，从中国发往美国的邮政包裹，一般15天以内可以到达。据不完全统计，中国出口跨境电商70%的包裹都是通过邮政系统投递，其中中国邮政占据50%左右。中国卖家使用的其他邮政包括中国香港邮政、新加坡邮政等。当前，跨境电商的主流品类还是以3C数码、配件和服装为代表的小轻便宜的产品，这些产品通过邮政包裹配送，物流成本较低。

（2）国际快递

四大商业快递巨头，即DHL、TNT、FEDEX和UPS。这些国际快递商通过自建的全球网络，利用强大的信息系统和遍布世界各地的本地化服务，为网购中国产品的海外用户带来极好的物流体验。例如通过UPS寄送到美国的包裹，最快可在48小时内到达。然而，优质的服务伴随着昂贵的价格。一般中国商户只有在客户时效性要求很强的情况下，才使用国际商业快递来派送商品。不过，跨境电商目前存在的产品风险和知识产权问题，也会导致国际快递不敢过于投入这一市场。因为一旦包裹出现问题，将会直接影响到它们在目标国的口碑。

（3）国内快递

国内快递主要指EMS、顺丰和"四通一达"。在跨境物流方面，"四通一达"中申通、圆通布局较早，但也是近期才发力拓展，比如美国申通2014年3月才上线，圆通也是2014年4月才与CJ大韩通运展开合作，而中通、汇通、韵达则是刚刚开始启动跨境物流业务。顺丰的国际化业务则要成熟些，目前已经开通到美国、澳大利亚、韩国、日本、新加坡、马来西亚、泰国、越南等国家的快递服务，发往亚洲国家的快件一般2～3天可以送达。在国内快递中，EMS的国际化业务是最完善的。依托邮政渠道，EMS可以直达全球60多个国家，费用相对四大快递巨头要低，中国境内的出关能力很强，到达亚洲国家2～3天，到欧美则5～7天左右。

（4）专线物流

跨境专线物流一般是通过航空包舱方式运输到国外，再通过合作公司进行目的国的派送。专线物流的优势在于其能够集中大批量到某一特定国家或地区的货物，通过规模效应降低成本。因此，其价格一般比商业快递低。在时效上，专线物流稍慢于商业快递，但比邮政包裹快很多。市面上最普遍的专线物流产品是美国专线、欧洲专线、澳洲专线、俄罗斯专线等，也有不少物流公司推出了中东专线、南美专线、南非专线等。

（5）海外仓

海外仓服务指为卖家在销售目的地进行货物仓储、分拣、包装和派送的一站式控制与管理服务。确切来说，海外仓应该包括头程运输、仓储管理和本地配送三个部分。

头程运输：中国商家通过海运、空运、陆运或者联运将商品运送至海外仓库。

仓储管理：中国商家通过物流信息系统，远程操作海外仓储货物，实时管理库存。

本地配送：海外仓储中心根据订单信息，通过当地邮政或快递将商品配送给客户。

当前，跨境电商的品类正在升级，以家居产品为代表的大货、重货越来越多的通过电商销往海外。而这类产品难以通过空运的方式配送，而采用传统海运方式进行配送，周期又过长，所以海外仓是最好的选择。2014年，北美、欧洲等跨境电商成熟市场的海外仓数量增多，采用海外仓方式进行发货的卖家数量也稳步提升。

以上五种方式基本涵盖了当前跨境电商的做法。对于跨境电商的卖家来说，首先，应该根据所售产品的特点（尺寸、安全性、通关便利性等）来选择合适物流，比如大件产品（例如家具）就不适合走邮政包裹渠道，而更适合海外仓储；其次，在淡旺季要灵活使用不同物流方式，例如，在淡季时使用中邮小包降低物流成本，在旺季或者大型促销活动时期采用中国香港邮政或者新加坡邮政甚至比利时邮政来保证时效；最后，售前要明确向买家列明不同物流方式的特点，为买家提供多样化的物流选择，让买家根据实际需求来选择物流方式。

外贸综合服务企业具有从事跨境电子商务的天然优势，因为它们具有进出口业务的通关、物流、仓储、融资等全方位服务能力。完全可以利用自有能力或与境外企业合作建立全球物流供应链和境外物流服务体系。

2015年，我国正大力推动中国（杭州）跨境电子商务综合试验区和海峡两岸电子商务经济合作实验区建设，建设跨境电子商务开放平台。这为广大中小型制造和商贸流通企业提供了开拓国际市场的机会。

跨境电商物流需要考虑的因素

跨境电子商务物流的发展比国内电子商务更加复杂，需要考虑的因素更多。主要因素有以下几个方面。

（1）国家和地区间电子商务合作

我国正加强与"一带一路"沿线国家和地区的电子商务合作，提升合作水平，共同打造若干畅通安全高效的电子商务大通道。并通过多双边对话，与各经济体建立互利共赢的合作机制，及时化解跨境电子商务进出口引发的贸易摩擦和纠纷。

（2）跨境外汇支付结算

目前，我国正鼓励境内银行、支付机构依法合规开展跨境电子支付业务，满足境内外企业及个人的跨境电子支付需要，并推动跨境电子商务活动中使用人民币计价结算。支持境内银行卡清算机构拓展境外业务。同时，加强对电子商务大额在线交易的监测，防范金融风险。加强跨境支付国内与国际监管合作，推动建立合作监管机制和信息共享机制。

（3）通关问题及海关监管

我国政府正在完善跨境电子商务进出境货物、物品管理模式，优化跨境电子商务进出口通关作业流程。研究跨境电子商务出口商品简化归类的可行性，完善跨境电子商务统计制度。

（4）检验检疫

我国对跨境电子商务进出口商品实施集中申报、集中查验、集中放行等便利措施。加强跨境电子商务质量安全监管，对跨境电子商务经营主体及商品实施备案管理制度，突出经营企业质量安全主体责任，开展商品质量安全风险监管。进境商品应当符合进入国法律法规和标准要求，不能违反生物安全和其他相关规定。

（5）进出口税收

我国有跨境电子商务零售出口货物增值税、消费税退税或免税政策。我国财政部连同海关总署、税务总局正在制定跨境电子商务零售进口税收政策。

（6）进出口企业与境外企业的合作

跨境电子商务企业需要与境外企业加强合作，如出口企业可通过"海外仓储"、体验店和配送网店等模式，融入境外零售体系，实现跨境物流的集约化本地配送。

习题

1. 如何理解供应链、供应链管理？
2. 供应链管理包括哪些重要的理念？与传统企业管理有什么不同？
3. 你认为供应链管理思想是一种时髦思想的炒作吗？几年后会消失吗？
4. 为什么企业不收购它们的供应商及主要经销商来组建大型企业集团，而是实施供应链管理呢？
5. 解释供应链牛鞭效应及其成因。
6. 举例说明需要采取哪些措施可以避免"牛鞭效应"的负面影响。
7. 什么叫物流？物流的价值体现在哪里？
8. 简述物流管理的几个发展阶段。
9. 物流管理活动有哪些？
10. 你如何理解服务物流？
11. 什么叫应急物流？
12. 全球供应链物流是如何兴起的？
13. 全球供应链管理有什么特点？
14. 什么叫城市物流？城市物流与城市可持续发展有何关系？
15. 什么叫企业物流？并从价值链的视角予以解释。
16. 解释电子商务物流。试调研电子商务物流的发展现状。
17. 跨境电商物流有哪些方式？
18. 跨境电商物流对全球供应链有何推动作用？

实践　　苹果供应链——没有"不可能"

融合制造、采购和物流等多个领域的运营，恰恰是苹果公司（Apple inc，以下简称苹果）的竞争优势，苹果新任CEO蒂姆·库克（Tim Cook）精于此道。苹果建立了一个闭环生态系统，几乎可以控制供应链的方方面面，包括从设计到零售的整个过程。

庞大采购量

因为有庞大的采购量，苹果的零部件成本、制造费用以及空运费用就能获得巨大折扣。"对苹果而言，运营技能是与产品创新和营销同样重要的资产。"惠普（微博）前供应链主管、美国风险投资公司VantagePoint Capital Partners合伙人迈克·福克斯（Mike Fawkes）说，"他们拥有前无古人的卓越运营能力。"

这种运营优势使得苹果可以在无须囤积大量高成本库存的情况下实现大规模的产品发布。美国投资银行Piper Jaffray分析师基尼·蒙斯特（Gene Munster）表示，这也使得这样一家一直因为定价过高而备受批评的企业，能够以几乎无人能及的低价出售iPad，而且依旧可以借此赚取25%的利润率。

买断全部资源

几乎就在乔布斯1997年回归之后，苹果立刻就开始在供应链管理的细节上展开创新。彼时，多数计算机制造商都通过海运获取零部件，因为这种方式的运费远低于空运。物流行业高管约翰·马汀（John Martin）表示，为了确保新款半透明iMac能在次年圣诞节期间全面铺货，乔布斯花了5 000万美元买断了圣诞购物季期间所有可用的空运空间。马汀曾经与乔布斯共同安排了那一次的空运计划。此举令康柏等临时想要增加空运订单的竞争对手陷入绝望。当iPod上市时，苹果也意识到，完全可以直接通过空运方式将这类产品从中国的工厂送到消费者门口。当一名惠普员工订购了一部iPod，并在几天后收到订单后，他通过苹果网站追踪到这款产品竟然经过了环球旅行。

起点是设计阶段

只要有必要，便可以投入巨资，并通过长期的规模效应获得利益——这种思路已经贯穿在苹果的整个供应链中，起点则是设计阶段。设计工程师有时会花费数月时间住在酒店房间里，为的就是接近供应链和生产商，以便对工业流程进行调整，从而将原型产品转换成可以大规模生产的设备。由于MacBook机身使用了一次一体成型工艺，需要用一块完整的铝片制成，因此在生产这种新设计时，苹果的设计师会与供应商共同开发一种专用的新设备。这种专注于几条产品线，并对设备进行定制的能力，成为苹果的一大优势。"他们拥有非常统一的战略，所有的业务都围绕这一战略展开。"Gartner供应链分析师马修·戴维斯（Matthew Davis）说。他把苹果公司评为最近4年来全球供应链最佳的企业。

巨额现金储备

等到投产时，苹果又会亮出一个重型武器：超过800亿美元的现金和投资。该公司表示，今后一年计划将供应链资本开支增加一倍，达到71亿美元，并计划为关键供应商提供24亿美元预付款。这一策略确保了苹果能够获得充裕且廉价的零部件，有时还会因此限制其他企业的选择。据HTC的一名前管理人员透露，在iPhone 4发布前，由于各大生产商都忙于交付苹果的订单，HTC等竞争对手甚至无法采购到足够的屏幕。据一家钻孔机厂商高管透露，为了生产足够的iPad，苹果还购买了大量的高端钻孔机，以便为该产品生产内壳，导致其他企业需要等上6周至6个月才能拿到机器。

苹果的供应商

苹果的供应商通过大量订单获得了丰厚收益，但同时也因为众多附加条件而倍感痛苦。据一名为苹果提供过咨询的行业高管透露，当苹果索取触摸屏等零部件的报价时，会要求厂商提供报价的所有细节信息，包括材料和人工成本估算，以及厂商自身的预估利润。苹果还要求众多关键的供应商在苹果亚洲组装工厂1英里（约合1.61公里）范围内保持2周的库存。但厂商有时要等到苹果使用零部件90天后才能拿到货款。但并非所有供应商都买苹果的账。一家大型零部件厂商的高管称，苹果的交易策略会挤压厂商的利润。在经过了数月谈判后，该公司拒绝了苹果10亿美元的预付款，原因是苹果要求该供应商承诺将多数生产能力都提供给苹果。这位熟悉这类谈判进程的高管表示，尽管从没有哪家企业愿意支付10亿美元的预付款，但他们不想过度依赖苹果，也不想帮助苹果压价。

新品保密策略

在新品发布前夕，苹果对供应链的控制会更严格。通过Mac、iPod、iPhone和iPad的发布，苹果多年以来已经充分实现了各个部门间的密切配合。在产品发布前几周，工厂便会加班生产数千万台设备。为了追踪生产效率，并确保产品在发布前夕对外保密，公司会安装电子监视器，公司总部可以追踪全程状况，防止泄密。当iPad 2发布时，公司就监视了包装箱所经过的每一个运输点——码头、机场、卡车仓库以及分销中心——以此确保设备全程不出问题。

零售店

零售店则是苹果的最后一项运营优势。一旦产品开始销售，该公司就可以通过零售店时刻了解产品需求，并调整每天的生产预期。如果某种零部件明显会出现短缺，苹果的团队就会部署相应的计划，并申请数百万美元购买设备，以便打破生产瓶颈。

苹果上一季度实现毛利率40%，而多数硬件厂商的毛利率仅为10%～20%。苹果的巨额利润很大程度上得益于其对运营业务的专注。在库克的领导下，这显然仍将成为该公司的发展重点。这位新CEO曾经送给同事们多本《与时间竞争》，这本书讲述的是如何将供应链作为一项战略武器来提高响应度，减少延迟而不提高成本，运用供应链将基于时间的竞争做到极致，建立柔性制造与快速响应系统、离客户近的工厂，重视产品研发与创新等。库克经常讲的一句话是："没人愿意买变质的牛奶。"

资料来源：http//tech.sina.com.cn/it/2011-11-04/13396275939.shtml.

案例

迈向供应链管理？谁是链主？

乌莱铭公司正在设计一个新产品，马上就要新鲜出炉面市了，乌莱铭公司的采购经理提出，这个产品的供应商不太好管理，物料的加工流程非常复杂，可能未来物料供应是一个瓶颈。采购经理向公司领导层展示了整个复杂的供应链：先是机械铝制件，然后电镀，然后清洗，再喷镀一层纯度非常高的稀土化合物，最后再清洗一次，送货。生产周期长达两个月。零件多次往返于四个供应商之间，属于典型的复杂供应链。采购经理提议，为了保障今后的供应平稳，乌莱铭公司是否考虑引入供应链管理的理念。

为此乌莱铭公司领导召集了四个供应商来讨论新产品建立供应链管理的议题。会议一直争论不止。一直到晚上，还没有讨论出结果。大家讨论的焦点围绕以下三点内容展开。

首先，谁是链主？由谁管理供应链？供应链上多个供应商之间的沟通、协调异常复杂，消耗很多人力及其他资源。问题还不至于此。由于供应商们一般都是技术性非常强的公司，竞争对手较少，买方的力量相对较小，管理上就更加困难。如果遇到质量问题或迟交货、短发货，供应商之间的扯皮的事非常多。所以牵头整个供应链的供应商一定要有相当的管理能力。以前曾经让机械加工厂负责整个供应链，但很快发现此举行不通。因为机械加工厂对表面处理（清洗、喷镀、电镀）的了解很少，从技术上没法牵头。他们的管理水平也并不能使其成为领头羊角色。于是目标转到做稀土喷镀的公司，因为他们从技术上讲最先进，附加值最高，所获营业收入最高，相对公司规模最大，管理水平也高于其他公司。例如喷镀公司隶属一家数百亿美元收入的大公司。此类公司的卖点之一就是帮助管理整个供应链，提供给最终客户一个完整的解决方案或产品。但乌莱铭公司自己并不想把领导权给白白地让出，然而，自己又没有供应链管理的经验。

其次，如何处理协调，相互扯皮怎么办？确定了牵头供应商并不代表从此相安无事。供应商之间互相扯皮、推诿的事时有发生。这次会议就是因为牵头供应商没法摆平另一些供应商。这也是供应链领导者展现组织协调能力与个人魅力，恩威并用的时候。是产能问题，还是供应商注意力不够？是技术问题，还是经济问题？是有些供应商没有尽职，还是供应链本身太复杂，供应商没有能力管理？各方的利益需要协调。该做的承诺要做。如果一些供应商仍旧不服管教，那么就得警告，以给未来生意做筹码。因为供应商总是往前看，到手的生意重要，但将来未到手的更重要。要有上升的空间和发展的远景。虽然经过协调沟通，但并不是所有问题都会得到妥善解决。需要供应链的管理者做出决断。

最后，人员问题如何解决？由于此类复杂供应链的管理难度，现在这些供应商大部分都还没有建立供应链管理部门。各个供应商是否需要有专人协调管理供应链，而不是由计划人员、销售工程师代管？因为供应链对人员要求太高，这也是此类岗位的薪酬水准较高的原因。客户对这个新产品价格非常敏感，这个增加成本如何分摊呢？乌莱铭公司是否需要雇用相当资质的管理人员？

【讨论题】

（1）为这个新产品设计一个供应链管理方案。

（2）在这个新产品供应链管理中，还有没有漏掉的环节？

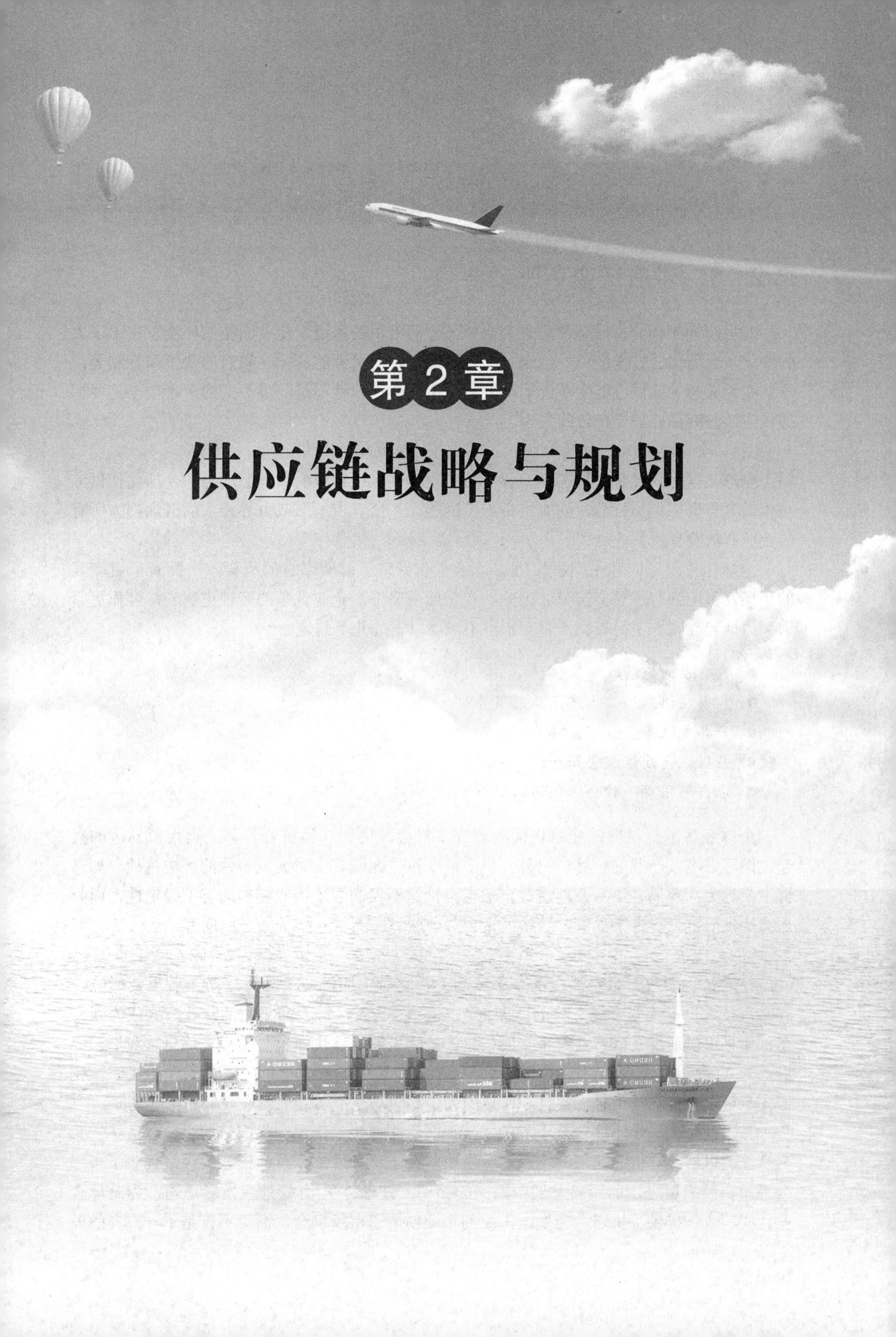

第2章

供应链战略与规划

2.1 供应链变革

2.1.1 供应链变革驱动要素

20世纪90年代，供应链管理成为企业高管们常用的术语。企业面临的环境发生了很大的变化，全球化、技术变革、组织及产业的融合、消费者的变化、政府的政策和管制等，这些变化成为企业供应链变革的驱动要素。供应链管理绝不是一成不变的，本质上是要把握供应链的变革并进行有效的管理。

（1）全球化

全球化是世界经济发展的主要驱动力，也是供应链管理变革的驱动力。全球化使供应与市场竞争变得更加剧烈，同时也带来了机遇，"全球市场"或世界经济的概念都为所有的企业和消费者所关注。

全球化使得时间和空间被压缩了，给企业带来了前所未有的机会，产品有了更广阔的市场，供应源有了更多选择。因此，在全球网络下，企业竞争的天地更宽广，合作更紧密，"地理界限"变得模糊，企业不得不考虑以下的几个问题。

- 应当在何处获取资源？
- 应当在何处组织生产产品或服务？
- 产品或服务应当销往哪些市场？
- 应当在何处组织仓储和进行分销？
- 应当采用哪一种全球化运输战略？

全球经济下，供应链变革也面临着许多机会，比如：经济合作体，自由贸易区的兴起，国际资本及产业的转移。另外，供应链变革也面临着应对突发事件的严峻挑战，如恐怖主义行为；飓风、洪水、地震等自然灾害，这不仅增强了供应链的动态不确定性，而且还会给供应链管理带来危机，这些因素会对全球脆弱的供应链带来严重危害。

（2）技术

技术是企业改变自身流程的变革驱动力，它对供应链变革与管理产生着重要影响。同时，技术也是改变市场态势的巨大推动力，每周7天，每天24小时的营业方式成为新常态，而且可以通过互联网获得丰富的信息，搜索引擎能够快速及时的搜集信息。我们已经进入"点击"时代。我们不再需要等待媒体按照他们的规划把信息"推送"给我们，我们完全可以"拉动"信息。数据和信息的大量存储与交换实际上就在我们的指缝之间。

技术使个人、中小企业与世界的"知识网"相连接，由此为供应链的合作创造了一系列空前的机遇。"世界是平的"，这一理论解释了这种现象。发达国家的经济优势不再那么突出，技术促进了商流向发展中国家的移动，技术外包/海外外包发展迅速，为全球企业之间的合作提供了机遇。为发达国家的企业创造了市场机会，商流不再是单一方向的。

供应链的供应与需求都变得异常丰富。

（3）组织的融合

第二次世界大战后，产品制造商成为供应链的驱动力，它们负责产品的设计、生产、销售、促销和配送。在营业额、员工、购买力、选址等方面，生产商通常是供应链中最大的组织。它们利用供应链管理优化产品分销流程，降低成本，获得特定的经济优势。

20世纪90年代，伴随着零售商规模的增加，供应链中相对的经济力量发生了显著变化。零售巨头成为市场的领导者，如沃尔玛、宜家家居、麦当劳、苏宁电器等。虽然其他的零售商不如沃尔玛大，但是它们的规模和购买力都获得了显著的提高。供应链末端经济实力转移的一个重要方面是因为少数零售巨头占据了消费品制造企业大部分的销量，零售巨头控制了消费者，单单是沃尔玛就占据了某些消费品制造商10%～20%的销量。

这种融合和权重变化的重要性在于大型的零售商和消费品制造企业的目标是一致的，零售巨头做的事恰恰是制造企业想做却没有做好的事。例如，在客户化分销服务方面采用的定时配送、预先送货通知等，零售巨头的服务运作更有效率和效益。零售巨头的规模化经营也为消费品制造商带来了经济利益，零售巨头与制造商的供应链合作为制造商带来的是成本节省、适销对路。

在这种供应链合作中，零售商也会提供一些增值服务，如保修、包换、无理由退货等。零售巨头与制造商之间的库存管理方式可采用供方管理库存。供方管理库存通常是指制造商管理其产品并管理零售商仓库中相关产品的库存，考虑零售巨头电子销售点终端的数据，做出有效的响应，适时进行货品补充。制造商也会参与到零售商仓库网络中，以保证准确及时地递送。零售商可以获得较低成本的进货，制造商可以通过增长的销量、较少的缺货等来提高收益。

为了获得双方成本的节约，不断提高客户服务，供应链企业之间的合作变得更多更广，不仅仅在信息共享方面，而是基于信息共享，加强组织间战略、流程及文化的融合，更好地适应环境变化，实现供应链企业的多赢，塑造供应链品牌。

（4）日益强大的消费者

消费者对多样化的产品和个性化服务的需求增加了，消费者对供应链物流管理的影响更加直接。因此，只有考虑消费者的高效率供应链的运作，才能为供应链中的零售商和其他组织创造收益。消费者的"强大力量"已经给供应链的运作机制带来了很多变化。

如今的消费者消费更加理性，选择更加自主，他（她）们可以随时免费地从互联网或其他传播媒介获取有关商品及制造商信息。消费者需要优惠的价格、优良的品质、个性化的产品，还有便利、灵活及快速响应，他（她）们可以方便地比较商品价格、质量和服务。这些都对消费品供应链提出了挑战，也对其施加了压力。供应链变革与管理成为企业必须要考虑的战略。

如今"时间"成为许多消费者首要考虑的因素，他（她）们希望并要求按照他（她）们制订的计划更加快捷和便利地提供商品和服务。适合消费者多样性需求的供应链物流管理模式在急速增长，因此，如果企业供应链物流管理模式不做出变革，势必就会面临出局的后果。

（5）政府的政策和管制

各级政府的经济政策、税收及管制会对企业管理及供应链管理与变革产生重要影响。政府对企业在物流、运输、通信、金融等的管制在逐渐放松，市场化趋势在强化，这给企业供应链变革提供了机会。

20世纪 80年代，美国政府解除了对交通运输部门的经济管制，解除了对地方税务和服务区域的管制。交通运输服务可以在具有竞争性的环境中进行交易，这就会给用户带来更低的价格和更好的服务。金融业同样也被解除了管制，例如，允许商业银行、储蓄贷款协会及信用合作社扩展业务时，它们之间的区别变得模糊了。

企业经营方式随之发生了变化。许多公司意识到资产价值特别是存货的流动性和减少资产价值的重要性。由于解除管制后，金融实务操作具有可选择性，买方和卖方的支付方式发生了显著的变化。通信行业的竞争性日益增强，企业和消费者都受到了通信行业变化的影响，从蜂窝电话到电子邮件、短信息及互联网，信息通信行业的改善为供应链物流管理的发展带来了机遇，并使其得到显著改善。

政府管制解除了，政策放松了，适应新商业革命的新型企业业态随之出现，传统的企业业态也会消失或转型。如果传统企业不改革，就会给企业本身带来负面影响，甚至倒闭；当然，如果传统企业与时俱进，做出了相应的变革，就能获得新生，甚至会成为脱胎换骨的新型企业。

■ 2.1.2　供应链管理的挑战

企业面临着内外环境的众多因素，供应链管理面临的挑战主要体现在产品与顾客方面的一些变化。

（1）产品生命周期越来越短

随着消费者需求的多样化，企业的产品开发能力虽然在不断提高，但新产品的研制周期越来越短。这种现象从20世纪90年代就开始显现，例如，美国电话电报公司新电话的开发时间从过去2年缩短为1年；惠普公司新打印机的开发时间从过去的4.5年缩短为22个月，而且这一趋势还在不断加强。与此相对应的是产品的生命周期缩短，更新换代速度加快。由于产品在市场上驻留的时间大大缩短了，企业在产品开发和上市时间的活动余地也越来越小，从而给企业带来了巨大压力，有可能产品还没有开发出来，就已经退出市场了。

（2）产品品种越来越多

因为消费者需求的多样化越来越突出，企业为了更好地满足其要求，不断推出新的品种，从而引发了一轮又一轮的产品开发竞争，结果是产品的品种数成倍增长。如日用百货，品种数大幅度增加了，但消费者在购买商品时仍然感到难以称心如意。为了吸引客户，许多厂家不得不绞尽脑汁不断增加花色品种。按照传统的思路，若每一种产品都生产一批以备客户选择的话，那么制造商和销售商都将背上沉重的负担。超市的平均库存也在增加，库存占用了大量的资金，严重影响了企业的资金周转速度，进而影响了企业竞争力。

（3）顾客对交货期的要求越来越高

一般来说，品种、质量、价格、时间和服务是决定企业竞争力的五大要素，但在不同的历史时期，这五大要素对企业竞争力的作用是不同的。在工业化初期，主要依靠价格进行竞争；20世纪80年代以来，企业竞争和经营环境发生了深刻变化，竞争优势逐渐转移到品种和服务上的变革；而进入20世纪90年代以后，由于科学技术的进步，经济的发展、全球化信息网络和全球化市场的形成，以及技术变革的加速，围绕新产品的市场竞争更加激烈，所有这些都要求企业能对不断变化的市场做出快速反应，不断开发出满足用户需求的定制化产品，去占领市场以赢得竞争。顾客不但要求要按期交货，而且要求的交货期越来越短。从20世纪90年代开始，竞争的决定因素转移到时间上来，进入基于时间竞争的时代。谁能对市场的变化做出快速反应，迅速将新产品推向市场，以最快的速度满足顾客的需求，谁就能在市场中获得竞争优势。依靠单一企业自身的能力及供应链管理老范式都难以做到，必须依靠新范式的供应链物流管理来获得"时间"这一竞争优势。

（4）顾客对产品和服务的个性化期望越来越高

顾客已不满足于从市场上购得标准化产品，它们希望按照自己的要求定制产品或服务。这些变化导致产品大批量生产向大规模定制方式的转变。标准化的大批量生产方式是"一对多"的关系，用一种标准化的产品满足不同消费者的需求。然而，这种模式已不能再使企业继续获得较大的效益。现在需要企业根据每一个顾客的特殊要求来定制产品或服务，即所谓的"一对一"的定制服务。企业为了能在新环境下继续保持发展，纷纷转变生产模式，从大批量生产转向大规模定制生产。例如，生产芭比娃娃的公司可以让女孩子通过互联网登录到其网站，自己设计她们喜欢的芭比娃娃，选择娃娃的皮肤、弹性、眼睛颜色、头发式样和颜色、附件和名字。当娃娃邮寄到孩子手上时，女孩子会在上面找到她们娃娃的名字。这是该公司第一次大量制造"一对一"的产品。不过，应该看到，虽然个性化定制生产能高质量、低成本地快速响应顾客要求，但是对企业的运营模式提出了更高的要求。

由此可见，企业面临的这些变化都增加了企业管理的复杂性，企业要想在这种严峻的竞争环境下生存下去，必须通过有效的供应链管理与变革来获得强有力的应对环境变化和由环境引起的不确定性的能力。

案例　　　　　　　　　　**随心所欲的上帝**

千毕紫客车公司的主要产品是通用型的客车和公共汽车，生产方式主要是项目管理的形式，别的企业推动项目管理是因为管理提升的需要，而千毕紫客车公司实施项目管理却是被逼无奈。

公共汽车的采购方自然是各地的公共汽车公司，千毕紫客车公司有定型的产品，但这些公共汽车公司的采购者大部分不是采购员,而是公共汽车公司的领导者,这些领导们都特别有个性,千毕紫客车公司递上的定型产品样本他们根本不屑一顾,认为照搬别家公共汽车公司的产品那是对我们领导智商的侮辱,本公司上次采购的产品,如果是上一任领导定的,那绝对不能采用,若是上一次就是本领导做的决策,那么还是有必要再不断改进一些,上一次还有一些想法还没有尽情发挥呢,这时的领导往往成为设计师和艺术家(领导都是改革的设计师),提出了许多设想,客户就是上帝,千毕紫客车公司诚惶诚恐地领会着上帝的意图,再转化到设计图纸中,领导们的想法是天马行空,独往独来,看了图纸还不满意,再提出修改意见,还会非常谦虚地询问设计人员,我的想法怎么样呀,如果不合理,可以指出来吗,有则改之无则加勉,也许你们的建议比我还好呢? 也不一定以我为中心嘛。这千毕紫客车公司的工作人员都是受过培训的杰出工程师:"第一条,客户永远是对的;第二条,如果客户不对,请参照第一条。"客户的需求就是千毕紫客车公司的标准,这些工程师绝对不会说客户的不对,只按照客户的要求设计。所以这完全符合项目管理的四个定义:一次性的;有时间限制;有绩效目标;有资源(资金)约束。

几乎每一个合同都是一个项目,稀有重复的,这就是我们看到的现象:几乎所有的城市公共汽车都有自己的特色,难得遇到相同的车型,就是同一个城市,公共汽车也都不尽相同,但没有人问为什么,大家习以为常,没有觉得这是问题。公共汽车的真正客户是谁? 是采购公共汽车的领导,还是乘坐公共汽车的乘客?

但接到项目,每一次都要重新设计,重新开模具,试制是不可能的,因为不是长期生产,质量保障也不如定型产品,供应商接到的都是小批量一次性的订单,不仅价格高,供应商的积极性还非常低。虽然大家不愿意,但这就是客户,上帝满意是公司生存的唯一王道,谁让我们遇到这么随心所欲的上帝呢?

这一个项目结束了,基本上要保持一些维修备品备件,其他的多余物料有不少就做报废处理了,退回供应商也只能回炉当原料。过几年,这些备品备件也成了废料,还占库存。其实对公共汽车公司也没有什么好处,车过了保修期,自己修起来,备品备件也麻烦,虽然主机主件是标准件,但装饰件是门面,这些备品备件不齐,往往就凑合的修补,搞得汽车破破烂烂的,因为是订制品,质量不如定型产品,出问题的机会大得多。

无论千毕紫客车公司怎么抱怨上帝的无理要求,但是自己公司的标准化却抓得不紧,常常被供应商揪着尾巴,有一次,采购员下了一个紧急订单,要求供应商生产一种阀门,生产线急用。供应商告诉采购,你们库房里有货,但采购检查了ERP系统说,库房的阀门和所订的阀门不是一个型号,不能混用,供应商说这两个阀门都是一个标准,但是同千毕紫客车公司给出的型号不一样,供应商自信地说,他们的标准化做得极其细致,对客户的产品,都做了型号的转化处理,他们本身就是做标准化产品的,如果完全被客户的型号牵着鼻子走,那产品的种类将会是一个天文数字,他们在做合同评审时,就有标准化的评审,客户的图纸,型号都统一到国际标准上。

采购再问负责设计的两位工程师,他们在选型时都没有问题,选的是标准阀门,但制定编号时，一位工程师按照标准件的编号规则，另一位按照冲压件的规则编号，两位都没有错，但形成两个号码，在ERP系统中是两个不同的产品，在库房里存放在不同的位置，细心的供应商还带着这两张图纸到公司来解释给采购听，并告诉采购，千毕紫客车公司还有近百个产品都是可以合并的，这位供应商工程师开玩笑说千毕紫客车公司应该起名字叫"被牵着鼻子"的公司。

【讨论题】

（1）千毕紫客车公司离卓越的供应链管理还有多远？他们需要克服哪些困难与挑战？相应地需要进行哪些调研？

（2）你认为千毕紫客车公司需要满足不同客户的不同的需求吗？公司如何满足不同客户的需求？

（3）标准化问题是公司进行供应链管理的障碍吗？谈一下你个人的看法。

2.2 供应链战略

2.2.1 供应链面临的不确定性

供应链面临的不确定性来自环境因素，这些不确定性侵蚀着供应链的所有环节、所有的物流、资金流、信息流及其整合过程，这些多方面的不确定性又通过供应链的结构在其内部产生作用，严重地削弱着供应链的整体能力。

从供应链结构角度来看，供应链中存在的不确定性可以概括为以下四种类型。

① 供应的不确定性：供应的不确定性主要表现为供应提前期的不确定，还包括货物的可得性、所供应数量的不确定性等。

② 需求的不确定性：需求的不确定性主要表现为顾客需求量的不确定，以及需求分布在时间、空间上的差异性，需求结构的变动等。"牛鞭效应"就是供应链中末端需求不确定性引起的。

③ 衔接的不确定性：衔接的不确定性即企业之间（或部门之间）的不确定性。它主要体现在企业（或部门）之间的合作上，来源于企业之间合作上的不稳定。

④ 运作的不确定性：供应链企业运作的不确定性主要来源于缺乏有效的沟通、协调和控制机制、组织管理不稳定和不确定，主要体现在系统运行不稳定和意外情况下的控制失效。

在这些不确定中，需求与供应的不确定性是企业最难控制的，因为传统上这些属于企业的外部因素。这就需要供应链管理者针对不同的情境，确立供应链战略，利用前瞻的战略克服需求不确定性，尽可能地减少供应链"牛鞭效应"，以确保供应链正常运营。

■ 2.2.2　供应链战略框架

供应链作为一个动态系统，需要根据产品特点及顾客需求的变化等选择不同的供应链管理战略。需要指出的是，任何一家企业想要成功，其供应链战略与竞争战略必须相互匹配。企业的竞争战略的确定需要考虑企业提供产品和服务的方式，供应链战略同样需要这样。选择适合的供应链战略，使之能最好的满足供应链目标，满足顾客需求。

两种供应链战略

关于产品，可以定义这样两种类型：功能型产品和创新型产品。功能型产品是指那些边际收益较低、用以满足基本需求、生命周期较长且可以预测需求的产品；创新型产品的特征与之不同，它是指边际收益较高、满足个性化需求、生命周期较短并且难以准确预测需求的产品。企业将根据自身产品的需求特点来确定相应的供应链战略。表2-1表示了市场中两种不同类型的产品需要的运营系统。显然，对于不同的运营系统需要有不同的策略。

表2-1　不同类型的产品需要相应的运营系统

产品类型		需要何种运营系统
功能型产品	需求可以预测 产品变形很少 产品品种较少 价格相对稳定 生产提前期短 边际利润较低	保证产品沿供应链迅速移动/高效率 关键要降低成本 保持较低库存水平 平衡上下游生产能力 提高生产能力利用率 低价格供应商受欢迎
创新型产品	需求难以预测 产品变形很多 产品品种较多 入市价格高 生产提前期较长 边际利润高	保证产品及时供应/按需生产，甚至按需设计 关键要快速响应 合理配置库存 灵活配置生产能力 按需配置生产能力 柔性供应商受欢迎

供应链战略首先要与产品/服务相匹配。对于功能型产品应采用效率型供应链战略，而对于创新型产品则需要采用响应型供应链战略（如图2-1所示）。

供应链战略类别	功能型产品	创新型产品
效率型供应链战略	匹配	不匹配
响应型供应链战略	不匹配	匹配

图2-1　与产品类型匹配的供应链策略

效率型供应链战略要求保持较低的库存水平，尤其在供应链的下游，提高产品流动速度，减少库存积压的流动资金。以准时化生产方式，平衡生产能力，提高整体生产能力的利用率，降低制造成本。供应链中的信息流动必须快速高效，以保证生产计划与销售计划的及时调整。

响应型供应链战略则强调为最终顾客提供较高的服务水平，保证及时供应，提高迅速反应能力。下游库存保证最终顾客随时都可以获得产品供应。快速反应能力要靠供应链的信息化支持，需要自动化的订单处理系统实现按单设计或按单生产，按订单需要灵活配置生产能力，确保个性化信息的传递，需要信息智能处理的支持。

表2-2对这两种不同战略类型的供应链进行了比较。效率型供应链主要体现供应链的功能性，即以最低的成本将原材料转化成零部件、半成品、产品，以及在供应链中的运输等；响应型供应链主要体现在供应链对市场需求的响应能力，即把产品分销到满足用户需求的市场，对需求做出快速反应等。

表2-2　效率型供应链和响应型供应链的比较

	效率型供应链	响应型供应链
主要目标	高效率 可预测性的需求	快速响应 不可预测的需求
制造过程的重点	低成本	柔性
生产方式	面向库存的大批量生产 精益生产	面向订单的小批量生产 定制
提前期	在不增加成本的前提下缩短提前期	采取主动措施减少提前期
供应商管理	选择的重点是依据成本和质量	选择的重点是依据速度、柔性和质量
产品设计战略	单品类供应链、成本最低	模块化设计，多品种小批量供应链，尽量延迟产品的差异化节点

效率型供应链和响应型供应链的划分主要是从满足顾客需求的角度出发的，重点是在供应相对稳定的情况下，供应链如何处理需求不确定的运作问题。在实际供应链管理过程中，不仅要处理来自需求端的不确定性问题，还要考虑如何处理来自供应端的不确定性问题。来自供应端的不确定性也可能对整个供应链的运作绩效产生较大影响。

在实际生活中，大部分的顾客需求并不能简单的用功能型或创新型来划分。例如，时下国内各汽车厂商纷纷推出的经济实用型轿车，每款车型又都有自己独特的个性化设计。这就使得产品的需求特性难以判断，给企业的战略匹配造成障碍。由于创新型产品需求的不确定性，会使得产品的生产销售与需求失衡，一旦失衡要么导致产品脱销要么导致产品积压，给企业造成损失，此时企业的竞争战略具有高风险性；相反，功能型产品的风险性则很低。

敏捷供应链战略

从供应和需求两个方面的不确定性对供应链运作的影响出发，人们进一步细分供应链战略：效率型供应链、响应型供应链、敏捷供应链、风险规避供应链，如图2-2所示。

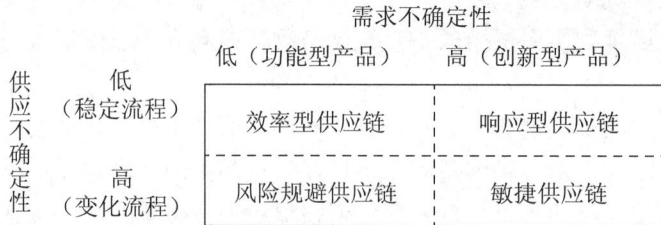

需求不确定性

		低（功能型产品）	高（创新型产品）
供应不确定性	低（稳定流程）	效率型供应链	响应型供应链
	高（变化流程）	风险规避供应链	敏捷供应链

图2-2　考虑需求不确定和供应不确定的供应链战略

敏捷供应链应该是一种综合能力最强的供应链系统，它能对供应不确定性和需求不确定性做出及时反应，能适应运行环境的变化而变化。

敏捷供应链由客户订单拉动，动态构建供应链，组织生产。这与通过预测组织生产，继而将产品推向市场的推式生产完全不同。敏捷供应链战略的关键要求包括：

（1）供应链中所有运营都由顾客价值驱动；

（2）响应能力和柔性能力；

（3）动态地组织供应链运营的能力。

从供需特征来看，敏捷供应链本质上是按照需求进行供应的能力。供应能力可以根据需求来"敏捷"创建，因此敏捷供应链的关键问题在于敏捷的可行性与敏捷的易行性。在构建敏捷的供应能力时，会涉及生产的不确定性，因而会需要模块化生产、柔性生产方式等。

供应链中的延迟

供应链中延迟的运用能够支持供应链的快速响应与敏捷机制。供应链中的延迟能够建立针对个性化需求的最佳方案。延迟本质是推迟供应链中的某项活动，以在晚些时候或离顾客近的地点产生差异化，满足个性化需求，增强快速响应能力。在供应链管理中，常见的延迟主要有以下两种。

（1）物流延迟（延迟时间和地点的职能决策）

在敏捷环境下缺货往往具有很高的成本，产成品的库存对于应对缺货风险具有重要意义。物流延迟对供应链中的配送部门很有帮助，它提高了供应的响应能力。在配送过程中，将最终产品完成个性化加工时间以及运输时间延迟至收到顾客订单之后。将最终产品完成个性化加工的地点从工厂延迟到离顾客最近的本地仓库进行。这一做法避免了企业根据预测提前生产加工了顾客并不需要的产品款式，避免了缺货，避免了产品库存的盲目增加。

（2）外形延迟

将确定产品最后的外形规格和功能增减延迟到接收到顾客订单之后，而不是提前做好各种外形，放入仓库保存。许多公司会延迟包装、贴标签、增加说明书和产品外围设备等。将外形和功能的差异化延迟扩展到工厂的制造、组装、模具制造等工序，将有助于产生符合敏捷要求的更大柔性。

与外形和功能定制相联系的是跨产品和产品线柔性设计的制造和工程原则。为了实现产品定制的目的，有时需要改变产品包装、零部件及设计特征。这无疑增加了设计、制造等的复杂性与不确定性，因此利用延迟，创建敏捷供应链是较好的方案。在敏捷供应链的设计上将不确定性特征放入供应链的末端，充分利用下游的合作伙伴关系，强化顾客服务，从改善物流和配送管理上完成产品定制。

当企业具有以下特征时，应用延迟比较合适。

（1）生产工艺技术特征

可以将初步生产和延迟作业分离、定制不太复杂、模块化产品设计、从多个地点采购。

（2）产品特征

模块化通用程度比较高的产品；产品单位价值高，定制后产品的体积或重量增加时。

（3）市场特征

产品生命周期短、销售量波动大；加工提前期短而可靠；价格竞争激烈；产品拥有多个目标区域市场。

产品的标准化和延迟战略的综合运用常常可以有效降低管理的复杂性，又能满足顾客需求。物流渠道提供多样化的服务是有代价的。产品品种的增加会提高库存，减小运输批量。即使总需求不变，在原有产品系列中增加一个与现有某品种类似的新品种也会使综合产品的总库存水平大大增加。

敏捷供应链战略的核心问题就是如何为市场提供多样化的产品以满足客户需求，同时，又不使物流成本显著增加。生产中的标准化可以通过可替换的零配件、模块化的产品来实现，产品的标准化可以有效地控制供应渠道中必须处理的零部件、供给品和原材料的种类。

2.2.3 基于信息技术的战略

信息技术的应用是推进供应链管理系统中信息共享的关键，改进整个供应链的信息准确度、及时性和库存周转率是提高供应链管理绩效的必要措施。基于信息技术的供应链战略是所有供应链战略实施的基础，这一战略将帮助供应链提供全面集成信息的能力，构建基于互联网的供应链管理信息支持平台。

供应链管理信息支持平台利用计算机技术、网络通信技术、互联网、信息科学、管理科学等多技术、学科知识，全面支持供应链的运营和管理，支持企业销售、生产、仓储、运输物流及供应商管理等基本功能，满足从网络设计/订单启动到产品交付的供应链管理业务。

（1）供应链网络设计

运用供应链网络建模和优化工具，确定合理的设施数量、位置、规模和能力，以实现顾客服务目标；制定分阶段的战术规划，用于确定何时、何地通过网络制造、购买、存储和运输产品。

（2）集成需求计划、分销计划、制造计划和排程的高阶计划和排程（APS）

需求计划帮助各个公司预测和调整顾客需求。通过库存分析，确保在顾客服务水平和库存水平之间取得最佳平衡，制订所有网络点的同步补货计划，跟踪供应链网络中的制造商和供应商，获得供应链的可视化。识别供应链制造环境，制订基于约束的高级计划。针对相应的制造环境与生产方式，制订有限能力排程计划。

（3）仓储与运输

做好库存、人员工作安排，做好多场站、多任务的仓库管理工作，确保配送拣货及订单履行。制订运输计划、路径安排，做好运输管理和内部贸易物流。

图2-3表示了供应链主体企业的供应链管理信息系统的几个主体部分及中心数据库。

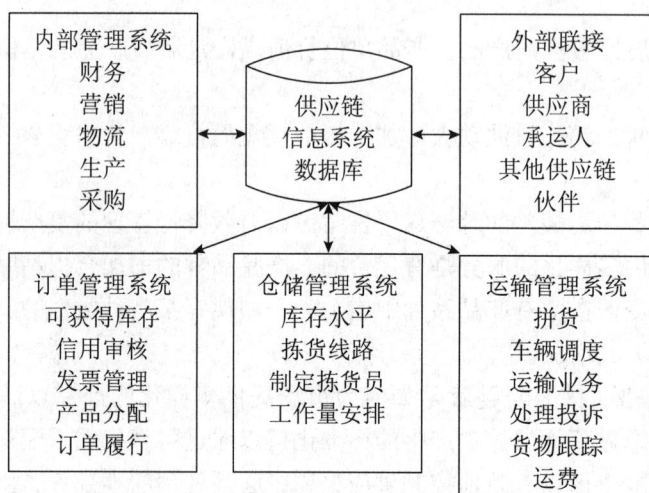

图2-3　企业供应链信息系统数据库及其关联系统

企业级数据库主要存放了供应链各成员企业的数据，还有原材料及供应商信息、产品订单信息、生产信息、仓储与运输物流信息等，是整个供应链数据库的一部分。

内部管理系统主要包括财务、营销、物流、生产和采购等多方面的核心内容。

外部连接包括了与客户、供应商、承运人和其他供应链伙伴的联系。

订单管理系统包括可获得库存、信用审核、发票管理、产品分配和订单履行等内容。在供应链管理中，订单是企业自身与客户之间业务联系的纽带，有效订单管理能够有效减少库存量，提高订单履行率，缩短订单周期，使仓库货物周转加快。

仓储管理系统包括库存水平、拣货线路、制定拣货员工作量安排等内容，基本涵盖了基于入库、上架、拣货、包装、出货的所有范围。

运输管理系统包括拼货、车辆调度、运输业务、处理投诉、货物跟踪和运费等内容。集成的仓储与运输管理，可以优化物流关键流程，提高物流效率，降低物流总成本。

从以下这个局部功能集成的例子，我们也能看到供应链物流管理信息的智能化管理的威力。甲骨文公司（Oracle）研发的G-Log是一个运输管理系统（TMS）软件，该系统支持汽车整车供应链物流控制中心的运营，全方位追踪整车，从主机厂到经销商的运输过程

（包括国内和国际运输），能辨认出物流运输网络中的晚点情况，智能化处理各种意外和异常情况，提供执行报表来缩短整个运输周期和增加运输服务的可靠性。G-Log的主要功能包括了订单处理、承运商选择、运输路线的安排和优化、运输追踪、运费计价、自动付款、进出口贸易、索赔处理等功能，通过基于Web架构的应用系统，可以满足运输过程中整车厂和物流商的管理需求，将广泛的物流过程与运输管理结合到一起。整车物流的需求针对单一运输模式下的业务或某一地域，复杂的多式联运需求针对包含多种业务的全球运输网络。

可见，供应链管理的效率来自供应链管理信息平台。供应链管理信息平台可以展现一个清晰可见的全球供应链物流运作系统，这是真正的电子供应链。通过多系统间的信息集成，实现对整个供应链物流网络完整的掌控能力和近似实时的获取数据的功能，跟踪供应链上的数据流，根据客户的真实需求对供应链企业进行有效统一的协同管理，进而提高交付的可靠性、准确性和及时性，并改善整个网络的可视度。

2.2.4 基于合作的战略

企业为了共同利益需要而在一起工作，这时就会有合作。供应链合作的确立就是多个企业间的合作，因此，基于合作的战略也是供应链战略实施的基础。合作战略创造了一种协同的经营环境，合作战略要比一方单独做强。

基于合作的供应链战略需要成功确立供应链企业的合作伙伴关系，发展这样的合作关系需要"黏合剂"。目标、承诺、协调、信任、沟通的质量、参与意愿、共同解决冲突、合作方的结构契合等都是发展合作关系需要考虑的。表2-3总结了成功的供应链合作的许多要素。虽然没有一种列表可以穷尽所有要素，但这里所列出的要素都是成功合作的关键要素。

表2-3 成功合作的要素

1. 理解目标	6. 公平地分享收益、损失和投入
2. 信任和承诺	7. 对参与方的总体利益要大于单独所能获得的利益
3. 企业包容性	8. 有效的绩效评价策略与方法
4. 沟通	9. 对合作关系的战略规划
5. 共同制定决策，达成共识	

理解目标 合作成员要理解供应链合作的目标及其各自的目标。合作成员需要讨论它们如何能为供应链中的每一方成员、以及供应链顾客创造价值。

信任和承诺 信任可以有效地清除合作障碍，信任也意味着对合作伙伴的依赖。信任和承诺有很强的关联性，都可以鼓励企业与合作伙伴为长期利益而共同努力，抵抗住短期诱惑，有放弃投机等机会主义行为的意愿，小心应对供应链运营中的潜在风险。

信任有个人间的信任、基于机构的信任。信任还有：计算基础的信任（calculus-based

trust）、了解型信任（knowledge-based trust）和认同型信任（identification trust）。计算型信任指交易者都是理性的，交易者自己也相信他人会充分考虑被信任和不被信任的收益和成本。了解型信任依赖于交易双方共同的思考方式，他方行为的可预测正是这类信任的核心。认同型信任指交易双方有着共同的价值观，包括道德责任等方面的共同认识。信任还可以分为契约型信任（contractual trust）、能力型信任（competence trust）、善意型信任（goodwill trust）。契约型信任是一种依赖于契约的信任。契约越细致，越能形成交易当事人的信任。能力型信任指一方具有按照对方要求和预期完成某一行为的能力。善意型信任指交易一方出于善意而对他人授予信任。这里所指善意，包括共同的信仰、友谊、同情等。

企业包容性　这里最重要的是关系及文化的包容，各方需要有共享的愿景、使命、目标、文化。人与人的合作，过程的联合都需要相互包容，应该看到合作方的长处，而不是短处。

沟通　沟通和信息的分享与应用是有效合作的核心。分享和应用预测信息对供应链参与方很重要。经常的代表会议对合作有很大帮助。

共同制定决策，达成共识　所有参与企业坐下来，一起来解决问题。参与方应该努力避免对彼此活动细节的干涉，而应该将责任与义务在事前就讲清楚，达成共识很重要。

公平地分享收益、损失和投入　虽然许多企业表明了它们对各自目标的贡献，但是成功的合作要求发展共享收获、损失和投入的机制。可持续的分享将依赖于所有成员的共同信念与公平。

参与的总体利益要大于单独获得的利益　为了持续更长的时间，成功的合作需要为参与方创造收益，这将超过那些企业单独实现的价值。

有效的绩效评价策略与方法　合作中所有参与方认可所使用的绩效评价方法和策略，共同制定供应链成功运营的关键绩效指标（KPIs），实现对所有参与方的承诺。

对合作关系的战略规划　成功持久的合作会有挑战和困难。对合作关系，需要做好战略规划，做好规划，开发成功合作细则，才能很好地长期发展这种合作关系。

基于合作的供应链战略具有如下特点。

① 从价格竞争转变为产品/服务的价值的提升。利用价格竞争取得的利益是建立在牺牲另一方利益的基础上的，而共同提升顾客价值则可以获得供应链的多赢。

② 长期的信任合作，而不是短期合同关系。供应链管理环境下的合作关系是建立在相互信任、相互合作的长期伙伴关系的基础上，这大大地减少了双方交易谈判的时间和次数，降低了交易管理成本。

③ 从产品研发时就合作，协同开发。供应链合作利用合作方的技术优势，通过协同开发，改进产品质量，降低产品成本、加快产品开发进度，从产品设计源头着手提高市场的快速反应能力。

基于合作的供应链战略更加强调信息的分享、沟通，以及高效率的协调运作，构建合作伙伴关系，实现供应链各方的共同成长与壮大。

案例 "经商成功之道"

在商场上有句名言："一类人是把钱借给别人用，那是普通人；还有一类人借别人的钱用，那才是商人。拿着别人钱做事业，是一种境界。"尚仁公司的老板常常教育他的手下，我们公司要做到这种"境界"，特别是财务，要运作好每一分钱，客户的钱能早一天收上来都是成就；供应商的货款拖得越久越好。所以，对于供应商的货款，财务是能拖就拖。

公司还想了许多拖延的战术和流程，例如，每月财务接受付款申请的窗口只有在月末的周五开放，而付款的窗口安排在月末的周三，也就是申请的报告至少一个月后才能到账，付款申请需要财务总监和副总的签字，如果他们出差，不能授权，不能代签，若在付款申请的文件和手续上有问题，则需要写清楚原因，重要的是所有流程重新开始。每个月的付款进行限额管理。超出部分即使手续完备也不予执行。对于供应商的款项，一般都拖到1～2年的账期，如果供应商晚交货，或产品有质量问题，则立刻扣款，扣款是立刻执行，而不是在本次付款时再扣。公司还有一招，如果想要早付款，交一笔押金，参加每月一次的抽奖，中奖了的供应商公司会立即付款，抽不中的押金则会拖到货款支付时一起归还。

说到节约采购成本，招标一定是一件必备利器。招标无疑为公司省下了一大笔钱，可公司认为还是有潜力可以挖掘的：欲来尚仁公司投标，首先要买标书，二十来页的标书，前面是公司介绍，后面是注意事项，真正的内容不到三页，按国家招标标书的上限卖给潜在投标人；投标保证金也按国家招标规定的上限来向投标者收取；交钱容易还钱难，中标者的保证金付款时再还，而没有中标的保证金则进入了公司的付款流程，能拖则拖，想要早点收回，还是抽奖。还有一招，将一个报价贵的供应商的方案（一般都是实力强，设计水平高一些）交给便宜的供应商（设计能力差）做，以此再压一下，质量保证了，价格还下来了。

上面说的这些方法非常有效，尚仁公司还在鼓励员工不断"创新"，想出更好更多的方法来节约成本。供应商想要得到货款难上加难，难于上青天。供应商戏称尚仁公司的老板是铁公鸡——一毛不拔。供应商是苦不堪言，纷纷到公司抱怨，但尚仁公司的老板告诫员工，对供应商绝对不能心慈手软，下手一定要狠，对供应商的仁慈，就是对自己的残酷。商场如战场，他有本事拖着别人的钱不还呀，这就是适者生存的游戏规则！尚仁之所以能吸引这么多供应商，供应商像飞蛾扑火一样，心不甘、情不愿地纷纷自投罗网，还是看着尚仁的名气大，拿其招牌打市场。尚仁公司明确和供应商说："你们想要从我尚仁公司身上赚钱，门都没有！有本事，拿我的招牌去我的竞争对手那里去挣钱。"

还有一个常用方法，每年年底公司开联欢会，会议费用、吃饭，特别是员工抽奖的礼品都要求供应商赞助，虽然数额不大，但能从供应商那里搜罗的就搜罗。

供应商也想尽办法早点把钱收回来，最有效的方法是击中其软肋，当尚仁公司生产线缺料时，这是一个绝好的要钱机会，表面上积极配合，而暗地下按兵不动，"不见兔子不撒鹰"，直到把钱拿回来才发货，尚仁公司也知道供应商在耍诡计，但无奈态度特别好，不给钱公司就要断线，而公司的付款流程又超级烦琐，搞得公司上上下下天翻地覆：计划在叫，生产在喊，销售在催，客户在抱怨，供应商在窃喜。

还有台面下的一招，就是贿赂尚仁公司的财务，给财务一些好处，让财务早点付钱，或把付钱的排队位置往前挪一些。常有供应商往尚仁的财务家送礼的。为这事尚仁公司的老板很是生气，大会上严厉批评："见过下级给上级送礼的，见过被告给法官送礼的，见过病人给医生送礼的，还没有见过供应商给财务送礼的！"开除了几名当事人。

在金融危机之际，尚仁公司的供应商也没有逃脱厄运，好几家供应商因为资金链断裂而倒闭，破产前还来公司要过钱，但都被尚仁公司所断然拒绝："这简直是笑话，你们经营不善，问我哭诉要钱。"有一个供应商的客户都是像尚仁公司这样的大公司，账期很长，而从银行则贷不到款，为了维持生产只能借高利贷，金融危机下钱还不上，尚仁公司的货款又迟迟拿不到，被债主追杀之下，老板上吊自杀。供应商的破产对尚仁公司是一个福音，这笔货款就可以再也不用付了，这还是节约成本之妙方，"走别人的路，让别人无路可走"。但这也是一把双刃剑，供应商突然断货让公司措手不及，虽然说有尚仁公司的每一个产品都要求有两家以上的供应商，以防止类似的风险，但突然间将破产这家供应商的量全部压到另一家，一时间也接不起来，没有哪家空闲着的生产线等着别人破产接手，城门失火殃及池鱼，最终引发生产线的停产待料。

这些都还是可以解决的，不是致命的大问题，尚仁公司的业务做的风风火火，老板也无限风光尽被占尽，在本地被选为政协委员，也被选为"十大经济风云人物"。有人这样评价这位老板："他走过的路，连草都不敢长，但却生出金子。"

【讨论题】

（1）你如何评价尚仁公司与其供应商的合作。

（2）你支持尚仁公司的理念吗？哪些方法是值得坚持的？哪些是你不赞同的，为什么？

（3）试探讨一下卖方和买方共赢的方案。

2.3 供应链规划与设计

■ 2.3.1 供应链规划概述

规划步骤

供应链物流规划的步骤如图2-4所示。通过全面审视、扫描外部环境，确定供应链目标与供应链战略，对集成化的供应链做出规划，还要详细规划供应链的各个环节，如顾客服务、供应链网络设计、采购、库存、运输、仓储等。在此基础上设计全面的集成化供应链管理系统，设计供应链总体绩效评估方法，及时对供应链运行状况做出评估，并改进集成化供应链系统的规划。

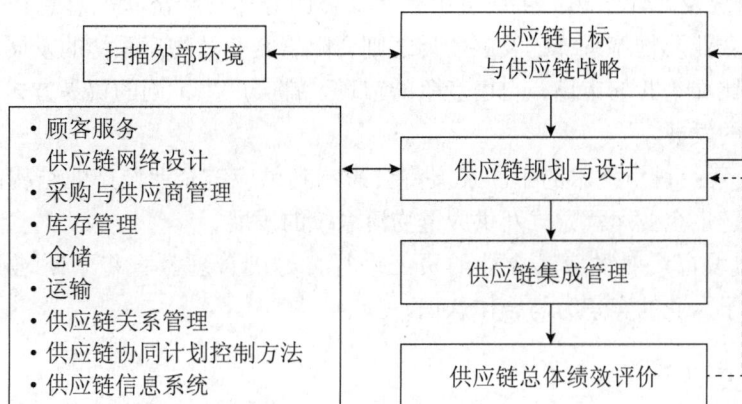

图2-4　供应链物流规划的步骤

供应链物流战略规划的目标可以从以下几方面进行规划。

① 满足顾客需求，提升顾客服务能力。提升顾客服务水平，往往会带来库存成本的上升，但由服务水平的提升带来的收入的增长会占据上风。重要的是通过供应链管理带来了服务能力的全面提高，顾客群体扩大了，由此又会带来规模经济的优势。

② 降低总成本。服务水平可以保持不变的前提下，降低与仓储、运输相关的可变成本，往往要制订多个备选的供应链方案，选择总成本最低或收益最大的方案。

③ 投资回报最大化。在投资回报相同的情况下使投入最小化，避免高额投资扩张战略带来的可变成本上升及风险的增加，例如放弃自建仓储中心，而采用按需租赁公共仓储的方案。

外部环境的扫描

要做好供应链的规划必须首先了解供应链特性及供应链所处的外部环境，定位供应链战略。扫描外部环境包括全面权衡影响供应链成员企业及其业务合作、市场等有关因素，主要有以下8个方面。

① 市场地理环境：市场所处的地理环境，如气候、地形以及生产地的位置等，这些会影响到物流的成本以及运输方式的选择、仓储地点的决策。

② 当地政策和法规：主要指供应链成员企业所处国家的各种政策规定、汇率问题、贸易保护以及区域经济圈的整合等。

③ 社会因素：供应链成员企业所在城市或地区的社会因素，如人口老龄化程度、人口流动性、居民收入增长、生活环境、消费水平的变化等。

④ 竞争策略：企业之间的相互竞争与合作将对供应链物流系统有着直接或者间接的

限制，供应链的竞争策略需要从供应链整体来考虑产品策略、定价策略、营销策略以及分销、配送策略四个方面。

⑤ 供应链技术设施系统：主要指的是铁路、公路、航空以及水运运输设施、仓储设施，这将影响到物流系统线路、运输/仓储方式的选择。

⑥ 经济状况及产业结构：供应链上企业效益的好坏与经济状况息息相关，经济发展复苏将会促进企业及物流系统的发展，反之则会阻碍企业及物流系统的发展。同时，产业结构的形态，比如垄断的市场、自由竞争的市场，都会产生不同的贸易方式，从而影响供应链物流系统的发展。

⑦ 科技因素：科学技术的不断发展将会影响到供应链企业及产业结构的发展，从而会影响到供应链上企业运营方式及供应链物流系统的发展。

⑧ 管理与教育：对供应链企业的员工进行良好的管理教育将不断地提高人才的素质，进而增强了企业的竞争力与合作意识。

规划层次

供应链规划涉及供应链活动的各个环节，网络设计、库存、运输、仓储等，需要在战略、策略和运作等多个层次做出规划。不同层次的规划之间存在时间跨度的差异，一般来讲，战略规划是长期的，时间跨度通常超过一年；策略规划是中期的，一般短于一年；运作规划是短期的决策，可能每天或每周都要做。供应链管理决策的重点在于如何利用多层次规划实现快速、有效的供货目标。表2-4列出了供应链不同环节、不同规划层次上的一些管理决策具体问题。

表2-4   战略、策略和运作层次的决策问题举例

供应链环节	战略层次	策略层次	运作层次
网络设计决策	供应链节点（如区域配送中心、工厂等）的战略能力与选址	供应链节点（如区域配送中心、工厂等）区域分布数量及详细位置	仓库、工厂的地段位置
顾客服务	设定服务水平的标准	客户订单的处理顺序	加急送货
采购决策	发展供应商关系	合同，选择供应商，期货业务	订单安排，加急供货
运输决策	运输方式选择/第三方物流公司选择	临时租用装备/委托第三方物流公司	运输线路安排、调度
库存决策	存货点和库存控制方法供方管理库存方法	具体的库存控制策略、安全库存水平	补货数量和时间表
仓储决策	选择搬运设备，仓库布局	季节性存储空间选择，合理利用自有/租用存储空间	拣货、加工、仓储库位
订单管理	订单处理系统的规划与设计	订单处理的一般策略	订单录入与处理

各个规划层次在不同的环节有不同的视图。战略层次规划的时间跨度长，因而往往要忽略一些细节，需要很多定性的分析，使用的数据常常是不完整、不够准确的，需要

对很多因素进行评估与战略分析。运作计划则要使用非常准确的数据，计划的方法应该既能处理大量数据，又能得到合理的计划。例如，我们的战略计划可能是供应链上库存周转率要达到某一数值，而库存的运作计划却要求对每类产品分门别类进行详细的清单管理。

在这里，我们将主要关注供应链战略规划，策略、运作层次的计划常常需要对具体问题作深入了解，还要根据具体问题采用特定方法，主要在《运营管理》课程中详细阐述。

我们从设计整个供应链及物流系统开始，进行供应链战略规划，可以将供应链视为抽象的节点和链连成的网络。网络中的链代表不同存储点之间货物的移动。这些存储点、零售店、仓库、工厂或者供应商就是节点。节点还有那些库存流动过程中的临时停点，如货物运达零售店或最终消费者之前短暂停留的仓库。任意一对节点之间可能有多条链相连，代表不同的运输路线。

2.3.2 供应链网络设计

设计供应链网络的目标必须与供应链规划的目标相一致，如在满足顾客需求的同时使企业的收益最大化。全球供应链网络设计决策可以通过四个步骤来完成，如图2-5所示。

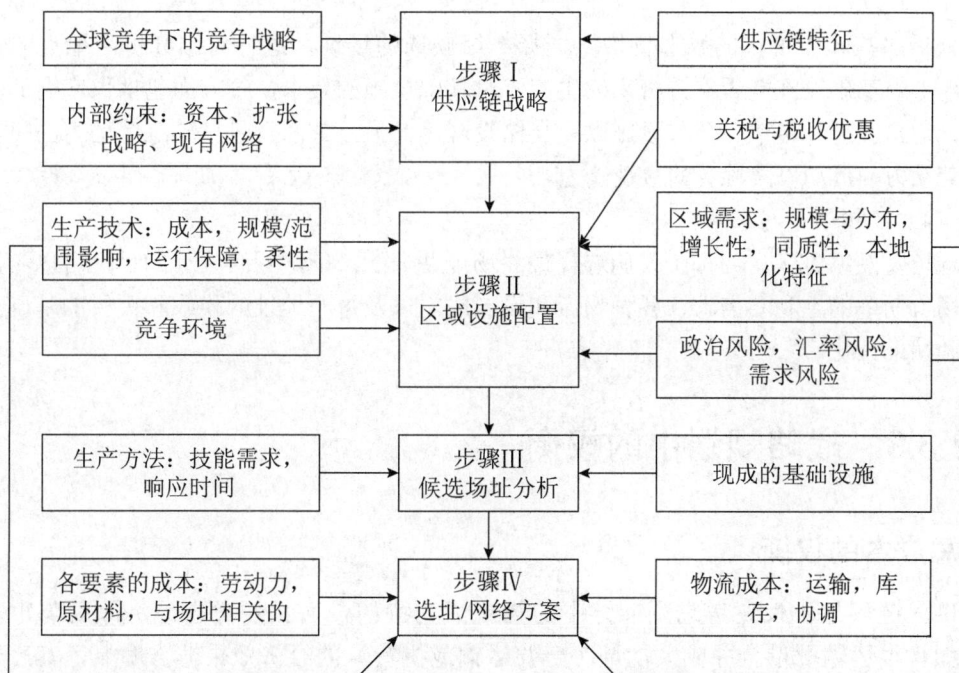

图2-5 全球供应链网络设计决策步骤

（1）步骤Ⅰ

明确供应链战略。包括确定供应链的活动是内部执行还是外包。

需要对供应链竞争战略作出一个清晰的定义，响应时间还是质量、成本与效率？还要明确供应链网络必须具备哪些能力来支持该竞争战略。管理者必须预测全球竞争的可能演变以及每个市场的竞争对手来自当地还是全球。管理者也必须识别可利用资金的约束，明白增长模式靠供应链合作来实现。

（2）步骤 II

确定区域设施配置。确定设施将要选址的区域、它们潜在的作用（功能）以及大概的产能。分析可以从国家或地区的需求预测开始。这种预测必须包括对需求规模的一个估量以及对跨地区顾客需求的同质性和多样性做一个基本判定。同质性的需求需要大型设施，而地区的差异性需求却需要较小的本地化设施。

给定现有生产技术，管理者要确定规模经济或范围经济效应，确定能对降低成本起到显著作用的方式。管理者还必须识别与区域市场有关的需求风险、汇率风险以及政治风险。同时必须识别区域的关税、当地生产的要求、税收激励以及出口或进口限制。选址选在税率最低的地方、选在自有贸易区等都是不错的选择。

管理者必须识别区域竞争对手，设施是靠近还是远离竞争对手呢？对市场的响应时间以及总体物流成本也必须进行分析。

基于这些信息，管理者可以建立网络设计模型来确定供应链网络的区域设施最佳配置。区域配置定义了网络中设施的大概数量、所在地区，以及设施产品所服务的市场等。

（3）步骤 III

分析那些较为可行的候选场址。选择一组候选的场址，进行对比分析。地点的选择应重点考虑基础设施能否支持将来的生产。对基础设施的要求，一方面包括供应商的可获得性、运输服务、通信、公共设施以及仓储设施等；另一方面，包括熟练劳动力的可获得性、劳动力的流动以及社会的接受能力。

（4）步骤 IV

选址及网络方案。为每个设施选择最终场址并分配产能。网络设计的目标可以考虑每个市场所期望的毛利和需求、各种物流和设施成本以及每个地址的税收和关税的基础上，使总利润最大化。

2.3.3 战略规划中的权衡

总成本的权衡

供应链规划不仅要考虑供应链中的物流活动特性，而且要考虑经济原则与市场法则。如将小运输批量合并成大批量（合并运输或拼货）的经济效果非常明显，其产生的原因是现行的运输成本—费率结构中存在规模经济的机会。管理人员可以利用合并减低成本。

供应链系统的战略规划与设计需要权衡总体效益，或对物流总成本进行分析。在供应链运作过程中，各项物流成本的变化模式常常表现出互相冲突、此消彼长的特征。解决这一冲突的办法是：平衡各项活动的成本以使整体效益达到最优。

如图2-6所示，在选择运输服务（航空运输、铁路运输、公路运输）的过程中，不仅要考虑运输服务的直接成本，而且要考虑由于不同运输服务对物流渠道中库存水平的影响所带来的库存成本，综合权衡总成本，才会找到较为经济的方案。运输费率最低或速度最快的运输服务并不一定是最佳选择。因此，供应链管理的基本问题就是权衡成本冲突的问题。针对各项物流活动之间的成本冲突，必须进行平衡与协调管理。

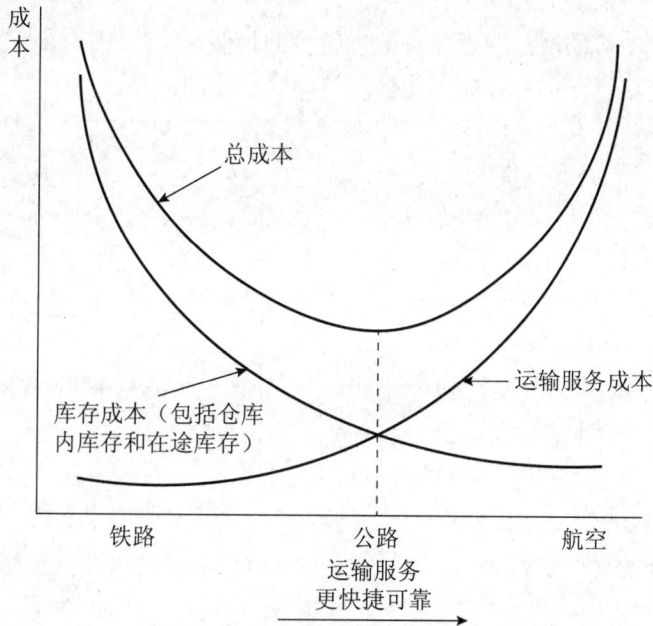

图2-6 运输成本和库存成本之间的冲突

总成本概念不仅可运用于运输服务的选择，以下举出了一些其他例子，其中都存在成本冲突问题。

（1）图2-7（a）的例子是确定客户服务水平时存在的问题，随着客户得到更高水平的服务，由于缺货、送货慢、运输不可靠、订单履行错误造成失去客户的可能性就越小。换句话说，随着客户服务水平提高，缺货损失成本会下降。与缺货损失成本相对应的是维持服务水平的成本。客户服务的改善往往意味着运输、订单处理和库存费用高的代价。

不是所有产品都要求同样的客户服务水平。这是供应链规划的一条基本原则。一般的企业都要配送多种产品，面对各种产品应该有不同的客户服务要求、不同的产品特征、不同的销售水平，也就意味着企业要在同一产品系列内采用多种差异化配送战略。管理者可以利用这一原则，对产品进行分组、分类，比如按销量分为高、中、低三组，并分别确定不同的客户服务水平。当然，在特殊情况下，比如应急供货，有时须启用备用配送系统，并使用更快捷的运输方式。

（2）确定供应链系统内仓库的数量时需要考虑多种基本经济因素，如图2-7（b）所示。如果存储点大批量进货，顾客购买量是小批量的，从存储点向外运出的运费就高于运进的内向运输费率，这样，运输成本会随存储点的增加而减少。但是，随着存储点数量的增加，整个系统的库存水平上升，库存成本会上升。此外，客户服务水平也受该决策的影响。此时，该问题就变成在库存—运输的综合成本与客户服务水平带来的收益之间寻求平衡的问题。

当然，是否增加存储点也要考虑所采用的配送渠道，要区分那些经存储点运送的产品和从工厂、供货商或其他供货源直接运到客户手中的产品。对于那些由仓库供货的产品，还应按所在存储点产品的周转率进行分组。即周转快的产品应放在位于物流渠道最前沿的基层仓库中。周转中等的产品应存放在数量较少的地区性仓库中。周转慢的产品则放在工厂等中心存储点。这样，每个存储点就会存储不同组合的产品。

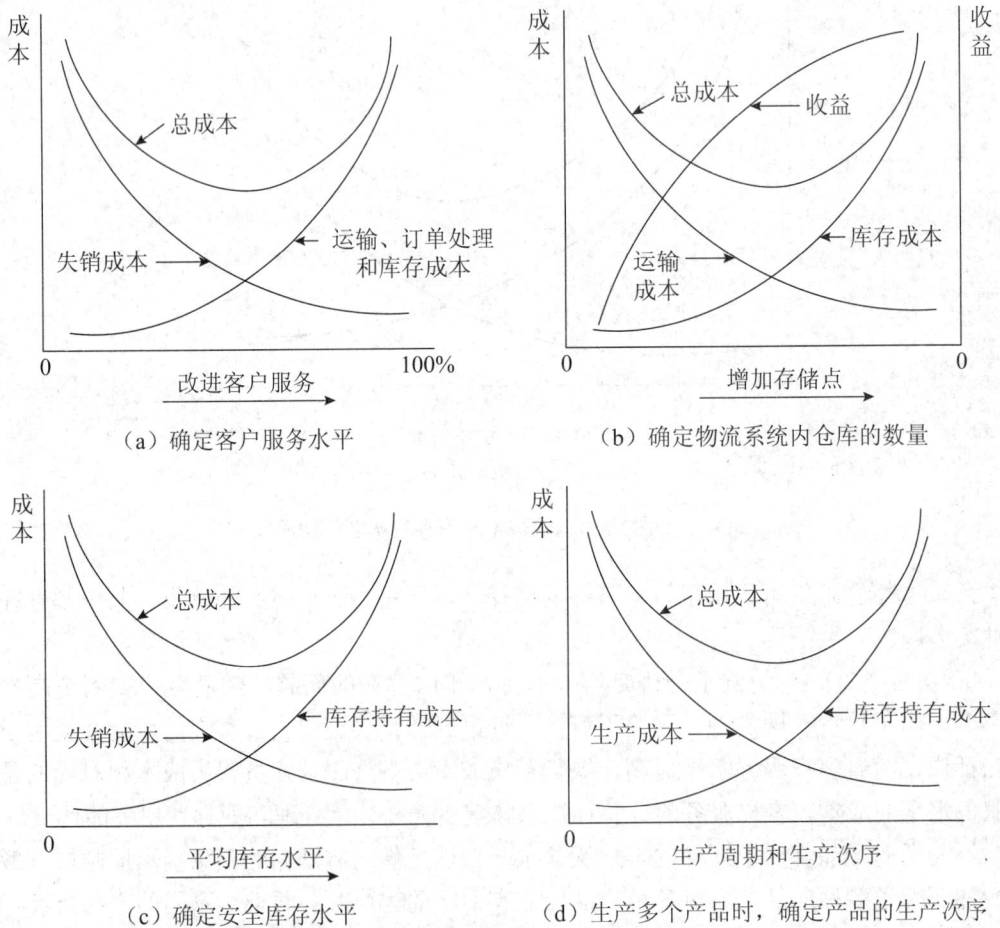

（a）确定客户服务水平

（b）确定物流系统内仓库的数量

（c）确定安全库存水平

（d）生产多个产品时，确定产品的生产次序

图2-7　供应链系统运作中的物流总成本观点

（3）图2-7（c）说明的是确定安全库存水平的问题。因为安全库存提高了平均库存水平，并通过客户对物品的可获得率来影响客户服务水平，这样，失去销售的成本（失销成本，即缺货损失成本）就会下降。平均库存水平的提高会使库存持有成本上涨，而运输成本不受影响。我们要在这些相互冲突的成本之间寻求平衡。

（4）图2-7（d）给出的是生产多个产品的情况下企业生产计划的基本问题。生产成本受产品生产次序和生产运作周期的影响。随着生产次序改变，库存成本会上升，因为收到订单的时间与补货时间往往不一致，结果造成平均库存水平的提高。在生产和库存总成本的最低点可以找到最恰当的生产次序和生产运作周期。

物流总成本是供应链物流运营中的重要权衡因素。在配送渠道中，某一企业的决策会影响到其他企业的物流成本。例如，买方的库存政策不仅会影响发货人的库存成本，还会影响承运人的经营成本。这样，就有必要将系统的范围扩大到企业全局供应链范围。总成本考虑的范围，管理决策的范围都需要延伸到跨企业边界的整个供应链。

实质上，总成本的概念并没有明晰的界限。管理人员有责任判断哪些影响成本的因素是相关的，应该纳入分析之中，并由此确定总成本分析的范围。总成本概念就是平衡那些相互冲突的成本项，和那些可能影响供应链物流决策效果的成本项。

全球化与本地化权衡

全球供应链中存在许多跨国企业，跨国企业可以理解为在若干个国家内获取资源，建立市场并生产产品或服务，使得成本最小和利润最大化，提高顾客满意度和社会福利的一种组织。例如：通用电气、丰田以及国际红十字会这样的组织。它们的价值链可以在世界范围内获取资源，进行营销活动，为顾客提供产品和服务。

跨国企业复杂的价值链对运营管理者来说也是一个挑战。在全球化商业环境下，全球供应链的运营管理者必须面对以下一些问题：

● 如何设计一条满足经济增长缓慢的工业化国家以及快速发展的新型经济体的价值链；
● 在全球哪些地方设置制造和物流设施以充分利用价值链的效率并提供最大的顾客价值；
● 在制定关键价值链决策时，需要使用哪些绩效评价标准；
● 是否应该和竞争者发展合作关系，共享供应链中设计、制造或物流方面的技术知识。

复杂的全球供应链的战略规划需要考虑更多的问题，还要进行全球化与本地化的权衡。

（1）全球供应链要面对更高的风险和不确定性，需要更多的库存和日常监控，防止产品短缺。国外的罢工和政府骚乱这样的问题会造成库存短缺和订单大幅度的波动。

（2）全球供应链中各国各地的交通基础设施存在较大的差异。例如，中国沿海拥有比广大内陆地区更好的运输、分销以及零售基础设施。

（3）全球化采购面临着跨越国界的诸多障碍，如结算汇率的变化使得决策者必须谨慎地做出计划。在处理商品时，还有考虑期货合约的问题。国际采购还可能会带来与价格操控和质量缺陷相关的法律纠纷。全球供应链连接的各个国家的文化与制度差异。

（4）危机管理及应急管理成为全球供应链战略规划所必须考虑的重要部分。

2.4　供应链集成

2.4.1　供应链集成阶段

克服供应链中"牛鞭效应"的有效方式就是建立战略合作关系，对供应链流程进行集成/整合。供应链管理与变革的过程是一个不断集成的过程。供应链集成过程一般要经过五个阶段：打基础、内部流程改进、内部流程集成、内外联合集成和网络化全局集成。这似乎与第1章中介绍的供应链管理发展阶段内容是相同的，但实施过程与意义完全不同，供应链管理发展阶段是从历史发展的视角来看的，这里的供应链集成过程是在供应链变革的驱动要素下，供应链企业迎接挑战，从供应链战略出发来进行的适应环境变化、企业"抱团取暖"的供应链业务集成。

（1）打基础就是要从供应链合作战略与视角出发做好变革的准备。

（2）内部流程改进就是变革，把各个业务流程打造成具有核心能力的单元流程，这些流程模块就是未来供应链"大厦"的"砖砖块块"。

（3）内部流程集成需要按照企业资源计划（ERP）的主线来进行。

（4）内外联合集成还属于局部的集成，如以制造资源计划拉动进厂物流与供应商的集成、以配送需求计划拉动出厂物流与顾客的集成等。供应商管理库存（vendor management inventory，VMI）和协同计划、预测与补货（collaborative planning forecasting and replenishment，CPFR）的应用就属于这一阶段。良好的合作伙伴关系是成功集成的基础。

（5）网络化全局集成是供应链集成的最高级阶段，需要考虑全局的分销网络做出获得所需竞争优势的集成优化决策。有人称，这一阶段实质上是构建集成化供应链动态联盟，也有人称是扩展的供应链联盟企业或虚拟组织。企业通过互联网、物联网技术与合作伙伴们集成在一起，以满足快速变化的顾客需求。这个组织结构是动态的，外围节点是随时更新的。需要说明的是这一阶段中第三方物流服务企业或第四方物流服务企业在这一阶段发挥着重要作用。

2.4.2　供应链集成度

Decker和Van Goor早在1998年就提出了供应链集成管理分为四个层次，包括：物理层集成、信息层集成、控制层集成、基础设施层集成。有学者将供应链集成度分成以下四个级别：信息集成、同步计划、业务流程集成、全面供应链集成。同步计划相当于控制层集成。业务流程集成意味着控制层级、基础物流设施的集成。表2-5对四个集成度级别进行了比较。

表2-5 供应链集成度的比较

集成度	目 的	效 益
信息集成	信息共享和透明 直接或实时的获取数据	提高响应速度 及早发现问题 构建信任机制 避免供应链"牛鞭效应"
同步计划	共同制订协同计划、预测和补货计划	降低成本 优化生产能力部署 提高服务水平 减少"牛鞭效应"
业务流程集成	共同制订销售运营计划、资源计划、采购计划、配送需求计划，通顺业务流程	快速响应、降低存货 增效、降成本 高效准时送货
全面供应链集成	重构物流过程 重构分销渠道、实现大规模定制 建立供应链战略联盟	增效、降成本、个性化产品、差异化配送、新市场拓展 新产品即时定制

信息集成

对整个供应链集成而言，信息集成无疑是基础。供应链成员可以及时、准确地获得共享信息。在供应链管理过程中，如果供应链成员企业仅利用自有信息进行需求预测，就会不可避免地造成供应链信息扭曲的现象。信息集成应充分利用互联网技术及信息安全技术，根据供应链的实际情况确定安全保密的集成方式。

同步计划

在具有了信息集成的供应链平台上，同步计划可以确定各个成员企业应该做什么。在信息共享的基础上，明确各成员企业的具体职责，以使成员之间取得相互一致的协议。为了实现满足最终消费需求这一共同目标，要求供应链成员企业协调其订单执行计划，并制定协调一致的行动规则，从而促进在信息共享基础上的计划同步集成。

业务流程集成

优化供应链成员企业之间的业务流程，并实现业务流程交互的自动化。业务流程集成可以包括采购、订单执行、工程变更、设计优化、分销、客户服务等业务。其结果是形成灵活、高效、可靠、低成本运作的供应链。

全面的供应链集成

良好集成的供应链环境实际上为供应链中的参与者提供了一个全新的商业运作模式，使得公司能用全新的更有效的方式追求企业的目标。

（1）可以在更大的范围内更有效地进行资源部署，充分利用整个供应链的资源。

（2）在高度协调集成的供应链环境中，实现供应链结构的动态优化，获得低成本、快速、可靠的交货和优异的客户服务。

(3) 利用"互联网+",即时实现大批量定制。

案例　　　　　　　　供应链管理系统再造

弘大集团是一家总部位于我国南方的家电生产企业,产品种类多达几百种。公司共有几千名员工服务于分布在华南、华东、西北、东北四个不同的生产场区和销售公司、技术研发机构。但是,面对着竞争日益复杂的家电市场,该公司越来越感觉到家电市场的快速变化,特别是家电产品的生命周期越来越短,家电产品的市场普及率越来越接近饱和状态,企业的经营风险加大,与此同时,客户对家电产品个性化的需求越来越高。因此,如何在竞争激烈和快速变化的市场中运用先进的供应链管理系统就显得尤为重要;特别是要通过提高对商品的预测准确率来降低企业的库存,减少交货期的延误,以保证大量的有价值的客户。

弘大集团供应链管理的发展历程可以分为三个阶段:10年前,成立采购部,主要职能是采购,没有区分配套与采购,对采购价格不是非常敏感;7年前,成立资材部,开始考虑降低成本,主要包括采购降成本及技术降成本,同时将核价提高到一个较高的程度。逐步在行业取得成本领先的优势;4年前,成立供应链管理部,开始将物料分为集中采购和分散采购,供应链主要负责集中采购,工厂负责及时供应的物料及拉式物料,人员分为配套与采购。

集团总经理认为目前整个供应链管理存在一些问题,在一次周例会上,供应链管理部黄总提出:"目前公司部门人员间配合不够,老员工存在固定思维,而新员工能力却跟不上,互相缺乏主动沟通,团队意识差,凝聚力不足,这些都是导致供应链管理出现问题的因素。"

事业部王总提出,"生产方面、品质管理、供应商管理等各方面的部门都存在异常问题,引起'失火',现在部门人员基本都在充当'消防员',大量的工作是在'救火',模块负责人因为受到降成本压力而忽视了对配套主管的管理。"

其他经理们的意见就更多了:

"采购职能与配套职能分离,引起大量的内耗,工作方向不明,工作重点不清,浪费了大量的时间与精力。"

"这几年连续要求低成本高品质,再加上管理方面存在问题,对供应商的利益管控根本不到位,供应商的利益都得不到保障,处罚过多,直接打击了供应商的积极性,现在他们的合作意愿都比较低,这是个大问题。"

"目前供应商是很多,可是供应的质量不到位,无论是从经营规模还是资金实力各方面都不能满足我们精益制造的需要,目前工厂生产运作受物料影响比较严重。我认为应该进行供应商分析,整合供应商,剔除那些小的、零散的、供应量不多、供应质量不到位的供应商,保留质量高的或者是新挖掘的高质量的供应商,以保证供货质量。"

......

李总要求供应链部门对来自公司内部、供应商、客户等数据资料分析和调查研究，对弘大集团供应链进行了全面的分析，部门拿出的分析的结论如以下几点所述。

（1）人力资源及管理沉淀的不足与超大规模供应链管理挑战的矛盾：超大规模供应链管理对人员的专业知识结构、工作经验有较高的要求；目前部门人员知识结构较好，但经验欠缺，专业度不够；目前人员流动率为26.47%，较高的人员流动率必然导致管理沉淀的不足，而且工作交接缺乏管理，比较随意；新员工的能力需要提高，老员工的固定思维需要被打破，部门人员间的融合度不够，相互间缺乏主动沟通，团队凝聚力不足。

（2）疲于救火而系统管理的流失与应赋予供应链管理职能定位的矛盾：供应链管理职能定位应该为对供应链系统规划，优化供应布局，降低供应链综合成本，提高供应链整体效率；生产、品质、供应商等各模块负责人因为降低成本的压力而忽视了对配套主管的管理；采购职能与配套职能的分离引起大量的内耗，工作方向不明，工作重点不清导致大量的时间与精力的浪费；供应链管理部需要在一个比较理想的环境下构建精益供应链。

（3）供方合作意愿协同度的缺失与打造精益制造体系的挑战的矛盾：供方协同度的初步调查为30.56%，仅有少量供应商有可能满足精益供应链柔性的要求；以"丰田汽车"为标杆的精益供应链，需要供应商在各方面与核心企业完全协调同步；由于连续低成本高品质要求，供应商的积极性受到打击，合作意愿较低。

（4）供方结构臃肿及实力的低下与低成本高效率供应链挑战的矛盾：从目前统计数据来看，供方数量过多但实力低下导致供应核心资源无法真正得到保障；大多供方的管理还是处于初级的阶段，工厂生产运作受物料影响相对严重；关键原材料价格仍将在一个相对的高位徘徊，要求供应链在高成本压力中持续降低成本，以保证产品市场的价格优势，这将会继续导致物料供应进一步不稳定，增加物料准时交货的压力，影响生产的高效运作。

李总读着这份报告，除了担忧出现了这么多的问题，但更多的是欣喜，能够把问题找出来，就能想办法解决，他在沉思，似乎看到了公司未来发展的美好景象。

【讨论题】

（1）补充一下报告中对供应链部门问题的认识。

（2）弘大企业下一步需要做的是什么？应该从哪方面着手呢？

2.5 供应链总体绩效

供应链物流战略规划需要明确提出供应链总体绩效评价指标。供应链委员会提出的供应链运作参考模型SCOR（Supply Chain Operation Reference Model，SCOR）就包括了涵盖整个供应链的绩效评价参考指标：物流绩效、柔性与响应性、物流成本和资产管理效果等。

（1）物流绩效。供应链中的物流系统是企业必不可少的竞争利器，竞争迫使物流配送的提前期越来越短。SCOR从多个方面对物流绩效进行了评价，即订单发货期、订单完成率、订单差错率、订货响应速度。

（2）柔性与响应性。这方面主要就指生产柔性、供应链提前期。增加一定比例的非计划产量所需要的生产时间越短，生产柔性就越好；供应链提前期包括零部件生产或外包的平均时间、产品生产平均时间、生产完成到交货的平均提前期。

（3）物流成本。主要包括整体物流管理成本、订单管理成本等。

（4）资产管理效果。供应链的资产主要包括库存、厂房、资金和设备，可以通过库存周转率和现金周转率以及净资产收益率来反映资产管理的效果。现金周转率是指从原材料的现金投入之后到客户端的现金收回的平均时间。

表2-6表示了SCOR模型绩效评价项及评价指标。

表2-6　SCOR模型绩效评价项及评价指标

绩效评价项	含　义	评价指标
物流绩效	供应链配送绩效的特征：正确的产品，到达正确的地点，恰当的时间，恰当的包装，恰当的质量和正确的文件资料，送达正确的客户	发货期、订单完成率、订单差错率、订货响应速度
柔性与响应性	在变化的市场环境下，供应链获得或维持竞争优势的灵活性企业将产品交付顾客的速度	供应链总体响应时间生产柔性订单履行提前期
物流成本	供应链运营的总体成本，包括运输、库存、业务合作及协调等成本	供应链运营总成本
资产管理效果	组织为满足需求，资产利用的有效性，包括各项资产的利用：固定资产和运营中的可变资产。	存货周转期现金周转期净资产收益率

SCOR模型影响大、应用面广，它还提供了通用的供应链结构、标准的术语定义、通用标准，并把业务流程重组、标杆、最佳实践分析等理念融合其中。

SCOR模型把绩效评价和标杆管理结合起来，确定供应链绩效改进的目标。供应链绩效评价体系可通过记分卡的形式，分别给出当前的指标与目标水平、行业一般水平、同行最好水平的差距，找出亟须改进的指标和改进的方向。不过，参照同行业的水平采用外部标杆管理在执行上会遇到资料收集的困难，无法得到同行企业的资料。目前，美国供应链协会对供应链管理绩效记分卡标杆进行了调查，到目前为止已有约有800多家国际知名企业加入该调查。

SCOR模型同时被许多重要的信息技术平台所支持，SAP公司的MY SAP供应链管理解决方案就支持美国供应链协会的SCOR模型，并且包含了300多个预先配置的供应链关键绩效指标，如交货情况、预测准确性和投资回报率等。

SCOR模型提供的绩效评价指标是一个标准化参考模型，对一般的供应链通用。具体供应链的绩效评价指标可以参考该模型。不过，这一模型缺少对供应链可持续发展能力的评价，也缺少供应链产品质量（产品或零部件的质量：合格率、废品率、退货率、破损率、破损物价值等）及顾客服务质量的评价。

实际中，具体供应链的绩效评价指标也可以参考平衡计分卡模型来设计。卡普兰和诺顿提出的平衡计分卡是个很好的指南，它通过将财务指标、客户满意度、内部流程与组织学习和成长结合起来，提供了对于业务绩效的总体平衡描述。平衡计分卡关注的焦点是对赢得客户满意度影响最大的核心竞争力、流程、决策和行为上，以学习和成长的观念来评估员工、业务系统和流程的持续完善程度。该框架的最上层是财务评价指标。从根本上来说，平衡计分卡在保持输出绩效（如财务状况、客户服务）和绩效驱动（如价值、流程、学习与成长程度等）之间获得平衡。

习题

1. 供应链变革的驱动要素有哪些？
2. 供应链面临的不确定性主要来自哪些方面？
3. 效率型供应链与响应型供应链有哪些不同？
4. 供应链战略规划包括哪些内容？
5. 供应链战略规划中必须权衡哪些因素？
6. 简述供应链管理面临的挑战。
7. 简述效率型供应链和响应型供应链的区别。
8. 你如何理解敏捷型供应链？
9. 简述供应链合作成功的核心要素。
10. 为什么供应链中的合作策略能够克服供应链"牛鞭效应"？
11. 供应链信息系统包括哪些核心业务？
12. 简述供应链网络设计的步骤及主要决策内容。
13. 供应链中的延迟意味着什么？延迟了，顾客还满意吗？
14. 一般来讲，供应链集成分为几个阶段？
15. 简述全面的供应链集成的含义。
16. 供应链集成管理对供应链战略规划有何重要性？
17. 供应链绩效评价有哪些常用指标？
18. 供应链绩效评价与供应链战略规划有何联系？

实践　7-11连锁便利店成功运营的背后

7-11（Seven—Eleven）是一家连锁便利商店，现在全世界拥有上万家店面。它于1950年在美国诞生，1974年正式移植到日本。目前它是日本最大的连锁便利店，也是在日本的每平方英尺的销售额最高的零售商，每年的存货周转率一直保持在55%左右——这意味着几乎便利店里的商品每个礼拜周转一次。

7-11从卖茶叶蛋开始赚钱，啤酒、水、面包甚至于Swatch手表等物品都可以在7-11买到。现在它又添加了新业务——帮助客户代交电话费。为了与麦当劳抗衡，它开始卖汉堡，据它宣称其原因有两个：一是比麦当劳便宜一半，二是24小时可以购买到。最近7-11又与星巴克合作，这意味着，如果想要喝星巴克咖啡，不再需要跑很远的地方，也许就在附件的7-11就可以喝到。

供应链管理研究的前辈李效良教授、郑正中教授认为：7-11的成功在于其供应链管理的方法。该公司已经创建了坚实的信息系统，可使公司对市场需求及时全面地获得反馈。系统借助卫星将卫星云图、气象图、广告等传递到店面。这样，店面就知道明日的天气。比如，透过卫星云图了解到明后两天日气温将上升3度，则店面可以多放一些冰激凌和矿泉水。

7-11与其竞争对手的主要区别在于产品补给和新品开发，这是依据数据智能分销软件得到的。7-11店面通常都不大，所以决定卖什么东西最好对它非常重要。你会发现2家7-11卖的东西都可能不一样，因为店面所处的地理位置、客户不一样，消费需求不同，业务模式就会相应地做一些调整。7-11数据系统能收集详细的销售点数据，包括产品识别、数量、购买时日及对客户的年龄和性别的估计。通过收集数据，去了解消费者心里面在想什么，然后根据消费者的需求增加新的业务。这些数据被集合并传送至总部。总部使用统计方法对这些详细数据进行分析，找出关联性、趋势与便利店和产品的特殊关系，有利于确定上架产品、补货计划、便利店种类管理、货架摆设和商店的特别送货要求。7-11还对其数据进行分析，向供应商提供产品情况。供应商和零售商一起共享客户偏好信息，共同制订新产品的引进和补货计划。

心理学上有四种模式：你知道，别人也知道；你知道，别人不知道；你不知道，别人知道；你不知道，别人也不知道。最后一种，到底谁知道呢？7-11知道。数据的智能预测分析，充分帮助7-11分析消费者心理。

7-11与其竞争对手的另一个区别是7-11快速物流系统。7-11拥有庞大的车队和先进的物流系统，通常一天都有3次的保鲜食品补货，有些产品补货次数甚至达到4次。对于7-11来说，反应速度是供应链管理的重点。当然反应速度来自于供应商及物流服务提供商建立的强大的合作网络。

7-11模式在日本取得了巨大成功，但在美国和中国未必能复制这种模式。因为消费习惯、店面面积的不同，需要对这种模式作相应的变化，否则这种模式就可能不会成功。在中国，7-11在每个城市开设的店面都太少了，无法发挥物流的网络优势。要达到日本这样的商品周转率，还需要时间。

案例　　　**SE汽车的供应链战略：精益还是敏捷？**

2010年7月2日下午，SE汽车公司正在召开董事会，公司自2009年底走出亏损低谷后，现在正进入罕见的高增长期。2010年上半年，SE汽车销量同比翻倍，顺利完成全年12万辆的销售目标似乎不在话下，这不能不令董事会成员们感到高兴。但是，似乎没有任何一位董事对此表示完全满意。因为公司对以前提出的供应链商务模式的改进还没有见到多少成效，这是国际金融危机期间公司苦练的一项内功。随着顾客需求的多样化，如何以较低的成本快速制造，满足顾客的需求，进一步推动公司的高速发展，实现精益化、敏捷化的精敏供应链一体化集成，一直是汽车制造业面临的挑战。公司自成立之初就建立了现代化的汽车城，当时在行业中具备竞争优势，但是随着时代的发展，这一优势已经不明显了，公司需要进一步改进这一商务模式。董事会认为目前公司15万辆的产能无法满足需求，董事会已经一致决定将2013年规划产能提升至30万辆，2010—2011年，将投入第三期、第四期产能扩建。因此这次会议的一项重要议题就是进一步确定精敏供应链战略的进一步实施。大家已经达成共识："必须寻找适合SE的模块化供应链解决方案，以适应公司的快速发展需求。必须尽快制定信息化平台上的精敏供应链一体化的计划与改进策略。"会议也通过了总经理决定从德国聘任供应链高级顾问理查德•佐尔格以协助实施精敏供应链改善战略的请求。

1. 企业简介

1995年，福建汽车工业集团公司与中国台湾地区的中华汽车公司，携手组建了海峡两岸合资汽车企业——SE汽车工业有限公司。目前，福汽集团、三菱汽车、中华汽车分别持有SE汽车50%、25%和25%的股权。SE汽车吸取中国台湾地区的中华汽车的先进管理经验以及源自日本三菱汽车领先时代的全球造车科技，引进日本、德国等全自动化尖端技术设备，形成冲压、焊接、涂装、总装、车检线等多位一体的现代化生产流程，同时建立起高标准、严要求的质量管理体系，在国内汽车整车企业中首家通过ISO 9001：2000质量体系认证、首批通过国家强制性产3C品认证，通过国家环境保护总局颁布的中国环境标志产品认证，并通过ISO14001：2004版环境体系认证。

自2006年4月三菱汽车正式入股SE汽车以来，SE汽车为满足顾客日益增长的需求，不断开发新产品，推出新车型。当年5月由三菱汽车与SE汽车首次联手打造的三菱蓝瑟和三菱菱绅上市；11月三菱戈蓝上市，标志着SE汽车进入中高级轿车领域；2007年9月SE汽车与克莱斯勒集团合作生产的克莱斯勒大捷龙上市；2007年11月SE汽车与克莱斯勒集团合作生产的道奇凯领上市；2008年10月，SE汽车首款自主研发的紧凑型轿车V3菱悦上市；2008年12月，多功能跨界车三菱君阁上市；2009年08月得利卡创业先锋、V3菱悦风采版上市，09月三菱戈蓝2.0L上市，11月三菱蓝瑟•翼神上市；2010年04月V3菱悦CVT上市。目前，SE汽车已推出SE、三菱、克莱斯勒、道奇四大品牌十二大系列车型。

SE汽车在2010年上半年，共生产汽车60 510辆，比上年同期增长112%；完成汽车销售58 446辆，比上年同期增长97.2%；完成工业总产值46.56亿元，比上年同期增长137%；实现工业销售产值43.3亿元，比上年同期增长122.7%。全体股东已经一致决定将2013年规划产能提升至30万辆，其中，自主品牌、微车、三菱国产车将各占三分之一。

SE汽车属于小批量、多品种的装配，面对众多品牌的多个系列产品，加之每个系列的产品还有不同组合的配置。每个车型展开来都有三四十个零部件品种系列，比如座椅有十几种，车灯也有十几种。SE汽车计划通过模块化生产、发展模块供应商的方式来实现快速响应顾客需求的制造过程，建立敏捷化的供应链。

SE汽车在建厂之初就以前瞻性的规划，全盘导入中国台湾地区的中华汽车体系35家专业配套厂，紧密环绕于主机厂周围，组成占地近200万平方米的SE汽车城，依靠产业集群布局，构建了SE汽车紧密而完备的生产配套体系，这在当时吸引了国内外专家学者的无数双眼睛。SE汽车还严格甄选了国内100多家（含SE汽车城35家）具有优良品质管理的配套厂合作，尤其是SE汽车城内主机厂与配套厂之间紧密合作的形态，对SE汽车缩短零部件开发时间、降低零部件物流成本、提高产品品质提供了极大帮助，为模块化制造的实现奠定了坚实的基础。

2. 行业背景

在1990年前，汽车制造商倾向于根据严格的产品规范自己生产汽车零部件，对零部件的生产外包加以限制。后来，汽车制造商们逐渐引入竞争机制，通过零部件供应商之间的竞争来降低零部件成本。进入新世纪，汽车制造商生产外包进一步扩大，物流外包也开始了，中国汽车业开始注重产业集群的布局，迎接汽车工业的大规模定制时代，大量新款汽车上市，中国成为一个极具销售增长潜力的最大的市场。

汽车工业发展到今天，已经没有哪家汽车制造商能够独立完成从零件生产、整车装配到最终把汽车卖到客户手中的全过程。提高新产品的开发速度、降低生产成本，快速满足顾客需求，已不再是一个企业自身的内部问题，而是供应链管理问题。汽车工业从专业化的原材料供应、汽车零件加工、零部件配套、整车装配到汽车分销乃至售后服务已经形成了一整套汽车制造—销售—服务供应链。"市场上只有供应链而没有企业。"汽车供应链管理已经成为汽车业赢得竞争的新武器。

自20世纪末以来，由于全球化浪潮以及汽车业的大规模兼并重组，汽车供应链发生了重要变化。汽车零部件产业更加专业化，如：德国博世（Bosch）的燃油喷射系统、电子系统和制动系统，法国法雷奥（Valeo）的电器和照明装置；汽车供应商的规模化程度提高，如美国的德尔福（delphi）、韦氏顿（visteon），法国的米其林（Michelin）等，这些供应商的模块化生产使他们从整车厂获取了越来越多的业务，德尔福模块化产品包括车用网络系统、集成化车用娱乐系统、电子服务系统和智能防撞系统等高度模块化的高科技附加值产品。汽车总装厂则倾向于模块化采购与组装。汽车供应链的模块化特征愈发明显。目前，国际上各大汽车公司都在探索如何通过模块化来改善供应链管理，以提高整个供应链的效率与竞争力。

3. SE汽车的精敏供应链实践

3.1 SE汽车供应链面临的新需求

SE汽车公司实施了销售、服务、零件供应、信息反馈四位一体同时到位的高品质销售策略。按照由点而面，由沿江沿海、自经济发达区向其周边地区展开之方式，部署建立其经销网络。全国已有76家一级经销商，108家4S店，449个经销网点，网络辐射涵盖区域已包含国内所有经济发达地区及主要都会城市，并且正向更广阔的区域延伸。同时，投入了呼叫中心运营，客户服务的范围进一步扩大。为了更直接地了解这一开放式的高度动态的市场对产量、品种、产品品质的需求影响，公司开通了汽车的互联网销售预订。

顾客预订信息以及4S店信息反馈表明，顾客对车型的需求发生了很大的变化。一方面，顾客所要求的车型配置不断增加，市场变化加大，需求更加多元化，消费者可能今天想买这样的，明天就不想要了，这就使得汽车供应链变得更为复杂。另一方面，汽车业竞争日益加剧，价格多次下调，自2004年至今，平均降幅达20%～45%。公司面临着越来越大的成本压力。

SE汽车供应链已经是供方驱动、关注高度自治的工艺过程的精益供应链，但是如何发展成为市场需求"拉动"的精敏供应链？SE汽车可以根据销售订单组织生产与原材料、零配件的采购，零配件配套供应商根据SE的采购订单提供配套件。零部件生产与原材料供应，物流以及整车的装配共同构成SE汽车生产的配套体系。SE汽车需要形成0.5级配套厂、一级供应商与二级供应商相结合的多层次供应网络体系，形成由顾客、分销商网络、维修网络、整车制造商，以及备件供应与配送构成的汽车分销与汽车服务体系。这两大体系交织在一起，还要有效平衡市场需求的多样化与汽车生产所要求的批量、平稳的矛盾。SE必须借助于新技术，与合作伙伴精诚合作，打破产业隔阂，打破企业界限，共同打造快速、一体化的精益、敏捷供应链，以支持大规模定制的新需求，发展拥有核心能力的专业化供应商，提升产业整体规模化程度。

3.2　汽车工业园区——SE汽车城

SE汽车自创建以来就同时创建了汽车工业园区，集聚了许多"亲密"的供应商，形成了产业集群效应（就是指在某一特定领域中相互联系的、在地理位置集中的企业和机构的集合）。SE汽车成为产业结构中的"舵手企业"（即核心企业）。

把主要供应商聚集在一个工业园区内，SE汽车城配套厂商的分布如图2-8所示。

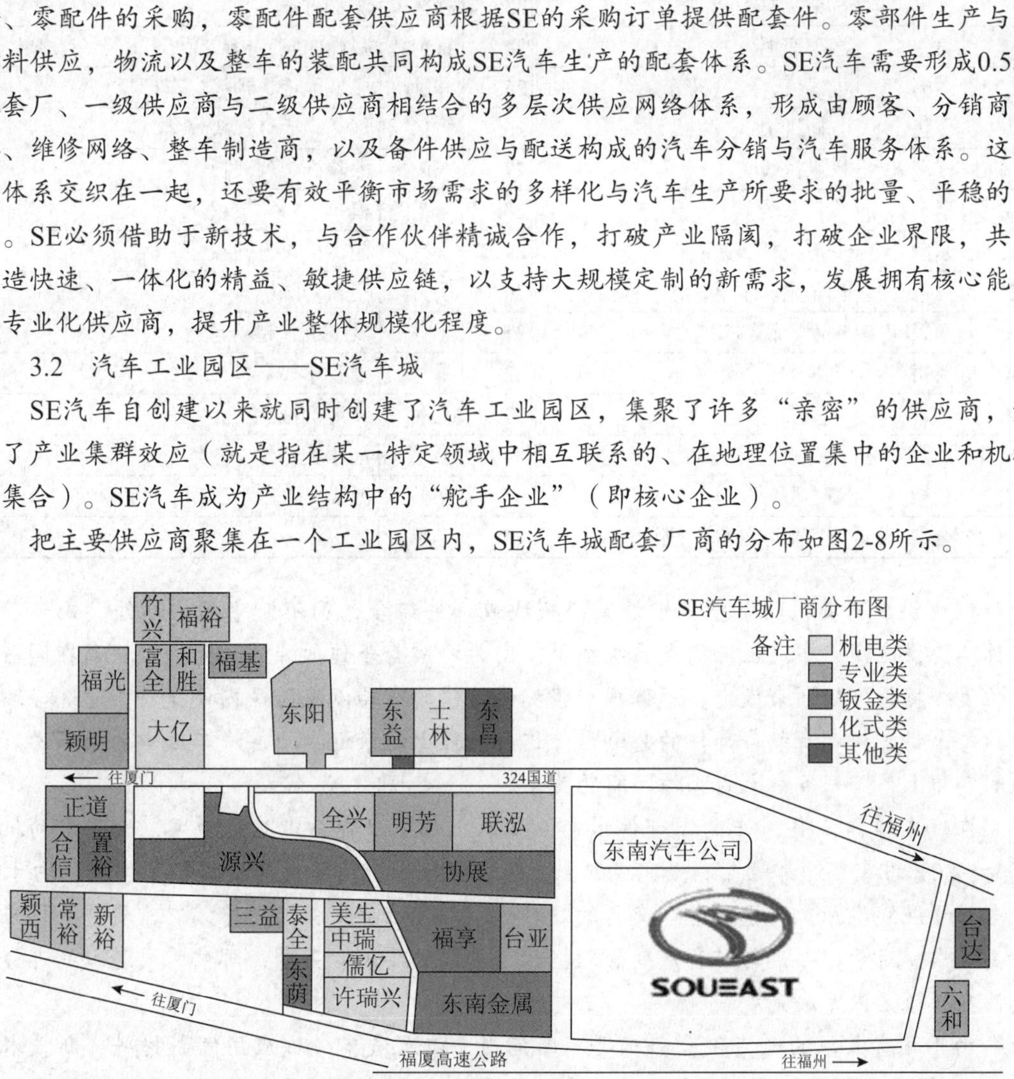

图2-8　SE汽车城配套厂商分布图

将来自不同企业的员工聚集在一起，这一布局使企业运作起来像一家公司一样，这在SE汽车的研发、设计、物流和产品质量中发挥了积极的作用。这些供应商大多是模块供应商，也有零部件供应商，统称为配套厂。SE汽车现有配套厂287家，其中青口SE汽车城内配套厂43家，省内其他配套厂26家，省外配套厂218家。表2-7表示了部分配套厂名录。

表2-7　SE汽车城配套厂名录

编号	厂商	主要模块或部件	编号	厂商	主要模块或部件
1.	联泓	座椅、内装部品、方向盘	19.	正道	活塞、连杆、传动件
2.	协展	排气管、方向机柱、油箱	20.	颖明	螺丝、螺帽
3.	台亚	后轴、传动轴	21.	福光	衬条、减震橡胶
4.	东金	大型钣金	22.	竹兴	减震橡胶、隔音垫
5.	福享	车架、厚钣金、横梁	23.	福裕	防水衬条
6.	美生	汽车空调	24.	富全	减震橡胶、橡胶管
7.	中端	电线束、鼓风机	25.	和胜	成型地毯、顶篷、车门板
8.	儒亿	方向机锁	26.	大亿	灯类、后灯、头灯
9.	许瑞兴	操纵拉线	27.	东阳	保险杆、仪表板
10.	泰全	冷气系统	28.	东昌	模具
11.	东荫	变速拉杆、冲压件	29.	全兴	门饰板、方向盘
12.	三益	刹车泵、水泵、进气歧管	30.	明芳	门窗升降机
13.	源兴	钢圈、铝圈	31.	士林	发电机、起动马达
14.	新裕	电线类、保险丝盒	32.	福基	油管
15.	常裕	注塑件	33.	六和	铸造机械加工
16.	颖西	门饰板	34.	台达	滚压类零件
17.	萱裕	中小型钣金	35.	东益	改装车
18.	合信	制动器零部件、油管			

　　模块供应商提供的是整车中的某个模块或部件组合，而不是分离的部件。或者不应该称其为供应商，实质上他们是系统成员，同时扮演着合作伙伴的角色。供应商在园区内的位置根据总体规划来设定，总体规划根据装配线的布局以及园区内便捷物流通道合理确定，每个供应商都有装卸部件的装卸区。这种地理上的亲近，使得汽车城中的上下游厂商之间实质上是"一条线上的蚂蚱"间的关系。

　　在汽车城内，SE汽车的零部件供应，基本上都是以青口工业区为主，除了发动机，70%～80%的零部件都是在这里完成配套，配套半径小，为降低库存提供了便利。由于SE汽车属于混线生产，对于配套厂交货的及时性、准确性要求极为严格，它需要整个供应链的高效率，对于中心厂与配套厂的管理提出了更高的要求。另外，那些需要进口的部分零部件在工业区内无法完成。

　　由于顾客需求的新变化，新车型不断涌现，以及汽车领域应用的新材料、新技术的迅猛发展，SE汽车对原有配套厂的需求必然会发生变化。以锁止装置为例，电子式车身综合锁止系统中电子元件取代了其中70%的机械部件，其供应商的生产与供应系统必然发生变化。另外，国外汽车零配件巨头在华设立的许多独资或者合资企业的出现，还有具有较强模块化部件供应实力的民营企业如万丰奥特、浙江铁牛、萧山万向、昆山六合等的出现，都对SE汽车原有的汽车城内"嫡系"供应商的供应格局产生了一定的冲击。

3.3 SE汽车的模块化供应链

汽车行业本身的特点适宜应用模块化。汽车结构复杂，零部件众多，生产制造工序烦杂，需要工序并行的运作；引入模块化操作，可增强供应链的灵活性，应对复杂多变的市场需求，进而实现大规模定制。

理查德·佐尔格先生是SE汽车模块化的倡导者，他说，发展模块供应商，实施模块化生产可节省公司工厂用地，有效地减少零部件数量，从而降低组装难度，减少管理费用，降低库存及零部件的废品率，便于质量监控。例如，奔驰公司使用德尔福仪表组件，节省4 000平方米占地和每班30～70个工人；TRW给欧洲汽车公司供货的悬架和转向模块，使其生产效率增加三倍，废品降低98%，库存降低95%，生产面积减少60%。模块化的生产组织形式使福特公司"福克斯"系列的零部件由4 600个减至3 003个。

实现汽车供应链的模块化，首先要求汽车产品的模块化结构设计，然后才是模块化生产运营与模块化供应的过程。模块需要符合质量要求，模块的生产者可以赋予设计权，而且可以作为该模块分解过程中的规则设计者。

（1）产品结构的模块化，即重新定义生产过程中的单元，将整车分成驾驶室系统、发动机系统、底盘车身系统、内饰系统等。这个过程的设计者一般是汽车的整装厂，它按照一定的技术联系和生产可能性把整辆汽车的生产划分成若干模块，每个模块都与汽车的某一部分功能相对应。而子模块的设计者只需关注这一部分的功能和结构进行下级拆分。模块供应商则需在了解自己承担的部分功能情况下进行模块的设计与创新。模块化带来了汽车供应链中新的创新环境，它使产品设计和产品创新进入了每一个产品模块。

（2）产品生产运营过程的模块化是在产品结构模块化的基础上，把产品的生产过程进行模块化组织与运营的过程。可以将总生产线划分成若干生产线，某些生产可能还会通过采购外包的途径获得。生产出的不同零部件的各个组装过程也可以作为一个加工制造模块，最后由总装厂将这些模块组装成成品。

（3）供应及分包的模块化是在整装厂进行市场调研、车型定位、模块分解、统一标准之后，决定哪些模块需要外包。整装厂要向模块供应商传达技术标准，明确模块界面信息，同时要对模块产品进行检验；模块供应商要进行设计开发，模块的再分解和生产制造。外包模块可以通过供应商的设计创新来影响整车产品，使整个汽车供应链的模块结构更加合理化。

汽车精敏供应链具有"集成与共享"的特点，必须改变SE汽车传统的配套供应体系和整车生产方式，"模块化供应商"与整车总装线中的"模块工序"相对应，实现模块化设计、供应、生产以及最终的模块化总装。模块化供应链是基于产品结构体系的模块化，它将复杂性产品按照一定的"块"进行调整和分割，按模块组织生产和供应。模块化充分调动了模块供应商的主观能动性，他们的责任感更强了，他们拥有了更广阔的发展空间。整车企业可以集中精力做品牌和市场开发，以"强而精"的内部资源配置替换"大而全"的生产布局；零部件企业则在技术创新上下功夫，具备更强的独立研发能力，与整车厂的关系由"受制"转为互动。

SE汽车应以模块化的精敏供应链为目标，进行产品模块的选择和匹配设计，优化产品设计方案。采用"模块化"组织方式有利于发展汽车零部件多品种、提高其质量和自动化水平，提高汽车的装配质量，缩短汽车的生产周期。

但是，公司原先实施的"丰田式"精益模式，主张汽车城里的模块供应商应具有对部件的独家供应权，以避免模块供应商间的恶性竞争。这些供应商应是SE的战略供应商，他们可精确地掌握SE的需求量，每天都可查到未来6个月的需求预测。在汽车城里，他们可以自己生产部件，也可以仅进行模块的组装。

理查德·佐尔格希望增加模块化供应商的数量，可以从全球范围内选择模块化供应商，将汽车业面临的危机传导至汽车城内的供应商，减少对它们的依赖性，促进其技术的变革。在寻求供应商体系相对稳定的同时，也保持相对灵活性。按照整车不断"换型"的需求，灵活配置模块供应商，一些松散合作的供应商随时可能被换掉。针对理查德·佐尔格的这一想法，汽车城内原有的长期供应商可能会有些看法，总经理很想让他的团队成员一起讨论一下，到底要不要有意扶植本地的供应商，要不要异地选择有竞争力的模块供应商。如何做才能更有利于SE的精敏供应链战略的实施呢？

在汽车供应链中，轮胎、气囊、仪表、空调、安全带等都可作为大规模生产的模块进行采购，最大程度的发挥模块化带来的生产和组织优势。模块化使同步操作成为可能，原本需要从头到尾顺次操作的复杂工程，经模块化分解后可以实现并行运作，最后，按照装配的顺序进行组装。无疑，模块化供应链结构使总装厂依赖于其模块供应商。在汽车的装配中，需要应用电子化看板以实现准时化的供应与准时化生产。

4. 未来

SE汽车的供应链在精益化基础上向敏捷化发展，供应链需要在实践中不断改进才有生命力，模块化是SE汽车实现精益与敏捷战略的突破口。产品模块化、模块化供应、模块化生产与装配是模块化精敏供应链的集成化过程，总经理和他的执行团队一直在实践中探索，如何重构模块化精敏供应链，进一步缩短新品上市时间，增加客户化程度，同时还能保持或降低现有的成本水平，大力提升SE汽车的竞争力，进一步改善其行业地位。现在到了必须拿出具体方案的时候了，总经理希望自己的团队成员们献计献策，与德国顾问一起努力，实现董事会确定的高速增长目标，再创 "SE汽车城模式"的辉煌。

资料来源：本案例由北京科技大学经济管理学院杨建华教授和姜通硕士生撰写，本案例来自中国案例共享中心案例库。由于企业保密的要求，在本案例中对有关名称、数据等做了必要的掩饰性处理。本案例只供课堂讨论之用，并无意暗示或说明某种管理行为是否有效。

【讨论题】

（1）SE汽车的供应链战略发生了怎样的改变？为什么？

（2）在SE汽车模块化供应商的本地集群化与全球化的权衡问题上，你是否同意理查德·佐尔格的做法？为什么？

（3）你认为SE汽车精敏供应链的过程集成的困难有哪些？你打算如何克服这些困难？

（4）你认为SE汽车应如何发挥好汽车城的集群化优势？

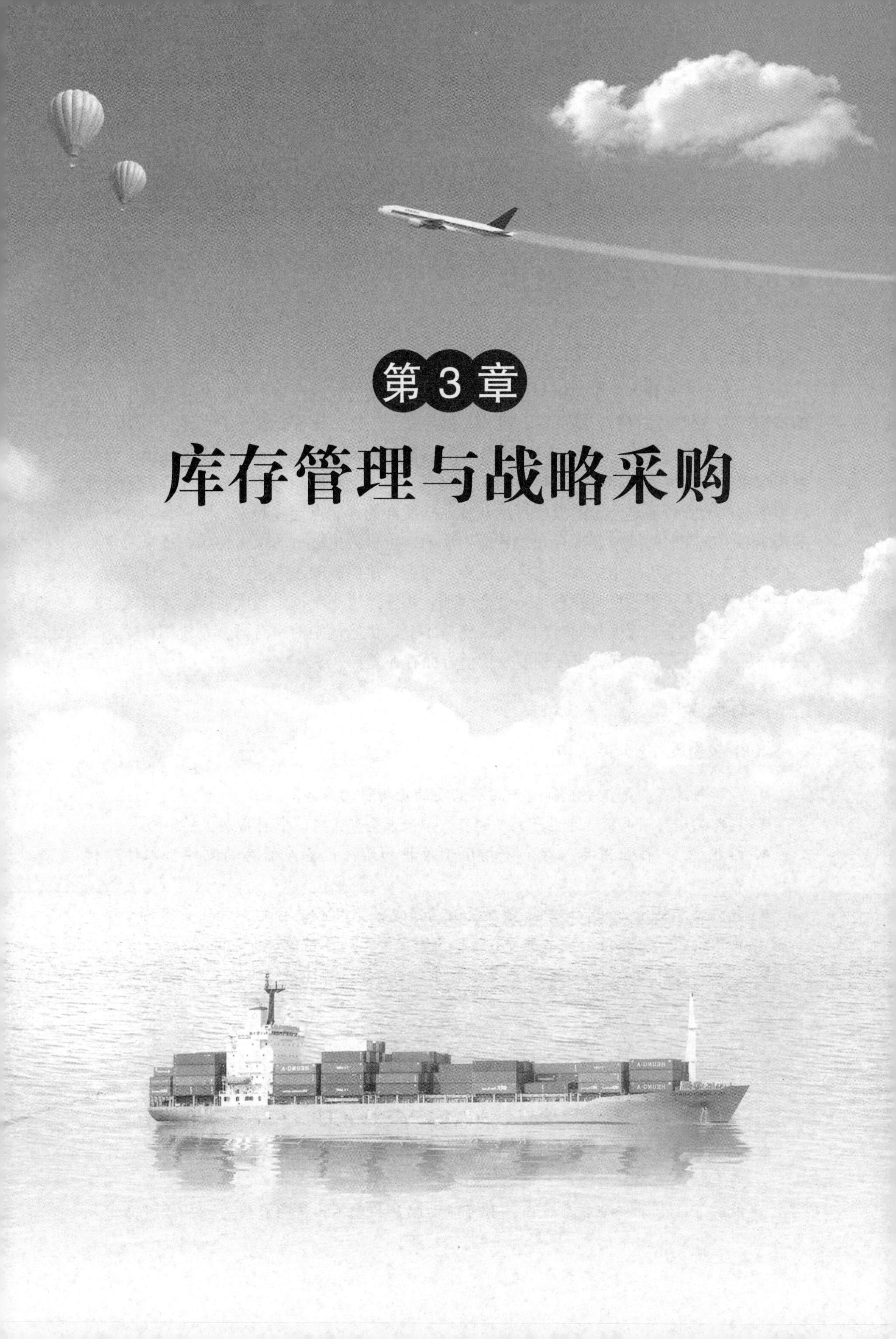

第3章 库存管理与战略采购

3.1 库存管理基础

3.1.1 库存及库存作用

库存

库存是组织为预备将来使用或销售而持有的任何资源。这些资源可以是在运营中使用的实物产品，包括原材料、零部件、组件、供应品、工具、设备或者维护修理的物品。

供应链运营系统包含多个转换过程，库存就是在一个输入、输出、转化系统中逐渐累积起来的物料资源的存储。物料资源是原材料、在制品与成品等的通称。库存是运营过程中的缓冲节点，通过一定的流程、活动将这些缓冲的存储点连接起来。库存是因存储点的需求和供应在时间或速度上存在差异而出现的，可以采用罐里的水做比喻，罐里的水的高度代表库存，流进罐里的水的速度表示供应速度，流出罐的水的速度代表需求速度，那么供应速度大于需求速度时库存水平就会增加，供应速度小于需求速度时库存水平就会减少，供应速度与需求速度相同时库存水平保持不变。供应链中的所有运营系统都有库存，只不过在类型、存储方式、重要程度及价值方面存在差异。

库存分类

（1）按物质形态分类

● 原材料库存。是指企业制造产品所需要的原材料的库存。
● 在制品库存。是指经过生产加工过程，但尚未全部完工的中间品或在制品的库存。
● 维护/维修/作业用品库存。是指用于维护和维修设备而储存的配件、零件、材料等。
● 包装物和低值易耗品库存。是指企业为了包装产品而储存的各种包装物的库存，由于价值低、易损耗等原因而不能作为固定资产的各种劳动资料的库存。
● 产成品库存。是指已经制造完成并等待装运，可以对外销售的成品库存。

（2）按库存用途分类

● 周转库存。指用于满足在供应链两次送货之间所发生的需求的平均库存量。周转库存量是大批量物料的生产、运输或采购的结果。企业大批量生产或采购，是为了发挥规模经济优势。供应链管理者需要在库存成本和订货成本之间进行权衡。
● 安全库存。为了应对顾客的实际订单量超过预测需求量情况时而持有的额外库存，这是为了应对需求不确定性而持有的。如果需求平稳，那么只需要周转库存就够了。如果安全库存过高，有可能面临产品卖不出去导致库存积压或者降价处理；如果安全库存过低，有可能会出现缺货，进而失去销售机会。因此，管理者需要在库存积压所带来的库存成本和库存不足所造成的缺货成本之间进行权衡。

● 季节性库存。用来应对需求可预料的季节性波动。企业采用季节性库存，在需求较低的销售淡季积累库存，为需求很高的销售旺季做储备，因为届时企业的生产能力可能无法满足全部的需求，可以充分利用生产能力。

（3）按需求可控性分类

● 独立需求物品库存。指企业对某种物品的需求与其他种类的库存无关，表现出对这种库存需求的独立性。这里主要指对企业最终产品的需求，这种需求会受到潮流、季节以及一般的市场条件的影响。例如，玩具汽车的需求就是一种独立需求。用来组装玩具汽车的电池、头灯、车体、车头等属于相关需求；然而，作为维修零件卖给维修点或最终用户的电池、头灯等却属于独立需求。独立需求是随机的、企业自身不能控制而是由市场所决定的需求。这一需求可能具有一定的规律，如表现出一定的趋势、季节性特点、随机波动等，也有可能是不规则的变化。

● 依赖需求物品库存。是与产品的需求有依赖关系的物品的需求，如半成品、零部件、原材料都属于依赖需求物品。具有依赖需求特性的物品的需求是确定的，它是由产品的需求所"派生"的。根据物品之间的依赖性或派生性，可以利用物料需求计划（MRP）精确计算出组成最终产品的物料的需求量和需求时间。

（4）按需求重复性分类

● 单周期库存。指发生在比较短的时期内或者存储期不能太长的产品需求，过期会做残值处理，需要作出的决策是期初需要订购多少产品合适。实践中，新鲜食品的制作，鲜货农产品/海产品的采购，体育盛会的纪念运动衫等属于这类问题，显然，运筹学中的报童问题也属于此类问题。

● 多周期库存。指在足够长的时间里的重复的、连续的产品需求，库存需要不断地多周期补充。

库存的作用

尽管库存的增加意味着库存成本的上升、流动资金的占用，但是库存在供应链运营管理中发挥着重要的作用。做好库存管理，可以为组织带来成本、速度、响应性等方面的竞争优势。

① 维持运营的独立性。原材料库存使制造商对供应商的依赖性降低，在制品库存使制造过程的各个阶段相对具有一定的独立性，使生产设备间的干扰降到最低，成品库存可使经销商有现货可发。

② 应对产品需求高峰的出现，保证有货。在库存系统中，存在供应、需求和提前期

三个方面的不确定性，维持安全库存可以应对市场波动。例如，维持原材料的安全库存，可以确保在原材料交货延迟时，也能保障生产所需原材料的供应；维持在制品的安全库存是为了防备设备故障出现时仍能维持总体生产过程的运行；维持成品的安全库存，可提高顾客服务水平，保证顾客能够及时获得产品。另外，为了应对计划中的促销活动、减少设备检修及假期的影响，可以增加一定的预期库存。

③ 保持一定的零部件、组件库存，可以保证生产计划的柔性，灵活适应生产计划的变化。

④ 产品需要转运，必然伴随着库存的发生。转运库存是由那些正在从一个地点运往另一个地点的物料所组成的。转运库存也称为渠道库存，因为它处于分销渠道之中。也叫作在途库存，因为它也是在运输途中的。

⑤ 增大采购批量，增加了库存，增加了库存成本，但会降低运输成本和采购成本。增大生产批量，在制品库存增加，使生产具有规模经济性，可以有效地降低生产成本。采购几个周期生产所需的数量，而形成的库存称为周期库存，因为批量采购是在周期基础上进行的，可以供应两期或三期的用量。

■ 3.1.2　库存管理

库存管理是重要的运营管理职能之一，在供应链管理与企业资源计划中占有重要的地位。库存需要占用大量的资金，影响产品向顾客的交付，对运营、营销和财务职能等有很大的影响。供应链管理中，库存管理需要对产品、生产产品所需的原材料、零部件和组件、供应品和工具、替换零件以及满足顾客需求所必需的其他资产的存储进行有效的管理，需要与物料资源的采购、分销活动进行统一的计划、协调和控制。过高的库存水平将产生过高的库存持有成本，降低库存周转率；较低的库存水平则会影响顾客服务水平。所以管理者特别需要在库存水平与顾客服务水平之间进行权衡。

库存管理需要考虑的成本类型有以下四类。

- 库存持有成本。维持物料存储相关的活动的总成本，包括空间、设备、人力等存储成本、流动资金成本、与库存有关的税金与保险费、过期成本等。通常以占产品成本的百分比来表示。
- 订货成本。订货成本与订货次数有关，包括采购订单的打印、发出、运输费用、接收成本等。同生产准备成本一样，属于启动成本，是与下达订单相关的活动的成本，而与货物数量无关。启动成本有时非常大，这样大批量生产或大批量订货就能带来明显的经济效益。
- 缺货成本。反映了因缺货所造成的经济后果。一方面暂时缺货，造成延期交付，订单延迟可能会产生较高的额外费用。顾客等待，会对公司的未来业务产生机会损失，应记入缺货成本；另一方面，因为缺货，而竞争对手有货，就会失去顾客，产生销售损失。

- 采购成本。购买商品的花费，用单位货物的价格乘以购买货物的数量得到。当订购提供数量折扣时，采购成本是一项重要因素。

供应链管理中，库存系统的日常运行非常复杂，库存管理需要确定恰当的订货策略，并对订货数量与时间做出决策。

① 数量决策。确定订货批量。

② 时间决策。确定订货时间。

③ 控制决策与信息管理。如何设计库存控制系统，并做好信息管理工作，是库存管理需要考虑的。

多数库存管理是针对每一种产品的库存进行控制。在对每一种产品进行精确控制的基础上，可以实现对所有产品库存总量的精确控制。另外也可以管理一类产品而不是单独一种产品，这是高层管理者常用的方法。尽管日常库存运作需要对每一种产品进行控制，但制订库存战略计划或进行仓库设施投资时，则需将产品汇总为几个大类，进行类别分析。这里重点介绍单一产品的库存控制。

3.2　库存管理决策

3.2.1　重复订货模型

经济订货批量模型

以华联百货商店的某型号牛仔裤为例，假设其销售量在一段时期内是平稳的，每天 $d=100$ 条。采购经理以 $Q=1\,000$ 条的批量进行采购，在库存量为0时，一次到货，库存量变成了 $Q=1\,000$。按照这样的消耗速度（即需求率） $d=100$，全部卖完这批牛仔裤的时间是10天。图3-1表示了牛仔裤的库存水平随时间变化的情况。不难看出，该型号牛仔裤的最大周转库存为 Q，平均周转库存为 $Q/2$。

为了保证不缺货，订货订单的发出不能在第10天，需要考虑订单提前期 L，如果提前 L 天订货，就能保证第10天准时到货 Q。订货期间（即 L 天）内需求量，即 $L\cdot d$，对应再订货点的最低库存量，因为库存量达到这一水平时，如果不发出订货订单， L 天后就不能到货，不能到货就会导致缺货。那么，这里的订货量 Q 是经济订货量吗？

确定经济订货量，需要考察这个问题中涉及的总成本。

这个问题有如下的几种假设。

① 需求稳定，需求率 d 是常量。

② 提前期 L 已知，且是常量。

③ 满足所有需求，不允许缺货。因为需求率和提前期是已知的常量，所以可以准确

地确定订货时间来避免缺货。

④ 产品单价不变。

⑤ 库存持有成本基于平均库存来计算。

⑥ 每次的订货成本不变。

⑦ 订货是批量进行的，并且整批货同时到货。

在这些假设下，随时间变化的库存水平如图3-1所示，这是一个完美的锯齿形状，需求率d恒定，每次订货量相同。

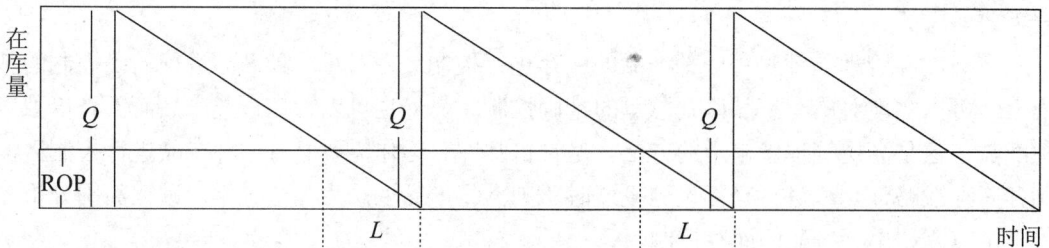

ROP=再订货点（reorder point，ROP）对应的库存水平
Q=固定的订货量
L=提前期（lead time）

图3-1　固定订货量Q时的库存水平

下面来推导经济订货量（economic order quantity，EOQ）与再订货点（reorder point，ROP）对应的库存水平ROP。

设定：

D：产品的年需求量

S：每次订货的固定成本

C：单位成本

h：年库存持有成本占产品成本的比例

由于假设产品单位成本（即单价）恒定，与订货批量大小无关，所以采购成本等于产品单价和需求量的乘积。需要注意的是通常计算是按年需求量来计算，所以要把每天、每周或者每月的需求化成年需求来计算，这里给的D是年需求。因此年采购成本为：CD

订货的次数是由总需求量D和订货批量Q决定的，订货次数=D/Q。由于每次订货都会产生订货成本S，因此有年订货成本为：$S \cdot (D/Q)$

给定订货批量Q，平均库存为$Q/2$，且单位产品的年库存成本$H=hC$，所以年库存持有成本为：

$$年库存持有成本 = \left(\frac{Q}{2}\right)H = \left(\frac{Q}{2}\right)hC$$

则年总成本TC为上述三种成本之和，为：

$$TC = CD\left(\frac{D}{Q}\right) + S \cdot \frac{D}{Q} + \left(\frac{Q}{2}\right)hC$$

图3-2表示了各项成本随订货批量的变化。

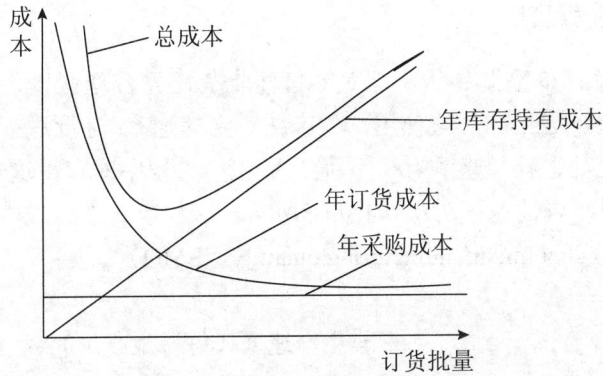

图3-2 各项成本随订货批量的变化

总成本最小化时的订货批量，即为经济订货批量（EOQ）。总成本公式中对Q求导，并令其为0，求解关于Q的一阶导数有：

$$\frac{\mathrm{d}(TC)}{\mathrm{d}Q}=-\frac{DS}{Q^2}+\frac{hC}{2}=0$$

可得经济订货批量Q^*：

$$Q^*=\sqrt{\frac{2DS}{hC}}$$

需要注意的是上式公式中D和h的时间单位应保持一致。

对于订货批量Q，那么平均周转库存就为$Q^*/2$；库存的平均周转期为$Q^*/2D$。

由此可知，随着订货批量的增加，平均周转库存和库存周转期也会增加。且最优订货频率n^*为：

$$n^*=\frac{DS}{Q^*}=\sqrt{\frac{DhC}{2S}}$$

再订货点库存水平：ROP $=dL$

当库存水平达到ROP时，需要发出订货订单，订货量为Q^*。

$$最低总成本 TC^*=CD+\sqrt{2DShC}=CD+hCQ^*$$

比较下总成本与最低总成本（采购成本除外），不管公共项CD。

$$\frac{TC}{TC^*}=\frac{\frac{DS}{Q}+\frac{QhC}{2}}{hCQ^*}=\frac{\frac{DS}{QhC}+\frac{Q}{2}}{Q^*}=\frac{1}{2}\left(\frac{Q^*}{Q}+\frac{Q}{Q^*}\right)$$

假设订货量Q是最优订货量的K倍，即

$$Q=KQ^*$$

$$\frac{TC}{TC^*}=\frac{1}{2}\left(\frac{1}{K}+K\right)$$

取$K=110\%$，即订货量在最优订货量基础上增加10%，则总订货成本和库存成本在最低总成本基础上仅增加了0.45%。所以订货量在经济订货批量附近，总订货成本和库存成本是比较稳定的，没有必要追求订货量与最优订货量的精准一致性，这在实践中意义重大。

经济制造批量模型

EOQ中假设补货订单整批到达，这对零售商收货还算合理假设，但不符合企业生产实际。在实际生产中，边生产，边使用，生产按一定的速率q分批进行。产品在制造过程中，需求也在持续地发生着，速率为r，因而，在生产进程中库存量增加的速率为$q-r$，生产一批结束时库存量下降的速率为r，如图3-3所示。这种模式下总成本最小化的生产批量称为经济制造批量（economic manufacturing quantity，EMQ）。

设定：

Q=生产订单批量　　　　　　q=生产速率（每日生产量）

H=年单位产品持有成本　　　r=需求率（每日需求量，使用消耗量）

t_p=生产运行时间（日）　　　R_L=生产订货点

D=年需求量　　C=单位成本　　S=每次生产的准备成本　　M=最大库存量

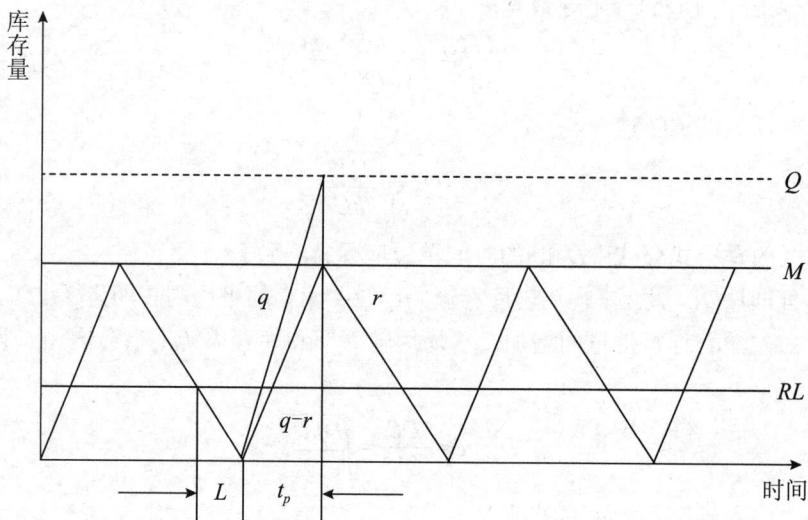

图3-3　EMQ模型的库存特征

和EOQ模型的原理相同，EMQ模型在成本上也是追求成本最小化。经济生产模型中，总成本由生产成本、生产准备成本和库存持有成本组成。

总成本=生产成本+生产准备成本+库存持有成本

$$CT = CD + \left(\frac{D}{Q}\right)S + \left(\frac{M}{2}\right)H$$

最大库存量M=生产期间的总生产量−生产期间的总需求量

$$M = t_p(q-r)$$

又因为Q是生产期间的总产量，即：

$$Q = qt_p$$

因此：

$$t_p = \frac{Q}{q}$$

那么：

$$M = \left(\frac{Q}{q}\right)(q-r) = Q\left(1-\frac{r}{q}\right)$$

将上式带入总成本公式中去。对 Q 求导，并令其为0，可得到：

$$\mathrm{EMQ} = \frac{2DS}{\left(1-\frac{r}{q}\right)H}$$

EMQ模型往往应用于面向库存分批生产的场合，只有当生产速率大于需求速率时才有意义。

多产品联合订货批量

一般来说，产品种类或者装卸点数量增加，会导致订货成本增加。订货成本与运输批量相关，订货成本也与装卸和收货相关。下面讨论订购多品种产品时，如何确定订货批量。

以超市订购多种型号的平板电脑为例，目标是确定总成本最小化的订货批量和订货策略。设定：

D_i：产品 i 的年需求量；

S：每次订货时的订货成本；

S_i：当订单中包括产品 i 时产生的额外订货成本；

订货时可以考虑各型号单独订货，也可考虑联合订购各型号平板电脑。

假设超市经销三种型号的平板电脑：L、M、H，年需求量分别为 D_L=12 000台、D_M=1 200台、D_H=120台。超市购买各型号的平板电脑的单价都是500元，每次订货的固定成本（含运输）为400元，每种型号的平板电脑的订购、收货和存储等的成本均为100元。库存持有成本按单价的20%估算。

因此，有：

需求量 D_L=12 000台/年，D_M=1200台/年，D_H=120台/年

每次订货的订货成本 S=400元

与产品相关的特定订货成本 S_L=100元，S_M=100元，S_H=100元

库存持有成本比例 h=0.2

单位成本 C_L=500元，C_M=500元，C_H=500元

（1）若每种产品单独订购和运送，试确定订货批量。

这种情况下可采用经济订货批量公式计算各型号的平板电脑的最优订货批量和订货次数。

（2）若每次订货时都包含三种型号的电脑，采取联合订购的方式，则每次订货的联合固定成本为

$$S^* = S + S_L + S_M + S_H$$

年总成本为采购成本、库存持有成本及订货成本之和，因此，

$$年总成本 = (C_L D_L + C_M D_M + C_H D_H) + \left(\frac{C_L h D_L}{2n} + \frac{C_M h D_M}{2n} + \frac{D_H h D_H}{2n}\right) + (S^* n)$$

其中，n为年订货次数。

确定总成本最小化下的最佳订货次数，因为有了最佳订货次数，在年需求量既定的情况下，最经济的订货批量就确定了。

将总成本函数对订货次数n求一阶导数，并令其为0，可得出：

$$n^* = \sqrt{\frac{C_L h D_L + C_M h D_M + D_H h D_H}{2S^*}}$$

由上式推广到k种产品的最优订货次数公式为：

$$n^* = \sqrt{\frac{\sum_{i=1}^{k} D_i h C_i}{2S^*}}$$

各型号产品每次订货的最优订货批量为Q^*，

$$Q^* = \frac{D_i}{n^*}$$

多型产品联合采购时，如果各型号产品销售量差异比较大，或者订货成本差异大，那么可以采取可选择产品型号的联合采购方式。

数量折扣订货模型

折扣在定价策略中是常见的，也是降低价格的一种途径。在订货中存在多种折扣方式，如：数量折扣，采购数量增加到一定程度会获得不同的价格折扣；交易折扣，供货商根据价目表给在市场中发挥不同作用的购买者或分销商的价格折扣；季节折扣，由于一些产品具有季节性特点，生产商一般在淡季为购买者提供一定的折扣；现金折扣，许多行业的供货商会给予用现金及时付款的购买者以折扣，这种折扣是按照支付方式给予的。本部分主要介绍数量折扣的订货模型。

当买方大批量购买时，获得多层次的价格折扣，量大价优，买得越多，折扣越大。如何确定订货批量以获得价格折扣带来的经济性？需要考虑两种价格折扣方式：根据总的数量，给予价格折扣，即一口价，称为总量折扣；对于不同的超量部分给予不同的价格折扣，对于一批货有多区间价格，称为超量折扣。

（1）总量折扣

总量折扣是指根据订货数量的多少确定相应的价格折扣，全部订货数量都按照最优惠的那个价格进行结算。定价方案包括特定的订货数量等级q_0，q_1，$\cdots$，q_r，其中$q_0=0$。如果一次订货的数量大于等于q_i但是小于q_{i+1}，则单价为C_i。随着订货量的增加，单价逐渐降低；也就是说$C_0 \geq C_1 \geq \cdots \geq C_r$。买方的目标是确定可以实现成本最小化或者利润最大化的订货批量，按照下列步骤计算。

第1步：分别计算各档次价格C_i（$0 \leq i \leq r$）下的经济订货批量。

$$Q_i = \sqrt{\frac{2DS}{hC_i}}$$

第2步：确定每档次价格C_i下的经济订货批量Q_i^*。考虑Q_i可能的三种取值范围。

① $q_i \leq Q_i \leq q_{i+1}$，最优订货批量正是用经济订货批量公式得到的结果，$Q_i^* = Q_i$

② $Q_i<q_i$，$Q_i^*=q_i$

③ $Q_i>q_{i+1}$，在下一个价格档次Q_{i+1}中考虑，可忽略。

第3步：对于每档价格下的Q_i^*，来计算年总成本。

$$年总成本TC_i=\left(\frac{D}{Q_i^*}\right)S+\frac{Q_i^*}{2}hC_i+DC_i$$

第4步：选择总成本最低所对应的订货批量Q_i^*。

（2）超量折扣

超量折扣的情况，就是指对一批订货，采用多区间价格。通常，订货数量越多，价格越优惠。设定订货数量节点q_0，q_1，…，q_r。如果订货量为Q，那么q_1-q_0，部分的单价按C_0结算，接下来的q_2-q_1部分的单价按C_1结算，以此类推，$q_{i+1}-q_i$部分的单价按C_i结算，其中$C_0>C_1>\cdots C_i$。买方目标依然是总成本最低。

对于每一个$i(0\leq i\leq r)$值，令V_i为订货量q_i的成本。定义$V_0=0$，定义$V_i(0\leq i\leq r)$如下：

$$V_i=C_0(q_1-q_0)+C_1(q_2-q_1)+\cdots+C_{i-1}(q_i-q_{i-1})$$

对于每一个$i(0\leq i\leq r)$值，考虑介于q_i和q_{i+1}单位之间的订货批量Q，即$q_i<Q<q_{i+1}$。每次以批量Q订货的采购成本为$V_i+(Q-q_i)C_i$。

$$年总成本=\left(\frac{D}{Q}\right)S+\left(\frac{D}{Q}\right)[V_i+(Q-q_i)C_i]+[V_i+(Q-q_i)C_i]\frac{h}{2}$$

第1步：价格C_i下的经济订货批量可以通过对总成本关于订货批量Q求一阶导数并令其为0得到。由此得到的经济订货批量为：

$$价格C_i下的最优订货批量Q_i=\sqrt{\frac{2D(S+V_i-q_iC_i)}{hC_i}}$$

第2步：找出每一价格C_i下的订货量Q_i^*。Q_i有三种可能取值范围。

① 如果$q_i\leq Q_i\leq q_{i+1}$，则令$Q_i^*=Q_i$；

② 如果$Q_i<q_i$，则令$Q_i^*=q_i$；

③ 如果$Q_i>q_{i+1}$，则令$Q_i^*=q_{i+1}$。

第3步：计算订购Q_i^*单位的年总成本。

$$TC_i=\left(\frac{D}{Q_i^*}\right)S+[V_i+(Q_i^*-q_i)C_i]\frac{h}{2}+\left(\frac{D}{Q_i^*}\right)[V_i+(Q_i^*-q_i)C_i]$$

第4步：选择使总成本TC_i最低的订货量Q_i^*。

定期订货策略

在有些库存系统下，我们可以采取定期订货的方式补充库存，每隔一段时间订一次货，而不是每次都订相同的数量（经济订货批量EOQ）。定期库存系统模型是时间触发的，到时间节点就订货，而不像定量订货模型那样，当库存达到再订货点时触发订货。

在定期订货的库存系统中，如图3-4所示，每隔一个固定的时间间隔T就要检查存货量，确定订货量，并下达订货订单。订货量应将库存水平提高到一个目标库存水平，也称为目标补货水平M，这一库存水平应满足直到下一次订货前以及订货提前期内时间段上的需求，因此，订货量应等于最优补货水平与当前库存量的差。每次订货量都是不同的。

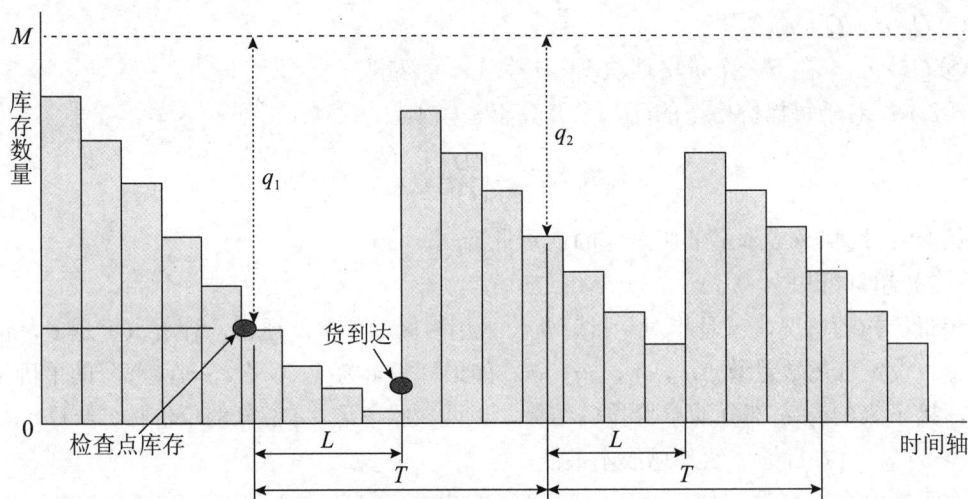

图3-4　定期订货的库存系统模型

在定期库存系统中，有两个主要的决策问题：时间间隔期T、补货水平M。

时间间隔期可以利用经济订货批量确定，那么这个时间间隔期就是经济的间隔期。

$$T = \frac{Q^*}{D} = \sqrt{\frac{2S}{hCD}}$$

假定需求率是常量，可以得到目标补货库存水平M：

$$M = d(T+L)$$

其中，d为单位时间期（如：日、周）的需求量；

　　　　L为提前期（日、周）。

订货量由此可以确定。

$$订货量q = 目标补货库存水平 - 现有库存量I$$
$$= d(T+L) - I$$

3.2.2　一次订货模型

还有一些在实际中存在的库存问题，涉及时鲜产品、易逝品或者一次性需求产品。诸如新鲜蔬菜水果、鲜花、报纸，还有某些存储期短暂的药品，过期就无法销售了。其他的还包括，为即将来临的销售期准备的时装、为体育赛事而准备的海报等，这些需求都是一次性的，通常无法准确预测。为满足此类需求需要一次订货模型，我们希望知道能获得最大利润的一次性订货数量。为找到这一最佳订货量，可以求助于边际经济分析方法或期望利润最大方法。

边际经济分析法中，最优订货点Q^*所在的位置是：

售出下一单位产品的边际收益等于下一单位产品售不出去的边际损失。

设定：

C_o=单位高估需求物品的成本（残值成本salvage cost），残值成本=进货价格c-甩卖价格（处理价）s；它表示多订购1件的损失，多订1件就不能售出，就会有边际损失。这种情况发生的概率为P（不缺货的概率），需求量不超过订货量时不缺货。

$$P(需求量 \leq Q^*) = P$$

C_u=单位低估需求物品的成本（短缺成本shortage cost），短缺成本=销售价格p-进货价格c。它表示没有多订1件的机会损失，多订1件也能售出，就有边际收益。这种情况发生的概率为$1-P$（缺货的概率）。

则有：

$$C_u(1-P) = C_o P$$

最优订货量Q^*必须满足：

$$P(需求量 \leq Q^*) = \frac{C_u}{C_u + C_o}$$

最优的周期服务水平 $CSL^* = P(需求量 \leq Q^*) = \frac{C_u}{(C_u + C_o)}$

如果需求量正态分布$N(\mu, s)$，那么

$$Q^* = F^{-1}(CSL^*, \mu, s) = NORMINV(CSL^*, \mu, s)$$

采用期望利润最大法，期望利润$E(Q)$

$$E(Q) = \int_{x=-\infty}^{Q} [C_u x - C_o(Q-x)]f(x)\mathrm{d}x + \int_{Q}^{\infty} Q C_u f(x)\mathrm{d}x$$

对Q求导，得

$$\frac{\mathrm{d}E(Q)}{\mathrm{d}Q} = -C_o \int_0^Q f(x)\mathrm{d}x + C_u \int_Q^\infty f(x)\mathrm{d}x$$
$$= C_u[1-F(Q)] - C_o F(Q) = 0$$

得到

$$F(Q^*) = \frac{C_u}{(C_u + C_o)}$$

经过检验通过，订货量为Q^*时，总期望利润最大。

期望利润还可以表示为：

$$E(Q) = \int_{x=-\infty}^{Q} [(p-c)x - (c-s)(Q-x)]f(x)\mathrm{d}x + \int_{Q}^{\infty} Q(p-c)f(x)\mathrm{d}x$$

期望利润计算中还涉及一项U，这里结合参考文献的推导，给出结果：

$$U = \int_{x=-\infty}^{Q} xf(x)\mathrm{d}x = \mu F_s\left(\frac{Q-\mu}{\sigma}\right) - \sigma f_s\left(\frac{Q-\mu}{\sigma}\right)$$

式中，F_s为标准正态分布累积函数，f_s为标准正态分布密度函数。利用Excel函数，可得到：

$$F_s\left(\frac{Q-\mu}{\sigma}\right) = NORMDIST\left(\frac{Q-\mu}{\sigma}, 0, 1, 1\right)$$

$$f_s\left(\frac{Q-\mu}{\sigma}\right) = NORMDIST\left(\frac{Q-\mu}{\sigma}, 0, 1, 0\right)$$

由于$F_s(Q) = \int_{-\infty}^{Q} f(x)\mathrm{d}x$

$1 - F_s(Q) = \int_Q^\infty f(x)\mathrm{d}x$

对期望利润公式化简得到：

$$F(Q)=(P-S)V+Q(P-C)-Q(P-S)F_S(Q)$$

【例1】某零售公司希望采购一批节日用品A，用于当地的销售。预计节日用品A在当地的需求量服从正态分布，均值350个，标准方差σ=150个。采购进货价格为每个100元，零售价为每个250元，过季的处理价为每个85元，节日间单位库存成本为5元。公司需要采购多少个节日用品A？σ变化对订货批量与期望利润有何影响？

【解】

$C_u=p-c=250-100=150$

$Co=c-s=100-85-5=20$

$CSL^*=P(X\leq Q^*)=C_u/(C_u+C_o)=150/(150+20)=0.88$

$Q^*=F^{-1}(CSL^*,\mu,\sigma)=NORMINV(0.88，350，150)=526(个)$

尽管预计需求量的平均值为350，但是公司并没有采购350个，而是采购了526个，期望利润会更大。

利用期望利润公式，可以得到不同σ下的最大期望利润，如表3-1所示。

表3-1　不同σ下的最佳订货批量与期望利润

σ	Q^*	期望利润（元）
150	526	47 469
120	491	48 476
90	456	49 482
60	420	50 488
30	385	51 494
0	350	52 500

由表可见，需求不确定性的降低，会使利润最大的订货量降低到平均值水平，且期望利润增加。

3.2.3　不确定性与安全库存

安全库存是指为了满足超出预期的顾客需求而持有的库存，用于应对市场波动，应对需求的不确定性的。如果实际需求超过了预测需求，没有设立安全库存则会出现产品短缺，就会导致延迟交货，增加额外成本，甚至失去销售机会，造成顾客流失，损失更大。如果设置了过高的安全库存，尽管提高了产品的可获得性，但是库存持有成本也会随之增加。所以供应链管理者在管理库存时，做好策略准备，并在提高产品可获得性与维持较低安全库存水平方面做好权衡。

还以商店的牛仔裤为例，某型号牛仔裤每天的平均需求为d=100件，商店经理每次以Q=1 000件批量订货，假设订货提前期（发出订单到收到货物的时间）为3天。如果需求平稳，那么商店经理可以在库存剩余300件的时候发出订单。但是，如果需求是波动的且存在预测误差，那么这3天的实际需求可能超过或低于所预测的300件，如果实际需求超过

300件，那么将出现缺货，造成缺货损失。因此商店经理可能会在库存为400件的时候发出订单，多出100件来应对需求的波动。那么这100件就是安全库存。此时，平均库存就是平均周转库存和安全库存之和。

对于库存管理来说，确定安全库存时要考虑以下几个问题。

（1）如何确定适当的安全库存？

（2）要达到既定的产品可获得率，需要多少安全库存？

（3）如何做才能在提高产品可获得性的同时维持较低的安全库存水平？

安全库存合理水平的确定由以下两个因素决定。

（1）需求的不确定性。

（2）期望的产品可获得率。

需求不确定性的度量

设定：

d：每期的平均需求量

σ_d：每期需求的标准差，采用统计量s_d

L：提前期

假设研究对象每期需求服从正态分布，均值为d，标准差为σ_d。

管理者必须要估计提前期内需求的不确定性，由此来确定安全库存。已知每期的需求服从正态分布时，L个时期内的需求分布如何呢？

假设第i期（$i=1$，2，…，L）的需求服从正态分布，均值为d_i，标准差为σ_i。令ρ_{ij}为时期i和时期j之间需求的相关系数。因此L个时期内的总需求服从正态分布，均值为D_L，标准差为σ_L，其中

$$D_L=\sum_{i=1}^{L}d_i \quad \sigma_L=\sqrt{\sum_{i=1}^{L}\sigma_i^2+2\sum_{i\neq j}\rho_{ij}\sigma_i\sigma_j}$$

如果$\rho_{ij}=0$，则两个时期的需求不相关。假设L个时期内每期需求相互不相关，且都服从均值为d，标准差为σ_d的正态分布，则由上式可以得出L期需求的均值D_L和标准差σ_L为：

$$D_L=d\cdot L \quad \sigma_L=\sqrt{L}\sigma_d$$

不确定性的另一个重要度量指标是变异系数（coefficient of variation，CV），它是标准差与均值之比。假设需求的均值为μ，标准差为σ，则

$$CV=\frac{\sigma}{\mu}$$

变异系数用于度量需求变异相对于需求均值的大小。例如：产品1的需求均值为100，标准差为100；产品2的需求均值为1 000，标准差为100。产品1的需求的不确定性要高于产品2。

产品的可获得性

产品可获得性反映了企业用现有库存满足顾客需求的能力。如果顾客下达订单，公司没有存货，那么就会出现缺货的局面。下面列出一些产品可获得性的度量指标。

（1）产品满足率（product fill rate，FR）

指产品需求用库存产品就能得到满足的比率。它相当于用现有库存满足产品需求的概率。应当用具体的需求量而非时间来度量产品的满足率。

（2）订单满足率（order fill rate）

指订单通过现有库存得以完成的比率。订单满足率同样应当用具体的需求量而非时间来度量。在多种产品的情况下，只有当订单中所有产品都能用库存来满足时，才可以说订单通过库存得到了满足。由于订单得到满足的前提是订单中的所有产品都必须有足够库存，因此订单满足率通常低于产品满足率。

（3）周期服务水平（cycle service level，CSL）

指所有顾客需求都得到满足的补货周期占所有补货周期的比率。补货周期是连续两次补货的时间间隔。周期服务水平相当于一个补货周期内不出现缺货的概率P。在前面介绍的订货模型中，经理会在库存水平达到再订货点ROP时发出经济批量EOQ订单。如图3-5所示。

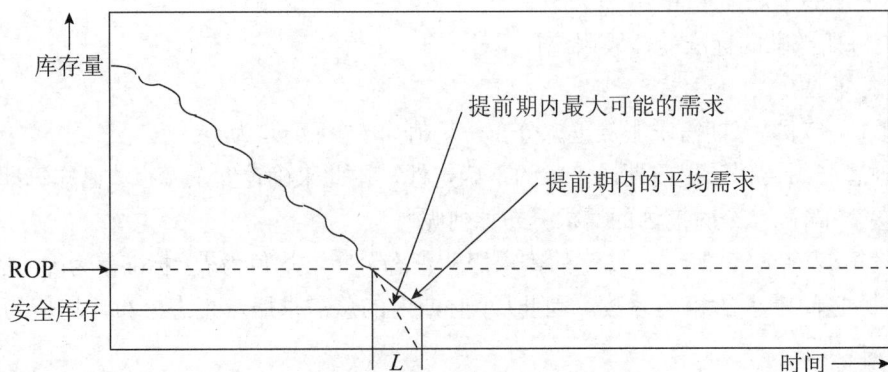

图3-5　设置安全库存确保服务水平

实际上，如果提前期L内的需求量超过ROP，则在补货周期中就有可能出现缺货，因而需要设立安全库存，有：

$$CSL=P(提前期内的需求量≤ROP)$$

产品可获得能力与利润目标、战略及竞争问题相联系。产品获得能力高会带来响应度及收益的增加，同时也会导致库存水平增加、成本加大的问题。如何设立满足率或周期服务水平，是运营经理要考虑的问题。

如果已知提前期内的需求的正态分布规律和ROP，就能估算出周期服务水平CSL。假设提前期内的需求服从均值为D_L，标准差为σ_L的正态分布，CSL可以利用Excel函数NORMDIST求得。

$$CSL=F(ROP，D_L，\sigma_L)=NORMDIST(ROP，D_L，\sigma_L，1)$$

【例2】某产品周需求服从正态分布，d=2 500件/周，标准差为500件，订单提前期需要2周，现在的订货系统是当库存达到6 000件时订货10 000件，（Q=10 000；ROP=6 000），该产品平均库存量是多少？平均库存周转期是几周？周期服务水平是多少？

【解】 据题意有：

提前期内总需求 D_L=dL=5 000

安全库存 ss=ROP−dL=6 000−5 000=1 000

因此，平均库存量=Q/2+ss=5 000+1 000=6 000

库存周转期=平均库存量/出库率=6 000/2 500=2.4（周）

$$\sigma_L = \sqrt{L}\sigma_d = \sqrt{2} \times 500 \approx 707$$

周期服务水平 CSL=F(ROP，D_L，σ_L)

$\qquad$ =NORMDIST(ROP，D_L，σ_L，1)

$\qquad$ =NORMDIST(6 000，5 000，707，1)

$\qquad$ =92.14%

产品满足率

产品满足率与周期服务水平密切相关，提高企业的周期服务水平也会带来产品满足率的提高。

要想计算满足率，首先要理解在补货周期内发生缺货的过程。如果提前期内需求超过了ROP，则会出现缺货。因此我们需要计算每个补货周期内超过ROP的平均需求量。

ESC为补货周期内期望缺货量，是指每个补货周期内无法由现有库存满足的那部分需求的平均数量。给定订货批量 Q，那么缺货率就等于ESC/Q。因此产品满足率FR为

$$FR=1-\frac{ESC}{Q}=\frac{Q-ESC}{Q}$$

在每个补货周期内，当平均需求量超过ROP时，才发生缺货。令 $f(x)$ 为提前期内需求分布的密度函数。则ESC为

$$ESC = \int_{x=ROP}^{\infty} (x-ROP)f(x)\mathrm{d}x$$

当补货提前期内的需求服从均值为 D_L，标准差为 σ_L 的正态分布时，给定安全库存（safety stock，SS）。

$$ROP=D_L+SS$$

代入上式，则得到：

$$ESC = \int_{x=D_L+SS}^{\infty} (x-D_L-SS)f(x)\mathrm{d}x$$

展开正态分布 $f(x)$，令 $z=\dfrac{x-D_L}{\sigma_L}$，$\mathrm{d}x=\sigma_L \mathrm{d}z$ 参照参考文献推导，得到

$$ESC=-SS\left[1-F_S\left(\frac{SS}{\sigma_L}\right)\right]+\sigma_L f_S\left(\frac{SS}{\sigma_L}\right)$$

式中，F_S 为标准正态分布累积函数，f_S 为标准正态分布密度函数。再利用Excel函数得到补货周期内期望缺货量：

$\qquad$ ESC=−SS[1−NORMDIST(SS/σ_L，0，1，1)]+σ_LNORMDIST(SS/σ_L，0，1，0)

在【例2】中，SS=1 000，Q=10 000，s_L=707，产品满足率FR为多少？

先计算ESC=−SS{1−NORMDIST(SS/σ_L，0，1，1)}+σ_LNORMDIST(SS/σ_L，0，1，0)

=−1 000{1−NORMDIST(1 000/707，0，1，1)}+707NORMDIST(1 000/707，0，1，0)

=25.13

FR=(Q−ESC)/Q=(10 000−25.13)/10 000=99.75%

可见，产品满足率高于周期服务水平。

当安全库存增加，产品满足率增加，周期服务水平也会增加，产品的可获得能力增强。

安全库存

需求的不确定性又有两个部分：一个是需求量的不确定性；另一个是提前期L的不确定性。为了应对需求的不确定性，特设立安全库存量。

① 不确定的需求量d，确定的提前期L。

设定

d：每期需求量；

$\bar{d}$：每期需求的均值；

σ_d：每期的需求标准差，可以是每天，也可以是每周（注意与提前期的单位保持一致）。

安全库存SS为：

$$SS=z\sigma_L$$

其中：

z：达到周期服务水平下的标准差的个数，可通过Excel的NORMSINV函数求得。

$$z=F_S^{-1}(CSL)=NORMSINV(CSL)$$

σ_L：提前期内需求量的标准差；

$$\sigma_L=\sqrt{L\sigma_d^2}$$

在订货模型中，再订货点库存水平ROP为：

$$ROP=\bar{d}L+z\sqrt{L\sigma_d^2}$$

在定期订货（间隔期为T）中，

目标补货水平M=间隔期和提前期内的平均需求量+安全库存

因此，目标补货水平M为：

$$M=\bar{d}(L+T)+z\sqrt{(L+T)\sigma_d^2}$$

② 确定的需求量d，不确定的提前期L。

$\bar{L}$：提前期的均值；σ_{LT}：提前期的标准差。

安全库存SS为：

$$SS=z \cdot d \cdot \sigma_{LT}$$

其中：

z：达到周期服务水平下的标准差的个数；

$$z=F_S^{-1}(CSL)=NORMSINV(CSL)$$

d：每期需求量，其单位可以是天，也可以是周。

在订货模型中，再订货点库存水平ROP为：

$$\text{ROP}=d\bar{L}+z\cdot d\cdot\sigma_{LT}$$

在定期订货（间隔期为T）中，目标补货水平M为：

$$M=d(\bar{L}+T)+z\cdot d\cdot\sigma_{LT}$$

③ 不确定的需求量d，不确定的提前期L。

设定

d：每期需求量；　$\bar{d}$：每期需求量的均值；　σ_d：每期需求量的标准差；

L：提前期；　$\bar{L}$：提前期的均值；　σ_{LT}：提前期的标准差。

安全库存SS为：

$$\text{SS}=z\cdot\sigma_{dLT}$$

其中：

z：达到周期服务水平下的标准差的个数；

$$z=F_S^{-1}(\text{CSL})=\text{NORMSINV}(\text{CSL})$$

σ_{dLT}：提前期内需求量的标准差

$$\sigma_{dLT}=\sqrt{\bar{L}\sigma_d^2+\bar{d}^2\sigma_{LT}^2}$$

在订货模型中，再订货点库存水平ROP为：

$$\text{ROP}=\bar{d}\bar{L}+z\sqrt{\bar{L}\sigma_d^2+\bar{d}^2\sigma_{LT}^2}$$

在定期订货（间隔期为T）中，目标补货水平M为：

$$M=\bar{d}(\bar{L}+T)+z\sqrt{(\bar{L}+T)\sigma_d^2+\bar{d}^2\sigma_{LT}^2}$$

【例3】有一种工业用齿轮的需求量服从正态分布，其均值是每天40单位，标准差是每天6单位。来自供应商的提前期也服从正态分布，均值是10天，标准差是5天，求95%服务水平下的安全库存与再订货点库存水平ROP（95%服务水平对应的$z=1.645$）。

【解】运用上面讲的公式，可得到：

$$\text{SS}=z\sqrt{\bar{L}\sigma_d^2+\bar{d}^2\sigma_{LT}^2}=1.645\sqrt{10\times6^2+40^2\times5^2}=330$$

$$\text{ROP}=\bar{d}\bar{L}+2\sigma_{dLT}=40\times10+330=730$$

■ 3.2.4　补货策略

连续监控库存

不间断地检查库存，当库存水平降低到再订货点时，请求订货。这里的再订货点（ROP）也是一个预警的库存水平，即当库存水平降到了再订货点库存水平s时就发出订货请求，每次的订货批量Q是固定的，使用经济订货批量EOQ。安全库存的设立保证可以应对订货期间可能出现的潜在短缺。实际中可使用以下两种连续监控库存系统。

（1）（s，Q）补货策略

当实际库存达到再订货点ROP库存水平s时，启动补货订单，订货批量为Q。Q可以通过经济订货批量模型来决定（如图3-6所示）。

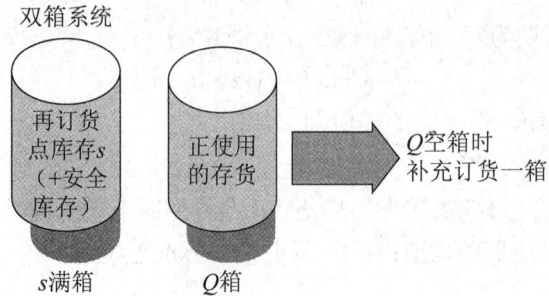

图3-6 （s，Q）补货策略

（2）（s，S）补货策略

当库存量达到或者低于再订货点ROP=s时，我们需要订购足量的产品使库存量达到预定的目标补货库存水平M=S（最大库存量）。如果需求量是一次一个单位时，这个系统就近似于（s，Q）策略。但是，如果需求量大于一个单位，且实际库存低于再订货点时，订货量将大于Q。例如，假设s=10，S=120，现有库存是11个单位，如果下一批需求量是3个单位，现有库存将被减少至8个单位。因此，我们订购的批量应该是112个单位（如图3-7所示）。

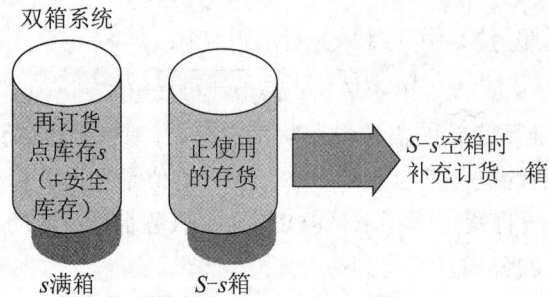

图3-7 （s，S）补货策略

定期检查库存

在定期检查库存并补货的策略下，每隔一段固定的间隔期T就补货一次，首先检查现有库存量，然后请求补货，以达到预先设定的目标补货库存水平M=S，因此，订货批量等于目标补货库存水平与当前库存水平之差。

间隔期越长，就需要越高的安全库存，以对需求不确定性进行缓冲。实际中常使用以下两种定期核查库存系统。

（1）（S，T）补货策略

在每次核查库存之后，即订购足够多的货物将库存水平提升至目标补货库存水平S。在这一政策主导下，只要实际库存比最大库存水平S要低，就应该订购货物，且每次的订单规模都是变化的。如果订货成本较高，则这一策略明显不是一个好的选择。不过，如果公司需要从同一供应商处购买品种繁多的产品，那这个策略就可以考虑（如图3-8所示）。

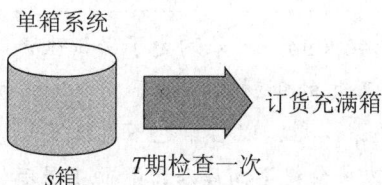

图3-8　（S，T）补货策略

（2）（s，S，T）补货策略

如果在清点库存时，实际库存等于或者小于再订货点s，则立即订购足够多的货物来将库存水平提升至目标补货库存水平S。但如果实际库存大于再订货点s，则不订购货物。这一策略很好地弥补了（S，T）策略的主要不足（如图3-9所示）。

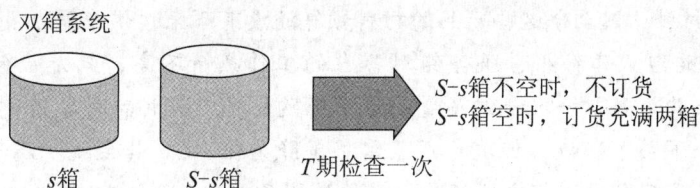

图3-9　（s，S，T）补货策略

在以上补货策略中，有时需要考虑订货批量是否在供方供货所接受的最小批量范围内，也要考虑是否在运输批量所要求的范围内。实际中，联合补货是常见的。配送中心向各个连锁销售点的"送牛奶式"补货方式中，销售点的订货批量很少受限制，因为是顺路送，所以几乎是"大小订单通吃"。

案例

比库存还要多的问题

黄河化工制造厂在上一年库存量达2亿元之多，这对于只有2 000多人、产值也只有4亿的厂家来说，能算得上一笔不少的"死钱"了；它的资金周转率一年也仅一次，去年新厂长上任后，决定竞聘供应科科长，张国记提出以保证生产、降低库存量7 000万元、资金周转率提高50%为努力目标而被竞聘上岗。

张科长进供应科后，先将名字改为供应链科，然后又马上深入到下属的各部门：钢材库、备件库、服务组、计划组、采购组等单位了解情况，经过摸底，他掌握到如下一些情况。

（1）主管供应链科的臧厂长的指导思想是：有用的就留下来贮藏入库。如前年全厂100多吨边角余料，当年可以以2 400元/吨出售，但臧厂长问供应链科边角余料有用没用，供应链科说只有小部分有用，结果全部留下，今年要以1 300元/吨出售时，无人问津，至今仍存放在库中。

（2）对工件所需材料累加加工余量过大。如生产科说要400mm厚的法兰盘钢材，工艺科为了保证质量，要增加到460mm，而采购为了保证生产购买560mm的钢材。

（3）300多吨价值200多万元的钢材长期被压在库中，供应链科有人提议卖掉，遭人说闲话，"你与买主有什么关系"等，以后谁也不再提及此事。

（4）部分车间加工下的边角余料退回库房，账面上虽有钱，而实际价值却寥寥无几。

（5）各采购小组重复采购时有发生。

（6）巨大备件库的大多数备品备件都已生锈过期了，对"杂而散，散而少，跑断腿，无成效"的材料，生产还存在较多抱怨，常常缺货，供应商也不热情，采购员也不愿意采购。

（7）现在各产品车间催起材料，往往是订货早的不急，订货迟的着急。因为用户对老产品不热心，产品车间都急于上新产品。今年设计15辆特殊槽车，要求采购在第一季度提供6辆槽车的材料，但至今这些产品的材料预算还没有下来，供应商也没有完全敲定。

（8）各采购组、库存组、服务组对各自的工作热情不高，只是应付，无人想出外采购，因此，采购员采取一次采购足量的办法采购。如，一种特种不锈钢，年需求量为4吨，而采购员一下买了15吨，但次年厂里需求量降为仅2吨。其余就积压下来了。据说，这是由厂领导意见而发生的，这位领导经常举的例子是，如果一辆槽车，就差一根管，跑很多地方也采不来，这必定要误了生产大事。

张科长思索着这些问题，没想到供应链科居然那么不好搞，但是，他决心要试试自己的身手，不管困难会有多大，因为毕竟他是经竞选而上来的科长，希望找到对策以解决问题。

【讨论题】

（1）你认为材料积压的主要原因是什么？张科长如何才能完成投标目标？如何对供应链部的材料供应进行管理？

（2）你认为生产部、工艺部和供应链部三者在材料问题上应如何协调才使效益最佳？

（3）不合格品、过期物料、死料、呆料、余料（下脚料、边角料）、废料的区别及各自的处理方式和关注点。

3.3 战略采购与供应

■ 3.3.1 采购管理概述

采购职能的演进

以前企业高层管理者的兴趣往往集中在市场营销、研发、财务和生产运作上了，采购往往只是企业工厂或部门的附属部门。很多人认为，从事采购职业的人员既不需要专业技能，也不需要才能，企业不会让高级人才去做采购员，采购的事儿似乎人人可做。但具有讽刺意味的是，采购要为产品成本负责，很多的产品质量问题来源于采购物料，采购对生产运营的影响比其他部门要大。

在20世纪六七十年代，采购者的注意力主要集中在采购价格和防止生产停工上，接下来，还有库存的管理。采购部门有一位采购经理，几名高级和初级的采购员、办事员，或还有驻外人员。

20世纪70年代末，全球化市场及全球化采购的势头开始出现，库存管理应用了计算机，生产过程自动化程度提高了，物料成本控制成为管理者的重要内容。高级经理意识到，降低成本要靠外部供应商，而不是内部做个项目就能实现的。迫切需要提高供应商的专业化水平，通过大规模、标准化生产来降低产品的单位成本。这就要求企业的采购职责发生改变，以适应企业对供应商要求的变化。与此同时，采购和物料管理开始在企业中发挥更重要的作用，企业对库存控制更加关注。

20世纪80年代早期，企业运用计算机生成的物料需求计划（MRP），确定生产需要的零部件及原材料的采购数量，加上对供应商的改善，准时化生产与准时化采购的运用，企业有效地减少了库存数量，而且保证了生产的顺利进行。企业采购部门增加了物料、物流和计算机方面的人才，当供应商要求技术支持时，技术专家随时可以出现。采购和物料管理的高效率随时保障企业生产所需，采购对组织的贡献已不可小视。

采购

美国供应管理协会给出了采购的定义：组织为了追求和实现自己的战略目标，识别、采办、选择、获取与管理组织所需要的（或潜在需要）所有资源。采购的基本活动包括如下内容。

（1）定"货"，确定组织需要采购哪些物资。

● 需求的确定或重新估计
● 定义和评估用户的需求
● 自制与外购决策
● 确定采购的物资

（2）定"源"，确定从哪些供货商处采购。

● 进行市场分析
● 确定所有可能的供应商
● 对所有可能的供应商进行初步评估（或者招投标、或者比价）
● 剩余供应商的再评估
● 谈判、协商，选择供应商，确定购买合同

（3）获取：下订单、收货、验货并支付。

● 到货检验
● 购买后的评价

可见，采购的一般过程包括了采购需求、选定供应商、谈判价格、确定交货及相关合同条款、签订合同并按要求收货、付款结算等。采购从供应商那里购买原材料、零部件和产成品存货，并安排运往制造工厂或装配工厂、仓库、零售店的内向运输。采购活动需要促进和改善运营系统与供应商间的互动形式。

在日常经济生活中，经常发生各种不同类型的采购：根据采购主体不同，有个人采购、家庭采购、团体采购、企业采购和政府采购；根据采购客体不同，有农产品采购、工业品采购、工程采购、项目采购、服务采购；根据采购频率和数量的多少，有定期采购和日常采购；从交易方式看，有现款采购、租赁采购、交换采购、委托采购、协议采购、招标等竞争性采购等。

采购管理活动

采购管理作为一般的管理活动，有目标、有组织、有计划、有执行、有控制。采购的主要目标是以最低的物流总成本提供及时的购买活动，从而支持制造或销售活动的顺利进行；采购需要建立采购组织与相关制度、划分职责与权限、设计作业流程等；采购需要考虑企业生产计划的需要，制订相应的采购计划与预算；采购执行包括为达到采购目标而采取的各种行动方案，包括供应商的评选、采购合同的签订、交货验收管理等内容；采购控制是指为达到企业要求而对采购行为进行评价、调控等，包括采购行为规范、拟订采购绩效评价指标、供应商考核与调整，以及内、外部关系的协调等内容。

采购关系到企业产品的质量和成本，并且采购资金在总成本中占很大比重，使得采购在企业经营活动中占有重要地位。据统计，在制造业中，多数企业的采购资金占最终产品销售额的40%～60%，这意味着采购成本的降低将对企业利润的增加产生重要的影响，采购自然成为企业降低成本、增加利润的重要环节。

供应链全球化的进程越来越快，企业面临着更多的采购选择，采购成本和效率的高低影响着企业的经济效益，有效的物料和服务采购管理会给企业带来竞争优势，所购入的物料和服务的质量会影响产成品的质量，进而影响客户满意度和企业的长远发展。供应链管理者需要考虑选择具有响应能力的供应商还是低成本、高效率的供应商，需要考虑有些活动是自己做还是外包给第三方完成。

案例 　　　　　　　**严格执行合同**

刚到采购部的严歌请教她的师傅，采购员最主要的责任和能力是什么？师傅回答她："熟悉并遵守与采购相关的法律与规范，恪守契约精神，维护合同双方的权利和义务。"师傅的话好像是在背课文，严歌佩服不已，抬头一看，这句话印在墙上呢。不仅仅是师傅对合同的敬仰，这里还有一个严肃而深刻沉重的故事。

公司的副董事长被双规，接着判了无期徒刑，原因是吃了太多供应商的好处。新的领导班子痛定思痛，下决心改变局面，建设一个廉洁、正直的管理层，经过大家的反思，认为过去犯错误的漏洞在于合同的执行不严格、不严密。造成了与供应商签订合同之后，还有许多的变更，而变更造成资金的追加，往往容易失去控制。因而新的管理层决定狠抓合同管理和合同的执行环节。合同在谈判和签订时要将所有细节都写到书面上，执行时，严格对照合同不走样。这样的举措受到了上级主管单位的肯定和赞扬，并作为反腐倡廉的典型在电视、电台、报纸和媒体上宣传，当然，公司管理层也更加积极地推行合同管理。

在师傅的教导下，严歌也把合同放在非常重要的位置，严格执行合同，无论大项目还是小订单，都一丝不苟，一板一眼地，毫不留情，还常常将"合同规定"挂在嘴边。公司管理的是公共场所，厕所是外包给一家保洁公司，和保洁公司订的厕所清扫服务合同中要求厕所里不能有苍蝇，地上不能有水。但有时候旅客带了一些有丰富重口味的食品，招引了远方的苍蝇，或是跟着食品一起进来的苍蝇，被发现后，立刻按合同要求罚款，有些旅客洗完手不去拿纸巾，也不烘干，而会习惯性地往地上甩甩手，被检查到又是罚款，保洁公司的规定很严格，公司收到罚款通知，直接扣当事人的工资，保洁员怨声载道，但又控制不了局面。

有一次，公司场地大迁移，当时没有旅客，所以厕所也没有使用，严歌看到大家忙得不可开交，而保洁员却无所事事，就和保洁员商量，要求他们帮着搬东西，但保洁员异口同声地说："合同上没有这一条呀"，都不动手，在一旁当观众看热闹，严歌既生气，又无奈，心想：怎么当时签合同时没有把这一条写进去！

公司有许多传送带，产品来自一家世界级著名的大厂家，传送带是运动的机械产品，再加上野蛮装卸，出问题是常事，公司和厂家签订了维保合同，合同要求响应时间不能超过2小时，因为有许多传送带同时工作，一条出故障调度稍作改变也不太影响大局，一般工程师都能在一个小时内就到场了。但特殊情况也会发生，一次因为有重要国事活动道路戒严，而国事活动还涉及公司，而偏偏这个时候传送带出问题了，工程师被堵在路口过不来。又恰巧被领导看到了，真是屋漏偏逢连夜雨。严歌看到姗姗来迟的工程师，当即开出一张罚单让他带回去，领导在一旁看着频频点头，表示赞许。据说，那个工程师回到单位，无论与领导如何解释，领导就是一句话，带回了罚单表示客户不满意，无论什么原因，你的任务就是让客户满意，客户不满意就是你的工作没有做好，没有理由，奖金被扣了多少没有透露。

但后来几次，还是传送带坏了，工程师像往常一样到了现场，不一样的是，他坐在门外抽烟，不紧不慢，时常看看表，就是不进门，2小时差3～5分钟时，迈着方步进来了。严歌看到此情此景，非常生气，但也无奈，人家没有违反合同呀，你也没有理由投诉。严歌又怪上了维保合同，这合同应该签得再严密一些，无懈可击，让这小子无孔可钻。

严歌在沉思，这合同如何才能更加管理这些调皮、不听话的供应商呢？

【讨论题】
（1）您认为采购的最重要的任务是什么？
（2）合同管理是否是解决采购中腐败问题的有效方法？为什么？

■ 3.3.2　采购组织的集中与分散

采购组织在企业机构中的地位越来越重要，看看采购部汇报对象的行政级别就知道了。在20世纪60年代，很多采购部是以二级部门的身份向部门经理汇报的，并且是向生产部或业务部汇报。到20世纪80年代，汇报级别有了变化，有些企业采购部的汇报级别是最高行政执行官、高级副总裁，还有同级别的人员。

在大型企业组织中，在采购部设立不同功能的部门，以支持专业化的采购活动，如设立采购与谈判专业小组，负责特定种类的产品与服务的采购以及供应商的识别与谈判，如机械采购组、电器采购组、工程采购组等；设立采购计划部，预测物料需求，进行价值分析，评估供应商能力，分析供应商成本结构等；设立运营支持部门，支持日常业务，如订单催货、跟单、调度等。

采购部权利划分是要确定如何组织其采购活动的决策权。如果必须由公司总部高层来审核相关的决策，那么这个企业就是一个决策集权化的结构。如果采购部对分支部门、业务单元或地区性部门具有一定的决策权，那么该企业就具有各种不同的分散决策权。完全集权化和完全分权化采购的企业都是少见的，大多数企业属于稍微倾向于某一端的混合型。对于诸如评估和选择供应商这类会影响企业全局决策与任务的决策，通常需要集中管理，而对于下订单之类的业务决策则属于当地采购者。一些企业可能会对超过某资金限额的资本支出进行集权化管理，而对低额采购决策可由二级部门做出。

集中化采购

20世纪70年代的采购集权化观点在一定程度上导致公司层级人员过多。显然，这一集中的决策程序不能满足敏捷竞争环境下的快速决策要求。更糟糕的是，臃肿的组织结构成为供应链灵活响应的最大障碍。集中化管理理念应该强调运营中不同任务的相互支持、整合和协调，而不意味着对采购流程的所有活动都"管死"。管理者需要确定哪些流程活动需要进行集中控制或协调，哪些需要相关运营部门来落实。

集中化采购可以带来一些明显的优势，特别是当企业拥有多个采购中心时。集中化采购并不意味着把多个采购中心合并为一个采购中心，并且由这一个采购中心执行所有采购任务。这纯粹是一个大大的误解。就像有的公司把分、子公司的采购权集中起来，由总公司统一采购，这样分、子公司就变成了内部顾客，分、子公司在不断提要求，总公司的采购中心不断在提高服务意识，但这并不是集中采购的本意。集中采购需要在系统、流程和战略等影响全局的问题上有所作为，而不是陷于具体事务。例如集中采购中心可以选择供应商，并就采购合同进行谈判，以获得充分的谈判筹码与规模采购批量的优惠；分、子公司熟悉业务、熟悉当地市场，操作性采购工作仍然由他们来做。企业决定采取集中采购方式时，看中的是集中采购带来的好处，而不是集中采购的形式。下面列出集中化采购带来的一些主要好处。

（1）协调采购量

集中化采购的一个主要优势是累积采购数量获得优惠价格。有些企业运用集中化采购时，不仅集中管理了对供应商的采购，而且还统管了采购订单流程，将操作性采购工作也纳入集中采购中，这是我们坚决反对的，因为这样做会使很多人误以为集中化采购是一种费时的僵化管理方式。当然，随着信息技术的发展，公司完全可以识别出不同部门或业务单元所需采购的共同商品，地区或部门采购人员可以直接向供应商下订单（这就属于"操作性采购"），企业可以通过总计采购量获得物料成本的降低，同时仍然保留部门或工厂采购者的操作性订购权。同理，企业也可以累积服务需求。

（2）减少重复性的采购工作

考虑一家各部门分布在10个地区的公司，并且采用的是完全分散式的采购体制。该公司可能会发现企业内存在各种各样的采购合同样本，10套采购订单，10套询价单，10套物料入出库单，10种供应商质量评价标准，10种采购培训手册及10种与供应商进行电子数据交换的标准。重复性工作无疑会大幅度增加企业运作成本。这种分散式的采购体制成本高，效率低，且各业务部门间缺乏协调与一致性。

（3）协调采购计划和战略，避免内部竞争

采购部越来越具有战略性趋势，企业集团正将公司战略、业务战略与采购战略结合起来，将公司计划、业务计划与采购计划融合为整体计划方案。这就需要集中化采购管理委员会从企业最高层出发制订采购战略、协调采购战略。

（4）建设全公司物资采购信息系统

从公司战略出发，建设先进的、精准的电子采购系统及信息系统已经变得越来越重要。这类系统的设计和协调不应该是公司个别业务部门的责任，更不能从各自视角建设孤岛式电子采购系统。例如，某跨国集团公司依赖集中化采购管理小组为公司建立和管理全公司物资采购系统及数据库，公司可以清楚地掌握其众多分支机构或部门需共同采购的产品，同时也能从整个公司的角度出发来评估供应商绩效表现。同时，该系统还能为全公司的物料预测提供支持和帮助。

（5）拓展特定采购领域的专业技能

随着采购部门工作内容的复杂化，工作技术含量越来越高，采购人员不可能在所有领域都成为专家。采用集中化采购管理专业采购小组可以开拓专业采购知识，支持具体的采购业务。例如，采购谈判、国际采购、采购的法律相关问题、供应商质量项目、采购预算、采购调查及宏观经济趋势分析、物资储运管理技术、持续改进技术、总体拥有成本分析、团队建设技能、全面质量管理、计算机和信息系统技术知识等专业技能是需要重点发展的，需要对采购人员进行必要的培训，进一步支持专业化的采购业务。

（6）实施公司变革

实行集中化采购管理的企业在实施一些变革的新举措时会比较容易进行。伴随着集中采购模式的出现，自负盈亏的集中采购中心在一些跨国公司出现了，当然国内有些企业集团对自有采购中心的内部管理也类似于自负盈亏，只不过是内部结算。自负盈亏的集中采购中心整合公司自己的供应商的采购量，拿到更好的价格，加价再卖出去，这样的价格仍旧有竞争力。这种集中采购中心的主要优势在于全面整合供应资源，不仅为自己公司采购，而且为行业内其他公司采购，它的生命力在于更大范围内的集成，使供应公司可掌控供应渠道，从而更具有价值。

分散式采购

虽然集中化采购具有许多优势，为什么还有企业会采用分散式结构呢？企业采用分散式采购可赋予采购人员直接的采购权，企业由此获得益处。分散式采购具有如下优势。

（1）速度和响应

分散化采购的一个主要优势是能够对顾客需求做出快速响应。有些企业担心集中式采购的集权制可能会导致更慢的反应速度。

（2）理解顾客定制化需求

分散化采购人员对当地的运营要求具有更深刻的认识和理解，采购人员熟悉产品、流程、商业惯例及部门或工厂所拥有的客户，便于与当地供应商建立稳定的合作关系。这对于诸如像高露洁这样在世界各地都有公司的全球公司尤为重要，因为各国家、各地区的公司运营都有其特殊性。

（3）产品开发支持

大多数新产品都是由部门或业务单元依据市场需求而开发的，因此分散式采购结构将有利于在早期就对新产品的开发提供支持。采购部可以以多种方式支持新产品开发，可以让供应商在新产品开发时期就参与进来，还可以评估长期物料的需求，制订战略性采购计划，判定相关替代性物料的可能性。

（4）项目所有权问题

当地部门或人员拥有项目的所有权，自然会对所采购的物料或服务的成本负责，他们想实现项目目标，降低采购成本，提高物料质量。如果集中采购能为他们带来便利与成本的节省，他们自然赞成，但是如果集中采购不能为他们带来便利，他们需要申请、上报、审批，不仅手续烦琐，而且还会让他们多花费，他们自然会抵制这种集中化采购制度。此时公司采用分散化采购结构对公司、对部门、对项目更有利。

混合式采购

很多企业可能更倾向于集中采购，但仍然需要从实际出发，具体问题具体分析。绝不能采用了集中采购的结构，却不能从中获得集中采购的优势。企业要做的是在日益激烈的全球竞争中，使采购组织机构既要具有集中采购的优势，又要具有分散式采购的优势。因此，大多数公司将会选择混合式采购组织，某些任务的决策权由集中化采购管理小组掌控，有些权力则分布在各运营操作层。混合式采购组织既不是完全的集权化，又不是完全的分散化。只有那些"冤大头"的官僚组织才会采取"一刀切"的单一的采购模式。

案例　　　　　　　　**避重就轻的汇报**

奥斯拉公司是世界领先的智能卡研发、生产和销售的公司，十几年前就进入中国，建立了智能卡生产制造基地，并发展为公司最大的一个工厂。随着智能卡市场销售价格的越来越低，公司面临巨大的成本压力。

在公司管理年度总结会上，采购经理就本年采购成本控制作了年度汇报。包装材料和MRO物料都取得了超过10%的成本降低，但是主材塑胶卡由于市场价格已经相当透明且已经低于供应商赢利底线，成本降低不到5%，这使整体成本没有达到下降10%的目标，采购部门成本降低的计算是：（今年价格−去年底价格）×今年采购量。但是采购经理在汇报中指出了今年完成的几个重要的成本控制的工作：

（1）开发了两个新的塑胶卡生产厂的原材料供应商。一直以来，塑胶卡生产厂的原材料本地供应商只有一家，其在原材料供应价格谈判中处于强势地位，限制了塑胶卡成本的进一步涨价；

（2）将常用MRO物料的采购集中于一家代理供应商，简化了采购流程，在降低了采购成本的同时也降低了管理和运作成本；

（3）在所有的塑胶卡供应商中实施了新的价值控制管理流程。通过改善流程，提高工作效率，降低管理和运营成本；控制各个环节的质量和报废，提高了塑胶卡的生产成品率。

（4）改善内部供应链管理流程，简化物料和供应商管理流程，加快新物料和新供应商开发速度；

（5）由于国际石油价格上涨，导致塑胶卡和包装材料供应商原材料价格上涨，供应商多次提出要求上涨价格，采购部通过艰苦和强硬的谈判，抵制住了供应商的要求。

对于每年的成本降低，采购经理的展望是价格将不可避免地上升，但有一些机会可以做一些工作。

（1）奥斯拉公司目前正在与爱克伦公司进行合并，爱克伦公司现在有三家制造基地在中国，其中有一家在本地。可以进行供应商的重新整合，以获得成本的节约。

（2）奥斯拉公司后勤和营运都相当分散。采购部门希望通过集中采购及非生产性物料采购将行政采购纳入采购部门进行管理以求得服务和行政费用的降低。

采购经理的汇报话音刚落，财务经理就站起来批评道："一切要用数据说话，但你所有成功的事例都没有数据的支持，而所有的数据都指向负面，然而成本降低是你采购经理放在第一位的最重要指标。"总经理对采购经理的汇报也不是特别满意："首先，没有达到年度成本降低的目标；其次，上述的成本控制的工作无法作出正确评估，没有相关数据支持，结果不可预测；再有，抵制供应商价格上涨是理所当然的；最后，对明年工作计划不具体；而成本降低的目标不可讨价还价。"

这份汇报显然没有过关。

【讨论题】
（1）奥斯拉公司应该实施集中采购还是分散采购？采购经理在工作中存在哪些不足？
（2）采购经理应该如何应对总经理的不满和质疑？
（3）请您针对明年奥斯拉公司降低采购成本方法提出建议。

■ 3.3.3　战略采购管理

采购部门的活动都必须围绕提高公司能力展开，并为实现公司战略做出贡献，企业需要计划、实施、控制战略性采购及操作性采购的决策过程（Carr，Smeltzer，1997）。Carr（1996）指出了战略性采购（即：战略采购）与采购战略的区别，战略采购从属于组织的战略管理范畴，而采购战略属于职能战略，两者发生在不同的层面。战略采购是根据组织的竞争战略确定供应管理目标，确定供应商管理与关系开发，并在供应商、采购部门、其他职能部门间进行战略目标和活动的整合；而采购战略是在战略采购指导下制定具体采购目标和行动。

传统的采购职能在组织中的角色定位是服务内部顾客，其目标是"在适当的时间、适当的地点以适当的价格获得适当质量、适当数量的商品和服务"。采购部门根据企业内部顾客的预算和要求购买所需投入的物品，企业内部顾客往往给予采购部门充分的采购权，内部顾客仅发出购买请求信息。采购部门并不能把握企业未来的购买需求，企业也缺乏对供应商资源的充分利用与挖掘。

20世纪八九十年代，采购管理中出现了一些战略性的决策，如设计供应源结构、自制/外购决策、发展长期合作关系/交易关系、企业-供应商流程整合等。这预示着战略采购的出现。

（1）设计供应源结构

具有战略意义的供应源结构的变化包括供应商数量的减少，以及供应商结构的优化。许多企业都在大幅度裁减供应商的数量，例如：克莱斯勒公司将其供应商从原有的3 000个减少到1 000个（Raia，1993），而施乐公司则从1981年的5 000个供应商降低到1987年的300多个（Morgan，1987）。对于某一物料是向单一供应商购买还是多个供应商购买，理论界和实业界的观点也发生了转变。传统观点认为，保留多个供应商，保持供应商之间的竞争令买方企业渔翁得利。而新的观点推崇合作型采购理念，由多源变成单源，大大削减企业供应商数量，对生产工艺复杂，采购品种多的制造企业尤其明显。削减供应商数量，为买方和供方发展长期合作交易关系奠定了基础。日本汽车企业丰田公司和尼桑公司，缩减和优化供应商，开发供应商合作关系，将其供应商分层次管理，第一层次供应商为企业实时提供装配子系统，供方进行子系统的产品设计和工艺设计，并负责管理低层次的供应商。这种做法减少了企业与供应商网络的节点，从而支持了准时化生产，使得对供应商的管理更高效。

（2）自制、外包决策

对企业来说，某一原材料、零部件或服务是在企业内自制还是从供应商那里购买不仅仅是一个关乎成本的决策问题，而且是一个关乎外包与核心能力培育的战略问题。许多研究者坚持认为，企业应专注于核心业务，即把对企业知识、技术等依赖性强的高增值部分掌握在自己手中，而将自己不擅长、实力不够或没有优势的非核心业务外包出去，在此基础上通过与供应商联盟，达到整合外部资源、弥补自身劣势的目的。任何企业都不是万能的，都有一定的能力缺陷，都有一些不擅长的业务。企业需要寻找与其能力互补的供应商，将该业务外包给他们，他们会做得更出色。

而最近一些优秀企业业务外包的范围不仅仅限于非核心业务，还包括一部分核心业务。由于当前企业要从竞争中胜出，不能只凭借已有的核心能力，而是要依赖其控制和创造关键能力的能力。在动态能力要求下，企业为了保持价值链更具弹性和组织更具灵活性，"借力"成为许多企业的制胜法宝。在动态竞争环境下，外包决策也是一个动态决策问题，企业必须根据未来环境的变化不断作出调整。

（3）发展长期合作关系还是交易关系

削减供应商数量和外包都使买方和供方发展长期合作关系成为可能。削减成本和利用供应商资源是买方企业和供应商发展紧密关系的原动力。克莱斯勒公司生产一辆汽车70%的成本是用来向外部供应商采购，而与供应商建立合作关系将为其带来可观的成本节约，仅1994年，克莱斯勒公司就通过供应商节约成本近亿美元。

（4）企业-供应商流程整合

随着竞争压力的增大，敏捷制造、按单定制等多种经营模式的出现，制造企业纷纷转向供应商资源整合。通过整合供应商的资源和知识，建立供应链更稳固的竞争地位。战略采购强调买方职能部门与供方采购、生产流程的整合。

在供应链管理中，战略采购从交易管理向关系管理模式转变。价格不再是采购所考虑的唯一因素，采购的决策影响着后续的原料运输、调配、维护、调换，乃至长期产品的更新换代，因此必须有总体成本考虑的远见，必须对整个采购流程中所设计的关键成本环节和其他相关的长期潜在成本进行评估，例如，由于特定采购原料或设备带来的配套原料和设备的获取、安装、维护、运作和清理成本等。质量成为重要标准，当然，质量不限于产品质量，也包含了工作质量、交货质量、技术质量等方面的全面质量。供需双方共同开展质量改进和质量管理活动，需求方不需要对采购产品进行烦琐的检验手续。供需双方依靠协调合作，防止内耗，双方可以签订长期战略合作协议，供方根据需方要求进行计划调整，保持整个供应链统一协调，可以有效消除供应链"牛鞭效应"，提高供应链效率；需方甚至可以邀请供方参与新产品改进与开发，需方也可以参与供方生产过程的质量控制。

战略采购是以最低总成本建立业务供给渠道的过程，不是以最低采购价格获得当前所需原料的简单交易。战略采购充分平衡企业内部和外部的优势，以降低整体供应链成本为宗旨。注重长期供应商关系管理，例如从关注谈判向建立战略伙伴关系转变，从一味压价向建立互赢和激励机制转变；把采购管理上升到战略性高度考虑，例如采购策略和合作伙伴的选择评估标准应作为企业整体战略中的一部分，新产品的开发和改善应与战略供应商保持自始至终的合作；运用集中式采购方式，因为分散采购忽略了货源的整体布局与配送、供应网络的最优化配置等整体利益；分散采购也缺乏有效的工具和信息平台进行采购跟踪、评估、分析和智能化决策。

战略合作伙伴关系可以有效解决供应链管理中的库存问题、风险问题、成本问题、组织协调与流程整合问题，有效提升顾客响应能力。供应链关系管理将在第5章专门介绍。

如果说，传统采购消极地引进能力，战略采购则具有能力引进和能力创造的双重功能。能力引进基于企业与供应商之间的沟通机制和信息整合；能力创造基于企业与供应商之间的流程创新和知识整合，是企业与供应商双赢的解决方案。

感受价值

蔻蕾公司在市场上享有很高的美誉度，其产品以高品质闻名于世，是高端成功人士的首选产品。特别是一些家用产品，更是让拥有者引以为豪，成为高端大气的象征。产品质量高，价格不菲。

就是这样的一家公司，也在孜孜不倦地谋求成本的下降，可谓各种方法多管齐下：整合资源、产品及原材料的标准化、寻找低成本供应源及与现有供应商谈判、要求降低成本及价格。其中还有一项较为有效的方法是价值分析/价值工程（VA/VE），公司专门成立了一个VA/VE办公室，统筹领导协调全公司的项目开展和成效巩固落实。

经过几年的实践，公司发现，实际上大多数VA/VE项目的收益，来源供应商的新思路和新材料。采购部门，或者说是供应商，在这项活动中的贡献率占比最大。采购部门结合公司内部及供应商的资源，联合开发，改进产品特别是材料的构成。为此，采购部门修改了自己部门的使命，强调了采购对于"外部资源获取"的作用，提出要求供应商能够为公司提供具有市场竞争力的新技术、新设计和新材料。并在供应商评估及绩效考核中增强了技术创新评分的权重。使得具有创新能力的供应商评级上扬。测量驱动绩效，这些措施反过来，又促进了供应商创新、改革的积极性。

随着各种陶瓷材料的新功能的不断涌现，原有的不锈钢及有色金属越来越多地被物美价廉的陶瓷材料所代替。很显然，对陶瓷材料的了解和研究，一些供应商远远走在蔻蕾公司前面，采购部门要做的就是不断鼓励，并汲取新的创新，在公司和活跃的市场中架起畅通无阻的桥梁。这一项替代活动为公司产品的更新换代及成本降低撑起了半壁江山。

一家供应商极力为公司提供一种新型软管，这种软管的外包材料一改传统的不锈钢的网织结构，替而代之的是塑料网织结构，这种塑料软管强度比传统不锈钢软管强度更高，柔韧性更好，寿命也更长，显而易见成本降幅也很可观。公司的采购和技术人员非常兴奋，跃跃欲试，在配套产品中试用一段时间，但市场人员的反馈却非常悲观：客户不接受！

客户对新产品的体验非常负面和糟糕，他们的反馈是，蔻蕾公司的新产品档次下降，用塑料代替不锈钢，甚至怀疑是不是蔻蕾公司想用偷工减料的手段忽悠消费者呢？蔻蕾公司产品的客户可都是高端成功人士，眼里容不得半粒沙子的。公司的VA/VE办公室立即叫停这个项目的推动。

公司随后总结了这个项目的教训，强调了客户体验的不可动摇的地位，过去所做的项目都是在产品内部的替换，客户看不到，所以没有反应，而一旦改变到了表面可见的部位，就会触动客户的神经了，一定要非常小心。但无论是供应商还是技术人员都非常不甘心：这么一个好端端的项目，能为客户谋福祉的软管，就这样夭折了。

大家在考虑一个问题：客户可不可以引导？蔻蕾公司是否应该宣传新软管的功能，让客户接受新事物呢？研究分析的结果是否定的，蔻蕾公司要保持高大上的形象，不能有丝毫低端产品，而如果供应商有能力让客户接受新事物，蔻蕾公司再使用就水到渠成了，所以采购交给供应商另一个使命：不仅仅做出好的产品，还要做出好的市场。

案例　　　　　　　　　　**供应商在哪里？**

常常听到一句名言："有钱还怕买不到东西？"销售员是求别人买自己的东西，而采购员则是坐北朝南，坐在办公室等着销售上门推销，但在采购那里，"有钱还买不到东西"的现象却常常出现。采购员向老板抱怨说找不到供应商，老板非常漠然，也没有什么反应，就是一句话："接着找。"偶尔销售员在一旁，气不打一处来，说如果销售向老板报告"不知道客户在哪里"，老板会将这个销售踢出门外，老板风趣地说："销售是龙头，龙头上的鼻子在最前方，就是用来寻找客户的，客户才是我们的衣食父母，没有客户我们吃什么？喝什么？"采购问："那供应商是什么？"销售抢着回答："我们是供应商的客户，客户是衣食父母，你说供应商是什么吧？"

但不是所有的供应商都清楚地知道他们自己的位置，或者将自己的位置放在正确的位置上。采购员有一些项目要做，需要寻找供应商，但供应商不是嫌弃价格低，就是量太少，特别是要购置特殊设备及先期做大的投入的，更是没有人愿意做。下面是一段我们的采购员和供应商的一段对话：

采购员："这种产品你们能不能做？"

供应商："有可能的，但有些风险，还需要在技术、设备、人员及质量上增加一部分投入。"

采购员："那你们就先做一些投入吧。"

供应商："我们会做一些先期投入，但如果我们做出了产品，你们一定要吗？还有年采购量有多少？总量会有多少？是否能保证我们的投入能收回？"

采购员："？？？？？"

采购员（心里想）："还没有开始做，就这么多要求！"

采购员："你们不做出来，我们怎么知道你有能力？"

供应商（坚持）："那么如果我们做出来，你们一定要吗？"

采购员："如果你们能做出来，我们还要进行供应商资质审核，样品测试，现场考察，任何一项不符合我们公司要求，都不能通过。"

供应商："这对我们来说，投入风险太大了。"

采购员："投资当然有风险，你们做不出来，我们一定不考虑，这一点我能保证，但我不能保证的是你们做出来的我们一定要。"

供应商："那我们回去考虑一下吧。"

当然这是非常礼貌的回绝了。

采购员搬出一个古老的悖论，先有鸡还是先有蛋：在这种情况下，是采购方先做出承诺，还是等待供应商成熟了，再上山摘桃子？问题是老奸巨猾的供应商没有承诺不肯投入，不见兔子不撒鹰。

有位高人为这位采购员做了点拨：采购必须运用战略采购的眼光。这位采购员问：那么请教什么是"战略采购"呢？高人回答："Make Supplier Available。"还给出了非常漂亮的中文翻译："使供应商触手可及。"还有一位高人指出，采购要做"反向营销"，应该向销售学习营销的方法。

【讨论题】

(1) 如何理解"战略采购"？战略采购可以解决这位采购员的困境吗？

(2) 是采购方先做出承诺，还是等待供应商成熟了，再上山摘桃子？

(3) 采购为什么会找不到供应商？

3.3.4　供应战略

供应管理职责的转变

前面提到，20世纪80年代末期，采购和物料管理对公司影响重大。采购和供应经理开始意识到企业不仅需要跨部门的团队来进行采购和物料管理的具体策略的制订与执行，而且需要供应经理来负责企业供应的长远战略规划及其开发。团队中的物料采办员依据供应合同下达订单，维持生产运行，确保库存最小化。供应经理则要参与新产品的开发、供应商的选择、供应伙伴关系和战略联盟的开发与培训，并做好成本管理、长期合作协议及合同管理等工作。也可以理解为，前者做操作性采购的工作，后者做战略性采购的工作。这也是采购职能的一种变化——从采购迈向供应。

供应经理也是企业战略规划的积极参与者，企业供应策略逐渐成为战略武器，与企业的市场营销、生产运营和财务战略一样重要。企业战略经营计划就需要全面整合这些战略。

从采购迈向供应，从采购经理转变为供应经理，管理职责由关注物料采购价格、维持生产运行、控制部门管理成本等，转向以下7个方面。

① 供应战略与计划。供应经理必须认清企业供应环境，制定与企业的业务战略、市场营销战略、生产运营战略及财务战略相匹配的企业供应战略。供应战略也要与供应物料及企业生产流程相匹配。在供应战略基础上做好供应计划，以满足企业经营计划的需要。

② 源头供应商质量。确保所采购的物料及服务的质量。考虑到供应商质量需要供应链集成团队共同管理，这一部分放在供应链关系管理部分专门介绍。

③ 总成本。供应管理部门注重总体成本管理，从整个供应链上降低成本。

④ 时间。供应管理部门必须建立和完善供应管理系统，缩短新产品上市时间，缩短

产品交付提前期。

⑤ 综合供应信息系统与大数据分析技术。搞好供应数据库，做好数据收集、处理与分析，运用商务智能工具做好大数据分析，为供应决策提供支持。

⑥ 技术。供应管理部门需要解决好技术使用和控制问题，需要拥有技术专长的供应工程师，提供技术支持，在与供应商合作时更要注意保护企业核心技术，做到不流失、不泄密。

⑦ 保持供应连续性。供应管理部门必须掌握行业信息，了解物料的供应趋势，与供应商建立合适的关系，做好战略供应商关系管理，以减少供应风险。

最新的趋势是供应战略与供应链战略相融合，做好供应链整合，根据产品及物料的不同特点，采取不同的供应策略及方式，如面向订单的供应、面向仓库供应、应急供应、供方管理库存策略、准时化供应策略等。下面主要对产品特征、供应定位模型以及核心技术的管控做简单介绍。

产品特征

产品特征是产品本身构造所固有的属性，一般指产品的外形、质量、功能、包装、价值、可替代性、易腐性、易燃性等物理、化学特点。产品特征不仅是影响消费者认知、情感和行为的主要刺激物，也对物流战略有重要影响。产品的重量、体积、价值、易腐性、易燃性等物理、化学特点会对供应、仓储、运输、搬运和订单处理提出一定的特殊要求，这些要求最终会在物流成本上得到显现。重点分以下几个方面来介绍。

① 重量与体积之比。这是一个具有特殊意义的衡量指标，随着产品密度增加（即产品重量与体积比高的产品，如轧制钢托梁、印刷品和罐头制品），库存和运输的成本就会降低。密度小的产品，如棉花、羊绒制品、薯片、灯罩等，占据空间大，达不到载重限制要求。由此可见，由于产品特征的改变可能会使某些物流成本发生改变。

② 价值与重量之比。价值与重量之比低的产品，如煤炭、铁矿石、沙子等物资的存储成本低，单位运输成本占销售价格的比例比较高。价值与重量之比高的产品，如高精密数控机床、电子设备、珠宝、乐器等，存储成本较高，运输成本相对低。这些都对企业的供应战略、物流战略有影响。

③ 可替代性。多家企业生产同一种产品，这些不同品牌的相同产品就具有了可替代性。当一家供应商的产品出现了质量问题，企业自然可以选择另外一家质量好的产品。当一家供应商的产品频繁出现缺货时，企业也要考虑可替代性产品。标准化产品往往具有可替代性。

④ 风险特征。指产品的易腐、易燃、易贬值、易爆、易盗等特征。产品表现出上述某一方面的高风险特征时，产品的单位运输成本和存储成本占销售价格的比值就会很高。如运钞车、黄金运输、疫苗运输、保鲜食品、高级香烟、高级手表、危险化学品等在运输、搬运、储存过程中都要特别小心，需要专业车辆（防盗车、高危品车辆、恒温保鲜车等）来运输、需要特殊区域来保管，这些特殊处理都会增加物流成本，因而也会影响供应战略。

供应定位模型

供应定位模型是供应链管理者普遍使用的工具，它根据要采购的物料的性质，视采购方的具体需求来确定物料的种类。矩阵式关系结构中，根据物料本身的重要程度和获取的难易程度分为：杠杆物料、战略物料、瓶颈物料和非关键物料，如图3-10所示。

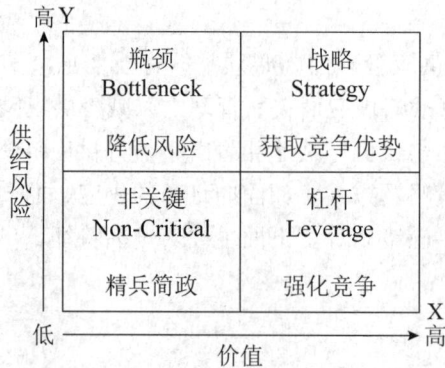

图3-10　供应定位模型

在组织的采购需求中，了解并能够应用这个模型对于理解组织在管理和开发采供应关系中的需求具有根本意义。表3-2进一步给出了不同物料类别的管理策略和手段。

表3-2　不同物料类别的管理策略和手段

物料类别	战略物料	瓶颈物料	非关键物料	杠杆物料
管理策略	建立长期的合作关系	保证供应、维持生产的连续性	减少供应商、提高工作效率、提高标准化程度	获取最低价格
手段	1.准确预测需求 2.供应风险分析 3.谨慎选择供应商 4.分析综合成本 5.滚动采购订单 6.有效控制订单 7.对供应商实施	1.准确预测未来需求 2.进行供应风险分析 3.排出供应商优先次序 4.准备应急措施与方案 5.寻求备选产品或供应商 6.建立适当库存	1.开展联合集中采购 2.按产品大类或产品群采购 3.产品标准化 4.制定有效的作业程序 5.电子化采购 6.网络采购	1.提高对产品、市场的认识 2.寻找备选产品或供应商 3.在供应商之间调整订购量 4.优化订单数量 5.设定目标价格 6.联合集中采购

当然，对应不同物料就有不同类别的供应商：战略物料供应商、瓶颈物料供应商、非关键物料供应商、杠杆物料供应商。

图3-11表示了供应定位的多个分析领域，同时也说明了与供应关系相关的一系列领域对供应物料定位的影响。使用供应定位模型进行分析，采购组织可以得到很多重要结果：

① 清晰理解采购产品的相对重要性，从重要性角度进行关系管理；

② 识别采购的风险，及对内部客户和供应市场的影响；

③ 理解指定产品对不同利益相关者的重要性及产生的影响；

④ 自制或外包的决策，及不同的内部和外部利益相关者的关系管理模式；

⑤ 制定供应战略，引入不同的电子工具，以管理供应商关系；

⑥ 库存管理、采购过程、特定产品组采购团队的资源配置，以影响内、外部的关系。

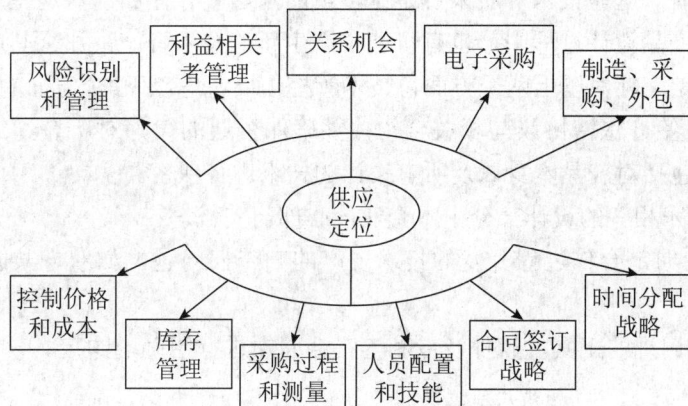

图3-11　供应定位的分析领域

核心技术的管控

在供应管理职责的第6条，提到了核心技术的保护问题，这在供应管理中尤为重要，这里简单介绍一下。

核心技术一般是企业经过较长时期的积累，具有很大价值，关乎企业核心能力的技术。核心技术具有延展性、核心价值性、先进性、复杂及难以模仿的特性。

企业应该如何有效地对核心技术进行管理呢？一般可从以下四个方面来进行。

（1）对技术进行分类整理，界定核心技术

企业在成长的过程中，各种新产品开发势必带来很多新技术的开发，这就需要在这一过程中进行不断汇总与界定，从而形成有效完善的核心技术控制清单。同时可逐渐形成企业的技术模块与基础资源库，在产品设计时可以直接引用从而提高效率。

（2）鼓励技术应用与创新

鼓励对技术模块的应用及技术创新，将公司智力资产（技术模块、专利等）分析作为产品开发流程中的重要活动，及时进行知识产权的保护，明确所有权归属。

（3）基于产品开发的核心技术研发策略

核心技术往往需要较长时间来进行开发，这需要企业在制定长期战略时进行新产品规划，围绕新产品规划来进行新技术研发，保证核心技术的升级与发展。

（4）核心技术推出控制

拥有核心能力的公司在制定市场战略时注重在客户需求和核心技术保护方面寻求平衡。对其核心技术的推出是谨慎的，并非一下子把核心技术都拿出来到市场上推广。如IBM公司、微软公司等都有一套完整的技术战略。他们以雄厚的人力、财力、研发能力等，贮备几个档次的新技术，但只推出比其他公司先进半步的技术，以保持技术领先和对核心技术的垄断地位。对于尚未利用的技术或一时很难转化为商品的技术，则让技术保持原有的状态加以储存。

在与供应商合作中，企业往往需要提供相关技术资料给供应商，特别是由供应商来承担部分设计任务时。这些技术一般来说是比较新的，这就存在如何对这些技术进行管控的问题。另外，在产品设计过程中，也有可能会产生新的技术资产，那么其所有权的归属等也要进行事先约定。针对以上两个方面，技术管控需要考虑以下4个方面的内容。

① 与供应商签订保密协议与相关合约，并确保企业的律师对所有约定的条款进行检查与确认。这应包括对产品本身以及所有设计的技术进行保密。

② 将核心技术相关的设计部分由本企业核心部门完成。

③ 在合同中约定合作过程开发的技术资产的归属权问题，如双方共同所有或客户方所有。

④ 对设计所用到的工具、软件及专利等在合同中进行明确的约定。

3.3.5 供应商管理

供应商管理就是对供应商的寻源、评估、选择、开发、使用和控制等综合性管理工作的总称。其中，考察了解是基础，选择、评估、开发、控制是手段，使用是目的。供应商管理的目的就是要建立起一个稳定可靠的供应商队伍，为企业生产提供可靠的物资供应。

供应商对企业竞争力的影响主要表现在以下几个方面，具体内容如下所述。

（1）客户满意度取决于供应商的表现

供应商所提供的原材料的质量对最终成品的质量影响很大，供应商产品质量对最终产品及客户满意度有重要的影响。

（2）零部件和原材料的购买是成本控制和企业竞争力的重要来源

采购费用通常占产品销售额的很大比重。供应商产品的价格在很大程度上决定着企业的生产成本，从而决定成品的价格。供应商产品的价格对企业利润水平影响显著。

（3）供应商的反应速度决定了企业的反应速度

供应商的交货时间、订货提前期、生产柔性影响企业的反应速度，企业为适应市场的快速变化，对原材料的需求变化也很大，这时就要求供应商能够有快速的反应能力，才能有助于企业产品快速投入市场，把握商机。

（4）供应商生产的稳定性

企业的生产稳定性受到供应商的连带影响，很多情况下，由于供应商不能够及时交货，使企业不能够按照生产计划进行生产，最终导致缺货或承担不能按时交货的损失。

总之，供应商管理的目的在于获得符合企业质量和数量要求的产品或者服务，以最低的成本获得产品或服务，确保供应商提供最优的服务和及时的送货，发展和维持良好的供应商关系，开发潜在供应商。供应商的绩效考核也要围绕着提高企业竞争力的做增值的角度来进行设计。

供应商选择与管理流程

完整的供应商选择及管理的流程如图3-12，详细的供应商管理流程如图3-13。理解这些流程，有助于采购组织供应商管理构架的设计，并为每一个职能配备相应的资源。

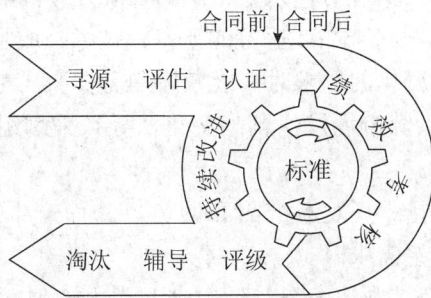

图3-12 完整的供应商选择及管理的流程

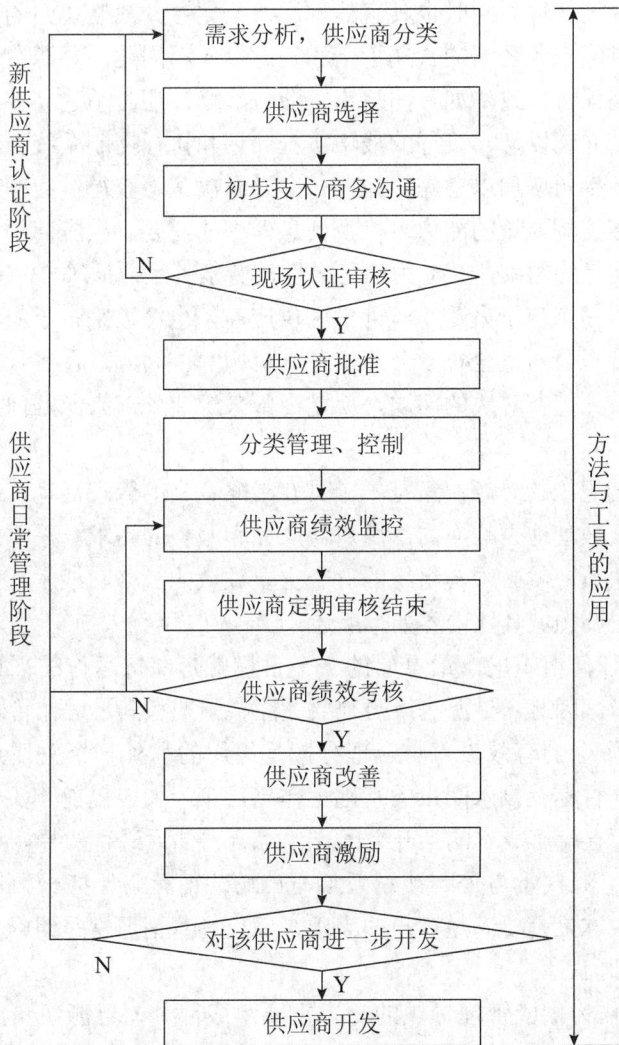

图3-13 供应商管理流程

寻源

寻源是"识别能够为采购组织提供所需产品和服务的供应来源的过程"。这一过程包括了若干步骤，其最终目的是发现和确定能为采购组织提供产品和服务的供应来源。

一般来说，出现以下三种情况时，采购组织需要展开寻源活动。

① 内部因素。当采购组织对产品或服务的质量、技术、成本、交付等要求发生变化，而现有供应商无法满足这些变化的要求时，或者采购需要加强对供应来源的控制力时。

② 外部因素。当现有供应市场发生剧烈变化，导致采购组织无法从现有供应商那里获得持续稳定的连续供应时。

③ 产品因素。当采购组织开发新产品和服务，从而产生对组织没有采购过的原材料、零部件或其他供应品产生需求时。

寻源既是一个活动过程，也是一个对供应来源作出识别和选择的决策过程。决策一般可以从三个不同的层次作出，即战略层、战术层和运作层。寻源决策从其基本属性上来看，既具有战略层决策属性，同时也具有战术层决策属性。战略层面的寻源决策体现在采购组织与被选定的供应来源之间的长期承诺和资源投入，因此，寻源决策的制定必须与组织中更高层次的战略保持一致，如集团战略、业务战略；还必须建立在充分的商业环境和数据分析基础之上，并辅以切实可行的战略实施计划和执行控制系统。而战术层面的寻源决策，则更多地从效率角度加以考虑。如，一个寻源决策下获得供应的直接与间接成本，产能的可得性，直接控制质量的能力，机密信息保密的需要，供应商的灵活性与可靠性，采购批量和最小订购量的约束，劳动力的稳定性，劳工关系性质等。

供应来源既可以是来自于采购组织外部的供应商，也可以来自于组织内部，包括关联公司、姐妹公司、合资公司、全资子公司、分支机构等。因此，在进行供应来源识别和选择的过程中，往往首先需要解决的问题，就是内部来源或外部来源的问题，也就是，自制或外购的问题。

总体而言，采购组织的寻源决策是一个具有战略意义的管理活动，必须具有前瞻性和指导性，而不是仅仅被动地去响应内部用户对产品和服务的需求。采购组织要想作出一个有效、高效的寻源决策，就必须与组织的五个主要领域的战略、战术和运作层面的需求保持一致性。这五个主要领域具体内容如下所述。

① 运作管理。任何组织里，最重要的一个目标就是保持运作的平稳与持续性，无疑这需要有供应的保障。因此，寻源决策必须要关注、预期和满足运作管理的需求。

② 财务管理。资金的有效投入与合理分配是组织的另外一个关注点。因此，寻源必须在权衡组织的总体目标及投入回报的基础上作出决策。如，提前购买的采购政策需要在采购成本的节约与库存持有成本的上升之间作出综合评估后进行抉择。

③ 市场营销。寻源决策与采购计划必须与市场营销策略保持一致性，因为，采购的需求与采购计划从根本上是要满足客户的需求，而市场营销通常是组织内部反映和诠释客户需求的第一责任部门。

④ 供应管理。作为供应管理领域的一个重要组成部分，寻源决策必须充分理解和满足采购组织整体供应管理战略与规划的需要。

⑤ 技术管理。今天，技术发展日新月异。新产品和服务中的技术革新或升级不仅仅反映了采购组织自身的技术发展水平和能力，同时，也需要外部供应来源的技术支持。因此，寻源决策中必须要充分考虑到组织产品和服务技术发展对供应来源的技术能力和水平的要求。

供应商评估

在对供应商实施评价时，每一个步骤对企业来说都是动态的，是一次业务改善的过程。学习型的组织通过不断地学习和改进，对于供应商的选择评价、评估的指标、标杆对比的对象以及评估的工具与技术都需要进行不断地更新。供应商选择的流程的发展与采购组织的整体管理架构、管理阶段有关系。需要根据组织的整体战略的调整而不断地调整供应商选择的要求和策略，供应商的选择不仅仅是入围资格的选择，而且是一个连续的可累计的选择过程。阶段性评价体系的特点是流程透明化和操作公开化，所有流程的建立、修订和发布都要通过一定的控制程序进行，以保证相对的稳定性。图3-14是一个典型的供应商评估流程。

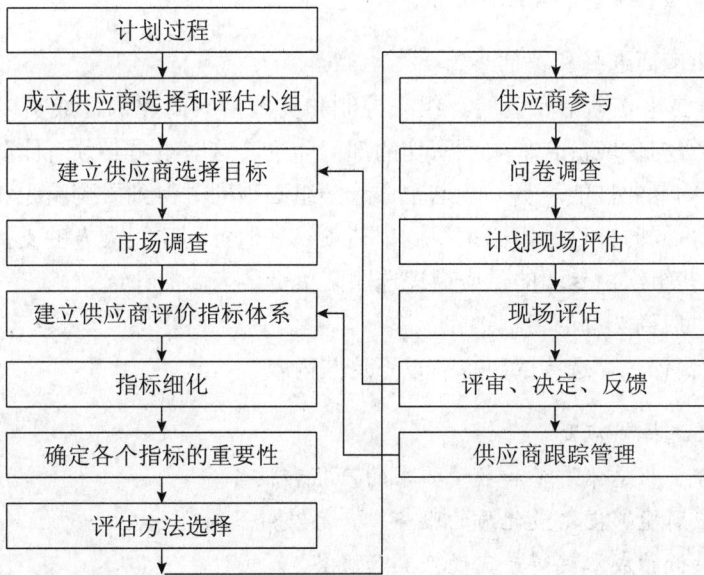

图3-14　供应商评估流程

（1）计划过程

供应商评估作为项目管理，对重要的过程进行计划至关重要，评估之前需要先回答下列一些问题。

● 此次供应商评估的目标是什么？每一次评估可能都是不同于其他评估的项目管理。
● 有多少供应商需要评估？范围有多大？评估的供应商越多，所花费的时间和成本就越多。
● 评估的规模如何？规模与所花费的时间和成本也是相关联的。

- 现有哪些资源？是否充分？是否拥有足够的人员能有效地完成该评估过程？如果没有，或许需要改变评估规模或供应商人数。
- 管理层是否了解并支持？如果得不到高层管理的支持，资金和人员难以到位，过程就可能会失败。
- 以往过去的供应商评估经验是否有帮助？经验越少，则需要更多更充分的准备。
- 需要多少时间以及还剩下多少时间？如果没有足够的时间完成工作，应缩小规模或争取其他资源。
- 是否有现有合作的供应商？与供应商目前的关系如何？如果关系密切，了解和信任对方组织和人员，评估过程就更容易推动，不需要大规模的调查。如果情况相反，则需要更多的时间与供应商建立关系。
- 供应商的地理位置在何处？这对成本、时间和风险有着明确的影响。评估海外供应商的成本要远高于评估本地供应商。再有，供应商距离如此遥远，风险更高，意味着评估更应小心、仔细。
- 获得供应商的供货的收益是否大于成本？这是对投资收益回报的检验，如果回报是负数，这个项目应就此停止。

（2）成立供应商选择和评估小组

采购组织需要建立一个专门的小组来控制和实施供应商评价，成员以来自采购、质量、生产、工程等与供应链合作关系密切的部门为主。这些组员必须有团队合作精神，而且还应具有一定的专业技能。另外，这个评选小组必须同时得到采购组织和供应商企业最高领导人的支持，同时评价小组必须得到评估项目其他各利益相关方的支持。这不是一个必需的步骤，有些组织由专职的供应商评选团队负责供应商的评选。

（3）确立供应商选择的目标

典型的供应商评估、选择的目标有以下这些内容。

- 为新产品选择供应商。
- 获得符合企业总体质量和数量要求的产品和服务。
- 确保供应商能够提供最优质的服务、产品及最及时的供应。
- 力争以最低的成本获得最优的产品和服务。
- 淘汰不合格的供应商，开发有潜力的供应商，不断推陈出新。
- 后备供应商或防止单一源的风险。
- 供应本地化要求。
- 建立新的市场。
- 供应商长期供货中断而重新启用。
- 供应商的重大变更（人员、设备、场地、工艺等）。
- 新材料、新技术的应用。
- 老供应商赋予新的产品。
- 供应商参与产品开发。

- 初步的技术分析。
- 制订技术及工艺开发计划。
- 产品的工业化。
- 设计变更。
- 工艺认可、更改。
- 扩大供应源。
- 建立、维护和发展良好的、长期稳定的供应商合作伙伴关系。
- 为未来需求储备供应源。
- 供应商库整合。

不同的目的导致随后的方法、评估指标及最终目标的不同。采购组织必须确定供应商评估如何实施，信息流程如何，谁负责，还必须建立实质性具体的目标。其中，降低成本、准时配送和高质量是主要目标，不同评估项目有着一些具体的、量化的指标。

（4）市场调查

分析市场竞争环境，识别用户需求，确认供应商的合作伙伴类型，寻找目标供应商。有必要应用一些市场分析工具，例如，环境扫描、SWOT方法及四种市场形态（完全垄断、寡头、垄断竞争及完全竞争）的分析。对供应市场的分析，非常有用的工具是供应定位和供应商偏好模型，许多组织在评估时急切希望找到供应源而忽略了这一步骤。

（5）建立供应商评价指标体系

不同行业、企业，不同的供应商关系类型，不同产品需求和环境下的供应商评价指标应是一样的，大多涉及以下几个可能影响供应链合作关系的方面：供应商业绩、设备管理、人力资源开发、质量控制、成本控制、技术开发、客户满意度、交货协议等，其中供应商的经营范围也是至关重要的。供应商评价指标有所差别，以指定的条件、目标为基础，建立供应商综合评价指标体系。典型范围包括供应商的：

- 基础数据；
- 业务体系和程序；
- 技术/过程能力；
- 成本结构；
- 质量体系；
- 提供服务的能力；
- 客户支持/营销；
- 交付绩效；
- 财务状况；
- 物流；
- 管理能力；
- 运作/制造；

- 未来共同发展的机会和潜力；
- 供应链能力；
- 在商界的地位。

可根据需求进行其他领域的评估，每个被评估领域的范围取决于所采购的商品、对该供应商的了解和其他合理的假设。例如，可以合理地假设世界500强中的一些巨人型公司的财务状况良好，因此，没有必要设立专门的指标，对其账目进行详细的评估。选择评估领域是一项需要智慧，具有挑战性的复杂工作。

如图3-15，这是某电脑制造商对设计型供应商的评估项目与权重标准。评估项目包括设计开发、制造技术服务、供应链及成本等。

评估项目		分值
研发设计	**设计开发**	
	主板设计能力	15.6
	产品测试能力	19.4
	分总	35
采购工程	**制造技术服务**	
	新项目管理	5.0
	供应链管理资源与经验	3.0
	制造工厂所在地区与能力	3.0
	供应商认证与管理	4.0
	产品功能测试能力	5.0
	制造工艺设计与认证能力	5.0
	历史品质表现	5.0
	分总	30
	设计与制造技术能力分总	65
采购商务	**供应链**	
	交货能力	5
	供应链分总	5
	成本	
	产品设计	7
	产品符合性测试	7
	制造服务	7
	量产价格模型（MVA、运费、人力成本等）	7
	过去成本管理表现	2
	产品设计与制造工艺开发成本	30

图3-15　某计算机制造商对设计型供应商的评估项目与权重标准

（6）指标细化

供应商评价指标体系是企业对供应商进行综合评价的依据和标准，是反映企业本身和环境所构成的复杂系统的不同属性的指标，是按隶属关系、层次结构有序组成的集合。在进行较复杂的评估时，可能需要确定主要指标里的下一级分指标。如在检验中，可能会包括来料检验，过程检验及最终检验，还要考察检验设备和人员等项目，可能需要评估多少人有经验，及人员的资质、及设备可用性和状况等。最好用每一个评估成员和供应商团队的人员都明白的语言对该标准进行表述。越是具体，越能有助于提升可操作性。例如，在评估供应商的设备情况时，所使用的条款可简单表述为"设备能力和水平"，但如具体表述为"拥有生产2.5微米芯片的设备及制造经验"更可评估。

（7）确定各个指标的重要性

权衡主要的指标分领域，然后决定评分机制。设计评分机制要尽可能地保持客观性和一致性。

一般来说，这一步骤的操作过程中，第一，也是最关键的一点，就是将评价的绩效指标分成不同类型，并赋予不同的权重值，要求这一权重值能反映各类型的重要程度。如果质量绩效是重要的，可能给该类型分派一个比较大的权重。分派的权重反映了每一个大绩效类型下的相对重要性。第二要确认每一个大绩效类型下的绩效子类型，例如对供应商质量体系评价中，需要确认一些独立的子项目。同等重要的是，必须决定如何为大绩效评价类型下的每个子项目分配权重。第三，是要确定每个绩效的分值。第四，评选人员就可以用这些定量的分值，来表达自己的评选意愿，这是较为客观的科学的企业必须确定供应商评价程序如何实施，而且必须建立实质性的目标。供应商评价和选择不仅仅是一个简单的过程，它本身也是企业自身的一次业务流程重构过程，如果实施得好，就可以带来一系列的利益。

显然，在对特定供应商进行评估时，各项指标的重要性是不同的，具备多种专业知识的评估团队需要讨论哪些领域最为重要，例如按百分比给出其权重。在确定权重时，大多数企业还是用集体智慧的方法共同确定，实际上，有许多数学和统计工具可以使用并检验权重的合理性。

（8）评估方法选择

对于简单的供应商评估，定性方法是可以的，但随着采购额及重要程度的提高，组织对评价的要求也在提高，可以应用一些定量的、全面的评估工具。再有，评估的手段还受到团队能力的限制及利益相关方的诉求。

苏建茹、李晓林对供应商的多种定性与定量评估选择方法进行了归类比较，归纳出各种方法的局限性，如表3-3所示。企业也必须从自身的战略角度出发，明确哪些供应商是需要建立合作伙伴关系，以及建立哪个层次的供应商合作关系。因为不同类型的供应商对于企业的意义是不同的，企业与其合作的深度与广度也不同，不能用同一个评价的标准与方法来评价不同的供应商，而是需要有针对性地选用恰当的方法。

（9）供应商参与

一旦组织决定实施供应商评价，评价小组必须与初步选定的供应商取得联系，以确认他们是否愿意与组织建立供应链合作关系，是否有获得最高业绩水平的愿望，组织应尽可能让供应商参与到评价的设计过程中来。然而，投入到评估的力量和资源毕竟是有限的，只能与少数关键的供应商保持紧密的合作关系，所以参与的供应商应该是经过精选确定的。

表3-3 供应商评估及选择方法的比较

供应商选择方法	定量/定性	适用范围	优点	缺点
直观判断法	定性	非重要或短期合作的供应商	简单快捷，可以实现即时采购	受采购人员个人的经验和知识水平的限制
招标法	定性	重要供应商或竞争性供应商	通过竞争可以获得最有利的采购价格，保证招标过程的公正性	手续复杂，时间长
协商法	定性	所有供应商	通过协商可以充分了解供应商及供货情况	不一定得到价格最合理、供应条件最有利的供应商
采购成本法	定量	非重要或短期合作的供应商	实现有效的采购成本控制	只是适用于质量和交货期差别不大的供应商
ABC成本法	定量	战略型供应商	帮助企业识别成本类型，促使企业有针对性的降低成本	对供应商的类型要求十分严格，适用范围有限
神经网络法	定性与定量	战略型供应商	是一种主观与客观定性与定量相结合的有效的供应商选择方法	操作过程比较复杂，对供应商历史数据要求比较严格
数据包络分析法	定性与定量	战略型供应商	适用范围广，可以评价供应商的发展潜力	只能对供应商进行分类，不能对有效单元进一步排序
层次分析法	定性与定量	所有供应商	需定量数据少，易于计算，操作简便	判断矩阵不一定满足一致性检定
模糊综合分析法	定性与定量	战略型供应商	考虑到现实世界中亦此亦彼、折中、过渡现象，便于把定性指标转化为定量指标	没有考虑到待评价供应商的指标值变动的可能性和样本选取的科学性，只是在待选供应商已经确定、评价指标已经给定的情况下的评价方法
灰色关联选择模型	定性与定量	所有供应商	操作简单、效率高，易于推行	只能有限的主要指标来进行分析，具有信息不完全的"灰色"的特征
模糊层次分析法	定性与定量	所有供应商	克服了层次分析法检验判断矩阵的缺陷，定性因素、模糊因素进行定量化	模糊因素以统一的模糊数方式表示可能不会十分准确，即决策者的主观判断直接给出的权重很难与实际情况相符合

（10）问卷调查

作为跨部门、多专业评估团队应充分了解采购需求，以及哪些需求更加重要。许多采购组织尚未做好准备工作，就匆忙进行评估，而这些准备工作对于评估过程的成功是必要的。在对供应商进行实地考察之前，要求对方提交问卷是了解供应商业务重要方面的有效途径，做出一份优秀问卷是挑战性极高、难度极大的工作。制作问卷有七个主要的环节，如下所述。

①目标明确。确定调查问卷所需要获得的内容。

②使用标准模板设计问卷，并根据需要对前几个步骤所确定的重点做出改动，供应商调查问卷不可以一成不变。

③对照评估标准及条款做出检查表。

④模拟调查和修正。对自己的企业或类似部门做模拟测试，按照示例完成问卷，参考他们的意见修正问卷。

⑤发出问卷，处理供应商提出的问题，接收和处理答复。

⑥根据预先确定的标准评价做出评价报告。

⑦与内部利益相关者进行沟通，召开有多专业团队和供应商参加的会议，确定初审报告。

感谢供应商的参与并充分通报有关情况是至关重要的。

评选供应商的一个主要工作是调查、收集有关供应商生产运作等全方位的信息，在收集供应商信息的基础上，就可以利用一定的工具和技术方法进行供应商的评选。

（11）计划现场评估

根据问卷反馈及初审报告的结果，摘选出入围的供应商名单，该阶段应减少供应商的数量，考虑以下几个问题。

● 是否需要对供应商进行现场评估访问。
● 考察团队成员的组成。
● 希望详细调查供应商的运营领域。

把决定和要求通知供应商的联系人，安排合适的时间进行访问，应该与供应商的主要联系人进行各种形式的沟通，包括邮件、网络工具（QQ、微信等）、电话、电视会议，在整个评估过程中与此人保持联系。

现场评估的计划工作来自于调查问卷，不能将这两项工作割裂，现场评估是对调查问卷的核实及进一步延伸，并准备更加详细的资料，例如，价值流分析、成本分析等。

这个步骤的输出是现场评估的检查表，及现场评审的行程表，行程表需要得到供应商的确认。许多企业的行程表非常具体，包括每一段行程的区域、生产过程和设备，主要审核对象、审核员、陪同人员、审核时间、所需设备、保密要求等。

（12）现场评估

现场评估的目标包括以下内容。

● 澄清、核实调查表内容。
● 验证初审报告。
● 收集有关供应商的信息，战略实施、组织人员配置和满足所购产品/服务所需能力。
● 评估供应商具体能力，包括人机料法环测等领域。
● 评估供应商的合作意愿。

- 了解双方组织在过程和方法上潜在的问题领域。
- 调查改进和发展的机会。
- 对各个供应商进行比较。
- 学习。
- 与供应商一起制定绩效测量指标。
- 开始建立关系的过程。

审核应该有首次会议，审核阶段会议及沟通，末次会议等环节。只要多专业团队一抵达现场，首先应要求会见供应商在场的最高领导，就对方花时间满足采购组织的要求表示感谢，并且让供应商了解将要使用的方法和过程。

评估中，应对所观察的情况作出书面记录，以备最终的报告，记录应包括时间、地点、人物，所观察的事实描述，所记录的事实应当和陪同人员或者当事人进行确认。

在访问结束时，应再次约见该最高领导并一定要再次表示感谢，可与对方讨论调查结果的临时性总结，以后再向供应商的有关人员递送更为正式的报告。

严肃、专业化、规范的现场审核体现了采购方的职业素养和专业精神，也是对供应商的尊重。审核技巧和沟通技巧是每一位审核人员必备的能力，在现场审核中也常常需要解决冲突，审核组长对于审核的成功更是起关键作用。没有经过培训、没有经验的审核团队有可能导致不可预期的结果。

（13）评审、决定、反馈

评审团队回到采购组织后尽快举行信息反馈会议这是很重要的。在访问过所有的供应商后，应依据预先决定的标准进行评分，做出决定并通知供应商。主要评估结束后应与每个供应商进行会谈，做出决定后，可能会与所选择的供应商进行进一步磋商和谈判，并就供应商需要改善的领域做详细的沟通。

许多成功企业的实践经验表明，做好目标明确、深入细致的调查研究，全面了解每个候选供应商的情况、综合平衡、择优选用是开发新供应商的基本要点。一般来说，选择新供应商应遵循以下几方面的原则。

- 目标定位。这个原则要求新供应商评审人员应当注重对供应商进行考察的广度和深度。应依据所采购商品的质量特性、采购数量和质量保证要求去选择供应商，使建立的采购渠道能够保证质量要求，减少采购风险，并有利于自己的产品打入目标市场，让客户对采购组织的产品充满信心。
- 优势互补。即开发的供应商应当在经营方向和技术能力方面符合企业预期的要求水平，供应商在某些领域应具有比采购方更强的优势，在日后的配合中能在一定程度上优势互补。尤其在建立关键、重要零部件的采购渠道时，更需对供应商的生产能力、技术水平、优势所在、长期供货能力等方面有一个清楚的把握。只有那些在经营理念和技术水平符合或达到规定要求的供应商才能成为企业生产经营和日后发展的忠实和坚强的合作伙伴。
- 择优录用。在相同的报价及相同的交货承诺下，毫无疑问要选择那些企业信誉好、有卓越客户口碑、供货稳定可靠的厂家作为供应商。诚信度高的企业更有可能兑现所承诺的事情。

- 共同发展。如今市场竞争越来越激烈，如果供应商不以全力配合企业的发展规划，企业在实际运作中必然会受到影响。若供应商能以荣辱与共的精神来支持企业的发展，把双方的利益捆绑在一起，这样就能对市场的风云变幻做出快速、有效的反应，并能以更具竞争力的价位争夺更大的市场份额。

（14）供应商跟踪管理

将供应商选择过程中的有用信息—评价指标和被选供应商的指标值转变为供应商管理过程的关键信息。通常供应商的评价指标很多，而关键指标所占的比例并不高，因此，选择关键指标进行管理，有助于供应商的持续改进。而许多企业，包括世界著名的大公司，更愿意用一套标准化的指标体系，评价所有的供应商，使得评估过程更加标准化，简化流程，各个供应商具有可比性，减少人为因素。

采购组织应根据产品类型和自身能力及资源状况制定相应的评估流程，项目的复杂程度不同，流程也有所不同。

阅读　　　　　小 巧 玲 珑

客户对助听器的要求之一就是体积要小，最好能不被人看到自己带着助听器。这也就意味着助听器的耳机必须要小。因此做助听器耳机难度就非常大，但年销售量却不大（一个耳机多少钱，所以销量的大小不仅要看绝对数量，也要看对应销售量带来的利润值）。所以世界上仅有楼氏电子做助听器耳机（楼氏电子之前是做窃听器的，顺手就把助听器的耳机做了）。由于助听器耳机仅此一家，别无分号，所以楼氏电子的耳机卖的非常贵，40美元一个。西门子很不高兴，于是就去找楼氏电子谈，希望楼氏电子降价。结果呢？当然失败了，而且楼氏电子提出，由于人工成本上升，我们的产品每年价格必须上浮一定比例。

于是西门子四处寻找其他供应商，最后找到了声扬，要求声扬帮自己做耳机。声扬果断拒绝了："别逗，楼氏电子耳机的水平我们还是清楚的，我们的产品完全不可能跟他们竞争，而且这块的市场也不值得我们投入人力物力。"西门子各种哄骗："放心吧，我们全力支持你们，只要你们做出来，产品再烂我们也买，你们肯定不会亏。"最终双方达成协议，声扬帮西门子制作耳机。

最初，声扬耳机的质量差得令人发指（当然是跟楼氏电子相比），产品合格率低得令人不忍心看。但是西门子坚持采购一定比例的声扬耳机，挑选后用于生产使用。经过三年（请注意，是整整三年，36个月）后，声扬的耳机质量终于接近楼氏电子的水平了。于是西门子又去找楼氏电子谈判：要么降价，要么我们大幅降低采购比例，于是楼氏电子只好降价了。同样的耳机现在的价格是1美元！毫无疑问，这是西门子的一个非常经典的案例，通过这一系列操作给公司节约了很大一笔支出。

可你有没有想到过，在这个过程中，生产工程师和质量工程师会是什么态度？

毫无疑问，生产工程师，包括生产员工，肯定是怨声载道。因为对于生产部来说，重要的是完成生产任务。用楼氏电子的耳机，也许十分钟就能生产出一个。最初用声扬的耳机，也许二十分钟都生产不出一个满足要求的产品。

质量工程师呢？从质量的角度讲，声扬的产品是绝对不合格的，声扬也绝对不应该列入合格供方名录。从另外一个角度讲，允许声扬给自己供货，质量工程师也会承受很大的压力。比如饱受声扬耳机折磨的生产员工肯定会质问：你们什么水平啊，这种东西都能放进来？吃多少回扣啊，有没有点质量意识啊。

可是如果按照进货检验标准，供应商考核标准，一开始，甚至整个第一年坚持拒收声扬的耳机，声扬还会做下去吗，还有持续改进产品的动力吗？那样的话，西门子只能继续采购40美元一个的耳机。

我们经常听到生产工程师，质量工程师抱怨：公司老板就知道省钱，整天找一堆巨烂的供应商，这样下去还要不要产品质量，公司还有没有未来？

数据显示，惠普90%的供应商都是小企业。世界一流的供应商产品质量肯定好，这谁都知道，可你跟他们打交道，有话语权吗？能谈价格吗？能让他们按你的要求如何如何吗？

其实很多小企业生产的产品未必就很差，这就需要优秀的采购工程师去寻找，需要优秀的质量工程师去辅导那些小企业，提高他们的产品质量。这也是采购工程师和质量工程师的价值所在。如果永远选择世界一流的供应商，还需要你采购工程师干吗？谁不会买？还需要你质量工程师干吗？你有人家专业？

案例　　　　　　　　　　**颠 倒 次 序**

柏青公司为自己的流程完备并严格执行而倍感自豪，"按流程办事"成为企业员工的座右铭，根植于企业的文化中，经过几年的努力，采购及供应商管理流程也逐步建立和完善起来，而且为流程中的每一个关键节点设立了控制或检验点。

在采购的主流程中的一个关键点是规格书的制定，流程规定只有规格书制定完成并获得批准之后才能选择供应商进行谈判、签订合同。规格书→供应商谈判→价格→合同，这一顺序也被认为是符合审计要求的。这一流程的执行非常顺利有序。

柏青渐渐地向高科技的方向发展，随着技术复杂程度的加大对供应商的依赖也提升了，越来越多的规格书需要供应商的直接参与设计，共同制订规格书，采购及管理层清楚地认识到供应商早期参与是当前采购发展的一个趋势，对公司来说也是势在必行。如前所述，柏青公司是一个非常重视流程的企业，没有规矩不成方圆，为此公司制定了一个供应商早期参与的流程。如图3-16所示。

供应商也非常乐意参与柏青公司的早期产品设计中，"天下没有免费的午餐"，供应商的热情来自于对未来实际订单的获取，因而供应商的技术人员的投入都是不收费的。但按照公司的流程，规格书审批通过后，要再进行供应商选择和价格谈判。但这里就遇到了许多困难，例如，因为某家供应商参与了早期的设计，因而他对该产品的熟悉程度远远高于其他竞争者，在供应商选择价格谈判中比竞争对手明显处于优势地位，而不少供应商在早期设计中，有意无意地把自己的独有特点加入规格书中，从而给别的竞争者设定了障碍，那么后续的供应商选择价格谈判则形同虚设，如果障碍太大，规格书则成为只有独家供应商所用，供应商在价格谈判上则更加强硬，决不让步。供应商会利用各种手段提供不能降价的理由，他的成本分解比采购做的还详细，设备、人工、材料、投资要多少、年收益等，采购也无法反驳。

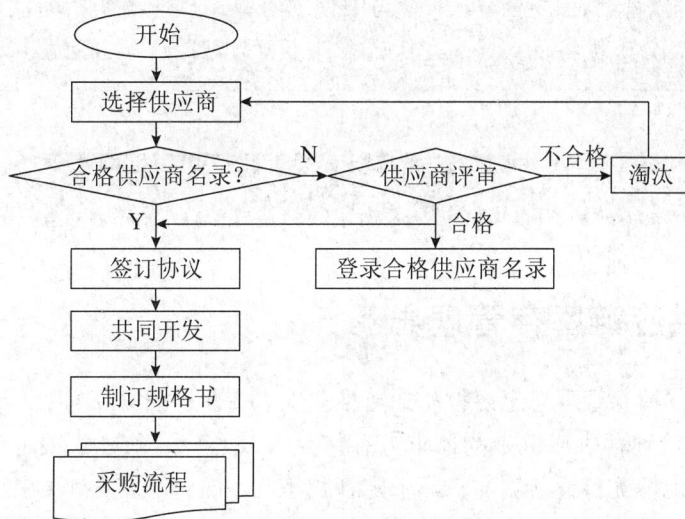

图3-16 供应商早期参与流程

再例如，如果没有技术、设备等障碍，则早期设计参与者往往不能保证能得到最后的合同，如果这样的经历多来几次，那么供应商参与再次设计的热度就会大大降低，甚至拒绝参加，或者敷衍了事。而研发部门则会意见很大，对此不满。

很显然，供应商的参与程度和投入与对未来期望的实现是成正比的，与双方力量对比相关联。公司的采购人员和技术人员聚在一起希望能找出一个解决方案。

还有的例子是，有些供应商与柏青公司一样，崇尚标准化流程的企业文化，不做稀里糊涂的生意，要求与柏青公司就早期参与设计签订合同。这有两种方案，一是如果设计成功，则分享未来的订单；一是开发期间作为一个独立的项目，向柏青收费。很显然提出这种要求显示了供应商的强势，而能够向柏青公司展示力量的供应商往往是柏青公司期待合作、希望邀请其参加的。

先有规格书，再有供应商选择，再定价格，最后签合同，明晰的流程应该是不容置疑的，但目前则遭到了"供应商早期参与"这一活动的严重挑战，一方面，采购希望严格执行流程；另一方面，供应商早期参与给公司带来的优势也是不容忽视的。但如果先与供应商签合同再做设计，显然，"合同"先于"规格书"，这样不是很合理，而将早期设计时供应商参与作为一个采购项目，由于费用是由技术部门支付，技术部门表示：这是虎口夺食，从他们的预算中扣掉了一大块，因此技术部门反对，管理层也不赞许。若糊里糊涂做了再说，则更不符合柏青公司的企业文化要求。

【讨论题】

（1）先有规格书再定价格合同，是否一定要坚持？为什么？

（2）设计一个供应商早期参与的流程，防止案例中出现的问题。

（3）您赞同还是反对将供应商早期参与作为一个独立项目并付费？为什么？

（4）是否可以考虑在供应商早期参与中使用"单一供应商"，即从设计到最终就使用同一家供应商？分析优势及劣势，在什么条件下可以使用这种方法？

3.4 供应链库存管理

3.4.1 供应链库存管理思想

有两种基本的库存管理思想：拉动式与推动式。下面以图3-17予以说明。

拉动式库存管理，供应链中的需求方存储点（或仓库）独立于渠道中其他用户企业的仓库，根据本地情况自行预测需求，确定补货策略。这种形式并不直接考虑不同用户企业仓库的补货量和补货时间对供方库存管理的影响，该方法可以实现存储点库存的精确控制。这种拉动式库存管理思想在供应渠道的企业采购环节相当普遍。用户企业可以借助拉动式库存管理实现准时化生产，达到零库存要求，要求供方在需要的时间，按指定的批量交付至生产车间存储点。

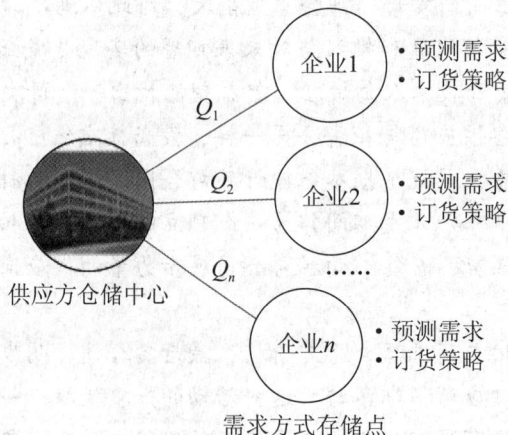

图3-17　供应链库存管理方式

如果分布在各地的用户企业库存决策单独进行，那么补货批量和补货时间可能都不会相同，供应方可能随时会收到来自各个用户企业的不同批量的订单。有读者可能说，那不很好嘛，供应方忙起来了。对于供应方而言，有那么多的用户固然不错，但是发货、供货成了问题，需要严密的计划，可确保用户企业不缺货似乎有些难度，供应方的库存管理与补货也成了问题，因为用户企业的需求是随机的。有时用户企业也会出现多余的库存。如果各个用户企业再考虑当地的需求波动加大安全库存量，订货量会增加更多。这就是拉动式库存管理带来的弊端，供应链"牛鞭效应"会出现。

因此，如果供应方综合考虑每个用户企业的需求、可用存储空间等因素来分配补货数量，就可以避免供应链"牛鞭效应"的出现。这就是推动式库存管理的思想，即库存水平的设定需要根据需求预测及整个仓库系统情况统一进行。一般地，当需求方采购数量超过一定规模，且需求时间具有连续性时可以考虑采用推动式库存管理。推动式库存管理需要供需双方共同协作，协商确定相关问题，如在每一个存储点需要保持多少库存？库存成本算在谁的头上？每次采购量的送货如何以最低成本送达各个存储点？超过用户企业需求的供给量如何送达需要的存储点？通过合作实现推动式库存管理，既满足用户企业的要求，又降低供方物流成本。

推动式库存管理也可以实现用户企业的零库存，库存集中在供应方的仓库，这一集中库存管理模式需要借助"牛奶式"配送及库存信息系统实现。

在推动式库存管理中，分配到各个用户的库存为该用户所用，但是随着"供应链可视化管理"的应用及库存信息系统的发展，这种情况有所改变。供应方企业能够监控物流网络中各个库存点的产品库存水平，从而可以生成各种产品的虚拟库存量（即该产品在整个网络上各个存储点的库存之和）。这样，缺货产品可以由其他存储点的库存来进行交叉补货。交叉执行订单成为满足用户企业需求的一种备选方式。虚拟库存将实物存储的物流和信息流分开，实现了库存的动态管理，这种供应链上的库存协调可以使整体库存水平下降，供应链整体成本降低，同时产品订单的履约率也提高了。

供应链管理鼓励对多个供应层级的库存水平进行统一计划，这样比单独计划带来的总体库存量要低很多，对降低总成本有利。当然，多层级库存计划是一个极难解决的问题，但管理者们为了共同利益已经开始了在某些方法上的改善。下面就对实践中的库存管理方法做一些介绍。

3.4.2　JIT拉动式库存管理

准时生产制（Just-In-Time，JIT）是一种拉动式的零库存生产方式，从客户端向上游逐级拉动制造过程，从生产端拉动上游供应商准时送货。这一生产方式诞生于丰田公司，丰田公司借此方式将产品的交货期和产品质量提高到了全球领先的地位，充分展示了JIT的力量。美国人学习丰田的准时化生产方式，有趣的是，这一生产方式出自丰田公司大野耐一在美国参观超市时萌生的想法。美国超市除了商店货架上的货物之外，是不另外设库存的，商场需要根据每天晚上预测的第二天销售量，向供货商发出订货。第二天清早供货商按指定的数量送货到商场，有的供货商一天还分两次送货，基本上按用户需要的品种、数量在需要的时间送达。大野耐一从中受到启发，由此就产生了准时化生产丰田模式。

传统的生产系统是由前向后推动的生产方式，即由原材料仓库向第一道生产工序供应原材料，进行生产加工，由此向后推，直到产品转入成品仓库。在这种生产系统中，大量原材料、在制品、产成品库存的存在，必然导致大量生产费用的占用和浪费。而JIT生产的基本思想正好与传统生产系统相反，它以顾客为中心，根据市场需求来组织生产。整个生产是动态的，逐个向前拉动的。上道工序提供的正好是下道工序所需的，并且数量上、时间上正好。JIT要求企业的供、产、销各环节紧密配合，因此大大降低了库存和库存成本，从而提高了生产效率和经济效益。

JIT认为，企业中所有活动只有在需要的时候进行，才不会造成浪费，它认为库存是"万恶之源"，库存将生产中的许多矛盾掩盖起来，使问题不被发现而得不到及时的解决。因此，要彻底杜绝多余库存产生的浪费，仅在需要的时候，按需要的量，生产所需要的产品，供应所需要的产品。

不管是生产企业，还是服务企业，都可以借助这一思想，运用前面讲过的补货策略，设计企业JIT拉动式库存管理系统。JIT库存管理具有如下几个特点。

- 降低全过程的库存。
- 高频率、小批量的订货交付。
- 紧密的供应商伙伴关系。
- 利用看板交付，降低复杂性。
- 增加供应链的脆弱性，难以应对供应链上的扰动。

案例　　　　　　　　　**做到极致的JIT**

为了提升企业的供应商管理水平，减少库存，健顶公司一直在做JIT（Just In Time），即准时制的管理，但采购经理还是认为供应商的JIT做得不够。他特地参加了一个丰田JIT的培训，得知丰田生产方式具有普适性，许多厂都在做JIT，其中一项要求，实现准时生产。执行在必要的时间（不迟也不早）生产必要的产品品种与数量（不多也不少），利用精准生产计划统筹管理生产，也要求供应商实施准时供应，压缩库存。

为此，采购经理制定了一个文件，下发给所有的供应商。要求供应商送货必须做到JIT，正负误差不小于20分钟，超出部分以20分钟为单位罚款。按照JIT的要求，不迟也不早，不多也不少，方案得到了公司管理层的赞许。

实施半年以来，公司的供货状况确实得到了极大的改善，而且对供应商的大量罚款增加，直接降低了采购成本。并且，到货准时率的指标是实实在在的，谁也做不了假，采购部将这一指标放到对供应商的KPI考核之中，在原来罚款的基础上，还扣KPI分数，迟到20分钟，扣1分。公司进一步提出要求，对小于70分的供应商必须限期整改，而小于60分，按规定视为不合格供应商，不能供货。供应商的KPI满分100分，除了到货准时率之外，还有来料合格率，出现一次不合格扣1分。

公司的要求严格了，但供应商的表现却没有提升。如果是供应商自己的车队还好，供应商为了避免被扣分，会要求送货司机早一些到，在健顶公司的仓库前等候，到了时间，再进去。但还有许多公司是委托第三方物流运输的，物流公司的司机大多数是承包性质的，与公司按里程和送货次数结算，时间就是金钱，所以，早到是不会等候的，卸了货，赶紧拉下一趟。司机不会有意迟到，但路况不好时，晚了也是无奈。但客户的不准时罚款和司机是没有关系的，司机也不同意接受这种罚款。无论如何，没有一家物流公司会和客户签一个JIT，早到晚到都要扣款的合同。送货的司机更不会按准时考核，有客户要求物流公司承诺准时到货，但遭到拒绝，一位物流公司声称，就是火车，飞机也不敢签这样的合同呀。

情况也有不好的时候，绝大多数自备车的供应商为了准时都会提前一些到，在健顶公司的仓库前等候，等到了时间再进去。但这样的车多了，将门口的马路堵上了，不仅影响了其他供应商的正常送货，还妨碍了交通，招来了警察，为此，警察没少对公司开出罚单。其壮观景象就像大城市的上下班高峰期的交通情况。

更有供应商和健顶公司玩起了"以牙还牙"的游戏，当健顶公司要求供应商更改交付时间，特别是提前交付时，这些供应商特别强调JIT，坚持按照原计划日期交付。可客户并不总是遵守游戏规则，或者说客户根本没有游戏规则，紧急的订单特别多，计划的更改也极其频繁。供应商不配合，很难满足客户需求，采购经理向供应商提出要求，健顶公司的紧急订单也是需要JIT的，不满足者，也属于要扣分、罚款范围。

采购经理的工作还是得到了上级的鼓励，要求他将经验总结成文档，在公司其他事业部宣传和推广，为此他还得到了晋升和嘉奖。一些推广丰田生产模式的咨询公司也闻风而动，带着一些学习丰田经验的实践者们到公司来学习访问，还有些公司请他去做讲座、报告，更坚定了JIT鼓动者们的信念。

但时间久了，许多供应商的绩效考核分数都给扣完了，更糟糕的是，许多供应商和健顶公司合作多年了，过去关系不错，现在都拉入了整改对象，关系也变得极不信任，而一些过去质量不错的供应商，距公司的路程远一些，现在都被清理出《合格供应商名录》，需要重新开发，但找到新的供应商，又谈何容易。罚款的数额同时在节节攀升，供应商们联合起来造反，要求提高价格，并拒绝紧急订单和临时的计划变更，不然就不供货了。

一年之后，由于各种原因，采购经理黯然离开了健顶公司，而不久的几年之后，健顶公司也从行业老大的位置落入衰败的境地，传闻说，这个事业部要被出售。显然，不能断言，公司的下坡路和这位采购经理有关，也不能由此肯定，丰田的JIT是不合理的，因为还有许多成功的企业正在成功地实践着JIT。

【讨论题】

（1）健顶公司在实施JIT时有问题吗？

（2）如何才能够在企业中成功地实施JIT？企业JIT的推行有先决条件吗？

■ 3.4.3 快速响应

快速响应（quick response，QR）最早在20世纪80年代应用于美国的服装纺织行业。1988年美国纺织服装联合会给QR下了一个较为明确的定义：快速响应是一种响应状态，即能够在合适的时间向客户提供合适的数量、合适的价格和高质量的产品，而且在这一过程中能充分利用各种资源并减少库存，重点在增强企业生产的灵活性。QR的目的是减短原材料供应时间，降低产品到销售点的时间和整个供应链的库存，最大限度地提高供应链的运作效率，QR将JIT方法与实时监控库存技术相结合，充分利用销售点POS（point of sale，POS）机终端收集数据，利用EDI技术传递给供货商（即服装生产商），以对消费者的需求做出快速反应。

快速响应（quick response，QR）随着供应链管理技术的发展而发展，下面列出一些比较有代表性的定义。

（1）一种制造或者服务行业竭力按照顾客的要求，以准确的数量、种类和在规定的时间范围内为顾客提供产品和服务的运作方式。

（2）一种制造商所追求的，能够提供给客户准确的数量、质量和所要求时间的产品的响应状态。做到快速响应，使交货期和劳动力成本、原材料和库存成本最小化，专注于灵活性以便适应充满竞争的市场不断变化的需求。

（3）快速响应是公司范围内确定恰当的订货数量，使顾客服务水平不断提高。快速响应需要灵活而强有力的团队作出决策。

（4）供应链成员组织之间建立战略合作伙伴关系，利用EDI等信息技术进行信息交换与信息共享，用高频率小数量配送方式补充商品，以实现缩短交货周期，减少库存，提高顾客服务水平和组织竞争力为目的的一种供应链管理策略。

供应链快速响应能力是指建立在供应链基础之上，以更快更好的顾客需求响应为核心理念、以资源整合和协调运作为基础、以时间压缩为主要手段的市场竞争能力。

快速响应的JIT补货方案降低库存了吗？在实践中，零售商的库存降低了，但其供方（即生产商）的库存却增加了，如供应沃尔玛超市服装的服装厂，因而有人说JIT将库存推向了上游。不过也有人说，JIT将库存推向了下游，汽车行业是最好的例证，按照JIT框架设计的汽车装配厂，仅保持了几个小时的库存，但是经销商处的小汽车或卡车库存则高达几个月。这也是供应链缺乏效率的标志。这部分内容，我们将在下一章讨论。不过，JIT将库存推向上游还是推向下游的这些说法，是JIT之罪吗？不是？责任应该由供应链运营经理来承担？这也告诉我们在供应链中双赢关系的建立并不容易。

■ 3.4.4 VMI持续补货

20世纪80年代后期，服装行业在QR基础上全面应用了持续补货（continuous replenishment，CR），持续补货引入了联合预测方法，使服装生产商与零售商能够共享客户信息，持续补货通过持续补货协议，实现了供方管理库存（vendor managed inventory，VMI）。VMI是指由供方按照预期需求以及事先达成的框架合作协议，管理客户方（即零售商/批发商）处的库存，进行有效的监督、规划和管理。供方在客户方的允许下设立库存并拥有库存控制权，掌握供应链上的商品库存动向，由供方依据客户方提供的每日商品销售信息和库存情况来统一管理库存，实现连续补货，从而实现对顾客需求变化的快速反应。

VMI策略实施应遵循四项基本原则，如下所述。

① 合作精神（合作性原则）。在实施VMI策略时，相互信任和信息透明是很重要的，供应商和用户（零售商）都要有较好的合作精神，才能保持较好的相互合作，使VMI策略顺利实施。

② 使双方成本最小（互惠原则）。VMI关注的不是成本如何分配或由谁来支付，而是如何减少成本的问题。通过坚持互惠原则可以使双方的成本都获得减少。

③ 框架协议（目标一致性原则）。双方都明白各自的责任，观念上达成一致。如库存放在哪里，何时支付，是否有管理费等问题都要明确回答并体现在框架协议中。

④ 连续改进原则。使供需双方能共享利益和消除浪费。

VMI实施过程中，并非所有的VMI项目都是成功的，现阶段VMI的实施仍然在运营方面有以下三个主要问题。

① 供方运作成本较高。

② 供方运输成本高，运输质量不便控制。在供方向仓库补充库存这一环节中，供方可以选择自行完成或委托物流公司完成运输。

③ VMI仓库分散，配送效率不高，缺乏整合效应。

VMI持续补货的实施应遵循下列四个步骤。

① 收集数据—供应商集中来自配送中心的数据以及零售商店销售点的数据。还有零售促销计划的补充数据等都是VMI系统的主要输入信息。建立客户的信息库，供应商能够掌握需求变化的有关情况，把由批发商/分销商进行的需求预测和分析功能集成到供应商的系统中来。

② 建立供应商与分销商/批发商的合作框架协议。供应商与销售商/批发商一起通过协商，确定处理订单的业务流程以及控制库存的有关参数（如再订货点、最低库存水平等）、库存信息的传递方式（如EDI和Internet）等。

③ 销售网络的设计。在VMI策略下决定仓库的地点设置需要考虑综合成本。因为在供应商、分销商/零售商联合的情况下，不需考虑各自的成本分担，而只需考虑总成本。所以，决定仓库地点，就是对仓库离分销商、零售商的距离远近，运输成本及其可能的延误导致的成本的综合运算。能带来最大效益或最低成本的设置方式就是最佳的。

④ 订单生成与履行—引入VMI策略后，在订货部门负责客户库存的控制、库存补给和服务水平，进而控制采购订单的生成。这是由配送中心库存补充机制来驱动的。按订单安排配送。

■ 3.4.5　高效客户响应

高效客户响应（efficient customer response，ECR）是1993年从美国日用百货业发展起来的一种持续补货方案。它是供应商与零售商为消除系统中不必要的成本和费用，并给客户带来更大效益而进行密切合作的一种供应链实践方法。按照《中华人民共和国国家标准·物流术语》（GB /T18354-2001）的定义，ECR是以"满足客户要求，最大限度降低物流过程费用为原则，能及时做出迅速、准确地反映，使提供的物品供应或服务流程最佳化而组成的协作系统"。与快速响应战略QR不同的是，ECR强调运用作业成本分析方法，降低供应链的运营成本，追求高效率。ECR还强调了商品的分类管理机制，要求按照具有类似需求特征的商品组来组织补货，并确定上架的最佳商品组合，优点在于即使有商品临时缺货，顾客也能找到替代商品。

可以说，高效客户响应ECR利用了VMI持续补货方案的优势，同时又有了新的发展。它不仅对于供方管理库存有用，而且对于企业自己管理库存或第三方管理库存都有很大的帮助。

■ 3.4.6　供应链协同计划、预测与补货

志愿性跨行业商务标准协会（Voluntary Inter-Industry Commerce Standards association，VICS）下属的CPFR委员会，开发了一系列商业流程以使供应链参与者间的协作更加便利。CPFR提供了一个框架，这个框架通过协同管理的方法和共享的信息使得零售商、生产者和供应商之间的协作关系成为可能。一般的CPFR（collaborative planning，forecasting，and replenishment）方法模型包括9个步骤，分计划部分、预测部分与补充部分。VICS总结了CPFR的功能如下所述。

计划部分：① 达成各方协调一致的合同
　　　　　　② 创建联合商务计划
　　　　　　③ 进行销售预测
　　　　　　④ 确认销售预测的例外
　　　　　　⑤ 合作处理例外事件
预测部分：⑥ 进行订单预测
　　　　　　⑦ 确定订单预测的例外
　　　　　　⑧ 合作处理例外事件
补货部分：⑨ 补货订单生成

CPFR系统是如何工作的呢？它是在贸易伙伴之间协商一致后，在合理的分类管理原则基础上，形成一个特定市场的计划作为起始。成功的关键是合作双方都认同这个方法及计划。这个计划从根本上描述了在哪一期间，哪个市场，什么产品将被销售以及如何交易和进行促销。这个计划通过每个公司既有的系统而变得更具操作性，但是它也可以被符合VICS认可的通信标准的任一部门访问。这些部门可以在已制定的参数之内调整这个计

划。既定参数之外的改变需要得到其他部门的同意，这可能需要协商才能达到。计划阶段是预测阶段的关键信息输入源。CPFR的计划部分是逐渐累积起来的，预测部分的平衡（为了非CPFR参与者）要通过预测的一些方法来达成。

通过CPFR 预测能够提前完成。并且可以自动转换生成运输计划。CPFR系统还能提供一些具有战略意义的信息，如推销的时间安排和供应的约束，这些能够从整个供应链上减少库存的天数。

CPFR实施的合理扩展将是观念的扩展，即沿着供应链上溯到供应商，并把整个供应链有机结合起来。

CPFR模型希望供应链上的企业致力于促进供应链协作，提高供应链效率，削弱供应链中的牛鞭效应，实现双赢。

VMI和CPFR有什么联系呢？任何参与CPFR计划的客户，如果还没有参与到VMI计划中去，都被强烈建议参与VMI计划。某供应链上的核心企业接受了CPFR，认为"CPFR生成的预测数据更加准确。当预测的准确性提高后，随之而来的效益将变得更好。更准确的预测需求意味着需要更好的周转效率和更优质的服务。它意味着更便利的输出。CPFR将提供更好的VMI信息输入。"

■ 3.4.7 多级库存管理及可视化

概念与例子

一个多级供应链有多个环节，每个环节上有多个参与者。看这个供应链：有一个供应商为一个零售商供货，零售商再销售给最终消费者。零售商需要了解需求的不确定性以确定安全库存。供给不确定性受供应商持有库存的影响。如果来自零售商的采购订单在供应商有足够库存时到达，供货提前期就很短；如果订单到达时供应商正好缺货，零售商的补货提前期就会拉长。如果供应商提高安全库存，那么零售商就可以减少其持有库存。这说明多级供应链所有环节的库存是相互关联的。

供应链中的某一环节至最终顾客之间的所有库存称为层级库存（echelon inventory）。零售商的层级库存即零售商持有或零售商供应渠道中的库存，而分销商的层级库存则包括分销商自己持有的库存，及其所服务的全部零售商的库存。在多层级的情况下，供应链任何一环节的ROP、周期服务水平及其订货策略的确定都应基于层级库存而非本地的库存。

如果供应链的所有环节都试图管理它们的层级库存，那么明确分配各个环节的库存就非常重要了。在供应链上游持有库存能获得库存集中管理策略带来的优势，减少供应链上的库存。然而，在上游设置库存会延长最终顾客的等待时间，因为产品没有安排在距离顾客最近的环节进行储存。因此，多级供应链中的库存决策必须考虑不同环节的库存水平，库存决策在集中还是分散之间平衡，如果持有库存的成本很高而且顾客可以容忍较长的供货期，那么最好在供应链上游设置更多的库存。如果持有库存成本很低，且顾客很看重交货期限，那么最好在接近顾客的下游端点设置存货。当然，这与及时送达的平价物流配送有很大关系。快速的第三方物流服务对供应链层级库存配置决策影响很大。

图3-18表示了某制造商主导的供应链及其层级库存，根据上面的陈述，读者是否可以谈一谈制造商层级库存配置管理的策略？

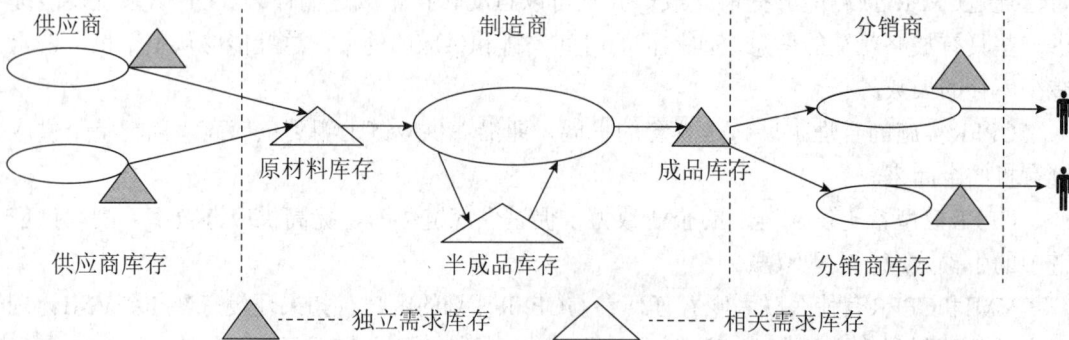

图3-18　制造商主导的供应链及其多级库存

- *产品的层级库存的配置。成品库存为什么可以集中管理？地区分销中心是否可以持有库存，如何确定这一库存水平？*
- *原材料库存配置。为什么对有些原材料可以有库存，而有些原材料可以实施零库存呢？*
- *要求供应商处设置库存吗？有些原材料的库存管理权转移给供应商如何？*
- *包括半成品、原材料的相关需求物料的库存水平如何配置？*

似乎不同的企业、不同的产品有不同的答案，即使同一行业内企业也有不同的库存层级配置管理策略。哪些是最好的？最有效的呢？这取决于企业的供应链战略，与供应链战略匹配的库存配置策略是恰当的。库存管理策略必须警惕供应链系统中的"牛鞭效应"现象，减少不必要的库存；整合供应链流程，优化供应链整体运作绩效；强调层级各方同时参与，共同制订库存计划，避免各自为政的独立运作；在供应链共同愿景下确定层级库存的协调方案，加强渠道合作；加强供应链层级参与者（包括第三方物流服务商）的信息系统集成，大数据交换共享，实现供应链上信息的有效流通与信息共享。

包括半成品、原材料的相关需求物料的库存水平配置应充分利用制造业资源计划管理系统，通过企业资源计划（ERP）的MRPII模块进行配置，并以此拉动原材料的采购。不管是面向库存生产的企业还是面向订单生产的企业，对成品库的库存集中化管理，都会拉动生产计划。

库存集中与分散管理策略

多级库存管理与控制的核心是集中设置还是分散设置的问题。分散设置策略是各个库存点独立地采取各自的库存策略，这种策略在管理上简单易行，但不要忘记：牛鞭效应就是这么产生的。这不能保证整体供应链的整合与优化，如果信息共享度低，多数情况得到的是局部优化的结果，因此，分散策略特别要注意供应链信息的共享。有些企业集团设置多成本中心，如制造成本中心、分销成本中心、地区成本中心等，发挥各个部门机构的积极性，实施分散库存管理，但应避免局部优化，注意发挥信息共享与企业整体计划的控制作用。

分散库存管理策略中订货策略的确定，可根据企业竞争战略及供应链战略，参照重复或单次订货策略进行，这样能使企业及部门根据各自的实际情况对市场变化快速反应，有利于发挥独立自主性和灵活机动性。

集中库存管理策略中，相关仓库的库存控制参数是共同决定的，考虑了各仓库的关联，利用总体协调方式取得库存配置的优化。这样能够对整个供应链系统的运行有一个较为全面的掌握，能够协调各个节点的库存。当然，当供应链层级比较多，管理规则多元化时，协调难度会很大。集中策略往往将控制中心放在核心企业，由核心企业对整个供应链的库存进行控制，协调上下游的库存配置。

在供应链多层级库存控制中，应注意以下几个关键问题。

（1）关注产品价值、体积、可替代性、风险特征。

（2）库存配置优化目标。库存配置优化的目标一般有两种：一是在精益供应链中强调的效率及成本；二是在敏捷供应链中强调的准时可信及速度。

（3）明确库存配置优化的边界，即层级的范围。全局的供应链，还是局部的供应链？企业上游的供应链，还是企业下游的需求链、服务链？企业上游的供应链需要考虑供应商选择及关系问题，企业下游的需求链需要考虑分销渠道、直销问题、客户服务及关系、物流配送方式等。

（4）多层级库存配置结构问题。在实际运营中，多层级库存配置优化的效率往往是系统性的，由网络的结构模式所决定。因此，供应链管理者不能陷入战术陷阱，而忽略战略及结构模式的调整。

（5）库存控制策略的确定。在单库存点、单一产品采用的周期性检查或连续性检查策略仍然适用于多层级库存控制。在多层级库存控制中，应充分考虑组合产品的库存控制策略，考虑物流能力，特别是车辆运输组合，考虑整个供应链物流网络的能力配置与资源部署。

库存水平的变化

假设某商品在k个地区销售，每个地区的需求都服从正态分布，已知变量如下：

d_i：地区i的每期的平均需求量，$i=1, 2, \cdots, k$

σ_i：地区i的每期需求的标准差，$i=1, 2, \cdots, k$

ρ_{ij}：地区i和地区j之间需求的相关系数，$1 \leq i \neq j \leq k$

现在有两种方案来满足k个地区的需求：一种是在每个地区设置仓库；另一种是将所有库存都存放在一个仓库，设置一个集中仓库。假设提前期为L，期望的周期服务水平CSL，分别计算两种方案下的平均库存。

（1）库存分散情况

假设地区i按经济订货批量订货，总期数为N，各地区订货成本与单位库存持有成本相同，则库存该地区的平均周转库存为 $Q^*/2$。

$$Q^* = \sqrt{\frac{2Nd_i S}{hC}}$$

k 个地区的总周转库存总量为：

$$\sum_{i=1}^{k} \sqrt{\frac{Nd_i S}{2hC}}$$

各地区仓库的安全库存为：

$$F_S^{-1}(CSL)\sqrt{L} \times \sigma_i$$

k 个地区的安全库存总量为：

$$\sum_{i=1}^{k} F_S^{-1}(CSL)\sqrt{L}\sigma_i$$

因此 k 个地区的平均库存总量 s_1 为：

$$s_1 = \sum_{i=1}^{k} \sqrt{\frac{Nd_i S}{2hC}} + \sum_{i=1}^{k} F_S^{-1}(CSL)\sqrt{L}\sigma_i$$

（2）库存集中情况

将所有库存存放在一个中央仓库，各地区不设立库存。根据正态分布性质，集中的需求也服从正态分布，均值为 D^C，标准差为 σ_{D^C}。

$$D^C = \sum_{i=1}^{k} d_i$$

$$\sigma_{D^C} = \sqrt{\sum_{i=1}^{k} \sigma_i^2 + 2\sum_{i \neq j} \rho_{ij}\sigma_i\sigma_j}$$

若所有 k 个地区的需求相互独立（即 $\rho_{ij}=0$）且同分布，需求的均值为 d，标准差为 σ，则库存集中策略下总需求的均值和标准差为：

$$D^C = \sum_{i=1}^{k} d = k \times d$$

$$\sigma_{D^C} = \sqrt{\sum_{i=1}^{k} \sigma_i^2 + 2\sum_{i \neq j} \rho_{ij}\sigma_i\sigma_j} = \sqrt{k} \times \sigma$$

此时，库存分散情况下平均库存总量 s_1 简化为：

$$s_1 = \sum_{i=1}^{k} \sqrt{\frac{Nd_i S}{2hC}} + \sum_{i=1}^{k} F_S^{-1}(CSL)\sqrt{L}\sigma_i = k\sqrt{\frac{NdS}{2hC}} + k F_S^{-1}(CSL)\sqrt{L}\sigma$$

中央仓库的平均周转库存总量为：

$$\sqrt{\frac{NkdS}{2hC}}$$

中央仓库的安全库存总量为：

$$F_S^{-1}(CSL) \times \sqrt{L} \times \sigma_{D^C} = F_S^{-1}(CSL) \times \sqrt{L}\sqrt{k}\sigma$$

中央仓库的平均周转库存总量 s_2 为：

$$s_2 = \sqrt{\frac{NkdS}{2hC}} + F_S^{-1}(CSL) \times \sqrt{L}\sqrt{k}\sigma = \sqrt{k}\sqrt{\frac{NdS}{2hC}} + \sqrt{k} F_S^{-1}(CSL)\sqrt{L}\sigma$$

比较一下s_1与s_2，就会看到著名的平方根法则的特殊情形。

分散库存情况下系统平均库存$s_1=\sqrt{k}s_2$

分散库存情况下系统平均库存是集中库存情况下平均库存的$\sqrt{k}$倍，周转库存是$\sqrt{k}$倍，安全库存也是$\sqrt{k}$倍。可见分散库存情况下大大增加了系统的库存水平。集中库存，减少存储点数量，可以有效降低系统总的库存水平，但是风险也会聚集，这就是常说的风险聚集（risk pooling）。库存集中本身就有风险，当面对突发灾害、突发事故等小概率事件时，集中库存往往会承担巨大的风险。特别地，对于风险特征高的高危化学品运用集中库存策略时风险又会急剧增加，因为产品本身有毒性、易燃、易爆，当发生小失误时，可能会给社会与环境造成不可挽回的损失。

实行库存集中策略，库存水平降低了，风险却加大了，因而在实际中运营管理者需要用于平衡仓库数量、库存水平以及客户服务间的关系。

假设原有系统的总库存s_1，仓库数目N_1，缩减仓库数量后的新系统总库存为s_2，新系统的仓库数目N_2。假设各地需求相同，不难得到：

$$s_1=\frac{\sqrt{N_1}}{\sqrt{N_2}}s_2$$

【例4】某汽车经销商有4个分散的零售店（各自负责独立的区域），周需求量服从正态分布，均值为$d=25$辆，标准差为$\sigma_d=5$辆；制造商的补货提前期$L=2$周；经销商期望的周期服务水平为CSL=90%。经销商考虑将4家合为1家零售店，安全库存将会降低吗？

【解】安全库存会降低，仅仅是原来的1/2。为什么？

利用平方根公式，可得到新系统库存$s_2=1/\sqrt{4}=1/2$

原有安全库存是多少？不妨算一下。

库存分散情况下，安全库存为：

$$SS=\sum_{i=1}^{4}F_S^{-1}(0.9)\times\sqrt{2}\times5=4\times NORMSINV(0.9)\times\sqrt{2}\times5\approx36.24$$

库存集中情况下由于各自负责独立的区域，所以需求相互独立。

$$D_C=4\times25=100$$
$$\sigma_{D^C}=\sqrt{4}\times5=10$$

那么安全库存为：

$$SS=F_S^{-1}(CSL)\times\sqrt{L}\times\sigma_{D^C}$$
$$=F_S^{-1}(0.9)\times\sqrt{2}\times10$$
$$=NORMSINV(0.9)\times\sqrt{2}\times10\approx18.12$$

库存集中策略使平均库存降低，从而降低了库存持有成本，加快资金周转。但是，管理者应注意运用库存集中策略时，不要使顾客响应度降低，不要增加额外的运输成本。对于高价值物品、需求变异系数（CV）大的商品，都可以从库存集中策略中受益。当然，在成本降低及风险聚集的平衡中，很多企业还关注不同商品在各地区的不同的需求特性。

供应链可视化

供应链可视化（supply chain visibility）协同商务框架的制定以百货制造商协会、食品营销学会、贸易伙伴联盟（Grocery Manufacturers Association/Food Marketing Institute/ Trading Partner Alliance，GMA/FMI/TPA）的定义为基础，包括7个不同层次：共同的数据标准、统一产品注册和目录、产品信息同步、协同交易管理、协同供应链管理、协同销售和促销计划以及协同产品开发和绩效。并分别对应CPFR（协同计划、预测和补给）的分析、战略和计划、需求和供应链管理、供应链执行等层面。

文档可视化是供应链可视化的基础，对业务进行中的文档（这种文档可以是EDI文档或者一般的文档）发送/接收、处理的状态跟踪。将经过多个系统进行传输、并将文档从多个系统导出或导入到多个系统的过程进行全面的监控和管理。

业务过程可视化可以为内部以及交易伙伴的电子订单处理、收发货业务协同、物流操作，提供数据传输、业务数据、结果差异、实时异常等不同层次的能见性，大大提升供应链的透明度。

供应链可视化的分析功能可扩展至企业的订单、发货以及发票信息，实现关键绩效指标KPI可视化，用户可以发现延迟和瓶颈，找出绩效不佳的贸易伙伴。协作多方共享绩效指标如订单满足率、准时到达率、货架缺货率等，应用这些分析指导供应链管理策略。

有些公司开发了供应链业务管理的应用系统，供应链可视化具体体现在以下几个方面。

① 预测和订单。供应链多方共享电子预测与订单，贸易伙伴可以查看订单、对订单请求进行承诺，还可以执行诸如分批发运和店铺直送等。

② 发运和收货。供应商可以使用 Web界面在线创建发货通知等。还可以捕获原始订单、发货详细信息以及交货证明，并将不同信息进行比对和验证。

③ 发票和结算。支持电子发票、发票状态自助查询以及付款的能见性，可以通过EDI无缝传送到企业的后台财务系统。

④ 供应链异常管理。获得供应链业务数据的可见性以及管理供应链协作中的异常情况。

⑤ 库存可视化。客户、经销商共享销售和库存数据，获取更及时更准确的销售库存情况，采取更及时的举措协助零售客户降低库存水平。

⑥ 供应链流程自动化。为企业的内部用户和贸易伙伴社区用户提供从预测到结算整个流程的自动化的统一解决方案。

习题

1. 如何理解周转库存与安全库存？并说明库存的作用？

2. 补货策略有哪些？它们分别适应哪些情况？有何优缺点？

3. 如何理解战略采购？

4. 如何理解供应战略？现在供应经理的职责有哪些？

5. 如何理解供应链中的多层级库存管理？

6. 解释QR、VMI、ECR、CPFR的含义。说明它们之间的联系。

7. 什么叫风险聚集？

8. 库存集中与分散各有哪些优势？如何平衡库存集中与分散？结合实际调查加以说明。

9. 如何实现供应链可视化？试阐述你自己的观点。

10. 供应商管理有哪些内容？

11. 已知下列信息，求 EOQ 与再订货点库存水平，说明计算的目的是什么？年需求量=1 000件，每年按365日计。订购成本10元/次，每年每件的持有成本2.50元，提前期为7天，单价15元。

12. 某摩托车配件厂为一家摩托组装厂供货。用卡车运输某配件。每辆卡车运输一次的费用为1 000元，摩托车组装厂平均每天组装300辆摩托车（每辆车需要该配件1个），该配件单位成本为500元，公司年度库存持有成本费率为20%，每辆卡车应装载配件多少？该配件年平均周转库存为多少？

13.（1）一饮料罐装公司需要确定生产线对各种不同类型饮料的加工批量。饮料需求稳定，每月80 000瓶（每月生产时间160小时）。罐装线加工速度为每小时3 000瓶，但在不同类型饮料转换时，需要花费一小时时间。根据工厂计算，每次转换的成本为每小时100元。饮料的库存持有成本为每瓶每月0.1元。

（2）假设将转换时间从1小时降到30分钟，对EMQ的取值有何影响？

14. 一公司使用批量折扣模型，订购大批量的订单，减少订货成本。决定最优的订货量：通过电子邮件订货成本为4元，持有成本为采购成本的2%（单件产品的持有成本通常以产品采购成本的百分比表示），年需求量10 000 件。不同订货数量的单价如下表3-4所示。

表3-4　不同订货数量的单价表

订货数量（件）	单价（元/件）
0～2 499	1.20
2 500～3 999	1.00
4 000以上	0.98

15. 某产品日需求量服从均值60，标准差为7的正态分布。供应来源可靠，提前期固定为6天。订购成本为10元，年持有成本为每单位0.5元。不计缺货成本，缺货时的订单将在库存补充之后得到满足。假设销售全年365天都有发生。计算提前期内能满足95%服务水平的订货量与再订货点库存水平。

16. 超市中某商品的周需求量服从正态分布，均值5 500件/周；补货提前期1周。假设超市采取连续监控补货策略。要达到90%的周期服务水平，确定再订货点的库存水平。若补货批量为1 000件，要达到97.5%的产品满足率，试确定安全库存水平。

17. 某计算机的日需求量服从正态分布，均值为1 500台，标准差为400台。供应商平均补货提前期为5天，提前期的标准差为2天。要想达到CSL为90%的周期服务水平，那么安全库存应为多少？

18. 某汽车经销商有36个分散的零售店，各自负责独立的区域。假设各个零售店的周需求量服从正态分布，均值35辆/周，标准差为4辆，制造商的补货提前期L为1周，经销商希望周期服务水平CSL达到90%。各个店的安全库存为多少？若经销商考虑将4家零售店合并为一家零售店，安全库存会受到影响吗？

实践　　　　　　　　　　波音供应战略的演变[①]

波音公司曾经是高度纵向一体化的公司，供应商只限于提供原材料，而主要生产都集中于公司内部。历经数十年的发展，波音越来越多地将业务工作进行外包，逐渐形成了目前标杆式的"全球供应链"模式。

供应链战略的演变

在20世纪80年代以前，波音公司的零部件供应还是以自行研发和生产为主，例如波音727项目只有2%的部分是由波音以外的供应商完成的。当时在启动新飞机项目时，波音公司都自行承担设计、研制、工装和基础设施建设的资金，甚至要向其美国国内供应商提供生产设备来生产机体部件。

生产外包阶段

到20世纪80年代，美国机体制造商积极寻求生产上的海外合作伙伴，其原因主要有客机的购置与工业补偿贸易（offsets）联系更加紧密，而且美国国内供新飞机上马的资金紧张，美国企业受到利用海外资金前景的吸引。另外美国制造商明白美国飞机中有其他国家生产的部件，将更容易在相应的国家出口。

波音在这个时期也实行补偿贸易项目，向一些海外国家销售飞机的同时将生产（按图制造）转移到这些国家，主要是一些低端的零部件，这样既确保了飞机海外销售市场，又降低了自行承担的费用。这一时期波音的全球化主要是"生产全球化"，波音将总体设计图纸转交给全球各地的合作伙伴，由他们提供相关的材料部件，来自世界各地的工程师对所有部件进行工序烦琐的校验、装配、测试和改进，最后制造飞机的部件从四面八方运至西雅图的波音装配工厂。

跨国供应链阶段

20世纪90年代，经济全球化趋势展现。基于技术进步出现的国际分工进一步深化，从产业间、产品间分工发展到产品内分工，原有的完全占有制造资源、直接控制生产过程的"纵向一体化"管理模式已不能适应市场竞争。从20世纪80年代后期开始，利用企业外部资源以快速响应市场需求的"横向一体化"模式兴起，大体就在这个时期"供应链"的概念开始提出，"供应链管理"思想开始发展。

由日本设计并制造的波音787复合材料机翼。

在民机制造领域，机体制造商的一些海外合作伙伴也开始从低端零部件生产商升级为专业化的"供应商"。实际上波音民机的生产全球化阶段持续时间并不很长，波音很快就开始将一些重要的零部件和分系统的研制工作转包给国外公司，这在波音767的研制中已开始体现。随着大型客机技术复杂性的增加，研制费用快速上升、财务风险扩大，尤其是

---

① 资料来源：诸逢佳.波音供应链战略的演变历程.国际航空，2015，第6期：57-58

新项目研制的高技术要求、高资金投入和高市场风险即使对于波音这样的巨头也难以独自承担。到20世纪90年代波音777项目研发之时，其国外供应商的参与份额跃升至30%，波音"跨国供应链"已形成规模。

全球供应链阶段

进入21世纪，生产组织模式有了更进一步发展，供应链上的原材料、在制品、产成品在全球范围内流动，供应链上各主体之间的物流活动通过全球的进出口贸易来实现，这种模式称为"全球供应链"。此时，供应商的角色和作用在产品供应链中已日显突出，供应商的角色由传统的零部件生产供应者转变为产品零部件总成的参与设计者，成为战略合作伙伴。网络化的产品开发数据管理平台也为供应商参与新产品的研发提供了信息技术的支持，使供应商参与产品开发不受地域的限制，同时保证了供应商与产品制造商的技术资源的互补和共享。供应商参与新产品开发的模式也已在民机产业中应用。

波音的战略由此从生产的全球化发展为研制的全球化，波音787则代表了目前民机产业研制全球化的最高水平。波音的全球供应链模式将设计和开发成本与全球合作伙伴分摊，与供应商建立了全球性的协作体系，充分利用全球资源，加快了市场反应速度，推动了波音飞机在全球的销售，提高目标市场占有率。波音采用的全球供应链战略有助于其集中精力于自己的设计研发、总装、供应链管理、营销和品牌这些核心业务；有助于缩短飞机的开发周期，降低公司的供应成本，减少自身投资和削减成本，分散研制风险，提升生产效率，满足全球客户的需求。

供应链战略的形成因素

波音公司作为世界顶级的民机制造商，需要在全球范围内争夺市场份额，因为其国内市场也不足以支撑波音公司的发展。因此波音将一些低端的零部件转包给其他国家的企业生产，一方面有利于进入这些国家的市场；另一方面也可以降低制造成本。

不过自从波音公司开始向国外企业转包，美国国内对这一做法反对声就从未间断过，他们认为这样不利于美国航空工业创新能力和专业人才队伍的保有及发展。但同样有业内人士指出，作为企业终究是以赢利为目的，因此"不可能指望一家私有企业来承担这一（专业人才流失）责任"。

除经济和市场等因素以外，政治因素也是供应链选择的因素之一。民机产业是一个国家的战略性产业，因此民机研制、生产乃至销售的背后都体现着一定的国家意志。民机产业的竞争可以看成是国家间的竞争，民机产业的合作也代表国家间一定程度的合作。在这个层面上，波音海外供应商战略关系的发展与美国国际关系的发展是完全契合的。波音先期建立战略关系的供应商所在国都是美国传统的伙伴国家。例如波音目前的最佳合作伙伴日本、波音在欧洲的第一大供应商英国都是美国的战略盟友；而波音与一些新兴市场国家的供应商如中国、俄罗斯、中东国家和非洲国家等开展合作或建立战略关系，其背后的政治背景也显而易见，都很符合美国全球利益链中的地位并加强推进美国的战略地位。

典型合作案例

波音767

波音公司对767研制采取了国际合作和国内转包方式。1978年9月22日，波音与日本民用运输部（由三菱重工业公司、川崎重工业公司和富士重工业公司组成）签订协议，日本方面承担波音767研制费和工作量的15%，随后意大利阿莱尼亚公司也参加了波音767项目，承担15%的研制费和工作量，美、日、意三方共同负责波音767项目的财务和管理，各方按约定比例为其销售提供经费和分配红利。

波音777

波音777的生产主要涉及10多个国家的40多家重要供应商、风险共担合作伙伴和转包商，以及一些小型专业供应商。尤其值得一提的是，日本成为波音777项目中的一个主要风险共担合作伙伴。1991年5月21日波音与日本三菱、川崎和富士重工业公司签订了风险共担伙伴协议，日方承担波音777制造工作的20%，其中包括在日本研制和生产波音777飞机的机身段和零部件。日本负责制造大部分机身壁板、全部舱门、机翼中央段、翼身整流罩以及翼肋。日本为777研制投入了约8.7亿美元，另外又投入了4亿多美元用于新的基建和设备。

波音787

波音787项目采用"全球供应链"模式，飞机90%的零部件由供应商制造，其高达70%的比例由国外供应商制造。波音只负责少数零部件生产任务和总装任务，是有史以来波音承担研制生产任务最少的一次。波音787的主要供应商位于美国、日本、英国、意大利等国，他们在设计、研发和制造方面比以往承担了更多的责任。其中，日本供应商负责整个机身结构约35%的设计制造工作，包括飞机机翼，而此前飞机机翼都由波音自行研制生产。

波音787项目标志着波音公司开始真正转变为一个系统集成企业，与主要供应商之间的关系由转包全面转向战略联盟，这一转变被称为商业模式的转变。在战略联盟关系下，波音公司将787项目的风险扩散给供应商，波音公司与30多家主要供应商签订合同，让他们来设计和集成整个子系统和重要的零部件。

波音作为主集成制造商与供应商，制订产品的分工界面和标准规范，将787飞机机体结构与各主要系统的功能结构进行合理分解，将全机结构分解成多个整体结构功能模块，接着选定不同的"模块"供应商，赋予一级供应商全面的结构设计制造与系统集成任务和责任，波音完成产品最终的总装集成、生产和交付工作。

案例 ## 钢铁企业迈向战略供应管理[①]

"泥潭"

2007年3月的一天，WE公司供应部信息系统小组会议在下午2：30开始，3点就休会

---

① 本案例由作者自行编写，选自中国管理案例共享中心案例库，中国管理案例共享中心享有复制权、网络传播权等。由于企业保密的要求，在本案例中对有关名称、数据等做了必要的掩饰性处理。本案例只供课堂讨论之用，并无意暗示或说明某种管理行为是否有效。

了。这再一次应验了咨询专家在物资供应部信息系统项目启动时讲的话，"管理乱，无法干"。物资供应信息系统项目组副组长、物资供应部副部长赵贺只好收拾起所有资料回到办公室，"机会，这是一次机会"，下一步他想借信息系统建设的"东风"，全盘考虑物资供应部业务与公司各分厂相关业务整合，构建WE全面战略供应系统。

当初，他想过但没有这么做，"摊子铺得太大，不容易做成"。他一贯做事"低调"，在领导眼中，他是默默做事的实干家，属于那种"技术实力派"。他对物资供应信息系统建设的要求并不高，能够解决业务的自动化问题、再加些数据统计分析功能就很满足了，"标杆低一些，大家都能跨过去，大家自然满意"。没想到这样的想法倒使他们陷入了"泥潭"……

1. 岁月变迁

WE公司坐落于长江南岸、武汉"8+1"城市圈中最具魅力的城市——鄂州市。公司始建于1958年，其前身是湖北省地方钢铁骨干企业——鄂城钢铁厂，2000年完成了企业改制，成为有限责任公司，公司具备从矿山采选、冶炼、轧材到产品的深加工等一整套钢铁联合企业生产流程，同时公司又具备机械制造、氧燃动力、货物运输、建筑安装等行业的生产经营能力，公司要发展成为"一业为主、多种经营"的钢铁企业集团。2004年11月经国资委批准，与武钢联合重组为武钢集团的控股子公司，并于2005年4月30日正式挂牌成立。联合重组后，WE公司多种经营的战略发生了改变，他们想充分利用大型钢铁集团的技术、资源、管理、人才等优势，大力发展主业，"没有强大的主业，副业就缺少品牌影响力"。公司借助于整合，进一步优化产品结构，实现由长材向板材、由普钢向优特钢的转变；进一步提高公司技术装备水平，实现设备小型化向大型化的转变；进一步提高产品附加值，形成公司的核心竞争力。

2005年以前，WE钢铁公司的物资供应部门虽然经过了几次调整，但主体上还是由集团公司的多个部门负责采购，如：矿业公司负责矿石的采购，公司原料处负责炉料、熔剂的采购，公司机动处负责机械备件的采购与外协加工，物资供应处仅负责材料、燃料、办公用品、劳保用品等的采购。

WE钢铁公司重组以后，原来的物资供应处改名为物资供应部，全面负责WE钢铁公司的物资供应管理工作，把矿业公司与机动处的采购职能并入物资供应部，原料处归物资供应部管理。物资供应部接受重组总公司供应部门的领导。物资供应部集中了矿石等大宗原材料、燃料、设备备件、辅材、工程物资等公司所需物资的采购与存储功能，可实现统一的供应商管理，为公司及其下属烧结厂、焦化厂、炼铁厂、转炉炼钢厂等分厂的生产、基建、检修、技措等项目的物资供应提供保障，形成计划科、专业化采购科室、调度室、检验科、仓储部等部门齐全的供应体系。

2. 供应职能

集团公司对供应部的总体要求在公司文件中做了如下几条明确规定。

（1）按集团公司生产和工程计划，组织编制年度原材料供应计划。

（2）对原料、燃料、设备备件、辅材的计划、招议标、合同、采购、储存、发放等全过程进行管理，以降低成本，提高质量，保证供应为主要目标。

（3）贯彻集团公司质量方针、目标，负责物资供应系统内部质量体系审核工作，加强所供物资的质量管理与供应商管理，保证满足生产和建设的要求。组织对合格供应商的资源能力、质量保证能力的调查、分析，发展与供应商的良好关系，努力完成公司战略目标与部署。

（4）对生产经营、技术进步所需的新材料、新工艺的外购与管理工作负责。

（5）对分管物资进行公司内部调剂与统一的物流管理，千方百计做到保障供应。

为了落实公司对物资供应部的要求，在组织机构方面，物资供应部设置了管理科、计划科、合同科三个管理科室。管理科负责部内一般的管理工作，相当于综合办公室功能。计划科组织物资采购供应计划的编制下达，负责计划管理与统计工作。负责供应商的调查和评价，评定合格供应商。负责制订消耗定额、储备定额，并组织检查落实。负责组织推行质量管理工作和进行采购物资质量检查。合同科负责经济合同的审核、监督与管理，招议标采购的组织、管理与协调，采购价格的审核、监督与管理等工作。组织市场调查，及时向部价格领导小组提供价格信息或依据。

物资供应部还设立了调度科、仓库管理科与质量检验科。调度科负责日常原料、燃料、设备备件、辅助材料调配保产工作，掌握物资到厂及卸车（船）动态，及时外派卸空车皮。对生产、技改、技措物资供应的现场服务，搞好对各用料单位及车站、码头的物流协调工作。负责协调物资调配工作中出现的重大或突发问题，确保物流畅通。通过准确的调度管理实现公司内供应物流的顺畅。仓管科负责供应部一级仓库的管理工作。质量检验课负责材料、备品备件的检验、验收工作，验收合格后方可入库。

目前WE钢铁公司下属26个单位有二级材料库房，17个单位有二级备件库房，矿石、洗精煤、废钢等大宗原材料库直接由分厂管理。另外，公司质量部负责大宗原材料质量检验；技术部负责新材料试用；财务部结算科负责对内、对外结算；财务部价税科负责核定材料的计划价；审计处负责审查部分合同；计控处负责受控计量设备的管理。

专业化采购科的设置与物资分类相对应，有矿石科、燃料科、机械备件科、电器仪表科、材料科、工程科、废钢科以及炉料科等八个专业化采购科室。公司所需物资基本上有如下几大类。

第一类是大宗料类，包括矿石、熔剂、燃料、废钢与生铁、炉料。

第二类是电器仪表类，包括电机、电气自动化备件、电缆、电子元件电子配件、电料、空调、仪表、电器。

第三类是通用备件类，包括阀门、起重机械、风机水泵、减速机、制氧机空压机、液压气动、连续运输机、轴承、机床小型工具以及其他通用备件。

第四类是非标备件类，包括各分厂在不同区域或设备中使用的非标准备件。

第五类是辅助材料类，包括黑色金属、有色金属、水泥制品、建材杂品、油料、药品、化工、五金、工具、橡胶制品、油漆涂料等。

第六类是办公用品及劳保用品，包括百货文具、杂品、劳保品等。

专业化采购科根据公司生产、建设的需要，负责组织编制年度、月度采购申请计划和补充申请计划保证批准计划的实施。参与选择合格供应商，按质、按量、按期组织货源，降低采购成本，提高经济效益完成各项技术经济指标。根据物品的特征建立相应的供应链管理机制，关键物资实行专业采购科牵头的跨部门采购组，加强用料单位、采购专员、采购管理部门、供应商之间的联系与协作。

3. 新挑战

（1）行业背景

在2005年上半年，国内钢铁业出现了供过于求的迹象，当时国内几家大的钢铁公司的财务指标都有不同程度的下降。中国钢铁生产企业的集中度并不高，生产情况严重分散，居市场领先地位的大规模企业只有几家，其余约千家企业的规模与效率都不是很高。前五大钢铁企业产出占钢产品总供应量约60%。中国在高附加值产品的市场集中度较高，这主要是由于该领域对资本、科技、生产工艺等的高要求。由于供过于求而使钢材价格过低的现象其实并不能反映钢铁业的全貌，供过于求大都停留在低端钢材上，而一些高端的冷轧薄板、涂层板、电工钢等依然处于供不应求的局面。而能生产这些高端产品的企业往往是一些少数、大型的行业领先企业。那些产量小、高耗能、高污染、低端产品过多的小企业面临着关停、倒闭的危险，国家政策也在促使钢铁业落后产能的淘汰。另外，钢铁业所需的大宗原材料价格攀升，如铁矿石价格不断冲高，煤炭供应紧张。行业内竞争加剧，加之行业下游需求端的政策变化更是增加了不确定性，原料涨价、需求不平衡，可以说，国内钢铁业腹背受敌。钢铁企业面临的首要问题是整合与优势运营，企业间整合的背后是组织的业务流程的重组与部门的调整，以及包括供应链管理模式在内的现代管理模式的构建。WE与武钢集团的这次整合能否帮助WE实现其优势运营呢？公司整合后的战略改变及行业内普遍面临的新挑战对WE物资供应部都提出了新的要求。

WE物资供应信息系统的上马无疑是公司迎接这一挑战的一项举措。物资供应部原部长范一伟已经晋升为公司副总裁，主管物资供应部。这足以说明范一伟部长一直坚持的战略供应管理的想法得到了集团上层的肯定。如今，赵贺副部长多次陷入泥潭后，理解了当初范一伟部长的一些用意。当初他对信息系统建设展望时"保证大家都满意"的承诺并不能使范一伟满意。赵贺副部长已认识到自己必须转变思想，不变会给公司带来损失，使公司失去变革的机会，这或许是老领导留给自己的最后的机会。他决定马上向范一伟副总裁汇报一下，请教老领导，把老领导的战略思想贯穿到物资供应管理的方案中。

（2）公司面临的问题

在艰难的行业大背景下，WE公司的日子也不好过。很长一段时期以来出现的大宗原材料供应紧张，采购成本不断上涨的局面，已经惊动了所有的管理层，老总、部长亲自跑原料，已经司空见惯，"不去亲跑，原料搞不到"，"有时去了也白去"，"搞一点儿算一点，总不能让生产停下来"。大家都忙起来了，物资供应信息系统建设的事儿自然成了小事儿。尽管公司重组以后大宗原材料供应危机有所缓解，但供应的战略性已经成为高层管理者的共识。

公司产品结构的调整也直接增加了供应部的工作量，加班加点是正常的，特优钢项目的上马，从厂房到设备，从设备调试到转入生产常规，供应部都是重要的保障供应部门与成本中心。重组当年公司采购金额就达70亿元，库存资金达5亿元。随着公司重组战略的实现，公司的物资供应模式迫切需要变革。只有变革，创新供应模式才能增强快速保障能力，并降低采购成本。

供应保障需要各个部门的配合与协作，这些事情没有部长出面就解决不了。供应计划及流程、采购业务的执行、供应商关系管理、物资供应部仓库与各分厂仓库管理，以及部分物资在各仓库间的重复存储等问题都需要进一步分析流程、规范流程，否则增强快速保障与反应能力就是空话。这也是今天会议休会的一个原因，参加会议的人员只有物资供应部各业务骨干，他们对分厂及分厂仓库的事务不清楚，他们只是专业采购员，只清楚自己的采购业务流程。这对公司供应保障体系建设，应对当前行业危机及内部产品升级，是远远不够的。需要公司主管领导、供应部各业务科长以及公司各个分厂的主管领导参加，一起坐下来好好讨论下，当前的物资供应管理系统如何变革以适应公司运营需求。也可以邀请战略供应专家讲一讲这方面的新发展，培育管理层的战略供应思想，使领导对物资供应部的重视别总停留在口头儿上。

一个仅具有采购及库存事务处理功能的信息系统远远不能满足战略供应管理的需要。这一次，赵贺副部长已经下定了决心，展开一场大战役，"我们的目标是要把战略供应管理所带来的优势都挖掘出来"。以前大家都说他是一名"难缠"的采购经理，也有人说他是一名少见的与供应商谈判的高手，他都为此得意过，他感觉那些都是"小菜"，对他而言很轻松。但这次经过与老领导范一伟副总的长谈，他才真正感到自己肩上的重担沉甸甸的，他决心让WE公司分享到战略供应的"大餐"……

4. "先啃硬骨头"

在管理界，战略供应的思想、供应链管理思想已经深入人心。任何企业要想分享现代管理的"大餐"，分享供应链管理成果的"盛宴"，必须先做好"啃硬骨头"的准备。

这套官话谁都会说，"充分发挥供应的战略职能，利用信息通信技术，构建信息化、规范化的战略供应管理体系，建立战略供应管理信息系统，为公司各个工厂提供优质的供应服务，与公司各部门实现无缝对接，全面考虑战略供应管理系统的涉及范围，整合现有的业务流程，加强战略供应商的管理，突出供应保障的物流精准服务职能，降低企业物流总成本，获取供应链竞争优势"。目标定了，落地实施才是关键。

（1）战略供应的目标

管理手段如果仍停留在传统的手工管理阶段，信息不畅，势必影响到采购活动的决策，阻碍企业正常生产。但是物资供应部管理的模式不从采购管理转变为战略供应管理，即使实现了某些采购活动的自动化，恐怕也不能对公司的战略做出贡献，甚至会给公司战略"拖后腿"。WE钢铁公司确定了战略供应管理系统的各项目标如下：

①降低企业物流总成本，降低库存水平；②规范企业物流运营管理模式，提高企业竞争力水平；③提高管理效率，管理人员工作转型；④缩短文件、报表等的处理时间；⑤提高信息的实时性与准确性，提升数据的多元化分析能力；⑥规范企业审批程序，提高企业

决策速度与水平；⑦注重战略供应商的开发与管理；⑧增强对生产需求变化的反应能力；⑨保证物资供应，使关键备件的供应万无一失。

为了实现这些目标，赵部长仍然需要与各专业采购科的科长们以及工厂负责人共同确定各类物资的供应策略，因为这直接影响着企业供应模式及其与供应商的关系。

（2）核心流程梳理与信息分析

WE钢铁公司战略供应管理系统几乎涉及公司的所有部门，供应部履行与物质采购与供应相关的关键业务职能。供应系统涉及面广，提升至战略地位并不过分，供应管理系统的建设也非一日之功，必须按照科学的方式有序展开。其中对"主流程"的梳理是必不可少的。

公司从采购主流程以及物资收发存物流主流程的规范开始着手。辅材备件采购计划的制定需要汇总各个用料单位的请购单，参考现有库存数据与采购提前期；大宗原材料的采购计划的制定主要依据公司生产部的年度、月度生产计划；工程项目用料的采购严格按照公司工程处下达的工程项目计划进行。根据采购计划进行采购，通过招标、议价、比价等方式确定供应商，经过谈判确定合同数量、价格、质量、付款方式、包装等条款。建立合同管理档案，根据合同确定采购订单，并跟踪合同的执行。

物资收发存主流程从物流开始。调度科最先获知火车、轮船的到达情况，大宗原材料仓库收到到货信息后，通知质量部原料站进行检验，辅材与备件仓库收到货物时通知供应部质检科进行检验。有些辅材与备件也通过汽车直接运输至仓库。对于辅材、备件及部分原料，WE钢铁公司目前实行公司与生产分厂二级仓库管理体制。材料与备件由供应部相应的仓库在检验合格后办理入库手续，开具物资验收单，由采购专业科采购员到财务办理与供应商的结算。

看似严格的制度，却不能适应公司业务运作的需求。为了各个单位实际运作的方便，少量材料、大量的备件以及大宗原料、燃料到货时直接到达生产分厂，而不经过一级库。当月度结算时分厂二级库将到货的物资一同到一级库办理入库与出库手续，开具物资验收单与物资转移单。但是，同时也给供应部物资的管理带来了不便，更重要的是，供应部查看一级库库存并不能真实反映实际库存。供应部无法精确获知直接到达分厂到货数量与存货数量。供应部领导只能在月度结束后查看上月末的库存数据。可见，流程的规范化需要借助于信息技术，以实现数据、信息、决策的实时化，而且通过建立信息系统，一级、二级仓库只是代表存储位置了，各类物资的信息在企业内部就变得透明了。

不管是市场信息，还是业务信息，信息分析是必须的。公司加强了对资源市场行情研判与动态分析，采取避峰就谷、充分利用时间差、地区差等策略完成战略采购，为降低生产成本打下了基础。公司对辅材、备件、耐材等实物质量、消耗数据的分析，加大性价比高品种的采购力度，促进供应商持续改进供货质量。公司还结合市场资源和价格情况，优化配煤配矿结构，兼顾生产技术指标和经济效益，加大与配矿配煤小组沟通与协调，合理调整配比，多采购低价位的煤种和低品位的矿种，平抑采购和使用成本。

另外，公司从采购计划源头控制辅材、备件管理，利用信息技术将管理重心下移，降低辅材、备件消耗，实行采购资金、库存资金总量控制。与供应商合作，推行零库存方式，不断优化库存结构，降低库存资金占用。

（3）战略供应商的管理

公司采购的物料种类繁多，相应的供应商也较多，尽管原来存在的不同部门从同一个供应商处购买物料，各部门却不知情的现象没有了，但是对供应商的集中评估与认证工作做得还不够，供应商关系管理尚未提到公司管理的重要地位，公司目前正在着手划分供应商的关系类别，并充分考虑所供物料的A、B、C等级及其对公司战略的作用、生产的影响，重点发展A类物料的战略供应商。

供应商评价认证与战略供应商的管理应当成为当前供应管理的首要任务，因为要保证生产的正常运营仅仅依靠供应部是做不到的，从现在开始，要将战略供应商纳入我们的信息系统范畴。重视战略供应商管理，将供应商视为企业的重要资源，与战略供应商紧密合作。信息系统的运用使供应商管理变得更加有效与便捷。

在战略供应商管理方面，要实现较紧密的信息集成。例如，有些战略供应商可以按照WE钢铁公司供应部的采购计划在其本地准备存货，将供应商的库存纳入WE信息系统中，根据公司生产用料的需要，再按照预定的发运日期启运，以实现WE钢铁公司供应的准时化，降低WE钢铁公司的库存；在WE钢铁公司仓库中也存有一些供应商的物资，WE钢铁公司为供应商代管这部分物资，当这些物资出库使用时，再与供应商办理结算。这样不仅可以保证供应，而且也降低了库存资金的占用。

公司加强供应商的差异化管理。如，针对铁矿石供应商的不同特点，实施灵活的定价机制，对国有大矿签订年度合同，实行指数或网络平均价，规避风险。与重点供应商签订年度供货协议，锁定资源。煤炭方面，重点提高平煤、山焦等大矿的合同兑现率。同时，充分利用公司直营进出口业务资质，直接与国外矿山按指数平均价签订合同，规避风险；开立美元信用证，缩小息差，降低资金费用。在合金的采购上探索与重组总公司国际贸易公司的联合采购，获得规模采购的优惠。

5. 信心

公司已经在战略供应方面达成共识，领导层具有坚强的决心。范一伟副总裁挂帅，赵贺副部长直接领导，在合作单位的帮助下，公司展开的这场大战役已经取得了阶段性成果。在成果总结会议上，范一伟副总裁强调了"优化供应链渠道，加强分厂、采购部门、供应商的合作，并且开发、管理供应链战略伙伴关系；不断改进供应管理的关键过程，真正实现供应链上的物流畅通，赢得了时间，也就获得了成本的降低"。讲话增强了大家的信心与力量。

【讨论题】

（1）说明WE钢铁公司专业化采购部门设置的好处及其主要采购活动。

（2）以WE钢铁公司为例，说明集中统一采购的优势与劣势，公司是如何克服这些劣势的？

（3）帮助赵贺副部长确定公司的供应管理策略。

（4）如果你是赵贺副部长，你认为战略供应管理系统应把握的重点有哪些？

第4章
分销物流

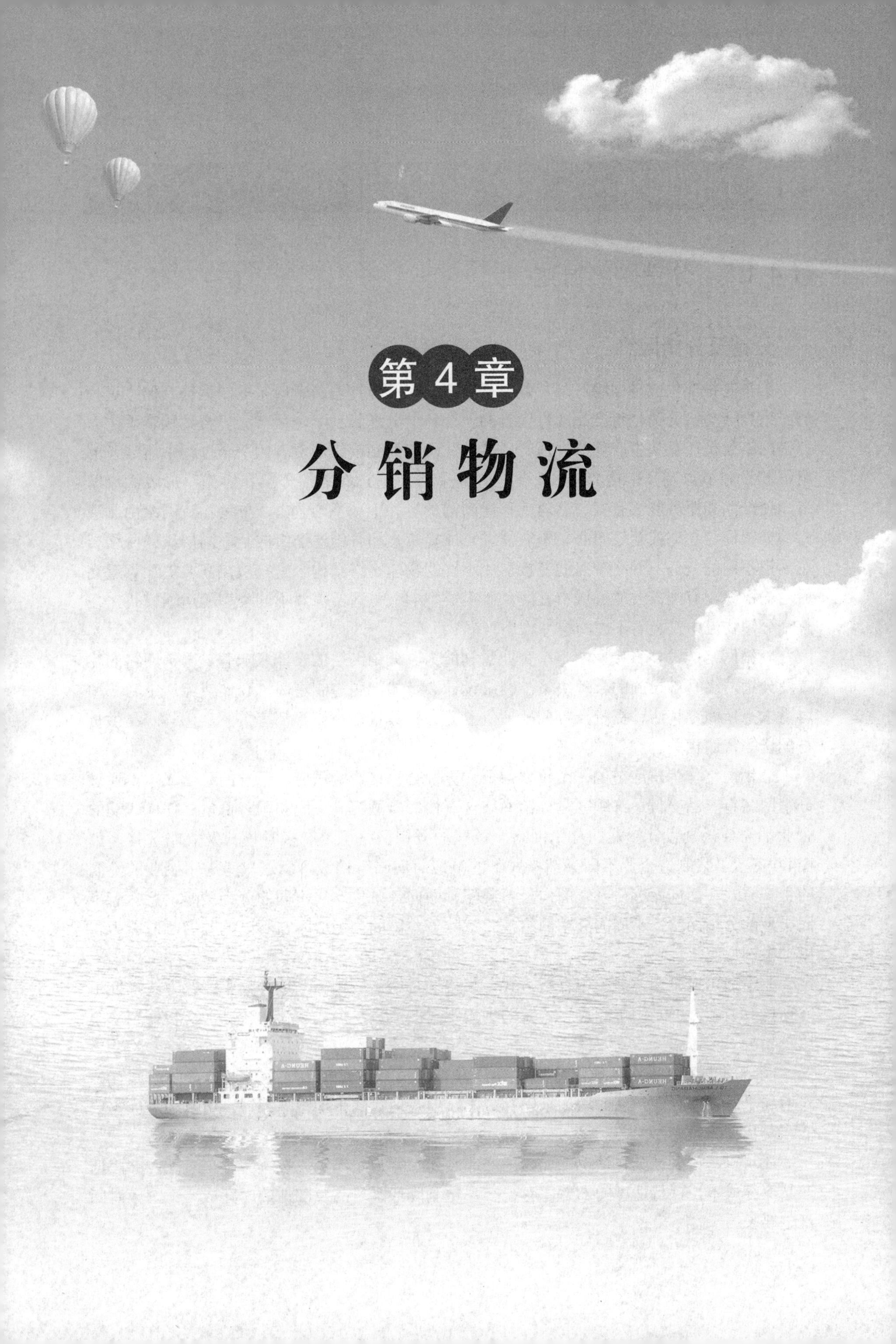

4.1 分销网络

4.1.1 分销网络概述

分销及分销网络

分销是指在供应链中将产品从制造商环节交付给最终消费者所采取的运输及储存过程的一系列活动。分销是将产品从供应链的一个环节分送到另一个环节，一直到顾客手中。分销网络就是产品从生产环节到消费环节，从制造商到最终消费者的整个过程中所涉及的组织和设施节点及其链接的集合。这些组织和设施通过有效的分工和协作，形成物流网络，使产品和服务能够有效、迅速地移送到消费者手中。不难看出，分销物流网络由制造商、分销商、仓储或配送中心、顾客需求点或提货点和分销通道组成。不同层次的网络节点承担不同的任务，网络节点的链接形成不同的物流网络结构。有些节点需要更加靠近交通运输枢纽，有些需要靠近城市社区，不同类型的节点通常需要不同类型的运输模式，在整个分销物流中发挥着不同的缓冲作用。

分销网络的设计直接影响整个企业盈利能力。分销网络的设计意味着对分销网络的配置及分销网络基础设施的合理决策。网络设计涉及的问题与制造商、仓储或配送中心、顾客需求点，即零售店、提货点等的地理位置分布、数量、规模等都有关系，也与产品供货与配送等密切相关。

分销网络作为供应链的一个重要部分，无疑会直接影响供应链运营的总体成本。通过分销网络将产品交付最终顾客，分销网络会直接影响顾客满意度和顾客价值。任何成功的企业都需要认真设计企业的分销网络。企业的分销网络可以有多种模式及策略选择，如图4-1表示了某制造企业不同分销模式下的响应时间与分销成本。这里考虑了企业的不同的生产方式：面向库存生产、面向订单装配、面向订单生产，不同的分销策略，意味着不同类型的分销网络，不同的分销网络模式意味着不同的分销成本与不同的顾客响应能力。以下举例说明。

制造商可以采用工厂集中存货方式，直接送货给最终顾客，这种集中库存方式降低了库存持有成本。但是由于和最终顾客的平均距离增加，运输成本就比较高，交货期相应会比较长。

制造商也可以采用各地区分销商存货方式，由分销商直接发货，这种分散的库存方式增加了总体库存量，从而增加了库存成本，但是运输的平均距离缩短，所以运输成本要低，交货期缩短。

还可以考虑其他具体情况。如考虑产品装配、客户定制等，按顾客订单装配能够降低产品库存成本，保持适度的部件库存；客户定制降低了产品及部件的库存成本。响应时间肯定要长。

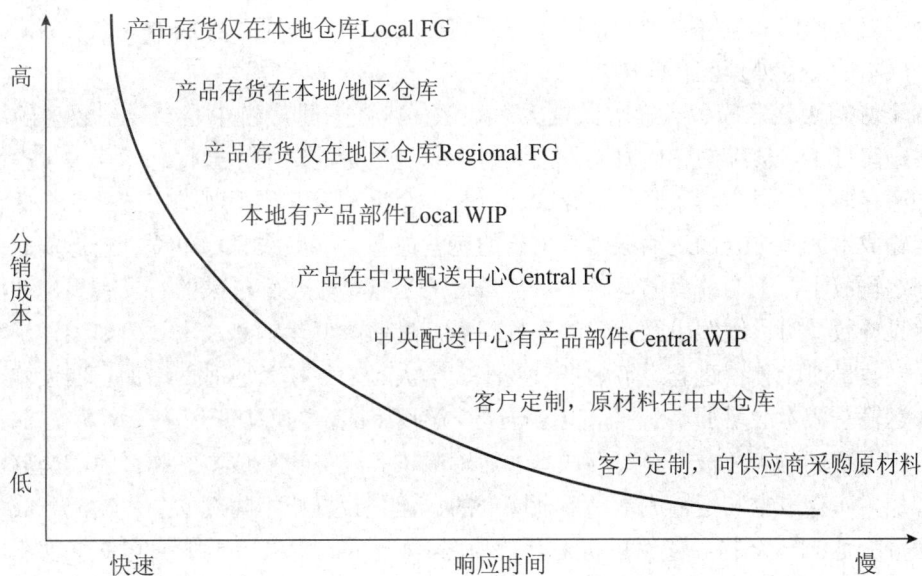

图4-1 不同分销模式下的响应时间与分销成本

不同的分销网络有不同的特点。企业选择分销网络时应该根据企业特点、产品属性，在库存及运输成本、交货期等多种因素之间进行权衡。企业完全可以利用适合自身的分销方式来实现低成本或快速响应能力的目标，从而产生成本或时间方面的竞争优势。

如今，互联网电子商务蓬勃发展，网络分销成为企业重要的"互联网+"策略，企业通过自有网站或电商平台向更多用户传递产品和服务。网络零售的快速发展，线上线下全渠道零售出现，都极大地改变了传统的分销渠道和分销模式。

借助于互联网，企业可以搭建在线销售渠道，实现分销商（经销商/代理商）与下级零售商，或生产厂家与下级分销商之间实时高效的订货、收货、发货管理，实现渠道实体及数据的实时监控，建立强有力的电子分销系统，有效集成与优化供应链体系，实现高效的跨区域运输、多渠道协同的分销战略，极大地降低分销成本，提高周转效率，确保企业盈利能力。

当然，影响分销网络的因素不仅仅是互联网，而是从外部到内部、全方位的。

网络设计影响因素

企业的分销网络设计应考虑许多战略因素，包括宏观经济、政治、技术、基础设施、竞争要素等，还要考虑供应链内部因素，主要是物流及设施成本。分销网络设计要满足顾客所要求的客户服务水平，还要降低总体分销成本，现在还要考虑网络对环境的影响与可持续性。分销网络设计及分销方式的选择需要在以上各个方面作出权衡。

客户服务方面的影响要素，包括响应时间、产品品种（单一的品质似乎不能满足顾客个性化需求，多样化品种满足了顾客多样化的需求，但也增加了管理的复杂度，从而使客户服务大打折扣）、产品可获得性、顾客体验（让顾客感受到下订单和收货的便利性程度等）、订单跟踪的可视化（让顾客等待也要明白地等待）、可退货难易程度（反映了分销网络处理退货的能力）等。供应链成本方面的影响因素，包括库存成本、运输成本，设施和搬运成本，信息处理及传输成本。

各个影响因素之间也存在着关联关系。例如，随着供应链中仓储设施数量的增加，离最终顾客近了，会缩短响应时间；但同时，设施数量的增加，会使总库存水平提高，进而增加库存成本。通常为了降低库存成本，企业会尽量合并或限制供应链中的仓储设施数量；运输成本涉及进仓的运输成本和出仓的运输成本。一般来说，单位进仓运输成本要低于出仓运输成本，因为前者的运输批量大，可能是整个集装箱过来的，具有规模效应。增加仓储设施数量可以缩短出仓运输的平均距离，进而降低运输总成本。但如果设施数量增加到一定数量时，使得进仓运输的批量变小、失去运输规模效应时，增加仓储设施数量就会带来运输总成本的增加，当然，也会导致仓储设施成本的增加。

分销网络的物流总成本是库存成本、运输成本和仓储设施成本之和。随着仓储设施数量的增加，库存成本和运输成本是逐渐降低的，但是设施成本随之增加。物流总成本的趋势是先降低达到一个临界值然后再上升，如图4-2所示。所以应至少拥有使总物流成本最小的仓储设施数量。还要考虑响应时间，响应时间是随着设施数量的增加而缩短的，快速的响应能力能够吸引顾客并留住顾客，有的企业宁愿增加物流总成本也要提高响应能力。那么，企业就需要进一步权衡由响应能力增强所带来的经济收益或竞争优势与设施数量增加带来的成本。

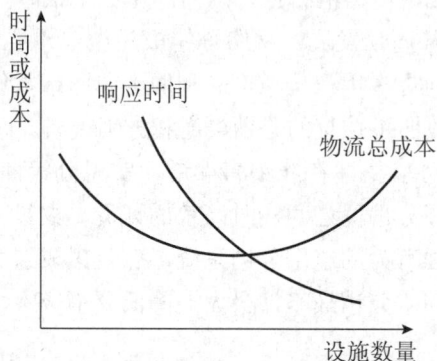

图4-2　仓储设施数量与物流总成本和响应时间的关系

4.1.2　分销网络可选方案

从制造商（工厂）到最终消费者，分销网络可以存在如下可选方案。

（1）工厂存货并直接发运。

（2）工厂存货并直接发运和在途并货。

（3）分销商存货加承运商送货。

（4）分销商存货加循环送货。

（5）工厂/分销商存货加顾客自提。

（6）零售商存货加顾客自提。

在设计分销网络时考虑了顾客提货点与本地仓。可通过本地仓送货上门，或者送到提货点，由顾客自提。

工厂存货并直接发运

产品直接由工厂发运给最终顾客，无须经过零售商，零售商负责接收订单并启动交货请求。这种方式又叫作代发货，零售商不持有库存。如图4-3所示，订货信息从顾客经过零售商传送给工厂（制造商），而产品则直接由制造商发运给顾客。多数网络在线零售商及电商平台就是采用代发货的方式将产品送到终端顾客手中的。在电商平台模式下制造商可直接建立网上商店。

这一方式最大优势是可以将库存集中存放到制造商处，而制造商可以将其所供应的所有零售商的需求汇总起来。因此，可以做到用较低的库存水平提供较高的产品可获得率。为网商的顾客发货的一个关键是制造商产品库存的所有权转移问题。

这一方式还为制造商提供了将定制化推迟到顾客下单以后再进行的机会。实施延迟策略可以通过部件、组件层面的整合进一步降低库存。

由于制造商到最终顾客的分销物流运输距离比较远，所以运输成本比较高。顾客订单包括来自多个制造商的产品时，就需要将订单拆开，造成顾客多次收货，给顾客带来不便。分销物流运输无法集中也会使成本增加，不过随着第三方物流的飞速发展，这也不成问题。

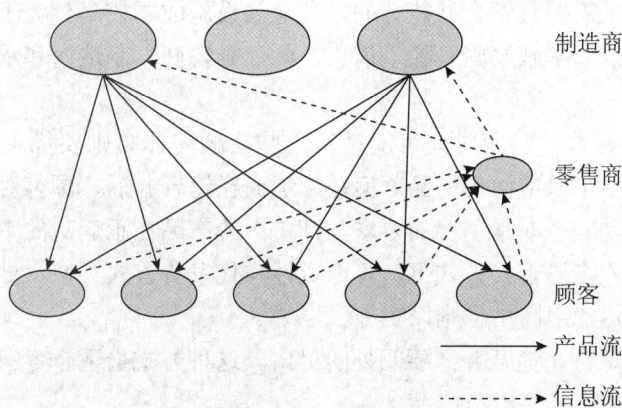

图4-3 制造商存货并直接发运

采用这一方式，可以节约仓储设施的固定成本，因为所有库存都集中在制造商那里。此外还可以节省运输费用，因为无须将产品从制造商运送给零售商。不过这种方式的响应时间通常比较长，因为订单必须由零售商传递给制造商，而且从制造商的中央仓库发货。

零售商和制造商可通过互联网互通信息，制造商持有库存，零售商就可以发布产品供货信息。订单下达后，顾客可以查询订单执行过程。订单可见性变得十分容易。

这种方式在处理退货方面可能会有困难，从而会降低顾客满意度，特别对于有多个制造商供货的订单。退货可以采取两种方式处理：（1）顾客直接将产品退回到制造商；（2）零售商专门设立负责处理退货的部门，协调制造商与顾客。

工厂存货并直接发运和在途并货

在途并货是将订单中来自不同地点的产品合并起来，一次性发给顾客。图4-4给出了在途合并网络中的信息流和产品流。

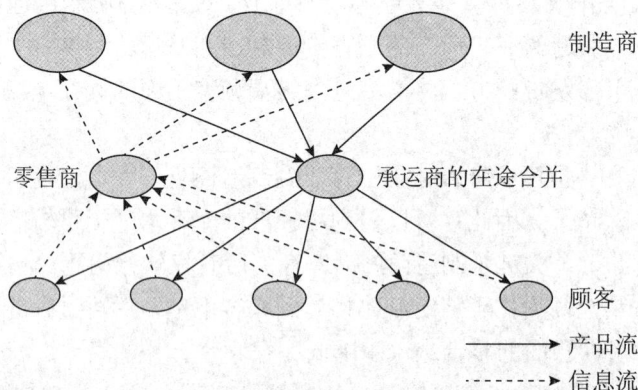

图4-4　在途合并网络中的信息流和产品流

在途合并的明显优势是集中库存和延迟产品定制化的能力。这种方式对那些需求难以预测的高价值产品效益最高，特别是在产品的客户定制化可以延迟的情况下。

实施在途合并是需要具备合并能力的，其仓储设施成本较高。为了实现在途合并，需要建立一套复杂的信息基础设施。除了信息之外，零售商、制造商和承运商的运作也必须协同。

由于需要实施合并，响应时间可能稍长一些。顾客体验则要优于代发货方式，因为即使一个订单包括多个供应商的产品，但是承运商在途合并后，顾客对一笔订单只需一次收货。订单可见性是一个非常重要的要求，订单中的产品在承运商的中转站合并之后，订单跟踪可轻易实现。在途合并方式下，可退货性与代发货方式类似，处理退货问题也很类似，逆向供应链仍然费用高昂且难以实施。

在途合并的不足是在途合并需要额外的付出。这种方式最适合零售商从有限的制造商那里采购的中低等需求的高价值产品。

分销商存货加承运商送货

在这种方式下，制造商的工厂并不保留库存，而是将库存存放在地区分销商/零售商的仓库，作为工厂与顾客之间的中间仓库，然后由物流快递将产品从中间仓库运送给最终顾客。图4-5给出了使用分销商存货加快递送货的信息流和产品流。

与制造商存货相比，地区分销商仓库所需的库存量较高。从库存的角度看，分销商库存适用于高需求的产品，不适用于严重滞销的产品。在某些情况下，产品差异化延迟至地区分销商仓库是可以实现的，只不过要求地区分销仓库具备一定的装配加工能力，成为地区配送中心。

　　与制造商存货相比，分销商存货的运输成本相对较低，这是因为运到仓库的主干线运输可以采用整车装运的经济运输方式。仓库距离顾客又比较近，响应能力增强，而且完全可以将发往同一顾客的来自多个制造商的产品包装在一起一次性发运，使顾客享受一站式购物体验，也进一步降低了运输成本。不过，这种方式下，地区分销仓库的设施成本相对较高。

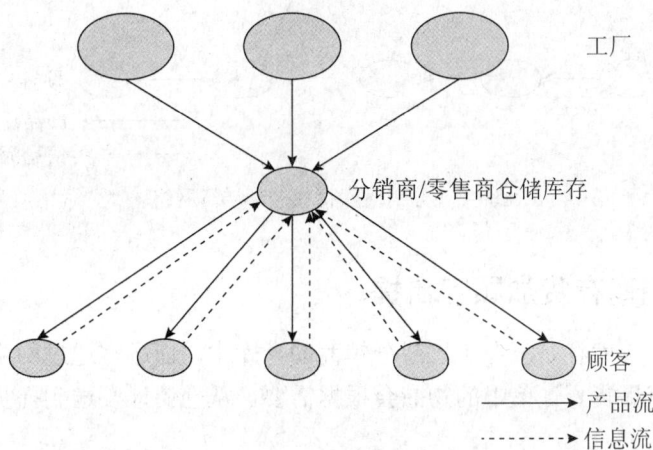

图4-5　分销商库存加快递送货的信息流和产品流

　　分销商存货充当着顾客与制造商之间的缓冲器，便于协调管理。在顾客与分销仓库之间的实时订单跟踪容易实现。可退货流程容易确定，退货仅单个包裹，并且所有退货都可以在分销仓库完成。

分销商存货加循环送货

　　循环送货是指分销商/零售商不依靠物流快递而将产品按预先确定的数量在预定的时间段内送到顾客的手中。在汽车零部件业，分销商存货加循环送货是比较常见的方式，因为仅靠各个经销商独立持有库存的成本过高，经销商不易接受。因此原始设备制造商通常会设立分销中心储备大部分库存，这类分销中心一般由第三方管理。地区分销中心负责为一批经销商运送其所需的零部件，每天可能运送数次。与包裹快递不同，循环送货要求分销仓库更靠近其顾客，因而分销商可能需要设立更多的仓库。图4-6是分销商库存加循环送货网络。

　　分销商库存加循环送货可采用"牛奶配送"的循环方式，运用卡车绕行一圈定期送达至顾客，起点是分销仓库，终点也是分销仓库。这种方式适用于需求较为紧迫的比较畅销的产品。汽车经销商所需的汽车零部件可以通过这一方式完成。

　　循环送货的响应能力比包裹快递要强。能够保证产品可获得率。对于那些体积大、难以携带的产品，或者需要专业运输的产品而言，优势明显，顾客可放心收货。循环送货的退货便于实施，送货车到达收货时就可退货。

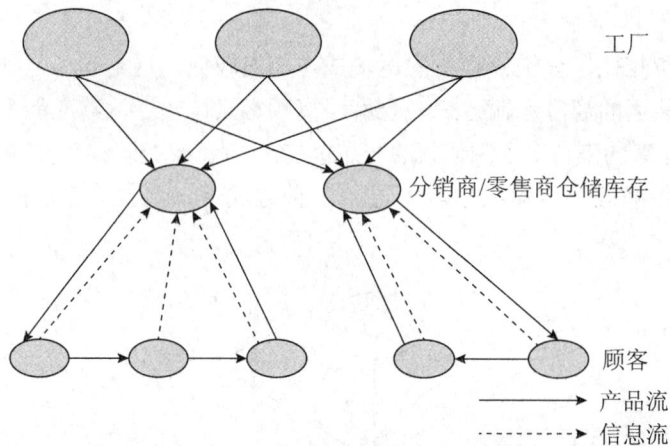

图4-6　分销商库存加循环送货网络

工厂或分销商存货加顾客自提

在这种方式下，库存是放在工厂或分销商的仓库中，而顾客通过网络下订单，然后自行到指定的提货点提货。订单中的物品会根据需要，从仓储地发送到提货点，然后通知顾客自行取货。

利用这种方式，通过工厂或分销商的库存集中可以降低库存成本。零售商可以在提货点存放畅销品，而将滞销品存放在中央仓库或者制造商工厂的仓库里。这种方式下的运输成本低，因为订单中的产品运送到提货点可以实现一定的规模效应可以通过整车或零担承运商将货物运送到提货点。

如果要建新的提货点，那么设施成本就会增加。对于顾客自提来说，订单可见性非常重要，需要完善的信息系统及设施。

退货可以在提货点来完成，从而为顾客提供方便。顾客自提网络的主要优势在于它可以降低送货成本，不必要将每件产品送货上门，从而降低了工作复杂度。

零售商存货加顾客自提

这种方式被看作是最为传统的零售形式。由于缺乏集中效应，零售商存货会增加库存成本。由于可以采用比较低廉的运输方式为零售店补货，运输成本自然会降低。这一方式需要很多的当地零售点及仓储设施，因此设施成本高。如果顾客在店内体验、网上订货，店内自提，则会形成线上、线下相互配合的零售模式。零售店可提升顾客购物信心，增强顾客的信任感，网上下单，则会提供网购体验，提高订单的可见性，提升响应能力，便于顾客网上支付，便于顾客参与网上金融活动。接受网上下单还可帮助零售店提前获知顾客需求，节省零售店的库存空间。这种方式下的产品退货方便，可以在提货点也可以在零售店处理。

亚马逊采用的是混合网络，畅销品在大多数仓库都有存放，销售量一般的产品在少数仓库中存放，滞销品则可能由供货商代发货。

4.1.3 分销策略模式

从上面介绍的分销网络可选方案中，不难发现有下面几种典型的分销策略模式，它们直接影响着分销网络结构。

直送型

直送型可从工厂或仓储中心直接送至某一个目的地。直送型的特点是：

① 从供货处直接运达需求地；

② 每一次配送的运输路线都是确定的，管理者只需要决定每次配送的数量和要选择的运输方式；

③ 管理者需要在运输成本和库存成本之间进行权衡。

直送模式的主要优势是：

① 不需要中转仓库；

② 货运决策完全本地化，而且针对某一批次货运的决策不会影响其他批次的货运；

③ 顾客可快速获得产品，易退货，质量问题易追溯，因为没有中间环节。

这种方式的局限性也很明显，需要考虑需求的批量大小，考虑运输成本。如果小批量配送导致成本增高，就要注意了。

并货型

并货型是指将小运输批量合并成大批量，拼货或合并运输，实现配送的规模经济性。例如，可将运送给某一需求地的订单合并，等到满车时再发运。实践中，并货型配送可以是供货商用一辆卡车给多个需求地送货，把多个需求地的订单合并，或者一辆卡车从多个供货商处取货然后送至同一个需求地，或者在仓储中心合并送往同一目的地的订单。前两种情况下，管理者每次都要确定并货配送路线。

并货配送的优势是无须中间仓库，可以将多个地方的货物聚集到一辆卡车上从而降低运输成本。

当要运往每一个目的地的货物量很少不足以装满一辆卡车，而多个目的地距离较近时，可以将货物合在一起，提高车辆的装载率。

如果需要定期进行小批量频繁送货，且若干供货商或零售商在地理位置上非常接近，那么并货配送可以极大地降低运输成本。

集中型

在这种方式下，供货商将产品运送到中央配送中心进行存储，等需求地需要时，再通过配送中心进行并货运送到各个需求地。这是一种集中存储方式，中央配送中心相当于货物集散场所。集中型分销的特点如下所述。

① 产品以大批量运送到配送中心作为库存，在需要时可以以较小的补货量运送到需求地，也可以并货运送给各个需求地。

② 配送中心的作用是让供应链可以在靠近需求地的一个点实现运输的规模经济性。供货商向配送中心送货可以获得规模经济性，配送中心负责本地区范围送货，配送成本不会太高。

集中型分销的主要优势是：

① 库存集中有利于库存水平的降低；

② 进场干线运输可以获得规模经济性；

③ 地区配送可以实现并货，从而在支线及最后一公里配送上获得运输成本的降低。

集中型分销需要建设地区配送中心及其相关设施，必然会增加设施成本。

中转型

在这种方式下，供货商将产品运送到一个中转站（也可以是配送中心），在那进行越库交叉转运（不进入存储区域），然后直接运送到需求地。此时的产品流与集中型分销相似，只不过中转中心没有存货，货到达后，接着就装到另外的车上发运了。

中转型分销的主要特点是依靠中间设施进行中转，而不是存储；进场运输和出场运输都可以实现规模效应。

这一方式的主要优势是降低库存水平，加快供应链中产品的流动速度，相比集中型分销减少了库存、节省了装卸搬运成本。

混合型

上述单一的分销策略虽然对某些产品、某些订单获得规模经济性有益，但是实践中往往要根据企业的具体情况，考虑产品特性、需求特点、订单批量、销售规模、顾客服务水平的要求等采用混合型分销策略。混合型分销策略可使企业根据具体情况分别确立具体的差异化分销策略，这样往往会获得全局物流总成本的降低。

■ 4.1.4　配送与配送需求计划

配送

一般而言，配送是指根据客户的要求，在物流场站内进行分拣、配货等工作，并将配好的货物及时交给收货人的一个过程。我国国家质量技术监督局在2001年颁布的《中华人民共和国国家标准——物流术语》中，对配送的定义是：在经济合理区域范围内，根据客户要求，对物品进行分拣、加工、包装、分割、组配等作业，并按时送达指定地点的物流活动。

配送是从发送、送货等业务活动中发展而来的。原始的送货是作为一种促销手段而出现的。随着商品经济的发展和客户多品种小批量需求的变化，原来那种有什么送什么和生产什么送什么的发送业务已不能满足市场的要求，从而出现了"配送"这种发送方式。配送的产生和发展既是社会化分工进一步细化的结果，也是社会化大生产发展的要求。配送最接近顾客，是连接物流系统和消费者的纽带和桥梁，配送功能完成的质量及其达到的服务水平反映了物流系统对需求的满足程度。配送是"配"和"送"的有机结合。配送与一般送货的重要区别在于，配送利用有效的分拣、配货等工作，使送货达到一定的规模，以便利用规模优势取得较低的送货成本。

配送需求计划

配送需求计划（distribution requirements planning，DRP）是一种既保证有效地满足市场需要，又使得分销物流资源配置费用最低的计划方法。这一计划需要确定是否需要为分支仓库补货，确定补货策略、补货时间与数量。在多级分销网络中更为复杂，它要考虑多个配送层次及其特点。从库存管理角度来考虑，制造和装配完成之前的库存管理靠物料需求计划（MRP）、主生产计划（MPS），而一旦制成品到了仓库，由成品库通过分销渠道到顾客手中就由DRP来制订计划了。DRP在逻辑上与MPS相似，只不过MPS安排的是生产计划，而DRP则是补货及送货计划。

DRP最基本的工具就是一个类似MPS的明细表，它用于协调整个计划期内的需求。涉及每一个库存存储单元SKU和每一个配送设施。同一个SKU的明细表被汇总后，就可用于确定仓库的需求。DRP明细表的信息不断更新，并在中央仓库和地区仓库之间实现周期性传递或即时传递。

配送需求计划的逻辑方法

下面举例说明两个地区仓库与其中央仓库配送需求计划的制订过程。

表4-1是某地区仓库1的DRP明细表，表4-2某地区仓库2的DRP明细表（空）。

表4-1 某地区仓库1的DRP明细表

期初库存45		安全库存20		订货批量60		订货提前期2天		
周期/天		1	2	3	4	5	6	7
预计需求/个		20	20	20	10	30	30	20
预期存货/个	45	25	65	45	35	65	35	75
计划收到量/个			60			60		60
计划订货/个				60		60		

从表中可以看出DRP明细表的一般结构。

"计划收到量"栏目是否填数，取决于"预计期初库存量—需求量"是否大于安全库存。如果"是"，则期初库存量（即上期期末库存量）不仅满足本期需求量，而且满足安全库存的设置要求，因而此时无须收到货。如果"否"，则需要此时到货，才能满足要求。计划到货量要考虑订货批量要求。

预期存货量（本期期末库存量）按照下面公式得到。

预期存货量（本期期末库存量）=期初存货+本期收到货物数量–本期需求量

计划订货数量由计划收到量，考虑提前期前置得到。提前期是发出订单到收到货之间所需的时间。

以仓库1的明细表为例。期初库存量为45，周期1的预计需求为20，那么周期1的预计库存为25，大于安全库存20的要求，所以不需要补货。周期2的预测需求数量为20，而周期2期初库存25减去周期2的预计需求量20，得到周期2的预计库存仅剩5，低于安全库存20，所以周期2需要收到货，考虑到订货批量要求，收到货60可以满足要求。本期收到60，加上期初25，减去需求20，得到本期期末库存65。同样方法，可以得到周期3无须到货。因为扣除需求量的本期期末库存45就达到了安全库存的要求。同理，可给出周期4、5、6、7的预期存货量与计划到货量。

因为订货提前期为2周，订货订单下达到货物收到的时间需要2周，所以计划订货量需要达到到货数量要求，时间上还要提前2周。在表中，周期2的到货肯定已经在1期前下达了，所以表中没有出现。周期5、周期7的到货分别需要周期3、周期5的计划订货订单来保证。

那么，现在，你可以独立完成仓库2的DRP表格吗？试一试。

表4-2　某地区仓库2的DRP明细表（空）

期初库存 32		安全库存 10		订货批量40		订货提前期1天		
周期/天		1	2	3	4	5	6	7
预计需求/个		15	15	15	20	15	15	15
预期存货/个	32							
计划收到量/个								
计划订货/个								

完成后可以与表 4-3 比较下是否相同。

表4-3　某地区仓库2的DRP明细表

期初库存 32		安全库存 10		订货批量40		订货提前期1天		
周期/天		1	2	3	4	5	6	7
预计需求/个		15	15	15	20	15	15	15
预期存货/个	32	17	42	27	47	32	17	42
计划收到量/个			40		40			40
计划订货/个		40		40		40		

比较后相同吗？相同，恭喜你答对了。不完全相同，请你返回到表4-1那里，再看一遍。

所有的地区仓库的DRP明细表出来之后，就可以将其中的计划订货数传送到中央仓库，得到中央仓库的DRP明细表（空），中央仓库的库存及订货要求已经列在了表4-4的第一行。现在中央仓库如何安排向其上游供货商订货呢？同样，你可以按照表4-1的方法来完成填写。

表4-4 中央仓库的DRP明细表（空）

中央仓库：期初库存 100		安全库存 50		订货批量150		订货提前期1天		
周期/天		1	2	3	4	5	6	7
地区仓库1计划订货/个				60		60		
地区仓库2计划订货/个		40		40			40	
总需求数/个		40	0	100	0	60	40	0
预期存货	100							
计划收到量/个								
计划订货/个								

完成后，不妨与表4-5比较下，检验自己是否掌握了这个方法。

由中央仓库的DRP明细表可以得到中央仓库的计划订货数量。如果中央仓库是向工厂订货，那么，所有中央仓库的计划订货数据就可作为工厂制主生产计划的依据，也就是说，主生产计划必须保证所有中央仓库的订货要求得到及时满足。

表4-5 中央仓库的DRP明细表

中央仓库：期初库存 100		安全库存 50		订货批量150		订货提前期1天		
周期/天		1	2	3	4	5	6	7
地区仓库1计划订货/个				60		60		
地区仓库2计划订货/个		40		40			40	
总需求数/个		40	0	100	0	60	40	0
预期存货	100	60	60	110	110	50	160	160
计划收到量/个				150			150	
计划订货/个			150			150		

DRP明细表的调整

在以上DRP明细表中，每期的需求量是根据历史数据通过预测方法得到的。每一期的实际需求量与预测量可能存在差异，实际量往往也在变化中（新的订单要不要接受，接受了能不能完成，计划中采用了需求时界与计划时界的做法来解决这一问题，这里不做讨论，有需要的读者可参考作者所编的企业资源计划——ERP原理应用与案例），所以以上DRP明细表中需要在预测需求行后加一行"确认的配送量"。

当实际需求与预测需求有差异时，对DRP明细表的调整如表4-6所示。调整后表格的填写与上述方法相同，不过需求量应该采用Max｛"预计需求量"，"确认的配送量"｝，这是因为原有预测量已经证明是小了，需求量就要采用确认的配送量，否则无法满足已经确认的顾客订单。预测量比确认的配送量大应该在情理之中，因为顾客订单还会再增加，越往后增加得越多。

表4-6　某地区仓库2的DRP明细表

期初库存 32		安全库存 10		订货批量40		订货提前期1天		
期（天）		1	2	3	4	5	6	7
预计需求量（个）		15	15	15	20	15	15	15
确认的配送量（个）		16	15	15	16	12	13	12
预期存货	32	16	41	26	46	31	16	41
计划收到量			40		40			40
计划订货量		40		40			40	

读者可以看一下表4-6与表4-3的区别。

DRP对存货的有效管理使存货水平得到了降低，同时也减小了库存成本。对订单执行情况能进行有效的跟踪，协调了产品物流环节，降低了物流成本，降低了配送过程的运输费用，提高了预算能力。同时也改善了服务水平，保证顾客的需求得到满足。还提高了对市场不确定性的灵活响应能力。

当然，DRP对订货周期的确定性有很大的依赖，而订货周期受到很多不确定因素的影响，这在实际中需要做出调整。

配送资源计划

当配送系统有多个运行单位（如多个仓库）时，需要从系统整体的角度，对现有的各配送资源进行有效的整合，确定运作单位的经营方向和经营内容。配送资源计划（distribution resource planning，DRPⅡ）就是为了提高配送环节的物流能力，达到系统优化运行的目的，而对配送需求计划的内容进行扩展，考虑全部配送资源设立的计划。

DRPⅡ能有效解决以下问题：

① 当配送系统设立多个仓库/储运中心/转运站时，设置多少个仓储据点才是合理的；
② 仓库位置的选择和配送区域的确定，以满足配送系统的需求；
③ 仓库存放的商品种类、数量，以满足该区域的商品需求，仓库空间的规划；
④ 仓库据点的设施资源和人力资源的确定。

4.2　仓储管理

4.2.1　仓储及仓储功能

仓储概念

仓储是指为满足市场和顾客的需要、生产的需要，协调供求活动，确保社会生产、生活的连续性，而设立的用来储存存货或转运的设施。仓储管理是为了充分利用仓储资源，提供高效的仓储服务所进行的计划、组合、控制和协调的过程，对物资进行储存、保管、搬运、加工等一系列作业活动，保持物资完好，防止物资损耗、变质和丢失。

仓储功能

仓储系统的主要功能是储存、并装（拼装）、分装（拆装）、混装、搬运（包括装货与卸货、入库与出库、按订单拣货并包装）。

储存就是要有序地储藏货物并保护好。货物往往对存储时间、存储条件有要求，存储设施及其结构、布局需要达到所需的存储条件。

对于供应来源较多的货物，设立货运站点或仓库设施，将零散的货物集中成较大的批量，实现并装、拼装；与并装相反的是分装、拆装，以低费率大批量运输的货物进入仓库后，根据顾客需要换装成小批量的顾客订单包装；混装既有并，又有分。

有些情况下，卸货—搬运至库位、搬运至运输工具—装货可看作一次性作业，但有些情况下，它们属于不同的工序，分别需要不同的装卸设备与工具，搬运活动利用多种搬运设备来完成，如手推车、托盘、叉车及自动化的堆垛、分拣系统。

仓储系统的储存支持了企业生产制造、支持了企业营销活动，满足了顾客需求。可以说，规划、设立仓储设施及其软硬件系统，对于满足企业需求，平衡服务质量与运营成本具有重要意义。

仓储环节的信息收集与反馈不仅利于企业管理决策，而且利于供应链系统范围的管理决策。政府机构的仓库监管也需要实时的仓储信息，例如保税仓库的监管、危险品仓库的监管。

仓储是物流增值服务功能的重要实现环节。如，流通加工可提高产品质量、配置产品功能，实现产品差别化；通过仓储的时间控制实现物流管理的时间效用价值；通过仓储产品整合，满足顾客多样化需求等。

仓储不仅可以实现保值、增值，而且还能够实现过季消费、防范突发事件、物品短缺时增大供货或物品富余时存储的功能，利用供求关系调控物价，稳定经济社会。

仓储类别

可以按照仓储对象的不同、经营主体的不同、经营方式的不同、仓储功能的不同等来进行分类。

按照仓储对象不同，仓储类别可分为以下两种。

（1）普通物品仓储。普通物品仓储为不需要特殊保管条件的物品仓储。一般的生产物资、生活用品、普通工具等杂货类物品，不需要针对货物设置特殊的保管条件，采取无特殊装备的通用仓库或货场存放货物。

（2）特殊物品仓储。在保管中有特殊要求和需要满足特殊条件的物品的仓储，如危险物品仓储、冷库仓储、恒温仓储等。特殊物品仓储一般为专用仓储，按照物品的物理、化学、生物特性以及法规规定进行仓库建设和管理。

制造工厂的存储仓库可分为原料仓库、半成品仓库、成品仓库及物品仓库四类。

① 原料仓库。原料仓库储存从外部购买的、直接用于产品生产使用的各种原材料、零配件等物料，如纸箱、塑胶袋等。

② 半成品仓库。半成品仓库储存内部作业过程中的各类半成品、零组件等物料，同时也储存委外加工的半成品、零散组件等物料，如塑胶制品、电镀品、涂装品等。

③ 成品仓库。成品仓库储存已经全部加工完成、正等待出货的成品。

④ 物品仓库。物品仓库储存各种非直接用于产品生产使用的辅助物品，如工具、劳保用品、办公用品、擦拭剂等。

企业仓库分类不仅要考虑产品形态，还要考虑产品储存特性，如某企业设有常用物料仓（包括上述前三类）、毒品仓、易燃易爆品仓、工具仓、办公用品仓等。该企业的原材料仓又可分成电子元器件仓、五金仓、塑胶原料仓、塑胶仓、包装材料仓等。

按照仓储经营的主体的不同，仓储类别可分为以下四种。

（1）企业自用仓储。包括生产企业和流通企业的自用仓储。生产企业自用仓储为生产企业使用自有的仓库设施对生产使用的原材料、生产的中间产品、最终产品实施储存保管的行为，其储存的对象较为单一，以满足生产为原则。流通企业自用仓储则为流通企业以其拥有的仓储设施对其经营的商品进行仓储保管的行为，仓储对象种类较多，其目的为支持销售。企业自用仓储仅仅是为企业的产品生产或商品经营活动服务，相对来说规模小，数量众多，专用性强，而仓储专业化程度低，设施较为简单。

（2）商业营业仓储。指仓储经营人以其拥有的仓储设施，向社会提供商业性仓储服务。仓储经营人与存货人通过订立仓储合同的方式建立仓储关系，并且依据合同约定提供服务和收取仓储费。商业营业仓储的目的是在仓储活动中获得经济回报，实现经营利润最大化，包括采取提供货物仓储服务和提供仓储场地服务两种。

（3）公用仓储或公共仓储。公用事业的配套服务设施，为车站、码头提供仓储配套服务。其运作的主要目的是保证车站、码头的货物作业，具有内部服务的性质，处于从属地位。但对于存货人而言，公共仓储也适用营业仓储的关系，只是不独立订立仓储合同，而是将仓储关系列在作业合同之中。

（4）战略储备仓储。国家根据国防安全、社会稳定的需要，对战略物资实行储备而产生的仓储。战略储备由国家政府进行控制，通过立法、行政命令的方式进行。战略储备特别重视储备品的安全性，且储备时间较长。战略储备物资主要有粮食、油料、能源、有色金属、淡水等。

按仓储功能的不同，仓储类别可分为以下四种。

（1）储存仓储。储存仓储为物资较长时期存放的仓储。由于物资存放时间长，存储费用低廉，储存仓储一般在较为偏远的地区进行。储存仓储的物资较为单一，品种少，但存量较大。由于物资存期长，储存仓储特别注重对物资的质量保管。

（2）物流中心。物流中心仓储是以物流管理为目的的仓储活动，是为了实现有效的物流管理，对物流的过程、数量、方向进行控制的环节，为实现物流时间价值的环节。一般在城市或经济地区的中心、交通较为便利、储存成本较低处进行。物流中心仓储批量较大进库，一定批量分批出库，整体上吞吐能力强。

（3）配送中心。配送中心仓储是商品在配送交付消费者之前所进行的短期仓储，是商品在销售或者供生产使用前的最后储存，并在该环节进行销售或使用的前期处理。配送仓储一般在商品的消费经济区间内进行，能迅速地送达消费和销售。配送仓储物品品种繁多，批量少，需要一定量进库、分批少量出库操作，往往需要进行拆包、分拣、组配等作业，主要目的是支持销售，注重对物品存量的控制。

（4）运输中转仓储。指衔接不同运输方式的转换的仓储，在不同运输方式的相接处进行，如港口、车站库场所进行的仓储，是为了保证不同运输方式的高效衔接，减少运输工具的装卸和停留时间。运输中转仓储货物存期短，注重货物的周转作业效率和周转率。

物流中心与配送中心在后面介绍分销网络时，会给出具体的定义。

4.2.2 仓储管理决策

基本原则

仓储管理涉及许多重要决策，包括选址、空间布局、数量、规模、仓库地址、类型、仓库设置数量、仓库内部规模、仓库储存规划等都要确定。

这些基本的仓储决策是在成本、服务效益与安全性的均衡框架内做出的。例如，前面提及的拥有大量仓库会因为仓库距离顾客近而使顾客服务水平提升，但是同时设施成本以及库存成本就比较高。

因此，物流系统中设立仓库，进行仓储管理的各项决策，均应符合经济性、服务效益与安全并重的基本原则。

① 经济性。仓储成本是物流成本的重要组成部分，因而仓储效率影响到整个物流系统的效率和成本。所以在仓储过程中要充分发挥设施设备的作用，提高设施设备的利用率；缩短物资在库时间，提高库存周转率；充分调动员工的积极性，提高劳动生产率。

② 服务效益。仓储活动本身就是提供服务的，从仓储的定位、操作、货物控制都围绕着服务效益进行，围绕着提供服务、改善服务、提高服务质量的原则进行。

③ 安全。仓储活动中不安全的因素很多。有部分是产品特性决定的，例如有的物资具有腐蚀性、毒性、辐射性、易燃、易爆性等；有的部分来自仓储管理过程中的操作不当。因此在仓储管理活动中要绝对保证人员、产品和设施的安全性。

仓储战略

仓储战略应该聚焦于提升供应链的竞争优势。时间是有效仓储最重要的因素，仓储战略规划应考虑缩短交货周期、缩短供应链物流每一环节的时间，做好顾客服务；提高服务质量，增强快速响应能力；降低物流总成本；发展绿色低碳物流；提高资产利用率。

做好供应链仓储战略，应充分考虑多种因素。

① 供应链未来业务增长或下降的预测。

② 需要进出仓库的商品数量增长或下降的预测。

③ 仓库存货的增加或减少。

④ 仓储商品类别的改变、商品特征。

⑤ 房地产市场趋势、仓库租赁价格。

⑥ 互联网信息技术的影响。

⑦ 仓储空间、人力及设备系统的获取。

⑧ 仓储设备及信息系统的保养与更新。

供应链在不同阶段、不同时期要进行仓储系统方案的调整，以满足不同时期供应链成员企业所预期的仓储需求。

仓库选址、数量及规模的决策可以连同整个物流网络一起来进行优化，会在网络优化模型中做进一步介绍。下面介绍一下自用仓库、公用仓库、契约仓库策略。

自用仓库还是公用仓库

在仓储空间获取时，企业有两种基本方案：建设自用仓库还是租用公用仓库。两者之间的选择会影响企业的资产负债表和损益表。很多公司将公用仓库和自用仓库结合起来使用，这是因为各地区的市场情况不同，还有一些其他的原因，例如供给或需求的季节性的变动等。

如果企业使用公用仓库，那么就具有存储柔性，因为可以租用公用仓库在不同时间段的空间。对于使用自用仓库的企业来说，规模决策显得很重要，因为仓储设备的存储规模一旦设计好就相对固定。企业使用自用仓库还需要解决仓库内部如何布局的问题。企业做决策时必须考虑到存储的产品特性、通道空间、货架、物料处理设备以及仓库内部空间等。存储产品的特性、类型和数量对于仓库类型的决策尤为重要，企业需要决定拥有的仓库是否都要保管所有的产品，或者每一类仓库只存储特定类型的产品，即如何将仓库的专业化和通用性结合起来。

使用自用仓库还是公用仓库？这两种方式各有利弊。

（1）自用仓库

多数企业都拥有自己的仓库。从劳保用品仓库到生产用原材料库，形式多种多样。自用仓库需要企业自己来投资建设，具有很多好处。

① 控制权：企业对自用仓库各项作业有绝对的控制权，利于与其他内部流程的整合。

② 灵活性：企业可灵活调整各项作业与流程，以满足顾客个性化需要。

③ 成本：当仓库物品数量达到一定规模时，自用仓库的成本有时可能会更低。

④ 更好地利用人力资源。

⑤ 无形效益：增强客户的信任感；产生营销优势。

（2）公用仓库

没有大规模的存货或者存货需求季节性非常强的企业，不能持续有效地使用好自用仓库。远距离、小批量送货的企业也会发现，使用公用仓库则更为经济。对于那些销售水平和稳定性都不确定的新企业来说更是如此。公用仓库有下列好处。

① 专业的仓储管理与显著的规模经济。

② 企业无须支付仓库的投资,从而会增加企业的投资回报率。

③ 满足需求高峰期对仓库空间需求增加的能力。

④ 减少风险,避免由于自身兴建自用仓库而导致的资产投资和财务风险。

⑤ 灵活性:可根据客户需求、市场变化、服务质量,自行选择、改变仓库的地点/数目等,做出快速反应。

⑥ 专业的仓储、包装、配送、流通加工、信息传输服务。

⑦ 可详细了解存储成本和搬运成本。

下面比较一下公用仓库和自用仓库的总成本。

公用仓库全是变动成本,当企业不存储时成本为零,当企业的仓储量增加时,企业要租用更多的仓储空间,那么成本也随之上升。企业在公用仓库使用的空间多,成本就会按比例增加,从这个角度看,成本是线性变化的,随存储量的变化而变化。但实际情况中,公用仓库对大量的空间租用费用会有一定的折扣优惠,这样就使成本曲线不完全是呈线性变化的。

自用仓库除了仓储过程中的作业成本,行政费用等,还包括建设仓库的投资成本,这部分成本是固定成本。由于公用仓库包含利润和营销成本,所以通常自用仓库运营变动成本的变化率要比公用仓库的小。这样在某一点上,这两种成本曲线会有一个交点,这个点对应的是吞吐量。因此当企业吞吐量小于这一特定点时,租用仓库是比较好的选择;随着吞吐量的增加,自建自用仓库是比较好的决策。

这种分析方法相对于公司实际可能过于简单,尤其是对大型的具有复杂产品线的企业。但是这种分析思路是可以实现的。首先,企业可能会不时的增加一个仓库,而且由于市场和成本状况的差异,每当要增加仓储空间时,需要在自用和公用两者之间进行选择。其次,即使企业有时需要增加多个仓库,但是由于地区环境差异,企业则需要对每一个仓库逐一进行分析。

由于自用仓库存在固定成本,因此自用仓库需要相对较高的吞吐量来实现仓库的经济性。自用仓库只要建造了,不管是否使用,固定成本都会产生,那么企业就必须有足够的仓储量来分摊固定成本,使自用仓库的平均成本低于公用仓库的成本。这种分析包含两个假设:第一个是自用仓库的单位变动成本低于公用仓库,否则自用仓库的总成本就永远不会比公用仓库的总成本低。另一个假设是仓库的使用率或吞吐量在一年的大部分时间是稳定的,否则企业就会在规模决策上遇到麻烦,从而不可能有效地利用仓储空间。

仓库需求的稳定性需要通过多条产品线。很多大型企业和一些小型企业拥有多个产品线,这样有助于仓库吞吐量的稳定,由此来达到经济型自用仓库所需要的仓储量。自用仓库可以设立在市场需求密集区,这样即有利于提高服务水平又可以降低运费。建立自用仓库另一个有利的因素是可以获得更多的控制权,这样可以使企业实现对客户和工厂的安全、冷藏及服务的控制。此外选择自用仓库可以将仓库的使用和企业其他地区的需求结合起来。

就某一区域的仓储战略而言，最具成本效益的做法，应是将正常的仓储需求以自用仓库应付，而将非正常（尖峰期的多余）的需求利用公用仓库解决。

契约仓库

公用仓库的发展趋势是开始使用契约仓库或者第三方仓库。契约仓库是以顾客为导向的公用仓库或商业营业仓储，由外部公司或机构提供物流服务。契约仓库以提供高效、经济和准确的配送服务而见长。

物流业主必须将契约仓库和一般的公用仓储区分开来。期望高服务质量的企业应该使用契约仓库。这些仓库是为了满足高标准和专业处理要求而设计的。另外，需要一般产品处理服务的企业则应该选择一般的公用仓库。从根本上讲，契约仓库是制造商和仓储公司之间的一种合作关系。因为这种合作关系，契约仓库服务的客户比传统的一般公用仓库要少。为满足客户特殊的要求，契约仓库会提供定制化的存储空间、劳力和设备。

契约仓库为有限的仓库使用者实现了定制化的物流服务，这些服务包括储存、拆包、组合、订单履行、在途混装、库存控制、运输安排、物流信息系统和其他一些附加的物流服务。契约仓库不仅提供储存服务，为了支持客户企业的物流渠道，它还会提供物流服务包。

契约仓库具有比自用仓库和传统的公用仓库更大的战略、财务和经营优势，其主要优势在于降低了物流总成本，并将精力集中于连接生产制造和营销流程方面。

4.2.3　仓库空间布局设计

为了理解仓库的布局和设计，需要了解一些典型仓库所必需的基本空间。这个仓库空间的讨论与仓库的运营密切相关。

决定仓库必需空间的第一步是做好储存规划，考虑产品特性，对存储物品按类别进行存储数量预测。最高存量、最低存量都会影响到仓位的大小。仓位大小若取决于最低存量，则显然仓位太小，会经常出现为腾出仓位而辗转搬运或无仓位的现象。仓位大小若取决于最高存量，常会造成仓位过大的现象。通常以正常周转存量来决定仓储空间。

下一步是将物品数量换算成需要的存储空间，这需要把托盘也包括在内，而且通常包含在相应区间内的10%～15%的增长许可度。另外必须加上过道占用的空间和其他设施操作时所需要的空间。仓库一般将1/3用于非存储功能。

首先，仓库需要为物流系统中运输部分提供一个附加空间，即接收进货和出货区。尽管这可以是一个区域，但是为了有效运作，通常需要两个区域。考虑这种空间需求时，需要选择是利用仓库外的装卸平台，还是将货物直接卸下来运进仓库。需要留有一个转车场，用于储存一些设备和托盘。发货前的备货空间和进行货物组装的空间也有必要。另外还必须有核对、计量和检验的空间。吞吐量的大小和频率是决定所需收发货区域大小的关键因素。

其次，实物配送仓库另外一个必需的空间是订单拣货区。这些功能所需空间的大小取决于订单的数量和产品的属性,以及搬运物料的设备。这个区域的布局对有效运营和顾客服务存在至关重要的影响。

再次即实际的存储空间。需要有效地使用仓库里的全部存储空间。注意区分保管型货物与通过型货物,通过型货物只是对货物进行分拣、包装、流通加工,并不进入存储区。

最后,仓库区域还需要考虑另外三类空间。第一,许多实物配送仓库有补救空间。这是为了挽救损坏的货箱中没有被损坏的产品而设立的空间。第二,行政人员和职员的办公室。第三,休息室、员工餐厅、便利设施和储物柜等需要的混合区。

如图4-7是某公司一个仓库的平面布置示意图。

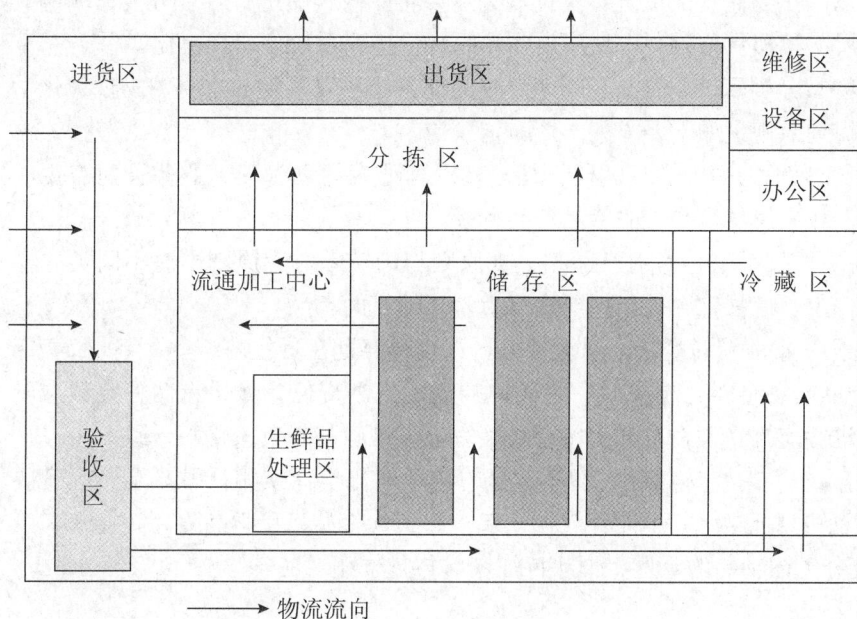

图4-7 某公司一个仓库的平面布置示意图

仓库的平面布置做到以下三个原则。

① 作业流程合理。仓储空间要与储存物品的数量和保管要求相适应,要保证库内物料流动方向合理、运输距离最短、作业环节经济、仓库利用率高,并能做到运输通畅、方便保管。

② 提高仓库经济性与效率。平面布置要因地制宜,使之既能满足物料运输和存放的要求,又能避免无谓的大面积浪费,应合理地利用库内设备,发挥设备效能,合理利用空间。

③ 符合安全、卫生要求。库内各区域间、各类仓库间应该留有一定的防火间距,同时要设有各种防火、防盗、防水等安全保护设施。此外,库内布置要符合卫生要求,综合考虑通风、照明、绿化等情况。

仓库空间布置中需要考虑仓库中的仓储设备与工具、辅助设施等在地面标高线上的相对位置,充分利用库仓高度。堆垛高度、货架高度、架上平台和空中悬挂等都应考虑。

仓库区位规划应满足以下要求。

① 区位标识，做好现场可视化，通道顺畅。

② 进仓门和出仓门明确，有标牌。

③ 测定存储定额，并有明确的标牌。

④ 明确规定消防器材放置的位置、消防通道和消防门的设置方式和救生措施等。

⑤ 区位内货位布置应明显，可用漆画线固定，堆放物品时以漆线为界。

⑥ 进仓门处，须张贴货仓平面图，图中标明该仓所在的地理位置、周边环境、仓区仓位、仓门各类通道、门、窗、电梯等内容。

规划了仓库区位，还要规划货位。

货位，即货物储存的位置。货位规划需要将库内物品进行合理分类、编号（库房号、货架号、层次号和货位号），使库内物品的货位排列系统化、规范化。

考虑物品分类目录、物品周转率、物品储备定额以及物品本身的物理、化学等自然属性，货位规划应满足如下要求。

① 明确标识物品分类与编码。使仓库管理适应计划管理、业务管理需要，与供应管理相衔接，如采用供应渠道的物品分类目录。

② 在货位排列上，考虑产品相关性原则与周转率对应原则。对不同类的物品在货架和层次安排上，应独立存放，但要注意节省存储空间。

③ 货位变动的及时登录，以避免呆料、废料弃置在货位内。

④ 物品储备定额。要按储备定额中的规定规划货位。如果无储备定额，可根据常备物品目录进行安排，并在货架上留有适当空位，这应与补货策略一致。

⑤ 物品本身的自然属性。物品本身的物理、化学性质相抵触，温、湿度要求不同，以及灭火方法相抵触时，不能存放在一起。做到危险品、化学品隔离。

⑥ 充分考虑物品的重量、形状特征，以与货位相对应。

4.2.4　越库作业

定义

越库作业中货物是流经仓库或配送中心而不是储存起来。这一新的策略方式越来越受到重视，因而专门做一介绍。越库策略可大幅降低库存水平，降低库存成本、降低仓库搬运成本、减少货物损失率、丢失率及加快资金周转等。采用越库作业后，仓库成为一个编组场所，而非一个保管场所。货物到达仓库后经过简短的交叉分装后，省去了仓储等其他内部操作，而直接将货物发送至供应链下一节点。我国国家标准对越库作业的定义是：产品在物流环节中，不经过中间仓库或站点，直接从一个运输工具换载到另一个运输工具的物流衔接方式。

越库作业所以盛行的主要原因有：

① 对较大、较稳定的需求，零售商运用越库方式来减少其中间渠道的库存；

② 对稳定而小批量的需求，采用越库技术来取代原来的零担运输，从而大幅度降低

运输成本；

③ 避免昂贵的库存费用；

④ 商品本身对时间的要求，例如快递、保鲜食品等。

类型

按照不同的企业类型可以将越库作业分为以下四种类型。

（1）制造型越库。接收及整合入货供应是为实现准时制造。例如，制造商可能会将仓库建立在工厂附近，作为准备零件或整合配套元件的集中地。由于采购计划订单可以直接来自MRP系统，零件到达仓库后，按照要求进行简单处理后直接运到车间，无须存储。

（2）销售型越库。整合不同供货商送往同一客户的货物，进行分拣、打包后直接运至各零售商处。

（3）运输型越库。许多物流公司为将不同客户的货物集中装在一起，以获得规模经济的效益，会对到达仓库的各类零担运输货物进行拼装，拼成一个集装箱装运以节约运输费用。

（4）零售型越库。从多个供应商处获得商品后，在仓库按照各零售店预先送到的订单将货物分拣装车，直接运至各零售店。货物在配送车辆上的摆放顺序和方法会对配送服务的质量、作业效率产生影响。

上述四种越库作业类型的共同特点是货物整合及短暂的交接时间，越库作业需要周密的时间、地点的安排。还可依据信息将越库作业分为前配送与后配送两种类型。

（1）前配送越库。供应商为分销商的越库作业准备直接配送的产品，并按照不同目的地将货物进行分类，并对货物进行标记或贴条形码或无线射频标签等操作。由于对入货的托盘进行标记，越库区的操作工人可以直接将货物装入出货车辆，而不需要临时堆码。同时由于不需要接触货物，可以降低操作成本。前配送类型有利于分销商，但较难妥善安排，因为分销商的上级供应商们必须知道每种货物需要多少及送到哪个客户手中，以便贴上相应的标签。因此，前配送类型要求在各环节中有完善的信息共享。

（2）后配送越库。分销商从所有供应商处订购货物后运至越库中心后再进行分拣整合，在接收货物时贴上标签。但这种模式会让分销商增加成本。

这两种方式的区别主要在于承担货物分拣的主体不同，前者主体是供货商，后者是分销商配送中心。

越库中心采用何种类型的越库作业模式要依据整体供应链的实际情况而定。

优势

越库作业与传统的仓库相比，具有如下优势。

（1）越库作业能减少不必要的仓储，节省库存空间，降低了库存成本以及人力成本。因为在越库作业物流系统中，配送中心不存储货物，只是一个中转站，将接收到的货物按照需求进行分拣装配，直接配送到各个销售门店，减少了货物的仓储和库存，节约成本。

（2）越库作业减少了配送中心的上架存储等物流活动，加快了货物的转运效率，能够实现对客户的快速响应，能够获得更高的客户满意度。

（3）越库作业采用统一配送并对货物进行配载运输，能够整合车辆运输，提高车辆装载率从而降低运输成本，节约运力资源。

（4）越库作业物流运作能够整合供应链上的资源，实现供应链上节点企业的信息共享，提高整个供应链的运作效率。

实施条件

能否顺利实施越库作业需要考虑以下几个方面。

（1）市场需求的平稳及需求量规模

需求预测稳定，市场波动不大，通常一种产品如果符合下述两个标准就可以选择实施越库作业：较低的变异及较高市场容量。越库作业与准时化生产很相似，有学者认为，越库作业是准时制在分销领域的应用。只有当货物的需求确定并且仓库能够安排随时到达的订单，越库作业实施就有了保证。如果需求量太低，则频繁运送小批量货物会增加运输费用，这时选择仓库存储作业也许更具有经济效益。

（2）供应链协调能力

从管理角度来看，越库作业是一个复杂的运作过程，需要分销商、供应商及客户之间广泛的协调与合作。在实施越库作业的最初阶段是最艰难的时期，供应链各成员都会经历设备投入、设施完善等带来的成本增加。另外，哪一方负责订单商品标记，哪一方负责信息管理系统软件的提供等，也需要供应链各成员进行充分的协调与合作。

（3）供应链信息流通

越库作业最大的优势是减少了产品流通时间以及降低库存。为达到这样的目标，就要求在供应链各成员间必须建立强大的信息共享系统来实现整个供应链的资源共享，以达到订单的事先分配和物流的及时链接。另外，还要求整个供应链使用通用条形码或无线射频标签和标准化的包装，以此简化产品流动过程中的处理程序，降低劳动力成本。

（4）强大的第三方物流

越库作业对运输环节有相当高的要求，如物联网设备、自动化分拣与信息化管理。第三方物流公司往往具有专业化的设施、设备与工具，还具有先进的管理技术和充足的运输设备，可以实现物流系统的越库运作。

除此之外，对产品的质量也有较高要求。在越库作业中，产品到达仓库后，只进行简单的分装与组配，不可能对产品的质量进行仔细检查，这就要求供应商一定要严把质量关，确保产品的顺利流通。

案例 **节节攀升的呆料**

旭际集团的财务总监每到年底都有一项非常棘手的任务：呆料报告及呆料的处理。

旭际集团2014年的销售额约为人民币90多亿，库存水平约为35多亿人民币。这个数据显然不是非常漂亮，与同行业年库存周转平均6次，优者12次的水平相比，相差甚远。而其中库存报表中的呆料为8.2亿人民币。每年财务总监都要为呆料问题召开一系列的会议，讨论、分析、试图解决呆料问题。而不幸的是，旭际集团的呆料水平就像美国当今的国债一样越积越多，而且只升不降，年年讲，年年涨。

每年的开会分析几乎是浪费时间：呆料的实物在仓库，但仓库只管进出货；而采购是根据计划下的订单；计划部门的计划则依照销售的订单；销售的订单则来自于客户的合同。往往出现呆料的原因是最终由于客户将合同取消了，这个产品又是定制品，无法再出售给别的客户，时间长了则成为呆料。客户取消合同，谁又能承担责任呢。又不能将客户找来兴师动众地开会责问。最终，往往是一场无果的会议。

在与高层讨论呆料的问题时，更为艰难；没有原因，更拿不出结果；如何处理这些呆料，没有领导出面签字，总是要再讨论讨论，放一放，寄希望于寻找到能接手这些呆料的客户，或者放到下一年再处理。年复一年，呆料越涨越高。而旭际集团的整体库存周转率无论如何也不能继续提高，进一步影响到集团的资金周转率。然而高比例的库存，并不能减少生产部门缺料断货的抱怨，而计划部门则不断提出要求，希望库存水平不断提升。但财务非常头疼的是，目前的状况是，库存水平已经占到总流动资产的70%，集团的总流动负债几乎与库存水平相当。很显然，这个数字无言以对股东的质疑。当然，旭际集团的其他财务指标都还非常漂亮，如销售额、利润、增长率等主要数据都能让投资者满意。

今年，财务总监下决心要把呆料问题彻底解决。恰巧的是，集团新近入职一位刚刚毕业的管理学硕士。财务总监将任务分派给这位年轻人，让他下基层，做调查，拿方案。今天这位年轻人正坐在财务总监的办公室做汇报：

"旭际集团的竞争对手都是一些国际巨头，像ABB，施耐德之类的大公司，旭际集团的主要客户则是如发电厂一类的国家或地方政府有政策性相关的企业。客户就是上帝，旭际集团的客户则是'上帝中的战斗机'。这类客户的要求都非常高，特别钟爱提出有自己特点的特殊要求和订制产品，似乎认为只有这样才能体会到做上帝的快感。

例如发电厂往往会对供应商的标准化产品提出自己的修改要求：控制柜上所安装的设备要求要按照客户的要求增减，不同地区操作工身高的差异，要求改变控制台高低以达到人体工效学的要求，由于机房的装修不同要求控制柜的大小尺寸也要按照装修的要求改变，而这些要求都被ＡＢＢ和施耐德一一驳回：控制柜多余的设备仪器可以不用，少的再另加控制柜；控制台不够高可以自己加脚垫；装修前就应该考虑控制台的大小。而客户选择旭际集团的重要原因除了价格因素之外，就是因为旭际集团愿意按照客户的各种具体要求定制产品。然而，不测风云常有，发电厂的建设改造项目常常因国际国内的经济大环境变化而改变，或由于地方政府的政策变动、人事变动而被搁置，还会由于环保评估不通过，社会舆论压力也会改变建设计划。结果是合同被取消或进行设计变更，订制的产品也被取消。由于是非标产品，别的客户又会提出不同的要求，而不能通用，产品被长期存放于仓库。随着时间的推移，订制品上的一些图纸都找不到了，控制柜上的设备和仪器也过时了，新的仪器的价格比老机器的价格便宜，功能还更多。设计人员也不愿意花时间和精力对呆滞产品进行改造再销售。而且也没有激励制度鼓励设计工程师利用呆滞产品。销售对于客户取消合同已经影响到自己的奖金，但不会进一步对呆滞的产品负责。

再说旭际集团的管理层，对于每年的呆料报告的态度是退避三舍。财务总监过去曾提出将部分时间过久的呆料报废处理，但遭到强烈的阻力。是因为这将直接冲减集团当年的利润，影响业绩，每年都不了了之。"

分析得相当漂亮，财务总监更想听得到是，这位管理学硕士是否能拿出一个切实可行的解决方案，不但从实物和财务上如何处置现有的呆料，进一步如何避免呆料的生成。

【讨论题】

（1）如果是你，你会拿出什么样的解决方案？如何预防呆料的形成？

（2）如何处理呆料？

（3）呆料报废对盈利有什么影响？

4.3 运输管理

4.3.1 运输与运输方式

运输的含义

运输是指人或物借助运力在空间上产生的位置移动。所谓运力，是由运输设施、路线、设备、工具和人力组成的，具有从事运输活动能力的系统。中国《物流术语》国家标准中对运输的定义是："用设备和工具，将物品从一地点向另一地点运送的物流活动。其中包括集货、搬运、中转、装入、卸下、分散等一系列操作。"运输的主要功能是实现物品远距离的位置移动，创造物品的"空间效用"。

运输系统是物流系统中最重要的组成部分之一。运输通过运输工具和方法使货物在生产地与消费地之间或者是物流据点之间流动。运输解决了物资生产与消费在地域上不同步的矛盾，具有扩大市场、扩大流通范围、稳定价格、促进社会生产分工等经济功能；对拉动现代生产与消费、发展经济、提高国民生活水平起到了积极的作用。

路权（航权）、运输工具以及运输组织机构共同构成了运输系统的基础结构。

运输与配送的关系

运输与配送同属于物流系统中的线路活动，运输以远距离、大批量货物的位置转移为主，配送则主要从事近距离、小批量货物高频率的位置转移，二者相辅相成，互为补充，共同创造物品的空间效用。我们可以从以下几方面来认识运输和配送的关系。

（1）运输和配送都是线路活动

物流活动根据物品是否产生位置移动可分为两大类，即线路活动和节点活动，产生位置移动的物流活动称为线路活动，否则为节点活动。节点活动是在一个组织内部的场所中进行，不以创造空间效用为目的的活动，如在工厂、仓库、物流中心或配送中心内进行的装卸、搬运、包装、存储、流通加工等。

运输是一种线路活动，它必须通过运输工具在运输线路上移动才能实现物品的位置转移。配送以送为主，属于运输范畴，也是线路活动。

（2）运输和配送的差别

运输和配送虽然都是线路活动，但是也有区别，主要表现在以下几个方面。

① 活动范围不同。运输是在大范围内进行的，如国家之间、地区之间、城市之间等；配送一般仅局限在一个地区或一个城市范围之内。

② 存在功能差异。运输以实现大批量、远距离的物品位置转移为主，运输途中还承担一定的存储功能。配送以实现小批量、多品种物品的近距离位置转移为主，同时还满足用户的多种要求，如多个到货点、小分量包装、直接到生产线、包装物回收等，有时还需增加加工、分割、包装、存储等功能。不难看出，配送具有多功能性。

③ 运输方式和运输工具不同。运输可采用各种运输工具，只需根据货物特点、时间要求、到货地点以及经济合理性进行选择即可。配送则由于运输批量小、频率高，功能的多样化的特点，多数采用装载量不大的短途运输工具。

（3）运输和配送的互补关系

由于运输和配送功能上的差异，它们并不能互相代替，而是形成了相互依存互为补充的关系。物流系统创造物品空间效用的功能是要使生产企业制造出来的产品最终到达消费者手中，否则生产者的目的就无法达成。从运输和配送的概念以及它们的区别可以看出，仅有运输或仅有配送是不可能达到上述要求的，大批量、远距离的运输才是合理的，但它不能满足分散消费者的要求；配送虽具有小批量、多批次的特点，但不适合远距离输送。因此只有两者互相配合，取长补短，才能达到理想的目标。一般来说，在运输和配送同时存在的物流系统中，运输处在配送的前面，先通过运输实现物品长距离的位置转移，然后交由配送来完成短距离的输送。

运输方式

铁路、公路、水路、航空和管道五种交通运输方式，各具运营特性和优势，在一定的地理环境和经济条件下有其各自的合理使用范围。每一种方式都可直接向用户提供服务，也可联合提供服务。

（1）铁路运输

铁路是我国国民经济的大动脉，铁路运输是我国货物运输的主要方式之一。同时，铁路运输与水路干线运输、各种短途运输衔接，就可以形成以铁路运输为主要方式的运输网络。

铁路运输的最大特点是适于长距离的大宗货物的集中运输，并且以集中整列为最佳，整车运输次之。铁路运输与其他各种现代化运输方式相比较，具有运输能力大，能够负担大量客货运输的特点。速度快是铁路运输的另一特点，常规铁路的列车运行速度一般为每小时80公里左右，而在高速铁路列车时速目前可达300公里。铁路货运速度虽比客运慢些，但是每昼夜的平均货物送达速度也比水路运输快。此外，铁路运输成本也比公路、航空运输低，运距越长，运量越大，单位成本就越低。铁路运输一般可全天候运营，受气候条件限制较小。同时具有安全可靠、环境污染小和单位能源消耗较少等优点。由于铁路运输具有上述的技术经济特点，因此铁路运输适合国土幅员辽阔的大陆国家，适合运送经常的、稳定的大宗货物和中长距离的货物。铁路运输的主要缺点是灵活性差，只能在固定线路上实现运输，需要与其他运输手段配合和衔接。

铁路货物运输，按照货物的数量、性质、形状、运输条件可区分为整列运输、整车运输、集装箱运输、混装运输（零担货物运输）和行李货物运输等。按铁路的属性，还可分为中央铁路运输和地方铁路运输；另外还有营业性线路运输和专用线路运输等。

（2）公路运输

这主要是指使用汽车，也指使用其他车辆（如人、畜力车）在公路上进行货物运输的一种方式。公路运输主要承担近距离、小批量的货运和水运、铁路运输难以到达地区的长途、大批量货及铁路、水运优势难以发挥的运输。由于公路运输有很强的灵活性，近年来在有铁路、水运的地区，较长途的大批量运输也开始使用公路运输。

公路运输是现代运输的主要方式之一，它的主要优点是机动、灵活性强，而且对货运量大小具有很强的适应性。由于汽车运输灵活方便，可实现门到门的直达运输，不需要中途倒装，既加速了中短途运输的送达速度，又加速了货物资金周转，有利于保持货物的质量和提高货物的时间价值。公路运输还可负担铁路、水路运输达不到的区域内的运输，它是补充和衔接其他运输方式的运输。在短距离运输时，汽车速度明显高于铁路，但在长途运输业务方面，有着难以弥补的缺陷：一是耗用燃料多，造成途中费用过高；二是机器磨损大，因此折旧费和维修费用高；三是公路运输所耗用的人力多，如一列火车车组人员只需几个人，若运送同样重量的货物，公路则需配备几百名司机。因此汽车运费率高于铁路和水路。此外，公路运输对环境污染较大。总之，公路运输（高速公路除外）与其他运输方式相比，投资少、资金周转快、投资回收期短，对收到站设施要求不高，且技术改造较容易。汽车运输的出现时间不过百年左右，但在载货吨位、品种、技术性能、专用车种类等方面都有了很大的改进与提高，能较好地满足社会经济发展对运输的需要。

（3）水路运输

这是使用船舶运送货物的一种运输方式。水运主要承担大批量、长距离的运输，是在干线运输中起主力作用的运输形式。在内河及沿海，水运也常担任补充及衔接大批量干线运输的任务。

水路运输中，除运河以外，内河航道均是利用天然江河加以整治，修建必要的导航设备和港口码头等就可通航；海运航道一般不需要人工整治，且海运航线往往可以取两港口间的最短距离。因此，一般说来，河运的平均运输成本比铁路略低，而海运成本则远低于铁路，这是水路运输的一个突出优点。

水路运输的输送能力相当大。海上运输在条件允许的情况下，可改造为最有利的航线。由于水路运输具有占地少、运量大、投资省、运输成本低等特点，在运输长、大、重件货物时，与铁路、公路相比，水上运输具有更突出的优点。对过重、过长的大件货物，铁路、公路无法承运，而水上运输都可以完成。对大宗货物的长距离运输，水路运输则是一种最经济的运输方式。但水路运输速度通常比铁路运输等运输方式慢，而且受自然条件的限制较大，冬季河道或港口冰冻时就须停航，海上风暴也会影响正常航行。

水路运输有以下四种形式。

① 沿海运输。是使用船舶通过大陆附近沿海航道运送货物的一种方式，一般使用中、小型船舶。

② 近海运输。是使用船舶通过大陆邻近国家海上航道运送货物的一种运输形式，视航程可使用中型船舶，也可使用小型船舶。

③ 远洋运输。是使用船舶跨大洋的长途运输形式，主要依靠运量大的大型船舶。

④ 内河运输。是使用船舶在陆地内的江、河、湖、川等水道进行运输的一种方式，主要使用中、小型船舶。

（4）航空运输

这是使用飞机进行运输的一种形式。航空运输的单位成本很高，因此主要适合运载的货物有两类：一类是价值高、运费承担能力很强的货物，如贵重设备的零部件、高档产品等；另一类是紧急需要的物资，如救灾抢险物资等。

航空运输在20世纪迅速崛起，是运输行业中发展最快的行业。与其他运输方式相比，最大的特点是速度快，并且具有一定的机动性。在当今的时代，高速性具有无可比拟的特殊价值。现代的喷气运输机，时速一般在900公里左右，比火车快510倍，比海轮快2 025倍。航空运输不受地形地貌、山川河流的阻碍，只要有机场并有航路设施保证，即可开辟航线，如果用直升机运输，则机动性更大。其缺点是载运能力小、重量受限制，能源消耗大、费用高，运输成本高。

（5）管道运输

管道运输是使用管道输送流体货物的一种运输方式。它是随着石油工业发展而兴起并随着石油、天然气等流体燃料需求的增加而发展，逐渐形成沟通石油、天然气资源与石油加工场地及消费者之间的输送工具。管道不仅修建在一国之内，还连接国与国之间，甚至达到洲与洲之间，成为国际能源调剂的大动脉。

管道运输在最近几十年得到了迅速的发展。主要的流体能源以石油、天然气、成品油为输送对象，之后发展到输送煤和矿石等固体物质，将其制成浆体，通过管道输往目的地，再经脱水处理转入使用。管道运输具有输送能力大（管径为1 200毫米的原油管道年输送量可达1亿吨）、效率高、成本低及能耗小等优点。由于管道埋于地下，除泵站、首末站占用一些土地外，管道运输占用土地少，且不受地形与坡度的限制，易取捷径，可缩短运输里程，而且基本不受气候影响，可以长期稳定运行。管道输送流体能源，主要依靠每隔一段距离设置的增压站提供压力能，因此设备运行比较简单，易于实现自动化和进行集中控制。由于管道运输节能和高度自动化，用人力较少，运输费用较低，是一种很有发展前景的现代化运输方式。当然，管道运输也存在一些缺点，它适于长期定向、定点、定品种输送，合理运输量范围较窄，若运输量变化幅度过大，则管道的优越性就难以发挥，更不能输送不同品种的货物。

多式联运

多式联运是指使用多种运输工具，利用各种运输方式各自的内在经济，在最低的成本条件下提供综合性的服务。近年来，越来越多的运输使用两种以上的运输方式。除了显著的经济效益以外，国际航运的发展是其主要动力。多式联运的主要特点是在不同的运输方式间自由变化运输工具。例如，将拖车上的集装箱装上飞机，或铁路车厢被拖上船等。这种转换运载工具的服务是使用单一运输方式办不到的。

多式联运服务的组合方法可以有十几种，主要包括：铁路运输和公路运输；铁路运输和水路运输；铁路运输和航空运输；铁路运输和管道运输；公路运输和航空运输；公路运输和水上运输；公路运输和管道运输；水路运输和管道运输；水路运输和航空运输；航空运输和管道运输。这些组合并不都十分实用，而其中可行的有些组合也未被客户采用过。只有铁路运输和公路运输的组合以及公路运输与水路运输的组合得到了广泛使用。在较小的范围内，公路运输和航空运输以及铁路运输和水路运输的组合也是可行的，但是使用次数很有限。下面对我国目前采用比较多的几种多式联运进行简单介绍。

（1）公铁联运。使用也最广泛的多式联运系统是将货车拖车装在铁路平板车上的公铁联运，它又被称为平板车载运拖车（trailer on flatcar）或驮背运输。它综合了货车运输的方便、灵活与铁路长距离的特点，运输经济。运费通常比单纯的货车运输低，因此，货车运输公司可以延伸其服务范围。同样，铁路部门也能分享到某些一般只有货车公司单独运输的业务。这种运输方式非常适合城市间物品的配送，对于配送中心或供应商在另一个城市的情况非常适合。

（2）陆海联运。这是指由陆路（铁路、公路）联运与海上运输一起组成的一种新的联合运输方式。这也是中国近年来采用的运输新方式。现由内地起运地把货物用火车或汽车装运至海港，然后由海港代理机构联系第二程的船舶，将货物转运到外国的目的地。发运后内地有关公司可凭借联运单据就地办理结汇。

（3）陆空联运。这是一种陆路与航空两种运输方式相结合的联合运输方式。运输的商品从单一的生丝发展到服装、药品、裘皮等多种商品。通常的做法是先由内地的起运地把货物用汽车装运至空港，然后由空港运至国外中转地，再装汽车陆运至目的地。采用陆空联运的方法具有手续简便、速度快、费用少、收汇迅速等优点。

4.3.2　运输决策

从事运输管理与营运，进行运输决策时有两项基本的原则。

① 规模经济性指当货件量增加到一定程度时，单位重量的运输成本会降低的一种特性。

② 距离经济性指单位距离运输成本会随距离增加而减少的一种特性。

影响运输成本的直接因素是载重量、距离，另外与产品相关的产品密度、装填性、搬运难易程度、产品责任大小对成本也会有影响，与市场相关的因素，如竞争程度、地理位置、政府运输管制、货运市场的不对称性、季节性、国内运输与国际运输等对运输成本也有影响。

在运输管理中主要有以下决策问题。

① 运输方式/运输承运人的选择。运用什么组合的运输方式，选择哪些运输承运人或第三方物流服务提供商是运输管理的首要决策问题。

② 运输路线选择。这是承运人需要做出的决策。运输路线的选择影响到运输设备和人员的利用，正确地确定运输路线可以降低运输成本。

③ 行车路线和时刻表的制定。行车路线和时刻表的制定问题是运输路径问题的扩展形式。当然，这也是承运人在运输或配送时需要做出的决策。

成本问题对于运输决策无疑是重要的，但也要考虑服务，这是关系到顾客、竞争的关键问题，运输决策往往需要在成本与服务之间权衡。

运输方式选择

在达到服务要求的前提下，可以以成本最低作为目标。不过此时的成本不仅仅是运输成本，而是物流总成本。运输服务的一些指标，如运输速度、到货可信度等对库存成本可能会有影响，即选择运输速度快、可信度高的运输服务，运输成本会高，但物流渠道中的库存会降低，库存持有成本会降低，这就可能会抵消运输成本高的情况。下面通过一个例子来说明。

【例1】假设某公司欲将产品从工厂运往另一地区的公司自有仓库，年运量D为1 200 000件，单位产品出厂价格C为25元，每年的库存持有成本I为产品价格的30%，三种不同运输方式的运输费率、运达时间及运输批量见表4-7。该公司应该选择哪一种运输方式？

表4-7 不同运输方式的运输费率、运达时间及运输批量

运输方式	运输费率R（元/单位）	运达时间T/天	运输批量Q（单位）
铁路	0.11	25	100 000
公路	0.20	13	40 000
航空	0.88	1	16 000

如果选择铁路运输，运输成本肯定最低，但运输批量大，仓库库存成本及工厂库存成本都会增加，在途天数达25天，在途库存成本也会加大。

如果选择航空运输，运输成本肯定最高，但运输批量小，仓库库存成本及工厂库存成本都会降低，在途天数仅1天，在途库存成本也会降低很多。

如果选择公路运输，运输费率比铁路稍高，但运输批量小，仓库库存成本及工厂库存成本都会降低，在途天数少，在途库存成本也会降低。

注意到这种产品单位库存成本过高，达到产品价格的30%。估计选择公路运输是比较适合的。通过总成本的计算，公路运输的总成本也是最低的，因此，应选择公路运输方式。

【例2】 某制造商分别从两个供应商购买了共3 000个配件，每个配件单价100元。目前这3 000个配件是由两个供应商共同提供的，各占50%。如果供应商缩短运达时间，则可以多得到供应配额，每缩短一天，可从总交易量中多得5%的配额，即150个配件。供应商可从每个配件销售额中获得20%的利润。

该供应商考虑，是否将运输方式从铁路运输转到卡车运输或航空运输。各种运输方式的运费率和运达时间如表4-8所示。

表4-8　不同运输方式下的费率和运达时间

运输方式	运费率R（元/件）	运达时间T（天）
铁路	2.50	7
公路	6.00	4
航空	10.35	2

要做出这一决策，该供应商需要分析每种运输方式下可能获得的利润大小。

当前采用铁路运输方式下利润是多少？转向公路运输后，运达时间缩短3天，多获得450件的供应量，毛利显然增加了，运输成本也增加了，不过供应商库存成本肯定降低了。转向航空运输呢？

三种情况下分别进行分析，得到该供应商使用不同的运输方式可能获得的预期利润，如表4-9所示。这里没有考虑库存成本。转向公路运输的利润已经高于铁路了，加上供应商库存成本的节省，更坚定了选择公路运输的选择。

因此，如果制造商对能提供更快运输服务的供应商给予更多供应配额的承诺，那么结论即是该供应商应当选择公路运输。当然，该供应商也要密切注意另一供应商可能做出的竞争反应。

当制造企业有若干个供应商时，供应商所提供的物流服务和价格就会影响到制造商对供应商的选择。当然，供应商也可以选择合乎要求的物流服务提供商。

表4-9　某供应商采用不同运输方式的利润比较

运输方式	配件销售量（件）S	毛利（元）（S×20）	运输成本（元）（S×R）	净利润（毛利−成本）
铁路	1 500	30 000.00	3 750.00	26 250.00
公路	1 950	39 000.00	11 700.00	27 300.00
航空	2 250	45 000.00	23 287.50	21 712.50

从这个案例可以看出，制造商需要快速的运输服务（较短的运达时间），因为这意味

着较低的存货水平和较少的不确定性。制造商希望给予运输服务优异的供应商更多的采购订单，以此来降低自己的成本。相应地，供应商由此带来业务的扩大也将为自己带来更多的利润。

运输服务方式的选择成为供应商和制造商共同的决策问题。供应商在做决策时，在考虑运输服务的直接成本的同时，还要考虑运输方式对库存成本的影响，更要考虑运输绩效对制造商选择供方的影响，直接关系到供应商的合作关系的持续性。

因此，看似是一个简单的运输方式决策问题，决策者应综合考虑，尽量把握住关键因素，尽管其中有些因素是决策者不能控制的。决策者应该懂得以下几点。

① 合作的影响。如果供应商和制造商对彼此的成本有一定了解，将会促进双方的有效合作。但如果供应商和制造商之间没有某种形式的信息交流与合作，双方就很难获得完全的成本信息。在任何情况下，合作应更加关注对方对运输服务选择的反应及对方购买量的变化。

② 竞争的影响。供应渠道竞争激烈，供应商应保持自身竞争力的同时，与制造商一起采取合理的行动来平衡运输成本和运输服务，以使双方获得最佳收益。

③ 价格的影响。假如供应商提供的运输服务优于竞争对方，可能会提高产品价格。因此，制造商在决定是否购买时应同时考虑产品价格和运输成本。

④ 运输费率、产品种类、库存成本的变化以及竞争对手可能采取某些对策都增加了运输方式选择的不确定性与复杂性。

⑤ 运输服务的选择对供应商库存的影响。供应商也会和制造商一样由于运输方式变化改变运输批量，进而导致库存水平的变化。同时，供应商调整价格又会影响运输服务的选择。

运输路线选择

据统计，运输成本占整个物流成本中1/3～2/3，因而最大化地利用运输设备和人员，提高运作效率是物流管理者关注的首要问题。

运输路线的选择影响到运输设备和人员的利用，正确地确定运输路线可以降低运输成本，因此，运输路线的选择，在运输决策中是一个重要领域。

将运输路线决策分为单一不同起讫点问题、起讫点重合（巡回）问题、多起讫点问题三个类型。

（1）单一不同起讫点问题决策

对分离的、单个始发点和终点的网络运输路线选择问题，最简单和直观的方法是最短路线法。单起讫点的网络由节点和线组成，点与点之间由线连接，线代表点与点之间运行的成本（距离、时间或时间和距离加权的组合）。始发点作为已解的点，计算从原点开始，利用最短路线法求解，确定最佳运输路线的节点。

（2）起讫点重合的问题（流动推销员问题）决策

物流管理人员经常遇到的一个路线选择问题是起始点就是终点的路线选择，即起点和终点重合。在企业自己拥有运输工具时，该问题是相当普遍的。例如，配送车辆从仓库送货至周边各个零售点，然后返回仓库；当地的配送车辆从零售店送货至周边多个顾客，再返回；还有接送孩子上学的校车的运行路线；送报车辆的运行路线；垃圾收集车辆的运行路线等。

这类问题求解的目标是寻求访问各点的最佳次序，以求运行时间或距离最小化。始发点和终点相重合的路线选择问题在运筹学中通常被称为"流动推销员"问题，对这类问题应用经验试探法比较有效。

确定方案时，运行路线尽量不要交叉，尽量形成泪珠形多边形。当然，也要考虑到路障、单行道路、交通拥挤等实际情况。

（3）多起讫点问题的决策

有多个货源地服务于多个目的地的问题就是典型的多起讫点问题，例如，多个供应商服务于多个仓库，或者多个仓库服务于多个零售点的问题。解决这类问题要预先确定各目的地的供货地，然后找到供货地、目的地之间的最佳路径，确定最佳运量。解决这类问题常常可以运用特定的线性规划算法，称为线性规划运输方法。这在运筹学与运营管理课程中都有详细求解，这里不做介绍。

4.3.3 行车路线和时刻表

行车路线和时刻表的制定问题是运输路径问题的扩展形式。其中车辆运行路线选择问题，受到以下条件的约束：①每个站点规定的提货数量和送货数量；②所使用的各种类型的车辆的载重量和载货容积；③驾驶员在路线上允许的最大行驶时间（休息前）；④站点规定的每天可提货时间；⑤可能只允许送货后再提货的时间；⑥驾驶员在一天的特定时间进行的短时间休息或进餐。

上述约束条件使问题的决策复杂化，甚至难以寻求最优化的解决方案。实际中，这些约束条件常常发生。例如，站点的工作时间约束；不同载重量和容积的多种类型车辆；一条路线上允许的最大运行时间；不同区段的车速限制；运行途中的障碍物；甚至道路上的车辆堵塞等。为此，需要确定一些原则帮助我们确定较满意的方案。

八项原则

可以运用以下8项基本原则制定出合理行车路线和时刻表。

（1）仓库最远站点群优先的原则。从离仓库最远的站点处开始设计运输路线，分派车辆的负载须与站点群总货量相匹配。先确定最远的站点群，运行路线从离仓库最远的站点开始，将该集聚区的站点串起来，送货车辆应满载相邻站点的货物，然后返回仓库。再选择另一个最远的站点，确定站点群，用另一辆运货车装载站点群的货物。按此程序进行下去，直至所有站点都分配。

（2）大载重量车辆优先的原则。最理想的情况是使用一辆载重量大到能将路线上所有站点的货物都装载的送货车，这样可将服务区站点的总运行距离或时间最小化。因此，在多种规格车型的车队中，应优先使用载重量最大的送货车。

（3）靠近的相邻站点（站点群）的货物最好一整车。将相邻站点的货物装在一辆车上，车辆的运行路线应将各站点串起来，使站点之间的运行距离最小化，确保整体路线上的运行时间最小化。

车辆送货路线图如图4-8所示，其中图4-8（a）的车辆路线不符合集聚原则，要尽量避免，图4-8（b）是合理的路线图。

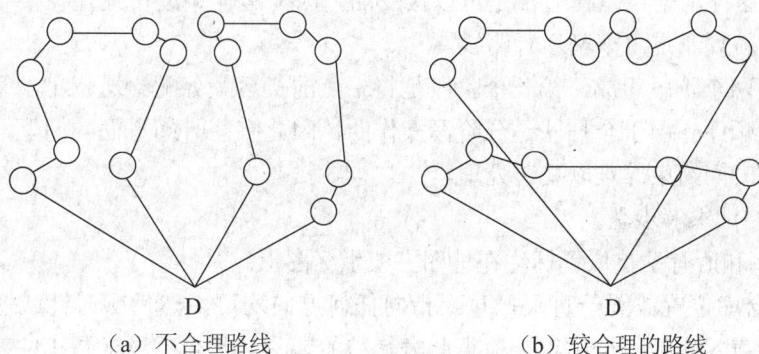

（a）不合理路线　　　　　　（b）较合理的路线

图4-8　车辆路线示意图

（4）隔日运送的站点应避免地域重叠。将同一站点群安排在一天送货。避免不是同一天送货的站点在运行路线上出现重叠现象。要使车辆数目最小化，要使一轮送货周期内车辆运行时间和距离最小化。

（5）"不交叉线路"优先于送货时间段要求。同一站点群的派货顺序安排采用不交叉的泪珠形多边形路线，各站点的"时间窗口"设置应考虑车辆路线安排。避免站点工作时间的约束造成的路线交叉，避免某些站点在送货后再提出取货要求而导致路线交叉。

（6）送货时顺便取回退货的原则。退货应提前告知，以便送货车辆做好准备，避免取货对车辆后续送货产生影响。尽可能在送货过程中安排取货，以减少线路交叉。

（7）对于孤立于站点群的站点单独对待原则。对偏离运行路线的单独站点或一些应急例外的送货要求可选用其他运输方式，如更经济的微型车或运用公共运输服务，或租用其他物流公司的车辆为这些站点送货。

（8）站点的时间窗口限制应宽松的原则。加强站点间的协调，应避免站点的"时间窗口"限制过紧，影响预定的运输路线安排。如果站点的工作时间安排确实影响到合理的送货路线，那么应通过协商途径调整其工作时间或放宽工作时间约束。

物流人员很容易理解并掌握上述原则，从而制定出满意的（不一定是最优的）、可行的合理路线和时间安排。当然上述的原则也仅是合理路线设计的一般规则，管理人员面对的车辆运作的许多复杂情况并不是上述原则所能全部包容的。

全扫法

随着限制条件的增加，寻找最优的行车路线和时刻表工作变得越来越困难。时间窗口、载重量和容积各不相同的车辆、司机途中总驾驶时间的上限要求、不同地区不同路段对速度的不同要求、途中的障碍（修路施工、交通事故、限行等）等都是实际路线设计中需要考虑的因素。有许多方法可以处理这类复杂的问题，这里主要介绍简单实用的全扫法。

（1）全扫法简述

用全扫法确定车辆行车路径十分简单，可用手工计算。一般来说，所得方案的误差率在10%左右，这样水平误差率通常是可以接受的，因为运输调度员往往在接到最后一份订单后一小时内就要制定出车辆运行路线。

全扫法由两个阶段组成，第一个阶段是将站点的货运量分配给送货车，第二个阶段是安排各站点的顺序。由于全扫法是分阶段操作的，因此有些时间方面的问题，如行程总时间和站点工作时间约束等难以妥善处理。

（2）全扫法求解步骤

① 将仓库和所有站点位置标注在地图上或坐标图上。

② 通过仓库位置放置一直尺，直尺指向任何方向均可，然后顺时针或逆时针方向转动直尺，直到直尺碰到一个站点。检查此时累积的装货量是否超过送货车的载重量或载货容积（首先要使用最大的送货车辆）。如果是，将最后的站点排除后，可将当前车辆的路线确定下来。再从这个被排除的站点开始，继续扫描，从而开始一条新的车辆行驶路线。这样扫描下去直至全部的站点都被分配到路线上，所有站点被全扫、全覆盖。

③ 对每辆车安排经过送货站点的行车路线，得到站点顺序。可用前面阐述过的起讫点重合问题的决策方法。

如果每个站点的货量很小，只占送货车辆额定负荷的很小比重，送货车辆相同运力，路上行驶没有时间限制，那么全扫法得到的方案应该是令人满意的。如果这些条件不能很好地满足，也可以利用全扫法得到多个方案，再从这多个方案中选择一个总成本较低的方案。至少，全扫法是帮助车辆调度员快速获得初始方案的有效方法。

（3）全扫法举例

【例3】某公司从其所属的仓库用送货车辆到各客户点提货，然后将客户的货物运回仓库，拼车后以更大的批量进行长途运输，全天的提货量如图 4-9（a）所示，提货量以件为单位。送货车每次可运载1万件。完成一次运行路线一般需一天时间。该公司要求确定需多少辆送货车；每辆车应该经过哪些站点和经停的顺序。

【解】首先，用全扫法获得车辆安排方案。

如图 4-9（b）所示，通过仓库放置一直尺，直尺指北向，然后逆时针方向转动直尺进行扫描，在直尺碰到的站点提货，直到装满送货车辆的载重量1万件（不能超载），一旦站点被分配给某辆送货车后，即被覆盖。接着进入到下一辆车，覆盖完成这辆车的载重。直到所有站点被覆盖。

然后，确定每一辆车辆所覆盖站点的行车路线，形成不交叉的泪珠形多边形。每辆车的路线将各站点串起来，确定了站点的服务顺序，如图 4-9b所示。

这是唯一的方案吗？是最好的方案吗？

通过仓库放置一直尺，直尺指北向，然后顺时针方向转动直尺进行扫描，运用全扫法，会得到什么方案？你会发现会得到另外一个方案，与前面得到的方案进行比较，哪个方案会更好呢？无疑，我们需要更多的数据才能够判断。

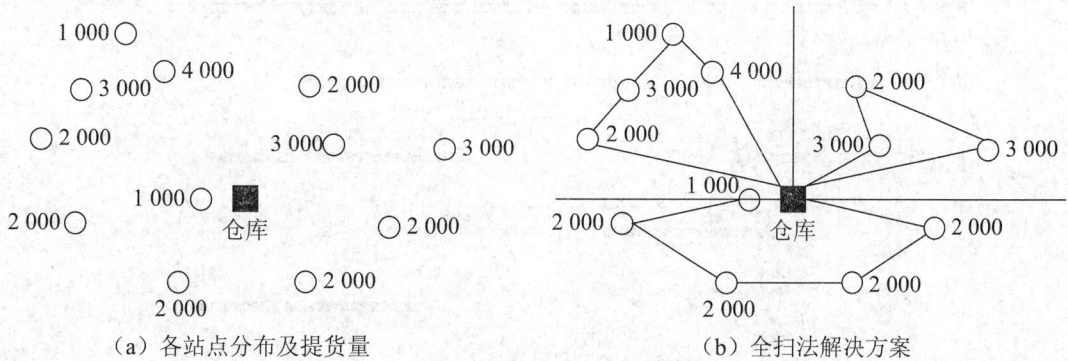

（a）各站点分布及提货量　　　　　　（b）全扫法解决方案

图4-9　全扫法确定派车方案

解决方案的目标应该是投入使用的车辆数目最少，而且所有车辆行驶里程最短。所以在使用全扫法确定方案时适当考虑"八项原则"，考虑实际情况的复杂性，考虑是否可能将邻近站点合并到同一辆车，以便缩短路程、节省车辆。

车辆时刻表

车辆行驶路线的设计是假定一辆送货车服务一条路线，如果路线短，送货车辆就会很快返回。这些车辆在剩余的时间里还可以进入其他路线的安排，才能得到充分的利用。如果第二条路线能在第一条路线任务完成后开始，则完成第一条路线的送货车辆可用于第二条路线的送货。因此，送货车辆的需求量取决于送货路线之间的衔接，车辆调度要使车辆的空闲时间最小。

以下是某送货公司的一个车辆送货时刻表，公司的货车都是相同规格的。各条路线的出发时间和返达时间如表4-10所示。

表4-10　某公司送货路线的时刻表

路线号	出发时间	返达时间	路线号	出发时间	返达时间
1	8：00	10：30	6	15：00	17：10
2	9：30	11：45	7	12：20	14：20
3	14：00	17：00	8	13：30	16：45
4	11：30	15：20	9	8：00	10：30
5	8：10	10：00	10	11：00	14：30

图4-10表示了某日车辆的送货时刻表，将车辆的行驶时间合理地安排在各条线路上，可以用最少的车辆完成规定的任务。图4-10中使用了5辆货车。如果调整一下各路线的时刻表，就可以减少车辆的投入。

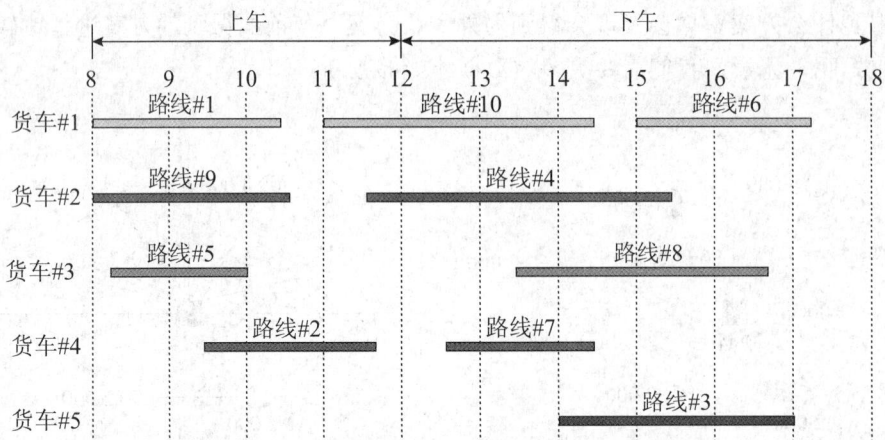

图4-10　车辆送货时刻表

4.3.4　国际货运互联互通

国际贸易、全球物流的发展需要国际货运业务，国际货运主要是集装箱运输、空运、铁路运输。国际货运中介机构主要有国际货运代理、报关行、进出口贸易公司、承运人、无船承运人、全球物流服务提供商等。

① 国际货运代理，指接受货主的委托，将货物从工厂运往国外目的地，代表货主办理有关货物报关、交接、仓储、检验、包装、转运、订舱等业务的代理机构，包括订舱揽货代理、货物装卸代理、货物报关代理、转运代理、理货代理、储存代理、集装箱代理等。

② 报关行，是指经海关准予注册登记，接受进出口货物收发货人的委托，向海关办理运输货物代理报关业务及处理相关文件。

③ 进出口贸易公司，连接买家和卖家，代理处理所有的进出口业务。

④ 承运人，指专门经营水路、海路、铁路、公路、航空等客货运输业务的轮船公司、铁路/公路运输公司、航空公司等，它们向社会提供运输服务。

⑤ 无船承运人（Non-Vessel-Operating Common Carriers，NVOCC），像货运代理那样运作，但是它们使用预定的远洋班轮。

⑥ 全球物流服务提供商，如DHL及UPS这样提供全球物流解决方案的公司。

全球物流服务受益于国际合作的日益紧密、世界各国政府积极推进区域贸易自由化与互联互通。

欧亚大陆桥

欧亚大陆桥是利用陆桥实现欧洲与东亚之间的联运。陆桥由横贯岛、大陆的铁路把两端的海上运输连接起来，通过几种运输方式的联合，将产品运到消费地。欧亚大陆桥是一条横贯我国东西、沟通欧、亚两洲的铁路线。货物从我国连云港上岸，经过这个大陆桥到欧洲各国，比现在绕印度洋海运线缩短运输距离近一万公里，节省运费20%，缩短运输时间近一半。如图4-11所示。

图 4-11 欧亚大陆桥示意图

资料来源：郭晋.欧亚大陆桥.辛亥革命网，2010-11-13.http://www.chinaoverseas.org/show.asp? id=3840

欧亚大陆桥主要分为第一欧亚大陆桥和第二欧亚大陆桥。第一欧亚又被称为西伯利亚大陆桥，共经过俄罗斯、中国、哈萨克斯坦、白俄罗斯、波兰、德国、荷兰7个国家，全长约13 000千米。1990年，中国兰新铁路乌鲁木齐至阿拉山口段建成并与哈萨克斯坦土西铁路接轨，构成了第二欧亚大陆桥，由于所经路线很大一部分是古代丝绸之路，所以第二欧亚大陆桥又被称为现代丝绸之路。第二欧亚大陆桥路线东起中国江苏省连云港市，连云港也因此被称为"欧亚大陆桥的东方桥头堡"，西至荷兰的鹿特丹港，全长10 800千米，1992年正式投入运营。第二欧亚大陆桥本身又分为多条线路，或经阿拉山口、阿拉木图、伏尔加格勒、布加勒斯特、贝尔格莱德、布达佩斯至地中海各大港；或经由贝尔格莱德、米兰、里昂至大西洋；或经由布达佩斯、维也纳、慕尼黑、巴黎至北海各大港。第二欧亚大陆桥的贯通使从连云港到鹿特丹的陆上距离比海上距离缩短了大约9 000千米，而与第一欧亚大陆桥相比，它是太平洋至大西洋之间最短的路上通道，且由于途径中国沿海和大西洋、北海、地中海沿岸多个不冻港，使其辐射面积达300多个国家和地区。对于中国而言，它的开通则给中国发展对外贸易和沿途省份经济提供了更多的发展机遇。

一带一路

"一带一路"是"丝绸之路经济带"和"21世纪海上丝绸之路"的简称。

"一带一路"贯穿欧亚大陆，东边连接亚太经济圈，西边进入欧洲经济圈。无论是发展经济、改善民生，还是应对危机、加快调整，许多沿线国家同我国有着共同利益。历史上，陆上丝绸之路和海上丝绸之路就是我国同中亚、东南亚、南亚、西亚、东非、欧洲经贸和文化交流的大通道，"一带一路"是对古丝绸之路的传承和提升，获得了广泛认同。"一带一路"是中国新一轮对外开放的新格局。

2013年9月7日中国国家主席习近平在哈萨克斯坦纳扎尔巴耶夫大学作重要演讲，提出共同建设"丝绸之路经济带"。为了使欧亚各国经济联系更加紧密、相互合作更加深入、发展空间更加广阔，可以用创新的合作模式，共同建设"丝绸之路经济带"，这是一项造福沿途各国人民的大事业。2013年10月3日中国国家主席习近平应邀在印度尼西亚国会发表重要演讲提出建设21世纪海上丝绸之路，这是为进一步深化中国与东盟的合作，构建更加紧密的命运共同体，为双方乃至本地区人民的福祉而提出的战略构想。2015年3月28日，国家发展改革委、外交部、商务部联合发布了《推动共建丝绸之路经济带和21世纪海上丝绸之路的愿景与行动》，系统勾勒了"一带一路"路线图。

推动共建丝绸之路经济带和21世纪海上丝绸之路的愿景与行动全文指出：基础设施互联互通是"一带一路"建设的优先领域。在尊重相关国家主权和安全关切的基础上，沿线国家宜加强基础设施建设规划、技术标准体系的对接，共同推进国际骨干通道建设，逐步形成连接亚洲各次区域以及亚欧非之间的基础设施网络。强化基础设施绿色低碳化建设和运营管理，在建设中充分考虑气候变化影响。

抓住交通基础设施的关键通道、关键节点和重点工程，优先打通缺失路段，畅通瓶颈路段，配套完善道路安全防护设施和交通管理设施设备，提升道路通达水平。推进建立统一的全程运输协调机制，促进国际通关、换装、多式联运有机衔接，逐步形成兼容规范的运输规则，实现国际运输便利化。推动口岸基础设施建设，畅通陆水联运通道，推进港口合作建设，增加海上航线和班次，加强海上物流信息化合作。拓展建立民航全面合作的平台和机制，加快提升航空基础设施水平。

加强能源基础设施互联互通合作，共同维护输油、输气管道等运输通道安全，推进跨境电力与输电通道建设，积极开展区域电网升级改造合作。

共同推进跨境光缆等通信干线网络建设，提高国际通信互联互通水平，畅通信息丝绸之路。加快推进双边跨境光缆等建设，规划建设洲际海底光缆项目，完善空中（卫星）信息通道，扩大信息交流与合作。

国家发展改革委员会综合运输研究所副所长汪鸣指出中国经济发展空间格局的战略性调整，对物流体系的建设提出了跨区域服务一体化，以及城镇化地区物流服务高效化的新要求。

（1）跨区域物流通道建设要求

新经济发展空间格局提出了不同层次、不同辐射范围的物流通道建设要求，而且需要实现高效互联互通，以适应新的经济发展和产业布局对匹配的物流能力需要，应重点强化国内、国际和城际三个层次和辐射范围的物流通道设施建设。

① 国内通道。为发挥"一带一路"经济带的区域经济联系功能，需要在既有全国性和区域性运输通道布局建设的基础上，强化由各种运输方式构成的综合运输通道体系的支撑，需要调整相关规划，加强与沿海重要港口物流枢纽联系的物流大通道建设。

② 国际通道。建设与"一带一路"经济带规划建设的国内通道联系紧密，符合国家战略要求的陆上和海上国际物流通道的建设，包括推进中巴、中哈、中蒙、中俄、中塔阿伊、中吉乌等铁路物流建设，以及泛亚运输走廊，中老泰、中越和中尼印等铁路物流通道建设和相关公路物流通道的建设，构建以中国为物流枢纽、衔接欧亚、打通欧亚联系的高速陆上物流走廊；积极打造国际海上港口物流枢纽，形成国际海上物流通道系统。

③ 城际通道。强化与跨区域国际、国内物流通道紧密联系的城镇化地区高效率城际物流通道建设，形成支撑通道运行的物流服务枢纽，并以枢纽为网络化物流组织中心，串

接跨区域国内、国际通道，有效发挥通道集聚功能和提升通道辐射能力。

（2）国际、国内物流服务一体化要求

物流通道设施仅仅解决了国内区域之间、国内与国际间的互联互通问题，要在互联互通的基础上实现国家新的经济发展空间格局的调整，必须在通道上承载具有一体化特征的国际、国内高效物流服务，为中国产品和产业走出去提供强大、高效的供应链物流服务支持。

① 积极发展多式联运和配套的物流服务。在中国国内运输一体化尚存在地区分割和运输方式之间壁垒的情况下，需要从机制上适应国际物流服务能力要求，加大各种方式的联运服务的发展力度，依托多式联运构建组合多种运输方式的综合物流服务系统。

② 加快物流服务"走出去"步伐。物流服务走出去涉及两个大的方面：一是中国物流服务企业要具备国际化的服务能力，不能仅限于在国内范围提供供应链物流服务，要跟随产品、产业走出去开展延伸的全方位供应链物流服务，提高中国产业、产品的附加价值；二是中国要主动参与甚至引领国际双多边的运输、物流协定，以及相关的标准化等物流服务，为中国物流服务走出去提供制度安排和机制保障，彻底解决中国物流服务走出去的被动局面，改变无论是比中国经济落后还是比中国经济发达，中国在与这些国家交往中物流服务都很难走出去的被动局面。

③ 实现运输服务向物流服务的转型。运输服务必须站在国际化发展的高度，通过体制机制创新、投融资模式创新和"走出去"方式的创新，适应国际化发展的需要。以适应内需与外需紧密结合的现代产业链、产业集群化布局发展，以及流通方式在电子商务与物流的支撑下向网络化、集约化、一体化运作方向转变的需要，使区域运输服务系统具备提供多成本组合模式、多方式选择便利性的多元化物流服务特征。

（3）城镇化地区物流服务高效化要求

对于城镇化地区而言，物流业发展的基本要求是高效化，通过高效化满足不同层次的高效物流服务需求。

① 建设城际高效物流服务网络。要在城镇化地区形成有利于各种经济要素流动、集聚和扩散的物流网络系统，为城镇化地区依托中心城市培育现代产业布局发展能力创造物流条件，使城镇化地区融入"一带一路"和长江经济带，成为跨区域经济联系和协同发展的节点支撑；为中小城市孕育产城融合的城镇化发展能力，形成与中心城市的配套、合作和衔接发展，奠定坚实和可持续的物流效率基础。

② 培育城镇化地区物流枢纽。依托城际高效物流系统和城镇化地区经济中心城市，培育城镇化地区物流服务枢纽，为物流要素的聚集和物流服务合理化提供支持。城镇化地区物流枢纽既是跨区域经济协同发展形成枢纽支撑的需求，也是发挥枢纽带动作用培育中西部地区向西开放前沿高地的需要，要通过打破城市之间的界线，形成具有综合物流组织能力的各种物流枢纽。

物联网、云计算、移动互联网等新一代信息技术的蓬勃发展，正推动着我国智能物流的变革，供应链一体化的融合是物流发展的趋势。随着技术的进步特别是物联网信息技术、现代管理科学技术等在物流领域的应用，互联网、云计算、大数据等与物流业逐渐的深度融合，这些都会对物流业的转型升级带来促进作用。

北美自由贸易协定

北美自由贸易协定（North American Free Trade Agreement，NAFTA）于1992年12月最初商定，美国国会在1993年11月通过，并于1994年1月1日付诸实施，该协定消除了美国与加拿大、墨西哥间的大多数投资及贸易壁垒。许多关税和配额立即被淘汰，其余的大多数在2008年被淘汰。北美自由贸易区形成世界上第二大的开放市场，该贸易区虽然比欧盟规模略小，但它是有超过140万亿美元经济总量和超过4.35亿人口的结合。北美自由贸易区的目标是促进三国之间的跨境贸易，增加投资机会，并促进公平贸易。

北美自由贸易协定也遇到了反对的声音。美国劳工团体认为，当公司搬到墨西哥后充分利用廉价的外国劳动力时，自己却正在丧失工作，工会的谈判力量正在被削弱。环保团体一直担心污染和食品安全法更加难以执行等。

跨太平洋伙伴关系协议

跨太平洋伙伴关系协议（Trans-Pacific Partnership Agreement，TPP），前身是跨太平洋战略经济伙伴关系协定（Trans-Pacific Strategic Economic Partnership Agreement，P4），是由亚太经济合作会议成员国中的新西兰、新加坡、智利和文莱四国发起，从2002年开始酝酿的一组多边关系的自由贸易协定，原名亚太自由贸易区，旨在促进亚太地区的贸易自由化。

跨太平洋伙伴关系协议将突破传统的自由贸易协定（FTA）模式，达成包括所有商品和服务在内的综合性自由贸易协议。跨太平洋伙伴关系协议将对亚太经济一体化进程产生重要影响，可能将整合亚太的两大经济区域合作组织，亦即亚洲太平洋经济合作组织和东南亚国家联盟重叠的主要成员国，将发展成为涵盖亚洲太平洋经济合作组织（APEC）大多数成员在内的亚太自由贸易区，成为亚太区域内的小型世界贸易组织（WTO）。

2005年5月28日，文莱、智利、新西兰、新加坡四国协议发起跨太平洋伙伴关系，签订并生效的经贸协议，成员之间彼此承诺在货物贸易、服务贸易、知识产权以及投资等领域相互给予优惠并加强合作。其中最为核心的内容是关税减免，即成员国90%的货物关税立刻免除，所有产品关税将在12年内免除。协议采取开放的态度，欢迎任何APEC成员参与，非APEC成员也可以参与。该协议的重要目标之一就是建立自由贸易区。2006年5月1日，跨太平洋战略经济伙伴关系协定对新西兰和新加坡生效，对智利和文莱生效的时间分别为2006年11月8日和2009年7月1日。

2009年11月，美国正式提出扩大跨太平洋伙伴关系计划，澳大利亚和秘鲁同意加入。美国借助TPP的已有协议，开始推行自己的贸易议题，全方位主导TPP谈判。布什政府出于战略或策略的考虑，搁置了区域贸易协议谈判进程。奥巴马政府改变了这种做法，认为履行与哥伦比亚、韩国的贸易协议，能够为美国带来30万的就业岗位。国会应该尽快批准这三个自由贸易协议。美国开始全力推进TPP谈判进程，试图通过设立新型的区域贸易协议，使美国企业快捷、便利、无障碍地进入亚太地区，扩大出口、增加国内就业，拉动经济持续、平稳增长，进而在国际竞争格局中占据主导地位。

新西兰国内有反对声音。2014年11月，成千上万的人聚集于奥克兰Queen Street大街上举行一场抗议游行，认为TPPA的协定可能会危害到新西兰的健康体系及公共服务，甚至会对就业环境造成影响。他们认为TPPA协议也许会适合其他成员国，但不适合新西兰。人们此举是为了抵制不正当的贸易，维护自己的合法权益。

4.4 网络优化模型

4.4.1 网络结构与物流配送中心

物流运输网络是由多个网络节点，多条运输路线，多种运输方式以及交通运输设施等交叉而组成的复杂的网络结构。将各种运输系统的共同结构特点抽象出来，以网络图论的符号进行描述。给物流运输网络作如下定义：

$$G=\{N,V,W\}$$

其中，

G：物流运输网络；

N：物流运输网络节点；

V：物流运输网络的边；

W：物流运输网络边的权重，即区间路线的距离、运输费用、运输时间等。

网络中的节点即为物流中心、配送中心、仓储中心、顾客以及各种物流运输方式中的中转结合部；网络中的边就是上述节点之间的可行区间路线；网络中节点之间的边长或者是与边相关的数量指标就是区间路线的距离、运输费用或者运输时间等。

在进行网络设计时就要考虑物流运输网络中网点的合理布局。那么物流网络节点的布局是一项具有战略意义的投资决策问题。因为网络布局的合理性将对企业能否经济有效、快速便捷的将产品和服务运送到顾客手中产生重大影响。因此，在进行网络布局时要以低成本、高经济效益、运输便捷、高服务质量为目标。重点要考虑以下几个问题：

① 选择网络结构；

② 计划区域内要设置的物流网点的数量；

③ 物流网点的选址；

④ 各物流网点的规模和吞吐能力；

⑤ 明确各物流中心和配送中心的服务对象。

基本结构

物流网络是物流过程中相互联系的组织与设施的集合，一个完整的物流网络是由各种不同运输方式的运输线路和物流节点共同组成。配送网络则是物流配送过程中相互联系的组织与设施的集合。从个体的角度看，以配送中心为主的各种物流网络节点是独立运作和独自完成配送任务的，但是从供应链的角度来看，各种不同类型、不同规模的物流节点并非不相关、完全独立的。配送网络是一个由若干个星形拓扑结构构成，各星形结构的中心节点相互通过运输线路配送货物，形成多层次网络。

物流配送网络的规划，主要包括了物流配送网络的设计、配送中心的选址、配送路径的合理安排等。对配送网络的优化主要是针对网络中的节点和链的改进，使得网络的结构更加合理，效率更高，功能更强。

配送网络的基本结构是二阶结构，即由一个层次的物流中心或配送中心构成，如图4-12所示，图中（a）为集中型二阶结构，（b）为分散型二阶结构。

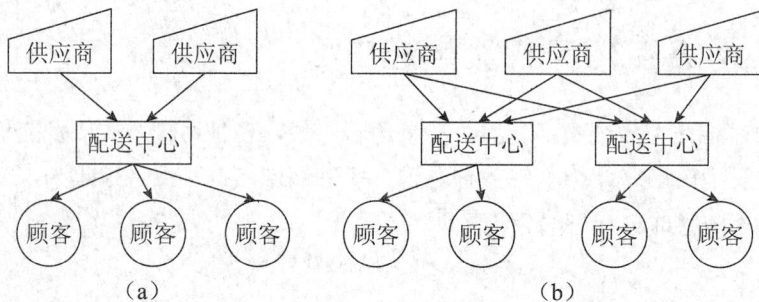

图4-12　二阶运输网络结构

这种网络结构中转环节少，由于运输和配送均属于物流活动中的线活动，配送是线活动的末端，末端线活动直接面对客户的服务，因此配送中心靠近顾客，并采取多批次、小批量的方式进行配送，以提高对顾客需求的响应速度。但是这种结构就可能导致供应商离配送中心比较远。

在二阶网络结构中，供应商也可以在顾客较聚集的地方建设物流中心，以便在接到顾客订单时能够快速及时地将货物运送到距离顾客较近的配送中心，这样就有效地提高了对顾客的响应速度。这样就形成了由供应商、供应商的物流中心、分销商的配送中心以及顾客组成的一个三阶运输网络结构。如图4-13所示。

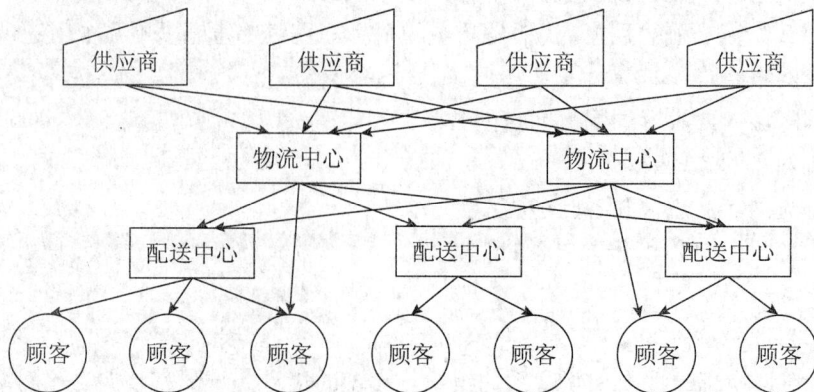

图4-13　三阶运输网络结构

在物流网络结构中，物流中心、配送中心模式对物流网络结构产生着深远的影响，物流中心、配送中心的设立直接推动了集中化库存管理、统一配送的集约化、规模化经济模式。下面专门介绍物流网络中的这些重要节点。

物流中心及物流园区

我国2001年8月发布的《国家标准物流术语》中，对物流中心的概念做出了明确定义。物流中心是指从事物流活动的场所或组织，应基本符合下列要求：

①主要面向社会服务；②物流功能健全；③辐射范围大；④存储、吞吐能力强能为转运和多式联运提供物流支持；⑤对下游配送中心提供物流服务。

物流中心具有规模化的运输功能、储存功能、装卸搬运功能、包装功能、流通加工功能、物流信息处理功能以及物流咨询功能、需求预测功能、物流培训功能、结算功能和其他后勤服务等功能。它可以是一家或多家物流中心在空间上集中布局的场所，是集约化、大规模的物流设施集中地和多种物流线路的交会地。

根据国家质量监督检验检疫总局、中国国家标准化管理委员会发布的《物流园区分类与基本要求》的相关术语界定，物流园区（logistics park），也称物流基地，是由多种物流设施和不同类型物流企业在空间上集中布局形成的产业集聚场地，是具有一定规模和综合物流服务功能的具有经济开发性质的特定区域，也是依托相关物流服务设施来实现降低物流成本、提高物流效率等目标的具有产业集约功能的经济功能区。物流园区分类为：交通枢纽型物流园区、生产服务型物流园区、商贸流通型物流园区和综合型物流园区。其中，交通型物流园区应符合以下要求：具备一定规模空港或海港或河港或陆港之一；以实现不同的运输方式转换为主；具备信息化服务平台。

通常，物流园区也是一个城市的物流功能区，往往选址在大城市周边、靠近交通枢纽及公路干线，且具有一定规模和综合服务功能的特定地区，从事国内、国外物流、运输货物分发、转运业务的各类企业集聚在一起，为客户提供各种相关服务。物流园区内可以包括物流中心、配送中心、运输枢纽设施、运输组织及管理中心和物流信息中心，以及适应城市物流管理与运作需要的物流基础设施；作为经济功能区，其主要作用是开展满足城市居民消费、就近生产、区域生产组织所需要的企业生产和经营活动。

日本的物流园区以城市配送为主。日本人口多，空间小，城市的高人口密度是城市配送型物流园区产生的直接原因。德国的物流园区更多带有交通运输枢纽的性质。德国制造业发达，物流量大，整合交通资源是物流园区的重要原因。而西班牙、荷兰和新加坡的物流园区依赖港口开展国际贸易和国际中转业务，这主要归功于天然的港口资源和大量的国际贸易需求。

我国的物流园区有多种类型，可以根据物流园区依托的干线运输和支线运输模式，综合其货物量规模、集结形式、运输交会的方式和功能的组合形式等来进行分类。

（1）空港物流园区

空港物流园区一般建于机场附近，主要是依托机场的空运业务以及由此延伸的相关物流需求建立的集空运、陆运、海运于一体的物流信息多式联运交易中心，主要吸引从事国际、国内航空货物分拨、配送、整理、加工、仓储、展示、展销等业务的企业入区发展，为该物流园区所在区域的进出口货物集散和中外客商国内外采购、分销提供物流运作平台。如北京空港物流园区依托的是北京首都国际机场的空运业务以及由此延伸的相关物流需求所建立的物流园区。航空运输的单位成本很高，因此，空港物流园区服务的对象主要有两类：一类是价值高、运费承担能力很强的货物，如贵重设备的零部件、高档产品等；另一类是紧急需要的物资，如救灾抢险物资等。

（2）口岸物流园区

口岸物流园区一般建于河海或者沿海地区靠近港口、码头的地段，采用以港口为主体的集约化经营模式，吸纳大货主、大客户、国内外贸易公司、仓储运输公司、战略物资生产和供销单位广泛参与。一般实行松散型管理、集约型经营，使得仓储、运输、加工、交易在物流园区内进行，逐步规范市场，以期实现物流园区所在区域的矿、油、路、港、航一条龙，存、储、运、供、产、销、贸一体化的管理与经营模式。口岸物流园区业务对象通常有集装箱包装、散货、包裹等相对低值的物品，这就要求口岸物流园区充分发挥成本低的优点，能应付低成本、大批量、远距离的物流业务。水运具有显而易见的缺点：运输速度慢，受港口、水位、季节、气候影响较大。

（3）内陆物流园区

内陆物流园区一般都是依托公路、铁路集装箱运输为主，提供多式联运一体化物流运输方式，形成面向周边地区、辐射全国的内陆口岸型综合物流园区。内陆物流园区主要提供一体化物流服务，形成面向所在地区、辐射全国的内陆集散型物流基地。

（4）保税区或自由贸易区的物流园区

保税区属于海关监管下的保管地点，对进入保税区的国外货物不征关税和进口环节增值税、消费税。货物进入该地点经存储、制造、装配、包装、测试、维修服务后可再出口。以工业园区或者港口保税区为依托，发挥保税区优势，建立物流园区，货物储存实行保税，储运结合，手续简单，仓储费用低廉，货品与消费者直接见面。对于卖主来讲，可以一次储存多次分拨；对于买主来讲，可以一次订购多次提货。把原来由生产国或输出地储存的货品搬到保税区储存，这样更加有利于看样、订货、成交和分拨调运，缩短了国际市场和中国市场的距离，节省了流动资金占有，加快了流动资金周转，提高了成交率。保税区已成为国际商品的重要集散地，形成了集货物仓储、分拨、配送功能为一体的现代物流模式，极大地提高了贸易效率，降低了贸易成本。如上海外高桥物流园区主要是上海外高桥保税区、上海港的海运业务以及由此延伸的包装、生产、搬运、装卸运输和配送、信息处理等物流需求所建立的物流园区。

（5）物资集散基地

越来越多的物资集散基地也被称为物流园区，它们是依托于各类物资、商品交易市场，进行集货、储存、包装、装卸、配货、送货、信息咨询、货运代理等服务的物资商品集散场所。一些集团企业的物流中心，就是依托于这类物资交易市场而形成的；全国一些有影响的小商品市场、南北干货市场、时装市场、布匹市场等也初步形成了为用户提供代购、代储、代销、代运及其他一条龙相关服务的场所和组织，有的已经成为全国性的小商品、布匹、时装等的专业性物流园区。这样的物流园区通常多分布在小企业群、农业区、果业区、牧业区等地域。

公路港

公路港是新出现的一种物流集散基地。公路港是指依托于公路运输主干网形成的一个城市间货运集散的节点，是一个物流的集聚区。公路港物流充当"物流平台整合运营商"，改变物流服务"散、小、乱、差"、资源浪费高的状况，致力于把众多的第三方物流服务提供商集聚到一起，形成物流资源集聚区，为其提供一个包括"基础性的物流设施"、"信息交易服务"和"商务配套服务"的一个综合性运营平台。公路港平台由基础设施平台和电子商务平台构成（双网络平台）。以聚集物流资源提供一站式服务为基础；提高车货信息匹配效率，降低物流成本为核心；以网络化信息化整合提升供应链效率为方向。从而有效整合社会物流资源，培育集约化专业物流企业联盟，实现对松散的、无序物流资源（社会车辆、第三方物流企业、平台配套服务资源）的整合管理，使各物流资源价值最大化。

中财宁国公路港是安徽中财物流有限公司运营的公路港物流平台，位于宁国市国家级经济技术开发区南山园区内，占地223亩，2010年始建，2012年8月正式营业。按照"物流平台运营商"的定位，"公路港"通过九大中心：公路港物流信息交易中心、汽配汽修中心、货运班车中心、智能车源中心、企业发展中心、加油（汽）站中心、三产配套中心、仓储配送中心、物流设备展示展销中心以及完善的配套服务功能模块，快速形成了物流服务、物流载体、物流需求三大资源的集聚。目前，已有100多家来自省内外的专业运输、仓储、零担、货代等物流企业入驻；整合了10 000多辆的社会车源运输网络，日整合车辆达四五百辆，日承运货物量达四五千吨。通过各种集聚资源的协调运作，服务宁国市及周边地区具一定规模的制造企业和商贸企业达1 000多家，为其降低物流成本近20%。辐射范围已达宣城、广德、郎溪、芜湖、长兴、绩溪、旌德等周边地区，真正成为服务于皖东南地区的综合型现代物流平台。中财公路港建立了物流企业资源聚集区，赋予了公路运输板块高效低耗、集成化、信息化管理的时代特征，创造了"一个平台——几百家物流企业——几十万辆社会车辆——几万家货主企业"的创新产业链运作模式，从而在海港、航空港之后，以全新的"公路港"物流模式，拉伸了公路物流短板，有效推动了现代物流业与制造业、零售业的联动。

传化物流集团在杭州、成都、石家庄等城市建设、运营公路港。苏州传化公路港在集聚资源的基础上，深入推进信息超市、城际货运班车总站等项目，实现苏州、杭州、成都三地信息共享及业务联动。公路港平台网络效应带来了服务品种和服务量呈现爆炸式增长效应。车辆会员服务、联合保险服务、融资服务等依托于规模效应的资源经营和价值链经营的新服务也会出现，基地的集聚资源价值将得到进一步挖掘。石家庄"智能公路港"项目将建设河北省公路港网络指挥中心，打造以物流交易中心、企业总部经济、城市物流中心、电子商务、生活配套、专业市场为一体的现代物流综合体。

配送中心

以往商品经由制造、批发、仓储、零售各环节间的多层供应链途径，最终到消费者手里。而现代物流业的一个重要特点就是对渠道的简化，设立配送中心。它使未来的产业分工更加精细，产销分工日趋专业化，大大提高了社会的整体生产力和经济效益。配送中心是指从事货物配送业务（集货、加工、分货、拣选、配货），具有完善的信息网络的场所或组织，应基本符合下列要求：①主要为特定的用户服务；②配送功能健全；③辐射范围小；④多品种、小批量、多批次、短周期；⑤主要为末端客户提供配送服务。配送中心是一种末端物流的连接制造与销售点的节点设施，通过有效地组织配货和送货，使资源的最终端配置得以完成。主要介绍配送中心的几个方面。

（1）配送中心的作用

在现代物流活动中，配送中心的作用包括：使供货适应市场需求变化，各种商品的需求在季节、时间、需求量上都存在很大的随机性，需依靠配送中心来调节、适应生产与消费之间的矛盾与变化；经济高效地组织储运，建立配送中心，能够批量进发货物，能组织集中储运和成批直达运输，有利于降低物流系统成本，提高物流系统效率；提供优质的保管、包装、加工、配送、信息服务，由于物资物理、化学性质的复杂多样性，地理与气候的多样性，交通运输的多起终点、多方式，地区或专门配送中心的建立有助于提供更加专业化、优质的服务；促进地区经济的快速增长，配送中心是经济发展的保障，是吸引投资的环境条件之一，也可以拉动经济增长，配送中心的建设可从多方面带动经济的健康发展。

（2）配送中心的功能

配送中心是集货中心、分货中心、加工中心功能的总和。配送中心具有如下几种功能。

① 存货功能，存储一定的商品，形成对配送的资源保证。

② 分拣功能，采用适当的方式对组织来的货物进行分拣，然后按配送计划组织配送和分装，实现按客户要求组织送货。

③ 集散功能，把各个用户所需要的多种货物有效地组织或装配在一起，形成合理的批量，实现低成本、高效率的商品流通。

④ 衔接功能，配送中心如同一个"蓄水池"，不断进货、送货，快速的周转有效地解决了产销不平衡，缓解了供需矛盾，在产、销之间建立了一个缓冲平台，同时通过发挥存储和发散货物功能，使供需双方实现了无缝连接。

⑤ 流通加工功能，通过按客户的要求开展配送加工可使配送的满意度和效率提高。

⑥ 信息处理功能，配送中心不仅是实物的连接，而且是信息的传递和处理。

（3）配送中心的类型

配送中心是专门从事货物配送活动的经济实体。随着市场经济的不断发展，商品流通规模的日益扩大，配送中心的数量在不断增加。在众多的配送组织中，由于各自的服务对象、组织形式和服务功能的不尽一致，配送中心经过适当划分，分成了很多类型。主要归纳为9类，专业配送中心、柔性配送中心、供应配送中心、销售配送中心、城市配送中心、区域配送中心、储存型配送中心、流通型配送中心及加工型配送中心。

现在电商的快速崛起和行业的需求，对于配送中心这一重要环节的需求和要求也在不断提高，越来越多的电商建立了区域型仓储物流配送中心，这就能够很好地协助商家在终端和渠道端提供广泛的服务。在电子商务与互联网时代，物流发展到集约化阶段，一体化的配送中心的服务必将越来越广泛，但最终必将会按客户的需要提供定制服务。

对于快递业、运输业，习惯将配送中心称为分拨中心，功能与物流中心雷同。末端的配送称为"最后一公里"配送，货物由地区分拨中心运来配送点，在配送点完成最后一公里上门送货或消费者自提。

■ 4.4.2 网点选址

选址目标

物流网点选址的目标主要是总成本最低与服务最好，当然还涉及发展潜力等重大考虑。

（1）成本最小化

网络布局要遵循总成本最小的原则。在以物流网络总成本最小为目标函数建立数学模型时要主要考虑以下几项成本费用。

① 运输成本。运输是物流运输过程中所发生的，是与运输距离和运输单价相关的。配送中心的位置选址合理，则总的运输距离就越小；而运输单价又取决于运输方式，与配送中心所在地点的交通运输条件及顾客所在地的交通运输条件直接相关。

② 建设投资费用。像建立物流中心、配送中心、仓库等的资金投入，机器设施设备与工具，土地征用费等。它们与网点的位置和规模有关。

③ 网点的固定费用。像固定资产的折旧，行政支出，人员工资等与经营状态无关的费用。

④ 网点经营费用。在网点运营过程中发生的费用，包括库存费用，保管维护费用等与经营状况有关的费用。

（2）服务最优化

对物流园区、物流中心、配送中心的服务评价有所差异。如与物流中心、配送中心选址相关的服务指标主要是配送速度和准时率。一般来说，配送中心与顾客距离较近，则送货速度较快，订货周期短；订货周期越短，送货的准时率也就得到提高。

（3）发展潜力及前景好

物流中心、配送中心的投资是具有战略性的，是一项长期的投资，因此物流中心、配送中心的选址不仅要考虑成本最小化，服务最优化还要考虑将来的发展潜力与前景，包括物流配送扩展的可能性及顾客需求增长的潜力等。

选址原则

物流配送中心在选址过程中，应当遵循以下几个原则。

（1）经济性原则。选址应以总费用最低作为选址的经济型原则，有关费用主要包括投资建设费用和物流运输费用两部分。

（2）战略性原则。选址要具有战略性，要考虑到全局，使得配送中心的覆盖面最大、总体运输距离最短；同时又要考虑长远，物流配送中心的投资金额不小，因此投资建设配送中心时既要考虑当前的实际需求，又要考虑日后发展的可能性。

（3）协调性原则。选址应当将全局物流网络作为一个大系统考虑，使配送中心的设施设备在地域布局、物流作业生产率、技术水平、管理人员等方面相互协调。

（4）适应性原则。选址需要考虑国家、地区文化的差异及影响，考虑地方特色发展策略。使物流资源分配与人口及需求特点相适应，与当地经济社会的可持续发展相适应。

影响因素

物流配送中心选址是一个涉及诸多影响因素的综合决策问题，在选址过程中各因素都有不同程度的影响，只有统筹考虑，才能使选址决策更合理、更科学。

将影响选址规划的因素按属性分两个层次建立多因素评价指标体系。第一层次是决定物流中心选址方案优劣的主要因素，包括自然环境、物流环境、经济费用、适应能力；第二层次是对上述指标进一步评价而细分的因素集。如图4-15所示。

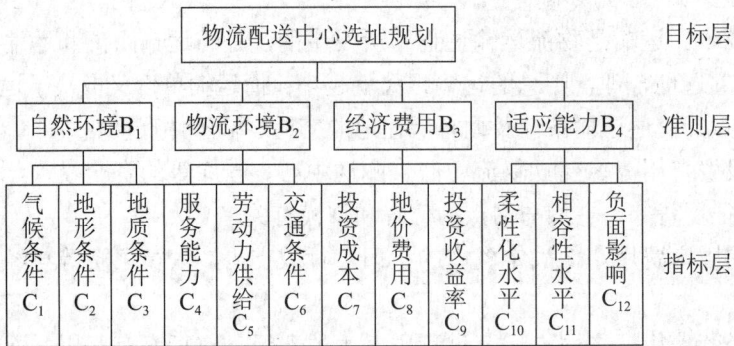

图4-15 物流中心选址规划考虑因素举例

各影响因素具体内容如下：

（1）自然环境：①气候条件，需考虑所选地区的平均温度、降雨量、风力风向等气候因素对物流中心的影响；②地形条件，园区所处位置要有利于交通工具的作业，有利于提高货物运送的便捷性和安全性；③地质条件，要求所选位置有良好的地质状况，有一定承载力和稳定性。

（2）物流环境：①服务能力，在所选位置建立的物流园区要能够最大限度地满足用户的物流需求，能够提供高质量的物流服务；②劳动力供给，需考虑所需位置的劳动力条件，包括数量是否充足、人员素质能否满足要求；③交通条件，物流中心的位置应尽可能地靠近港口、机场、铁路编组站、公路运货站场、交通主干道出入口等交通便利区。物流运输费用和服务水平都是选址要考虑的重要因素。所在地区的优惠物流产业政策对物流企业的经济效益会产生重要的影响。所在地的城市道路、通信设施、网络状况、水电、废弃物处理地等都属于基础设施。

（3）经济费用：①投资成本，选址决策的不同会产生投资成本的差异，要综合考虑不同的选址对建设成本、运营成本和园区规模等方面的影响，要考虑地区税收减免政策；②地价费用，不同地段地价一般差别较大，要将所选位置的优劣条件与其地价费用结合起来考虑；③投资收益率，物流中心建成后在正常运营状态下应具备一定的获利能力。

（4）适应能力：①柔性化水平，物流中心要具备对各种环境变化的适应能力，包括随着物流中心规模的扩大、服务能力的提高、对周围环境的改变等；②相容性水平，选址时要考虑城市或地区的总体规划、资源空间的集散特性、产业结构与布局、消费区域特点与消费规模、文化影响等，选址也要响应国家政策，例如保护自然环境和人文环境、节约用地等，尽量降低对城市生活的干扰；③负面影响，园区在长期运营的情况下要考虑车辆人员的密集所带来的噪声、尾气对周围环境的影响。

选址方法

最简单、应用最广泛的物流网点选址方法是因素综合评估法，这种方法通常借助于资深管理人员或专家做出判断。因素评估法将每一个备选地点都按因素计分，在允许的范围内给出一个分值，然后将每一个地点各因素的得分相加，求出总分后加以比较，选择得分最多的地点。这种方法的优点就是以简单易懂的模式将各种不同的因素综合起来。在运营管理课程中还讲过盈亏平衡分析法，在各选址方案的固定成本与可变成本可确认的情况下，可选择设施成本最低的设施规模范围。

由于多因素的层次化，还可以运用层次分析法帮助我们做出方案选择。配送网络布局问题要考虑物流总成本最小化，还要考虑涉及经济、社会、环境、货运通道网络等多个层面的因素，有些因素不易量化，但可以比较。运用层次分析法进行综合分析和评估，筛选出若干备选方案，再做出最优方案选择。当然也可以对多个方案进行仿真分析，通过改变或组合各种参数，通过仿真运行来评价不同的选址方案。仿真法不能自行给出初始方案，只能通过对各个已存在的备选方案进行评价，从中找出最先的方案。

这些选址方法在这里不做详细介绍，重点介绍重心法和数学优化建模方法。

重心法

重心法是在物流设施网络下统筹设置一个中转仓库（或配送中心/供货基地）的方法，这种方法主要考虑的因素是现有设施分布及其距离和要运输的货物量。重心法经常用于从多个候选的中转仓库或配送中心中选择。商品运输量是影响商品运输费用的主要因素，仓库尽可能接近运输量较大的网点，从而使较大的商品运输量走相对较短的路程，就是求出本地区实际商品运量的重心所在的位置。

如果将物流网络的需求点看成是分布在某一平面范围内的物流系统，各点的资源需求量分别看成是物体的重量，那么，物流系统的重心将作为物流网点的最佳供应位置点，利用确定物体重心的方法确定物流网点的供应位置。

虽然重心法确定的重心点不是成本最低的点，但成本最低的点在此附近，因而重心法有助于寻找选址问题的最优解。也没有必要找到理论上精确的重心位置。

假设在某个物流网络中有n个需求点,它们的坐标分别为$(x_i, y_i)(i=1, 2, \cdots, n)$,第$i$个需求点的年度运输总量为$D_i(i=1, 2, \cdots, n)$。

现要设置一个供应服务设施点,假设其位置为(x_s, y_s),它到i点的运输费率为F_i,它到i点的距离为d_i,要求由该点向n个需求点送货的总运输成本Z最小,即相应的目标函数为:

$$\operatorname{Min} Z(x_s, y_s)=\sum_{i=1}^{n} d_i D_i F_i$$

其中,

$$d_i=\sqrt{(x_i-x_s)^2+(y_i-y_s)^2}, i=1, 2, \cdots, n$$

分别对自变量x_s和y_s求偏导,并令其等于零,得到方程组

$$\begin{cases} \dfrac{\partial z}{\partial x_s}=-\sum_{i=1}^{n} D_i F_i \dfrac{x_i-x_s}{\sqrt{(x_i-x_s)^2+(y_i-y_s)^2}} \\ \dfrac{\partial z}{\partial y_s}=-\sum_{i=1}^{n} D_i F_i \dfrac{y_i-y_s}{\sqrt{(x_i-x_s)^2+(y_i-y_s)^2}} \end{cases}$$

则得到:

$$\begin{cases} x_s=\dfrac{\sum_{i=1}^{n} \dfrac{D_i F_i x_i}{d_i}}{\sum_{i=1}^{n} \dfrac{D_i F_i}{d_i}} \\ \\ y_s=\dfrac{\sum_{i=1}^{n} \dfrac{D_i F_i y_i}{d_i}}{\sum_{i=1}^{n} \dfrac{D_i F_i}{d_i}} \end{cases}$$

由于上式的右边d_i,$d_i=\sqrt{(x_i-x_s)^2+(y_i-y_s)^2}$中包含未知变量,所以一般是用迭代法进行求解。

重心法选址过程如下:

第一步:在获取各个需求点的坐标位置、运输量、运输费率数据基础上,不考虑距离d_i,用重心公式估算服务设施点的初始选址位置坐标(x_s^0, y_s^0)。

$$\begin{cases} x_s^0=\dfrac{\sum_{i=1}^{n} D_i F_i x_i}{\sum_{i=1}^{n} D_i F_i} \\ \\ y_s^0=\dfrac{\sum_{i=1}^{n} D_i F_i y_i}{\sum_{i=1}^{n} D_i F_i} \end{cases}$$

并将初始位置的坐标(x_s^0, y_s^0)代入d_i公式,求出各需求点与该初始选址位置的距离。

第二步:通过考虑d_i的重心坐标公式,求得服务设施点的新位置坐标(x_s^1, y_s^1),这是对初始位置的一个修正。

$$\begin{cases} x_s^1 = \dfrac{\displaystyle\sum_{i=1}^{n} \dfrac{D_i F_i x_i}{d_i}}{\displaystyle\sum_{i=1}^{n} \dfrac{D_i F_i}{d_i}} \\[3em] y_s^1 = \dfrac{\displaystyle\sum_{i=1}^{n} \dfrac{D_i F_i y_i}{d_i}}{\displaystyle\sum_{i=1}^{n} \dfrac{D_i F_i}{d_i}} \end{cases}$$

第三步：将修正的位置坐标值(x_s^1, y_s^1)代入d_i公式，重新计算各需求点与该选址位置的距离。

第四步：再将各距离值带入考虑d_i的重心坐标公式，求得服务设施点的又一个新位置坐标(x_s^2, y_s^2)，并同(x_s^1, y_s^1)比较。如果两个位置相接近，就停止迭代，该位置就是成本最低的位置。如果两个位置不同，可进一步迭代，再计算d_i，找一个修正的位置。

如此反复迭代下去，直到修正的坐标值不再变化为止。

第五步：根据需要，利用总成本公式计算出该位置的总成本。

数学规划法

主要是混合整数线性规划法，混合整数线性规划法是商业选址模型中最受欢迎的方法，是利用线性规划在整个网络需求分配过程中的优势演变而来的。

混合整数线性规划法的优点是它能够把物流总成本最低作为目标考虑进去。

模型的问题描述

如图4-16所示，配送中心选址的问题可以描述为在确定供货点m个，零售商的个数是q个的前提下，从n个区域配送中心及p个城市配送中心的备选地点中选择一定数量的地点作为配送中心，并且满足一家零售商门店只由一个城市配送中心提供配送服务，使得在一定时期内总费用最低。在配送中心选址的过程中主要考虑的问题是：选择哪些点作为配送中心；如何合理的安排配送计划，使得在满足顾客需求的情况下实现总费用最小。

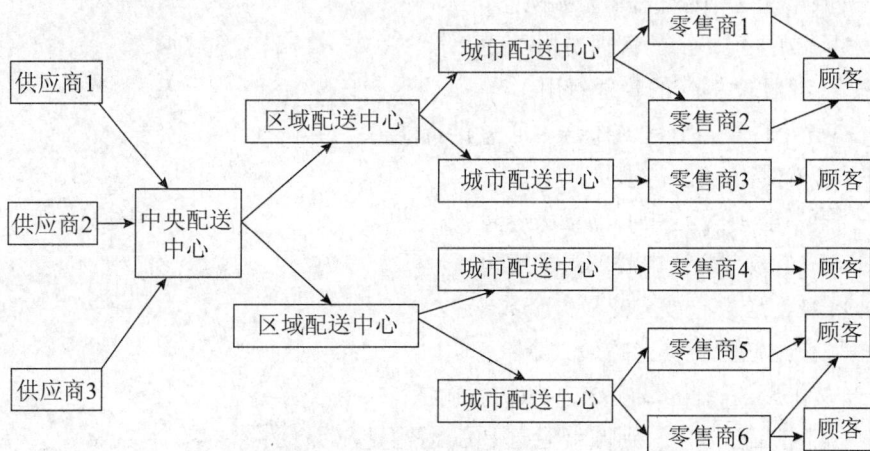

图4-16　多阶物流配送网络示意图

模型的假设

所研究的配送中心选址问题是在给定供应商地址，供应量和确定零售商的个数及需求量的前提下，先在某一城市内所有被选中的点的地址集合中选出一定数目的点建立配送中心，之后在城市配送中心确定的前提下，选出一定数目的地址点作为区域配送中心。考虑到产品配送特点，建立多级多商品多物流中心的配送网络，以实现配送网络的优化。主要考虑产品经过配送中心的总配送处理费用，总运输费用及配送中心经营的固定费用等，在分析影响这些费用的主要因素基础上得出目标函数表达式，使得各项费用总和最小。

为了便于模型的求解，同时使模型具有实用价值，作如下假设：

（1）零售商需要的配送物品一次运输完成；

（2）一个区域配送可由多个供货商供货，一个城市配送中心只能由一个区域配送中心配送，且一个零售商也只能由一个城市配送中心提供配送服务；

（3）在给定的一定的配选地点范围内选出新的配送中心；

（4）运输费用与运输量成正比；

（5）各零售商对产品的需求是已知的常量；

（6）建立配送中心的固定成本费用已知；

（7）供应商到配送中心，配送中心到各零售商的单位运输成本是常量；

（8）配送中心的容量及个数在一定范围内。

模型的建立

（1）模型参数

m——供应商个数；

n——备选区域配送中心个数；

p——备选城市配送中心个数；

q——零售商个数；

E——总费用；

F_i——区域配送中心i的固定成本；

W_j——城市配送中心j的固定成本；

H_i——区域配送中心i的管理费用；

E_j——城市配送中心j的管理费用；

A_k——第k个供货点到区域配送中心总供货能力；

D_l——第l个零售商的需求量；

M_i——第i个区域配送中心的最大容量；

M_j——第j个城市配送中心的最大容量；

S——区域配送中心被选的最大个数；

T——城市配送中心被选的最大个数；

a_{ki}——从供应商k到区域配送中心i的运输量；

b_{ij}——从区域配送中心i到城市配送中心j运输量；

c_{jl}——从城市配送中心j到零售商l的运输量，t；

X_{ki}——从供应商k到区域配送中心i的单位运价，为元/t.km；

Y_{ij}——从区域配送中心i到城市配送中心j的单位运价，为元/t.km；

Z_{jl}——从城市配送中心j到零售商l的单位运价，为元/t.km；

A_{ki}——从供应商k到区域配送中心i的距离，km；

B_{ij}——从区域配送中心i到城市配送中心j的距离，km；

C_{jl}——从城市配送中心j到零售商l的距离，km；

$X_i=$（0，1），0为不建立区域配送中心，1为建立区域配送中心；

$Y_j=$（0，1），0为不建立城市配送中心，1为建立城市配送中心。

（2）目标函数

规划期内总费用由五部分组成：从供货方到区域配送中心的总运输费用、从区域配送中心到城市配送中心的总运输费用、从城市配送中心到零售商的总运输费用、区域配送中心的管理费用及固定费用的总和、城市配送中心的管理费用及固定费用的总和。总费用TC为上述五项的和。

$$\text{Min TC}=\sum_{k=1}^{m}\sum_{i=1}^{n}a_{ki}X_{ki}\,A_{ki}+\sum_{i=1}^{n}\sum_{j=1}^{p}b_{ij}Y_{ij}\,B_{ij}+\sum_{j=1}^{p}\sum_{l=1}^{q}c_{jl}Z_{jl}\,C_{jl}+\sum_{i=1}^{n}X_i(F_i+H_i)+\sum_{j=1}^{p}Y_j(W_j+E_j)$$

（3）约束条件

① 供应约束$\sum_{i=1}^{n}a_{ki}\leqslant A_k$表示供应商到配送中心的供货量不超过总供货能力；

② 需求约束

$\sum_{j=1}^{p}b_{ij}\leqslant\sum_{i=1}^{n}a_{ki}$表示城市配送中心的需求量不能超过区域配送中心的供货量；

$\sum_{l=1}^{q}c_{jl}\leqslant\sum_{j=1}^{p}b_{ij}$表示零售商配送中心的需求量不能超过城市配送中心的供货量；

$\sum_{j=1}^{p}b_{ij}\geqslant D_l$表示城市配送中心的配送量满足零售商的需求；

③ 容量约束

$\sum_{i=1}^{n}a_{ki}\leqslant X_iM_i$，$i=1$，2，…，$n$表示供应商供应给任一区域配送中心的货物总和不能超过该中心的最大容量；

$\sum_{j=1}^{p}b_{ij}\leqslant Y_jM_j$，$j=1$，2，…，$p$表示区域配送中心供应给任一城市配送中心的货物总和不能超过该中心的最大容量；

④ 个数约束

$$\sum_{i=1}^{n}X_i\leqslant S,\ \sum_{j=1}^{p}Y_j\leqslant T;$$

⑤ 非负约束

$A_k\geqslant0$，$a_{ki}\geqslant0$，$b_{ij}\geqslant0$，$c_{jl}\geqslant0$，其中i，j，l都为整数；

⑥ 整数约束

$$X_i\begin{cases}0 & \text{区域配送中心未选用}\\1 & \text{区域配送中心选用}\end{cases}$$

$$Y_j \begin{cases} 0 & \text{城市配送中心未选用} \\ 1 & \text{城市配送中心选用} \end{cases}$$

求解上述模型可采取基于聚类的蚁群算法，将城市配送中心作为聚类中心，将零售商看作是等待分类的目标，以总成本最低为依据，利用蚁群搜索过程，构建各配送中心和零售商之间的物流关系，将各个零售商点分配到城市配送中心，形成多个胞腔，假若以城市配送中心为聚类中心的胞腔不为空，即城市配送中心分配到零售商点，则保留该城市配送中心；若胞腔是空的，则该城市配送中心将被剔除，从而确定了城市配送中心的位置及个数。在确定了城市配送中心的位置，则可以以同样的方式确定候选区域配送中心的位置及个数。

混合整数线性规划模型虽然是解决网络网点布局的有效方法，求解也可以采用启发式算法，当系统规模较大时，混合整数规划模型的建立和计算求解都比较复杂。启发式算法是一种主次逼近最优解的方法。用启发式算法进行配送中心选址及网络网点布局时，首先要定义计算总费用的方法，拟定判定准则，规定改进途径，然后给出初始方案，迭代求解。启发式算法不是精确式算法，不能保证给出的解决方案是最优的，但是只要迭代次数足够多，获得的可行解与最优解则就非常接近的。

4.4.3　选址及能力分配

在物流网络中，不仅设施的选址问题可以运用数学规划方法，而且选址与能力分配问题同时考虑，如何将顾客需求量分配给服务设施，由指定的服务设施提供服务同样可运用数学规划方法，此时考虑的关键成本有设施固定成本、运输成本、生产成本、库存成本、协调成本。下面先通过单阶供需网络问题来说明，最后用一个多阶供应链网络问题说明。

运输量决策

在有多个工厂/仓库、多个销售点的单层多对多物流网络中，如图4-17所示，如何做好网络配置，由哪个工厂/仓库服务于哪个销售点？这个问题里，决策变量x_{ij}为从工厂/仓库i到销售j的运输数量。

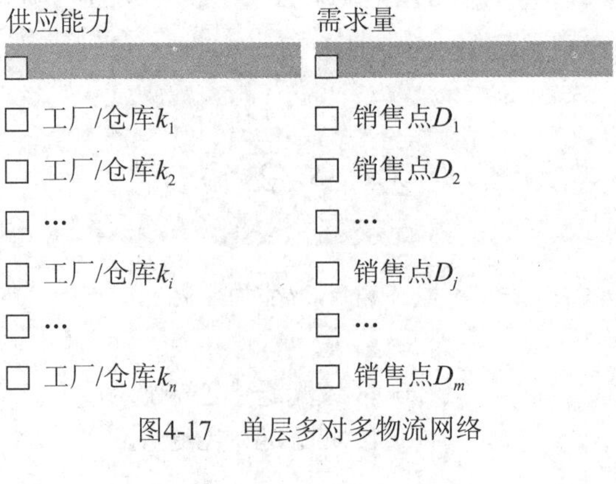

供应能力	需求量
□ 工厂/仓库k_1	□ 销售点D_1
□ 工厂/仓库k_2	□ 销售点D_2
□ …	□ …
□ 工厂/仓库k_i	□ 销售点D_j
□ …	□ …
□ 工厂/仓库k_n	□ 销售点D_m

图4-17　单层多对多物流网络

需要获取如下数据:

工厂/仓库总数量n,

i工厂/仓库产能k_i,

销售点数量m,

销售点j需求量为D_j,

从工厂i生产,到销售点j的成本c_{ij}(包括生产、库存、运输、关税等)。

数学规划模型如下:

$$\text{Min}\sum_{i=1}^{n}\sum_{j=1}^{m}c_{ij}x_{ij}$$

$$\text{s.t.}$$

$$\sum_{i=1}^{n}x_{ij}=D_j, j=1,\cdots,m$$

$$\sum_{j=1}^{m}x_{ij}\leqslant k_i, i=1,\cdots,n$$

$$x_{ij}\geqslant 0$$

目标函数为总成本最低,约束为满足销售点需求,工厂/仓库实际运出量不超过自身能力。当然这个问题也可以变成工厂该启用哪个供应商的问题。

考虑设施成本的选址与运输量决策

如果上述问题中增加工厂/仓库的选址问题,决定需要哪个工厂/仓库的决策,那么就需要设立决策变量y_i,

$$y_i\begin{cases} 1 & \text{工厂/仓库选址在}i \\ 0 & \text{工厂/仓库选址不在}i \end{cases}$$

同时考虑工厂/仓库的固定成本,设:

f_i——维持工厂/仓库i运行的年度固定成本

k——工厂/仓库的最大数量

不难得到如下的数学规划模型:

$$\text{Min}\sum_{i=1}^{n}f_iy_i+\sum_{i=1}^{n}\sum_{j=1}^{m}c_{ij}x_{ij}$$

$$\text{s.t.}$$

$$\sum_{i=1}^{n}x_{ij}=D_j, j=1,\cdots,m$$

$$\sum_{j=1}^{m}x_{ij}\leqslant k_iy_i, i=1,\cdots,n$$

$$\sum_{i=1}^{n}y_i\leqslant k; y_i\in\{0,1\}$$

能力匹配决策

如果要求每个销售点的服务只由一个工厂/仓库供应,一个工厂/仓库只能供应一个销售点，如何实现销售点与供应点的能力匹配？那么在保证需求的前提下应该保留哪些工厂/仓库的产能？每个销售点由哪个工厂/仓库供应？

把上述问题的决策变量 x_{ij} 由从工厂/仓库 i 到销售 j 的运输数量，变更为：

$$x_{ij} \begin{cases} 1 & 销售点j由工厂/仓库i供应, \\ 0 & 销售点j由工厂/仓库i供应, \end{cases}$$

决策变量还有 y_i（工厂/仓库选址是否在 i）。

目标函数为选定设施的固定成本与供需匹配网络的物流成本最低。约束条件是每个销售点由一个工厂/仓库供应的限制，工厂/仓库的产能应该能满足销售点的需求。

那么，数学规划模型就变为：

$$\text{Min} \sum_{i=1}^{n} f_i y_i + \sum_{i=1}^{n} \sum_{j=1}^{m} D_j c_{ij} x_{ij}$$

$$\text{s.t.}$$

$$\sum_{i=1}^{n} x_{ij} = 1, \; j=1, \cdots, m$$

$$\sum_{j=1}^{m} D_j x_{ij} \leq k_i \, y_i, \; i=1, \cdots, n$$

$$x_{ij}, y_i \in \{0,1\}$$

多阶供应链网络选址与运输量决策

下面考虑一个包含供应商、制造商、仓库、销售点的供应链整体网络节点的选址与产能分配决策问题。如图4-18所示。

供应商	制造商	仓库	销售点
☐ 供应商S_1	☐ 工厂K_1	☐ 仓库W_1	☐ 销售点D_1
☐ 供应商S_2	☐ 工厂K_2	☐ 仓库W_2	☐ 销售点D_2
☐ …	☐ …	☐ …	☐ …
☐ 供应商S_h	☐ 工厂K_i	☐ 仓库W_e	☐ 销售点D_j
☐ …	☐ …	☐ …	☐ …
☐ 供应商S_l	☐ 工厂K_n	☐ 仓库W_t	☐ 销售点D_m

图4-18 多阶多对多物流网络

假设：

销售点需求为 D_j，$j=1, 2, \cdots\cdots, m$。m 为销售点数量；

仓库能力为 W_e，$e=1, 2, \cdots\cdots, t$。t 为仓库数量；在地点 e 设立仓库的固定成本 f_e；

工厂产能为 K_i，$i=1, 2, \cdots\cdots, n$。n 为工厂数量；在地点 i 设立工厂的固定成本 F_i；

供应商供应能力为 S_h，$h=1, 2, \cdots\cdots, l$。l 为供应商数量；

从供应商 h 到工厂 i 的单位运输成本为 c_{hi}；

从工厂 i 到仓库 e 的单位运输成本为 c_{ie}；

从仓库 e 到销售点 j 的单位运输成本为 c_{ej}。

这里需要做出的决策是确定工厂和仓库的选址以及供应链节点间三级运输的运送数量，设立以下决策变量：

y_i：工厂选址在地点i，则$y_i=1$，否则为0；

y_e：如果合仓库选址在地点e则$y_e=1$，否则为0；

x_{ej}：从仓库e运送到市场j的数量；

x_{ie}：从工厂i运送到合库e的数量；

x_{hi}：从供应商h运送到工厂i的数量。

目标是总的固定成本与可变成本最小化。因此，该决策问题的目标函数可表示为：

$$\text{Min} \sum_{i=1}^{n} f_i y_i + \sum_{e=1}^{t} f_e y_e + \sum_{e=1}^{t}\sum_{j=1}^{m} c_{ej} x_{ej} + \sum_{i=1}^{n}\sum_{e=1}^{t} c_{ie} x_{ie} + \sum_{h=1}^{l}\sum_{i=1}^{n} c_{hi} x_{hi}$$

约束条件首先要满足每一个销售点的顾客需求：

$$\sum_{e=1}^{t} x_{ej} = D_j,\ j=1,\ \cdots,\ m$$

然后是仓库、工厂、供应商的产能约束：

$$\sum_{e=1}^{t} x_{ej} \leq W_e y_e,\ e=1,\ \cdots,\ t$$

$$\sum_{e=1}^{t} x_{ie} \leq K_i y_i,\ i=1,\ \cdots,\ n$$

$$\sum_{i=1}^{n} x_{hi} \leq S_h,\ h=1,\ \cdots,\ l$$

再次是每个仓库、每个工厂的流量约束，流入量要超过流出量：

$$\sum_{i=1}^{n} x_{ie} - \sum_{j=1}^{m} x_{ej} \geq 0,\ e=1,\ \cdots,\ t$$

$$\sum_{h=1}^{l} x_{hi} - \sum_{e=1}^{t} x_{ie} \geq 0,\ i=1,\ \cdots,\ t$$

最后是变量自身取值的约束。

$$y_i,\ y_e \in \{0,1\}$$

$$x_{ej},\ x_{ie},\ x_{hi} \geq 0$$

上述模型假定供应链上下游节点间采取点对点的运输，并没有考虑工厂直销（工厂直接送达销售点），这可以对模型做适当的修正。

习题

1. 什么叫分销？什么叫分销网络？
2. 分销网络设计的影响因素有哪些？
3. 分销网络有哪些方案？分别采用了哪些分销策略模式？
4. 简要说明配送需求计划的原理。

5. 仓储有哪些主要功能？在我国有哪些类别的仓储中心？

6. 仓储管理决策的基本原则是什么？

7. 描述几种不同类型的仓库，说明它们的优势。

8. 如何制定公司的仓储战略？

9. 仓储中心的内部布局如何设计？需要考虑哪些因素？

10. 什么叫作越库？有哪些类型？

11. 配送中心与仓库有何区别？

12. 我国货运常采用哪些运输方式？运输费率大概是多少？

13. 在我国哪种货运运输方式增长最快？

14. 你见过哪些多式联运？

15. 运输管理有哪些决策问题？这也是第三方物流服务商的决策问题吗？

16. 国际货运中介机构有哪些？它们是第三方物流服务商吗？

17. 你认为物流网络优化的关键是什么？

18. 物流园区、物流中心、配送中心、仓库的选址原则都一样吗？

19. 物流节点在什么情况下可以运用重心法选址？

20. 如何对多阶物流网络的资源部署优化进行数学建模？

21. 一家空调设备制造商，面对国内的市场需求量迅速增长的态势，预测下一年全国范围的需求量如下：南部地区为180 000台；中西部为120 000台；东部110 000台；西部为100 000台。该公司的管理者正在设计物流分销网络，仓储中心看好四地：N、A、C、D地。仓库容量可以有两种方案，即200 000台或400 000台。四个场址的年固定成本，以及运送单位空调设备到各个市场的成本如表4-11所示。该公司的仓库应该选在哪里？仓储能力应该多大合适？

表4-11　四个场地的年固定成本

	N地	A地	C地	D地	
不同能力下的固定成本					
20万	6 000 000	5 500 000	5 600 000	6 100 000	
40万	10 000 000	9 200 000	9 300 000	10 200 000	
可变成本					需求量
东部	211	232	238	299	110 000
南部	232	212	230	280	180 000
中西部	240	230	215	270	120 000
西部	300	280	270	225	100 000

22. 太阳化学是一家印刷油墨的生产厂商，在全世界有5家工厂，位置、产能以及生产成本如表4-12。生产成本是按工厂所在国家当地货币来计算。油墨主要市场有北美、南美、欧洲、日本和亚洲其他地方。每个市场的需求，从工厂到各个市场的运输成本如表所

示。管理层如何制订明年的生产计划？（1）假设汇率与现在保持不变，而且每个工厂运行不低于50%的产能，那么每个工厂应该生产多少？每个工厂应该供应哪些市场？（2）如果对一个工厂的产能没有上述限制，那么每个工厂应该生产多少？（3）在巴西工厂增加10吨的产能可以降低成本吗？（4）汇率波动会对公司有何影响？

表4-12　全世界5家工厂的位置、产能以及生产成本

	北美	南美	欧洲	日本	亚洲	产能（吨/车）	生产成本（/吨）
美国	600	1 200	1 300	2 000	1 700	185	10 000美元
德国	1 300	1 400	600	1 400	1 300	475	15 000马克
日本	2 000	2 100	1 400	300	900	50	1 800 000日元
巴西	1 200	800	1 400	2 100	2 100	200	13 000瑞亚尔
印度	2 200	2 300	1 300	1 000	800	80	400 000卢比
需求	270	190	200	120	100		

实践 　　　　　　　　　　　配送即销售

　　英国消费者习惯通过亚马逊购买电子产品、百货和图书，如今他们可以在亚马逊上购买新鲜蔬菜了。亚马逊在英国租赁了一个乐购租用过的英国TESCO集团旗下的一个仓库，往食品服务业迈进了一步。亚马逊将使用乐购曾经在Weybridge，Surrey的分销仓库，该仓库位于便利的M25高速公路，是运送新鲜食物去伦敦购物者的绝佳位置。M25高速公路环线内可谓是英国最为繁忙的地区之一。

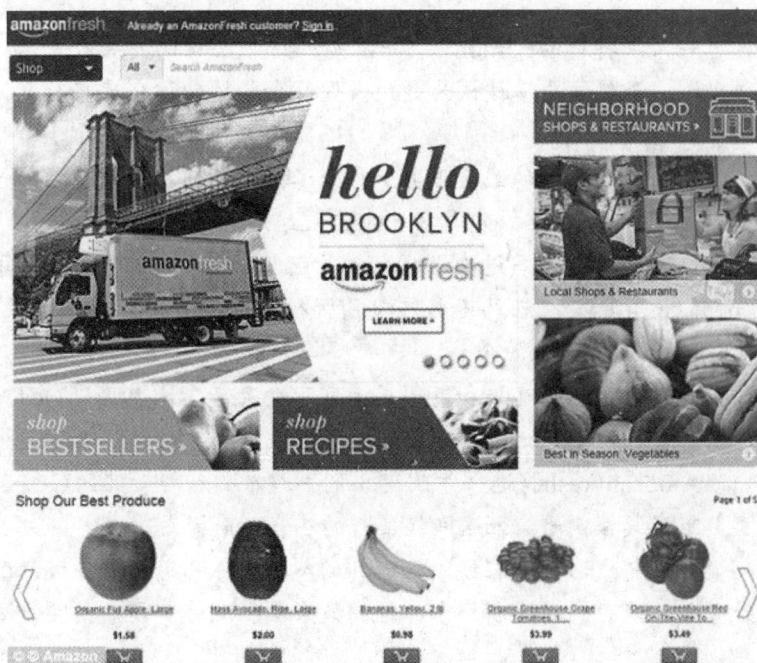

早在2007年，亚马逊就推出了AmazonFresh服务，专门提供新鲜时蔬，但仅限于美国西雅图地区，6年后AmazonFresh才开始扩张，将服务拓展至洛杉矶、旧金山以及全美。亚马逊的扩张酝酿已久，但也十分谨慎，他们知道美国食品电商的先驱Webvan就败在盲目扩张上，Webvan信奉"赢者通吃"，疯狂的扩张投资，建仓库且亏本销售。等到互联网泡沫破灭，公司破产。

Reuters消息称，亚马逊在美国的新仓库有一个专为食品准备的冷藏区，冷藏区外面是其他日用百货，方便食品与百货同时搭售。在美国亚马逊并没有采用第三方的物流，而是利用自己的卡车送货，保证了食物质量。2015年AmazonFresh计划在英国推出。AmazonFresh已经向英国的主要食品制造商提出了其食品杂货计划，在9月份开始推出该服务。亚马逊的这项举措会给英国本土已经陷入困境的大型超市造成进一步的压力。这些超市已经出现销售和利润下滑，并正在为吸引客户打价格战。

尽管新鲜食品市场庞大，但电商不敢轻易触碰，因为新鲜食品极易变质，运输和存储会有损耗，价值缩水很快。亚马逊经过本土的耐心试验后，才决定进入英国。AmazonFresh将会为英国食品行业带来新的格局。加州的消费者使用它来购买当地商店和餐馆的食物，而当用户用完家庭必需品和订单的替代品时，一个被称为Amazon Dash显示器会出现。亚马逊已经销售了茶叶、牙膏和洗手液等家居必需品，但AmazonFresh只销售水果、蔬菜、面包和肉类、奶制品、海鲜等新鲜度要求极高的产品。

公司在Weybridge建立了一个配送站，但拒绝评论这是否会成为英国亚马逊生鲜的一部分。亚马逊表示将直接在布鲁克兰商业园区的仓库雇用20人，有四个独立的快递公司也聘用了140名司机在该站工作。这符合亚马逊将计划使用第三方司机和装有冷却箱的货车来运送食品和杂货的传言。仓库占地300 000平方米。至乐购在2013年关闭分销中心以后就一直空着。

亚马逊还同意在莱斯特郡的Bardon租赁一个仓库。该公司的发言人表示，这也将是一个"输送和分拣站"，虽然该仓库被认为是用来储存食物的。该仓库将会在秋季取代在多宁顿城堡附近较小的仓库。

近几个月来，亚马逊在英国的配送服务上加大了投资。亚马逊在伦敦和伯明翰对超过20 000种产品推出一小时配送服务，包括推出周末配送。

位于Weybridge的仓库是亚马逊在英国的第十五个配送站，同时该公司在英国也拥有八个"fulfilment cerntres"。亚马逊将在贝德福德郡的Dunstable设立第九个fulfilment cerntre，也可以用做AmazonFresh的仓库。

AmazonFresh服务的推出将直接和英国最大网上食品杂货零售商店Ocado造成冲击，虽然后者还在努力维持盈利。Ocado在上个月股价下跌15%，刚好给亚马逊推出配送食品服务提供了契机。AmazonFresh将进一步改变人们去超市购新鲜食品的习惯，将"仓储即销售"的仓储型超市模式转换为"配送即销售"的在线电商模式。

亚马逊多年的积淀将成为发展在线新鲜食品的契机，亚马逊拥有高效的配送中心、云计算、购物系统等整体能力，对于新鲜食品的高效采集、配送和物流至关重要，也是保证货物价值的基础。

虽然食品利润低，但亚马逊有一个很巧妙的举措，那就是为食品购买者推荐百货，在一次物流中配送出利润更高的其他产品，从而获得利润。这有赖于亚马逊对消费数据的挖掘，这正是亚马逊最擅长的。

资料来源：cnBeta.COM，亚马逊在伦敦黄金地段租赁仓库来配送生鲜食品. 2015-08-11.

案例　　汽车公司的服务运营

通用汽车公司（GM）在巴西拥有472个经销商，9个授权的汽车修理厂，10个零部件配送企业，总共491个销售服务网点。在巴西服务环节的雇员总共有650人，在东南部的圣保罗有两个零部件配送中心。到目前为止，GM总共有75 000个零部件，频繁使用的有700个，为20个生产平台提供支持。

通用汽车（巴西）公司和它在巴西的经销商是分别独立运作的。和许多供给网络一样，GM在巴西的网络节点也是单独管理的，这样就形成了零和博弈的结果，即在许多情况下，一方所得来自另一方所失。这就导致了不太协调的关系和分散管理所带来的不良后果。

牛鞭效应

一个不良的后果就是在下游需求中很小的变化就会导致上游订货量很大的变化。GM配送中心的需求来自于库存管理系统的计算并受到经销商库存战略的影响。针对每个部件，如果有再订货要求，经销商会通过EOQ系统采购最经济的订货批量。这就意味着它们会等到某个部件的需求达到再订货点库存水平的时候再通过EOQ系统进行补货。这样，最终消费者的需求只有汇聚成批量需求后才会传递到配送中心。因为经销商是从终端客户那里接连不断地接到零散的订单，而经销商只有等到累积一定的数量后才会向配送中心订货。所以配送中心就有接不到订单的时候，接到经销商的经济订货批量订单后才会进行补货。

具有库存管理系统的销售点有483家，它们会在没有约定的不同时刻发出补货订单，这些订单的数量也是没有约定的。这样一个体系就会导致传递到配送中心的需求数量与时间的随机性很大，产生很强的牛鞭效应。假设10家配送中心都有自己的库存管理系统和独立定义的库存方法和参数，那么牛鞭效应会得到增强并传递到它们的供应商，以及供应商的供应商。这些影响是随机的，企业应对的方法只能是增加安全库存。

对于上游的制造企业来说，极度不确定的生产安排会导致供应链效率的下降。当牛鞭效应带来的需求增加时，工厂不得不加班加点地工作，而当需求减少时，工厂也会无事可做。这就给所有供应链成员都增加了成本，而这些成本最终会传递给最终消费者。这就能够解释为什么客户从GM的经销商处购买的部件会比它们从灰色市场（直接从生产厂家出厂、而非GM标签的部件）中购买的相同部件高出50%～100%。这从一个侧面说明了GM零部件的市场占有率低（据GM估计大概占30%）的一个原因。

GM的解决方案——AutoGiro

面对上述问题，GM决定在巴西全国范围内调整供应网络的管理方式，这个项目名为

AutoGiro。

这个项目实施的思路很简单，可以用下面的几个原则来说明。

（1）运用VMI系统：GM对经销商部件的库存管理负有责任。VMI系统之所以有效是因为GM作为销售网络的主导者，它可以看到所有472个经销商汇总之后的需求。GM还可以在全国范围内找到满足需求的合作伙伴，并与合作伙伴一起对经销商的需求进行预测，因为需求预测是管理库存的重要内容。VMI系统存在的另一个意义在于它可以处理GM向一组经销商运送上千种不同的部件（平均每个经销商经常用到的部件是6 000个，大约每个月要购买2 500个）。这就意味着如果安排好合理的配送路线，几家邻近的经销商可以统一进行配送安排，以分担送货成本。这种统一的安排可以由GM 签约的物流服务商Emery来完成。

由GM对经销商在何时、买多少、买什么部件提出建议。以前GM为了最大化地销售部件而向供应链下游极力推销，现在经销商之所以坚持要求由GM来管理库存就是要改变这种局面。

（2）GM承诺对部件缺货和积压采取对策。经销商担心GM会为了更多地实现部件的销售而将它们不需要的部件推销过来。为打消经销商的疑虑，AutoGiro保证，凡接受VMI计划的经销商，如果有超过9个月还没售出的部件，GM就会以现在或购买时较高的那个价格进行回收。这意味着GM愿意为不准确的预测承担费用。另外，如果客户的某种部件缺货，GM负责安排紧急运输并不收额外费用。在实施 AutoGiro 之前，经销商要自行消化缺货所带来的损失，而且如果订加急货物的话需要支付很高的加急费用。

（3）GM提供一个基于互联网的"部件定位系统"。GM为了能够管理经销商的库存并提供自动补货，它们需要经销商在第一时间更新每种部件的最新库存数据。GM要让所有的经销商都知道这些数据。在某个经销商缺货并需要给客户紧急服务的时候，可以搜索GM的外部网络找到最近的有这个配件的经销商，在最短的时间内找到这个部件。

（4）给经销商的补货频率取决于经销商的需求数量。经销商目前所使用的再订货系统是自己处理所有的部件，降低物流成本的一个基本思路就是提高采购部件的批量，但这样会提高库存水平（补货频率越低平均库存越高）。一般的系统将补货的次数限制在每月最多三次。这就意味着，对于使用程度最高的部件，每次订货的数量不能高于月使用量的1/3。在AutoGiro系统中，在几乎每天都可以实现运输的情况下，每次补货的数量大约是月使用量的 1/20。AutoGiro系统认为降低运输成本不见得非要每个部件订购大批数量，还可以使每种部件的数量不多但订购的品种很多的方法。系统可以实现不同的部件在同一批进行补货。每个地区的经销商可按牛奶配送巡回路线方法分别在周一、周三和周五收到补货，这种合并装载也可以降低成本。

（5）使用库存定期检验系统。为了实现规模经济的运输，有必要在固定的周期进行补货。在 VMI 中，配件库存需要进行周期性检查（AutoGiro系统每天检查）。根据检查时某个部件的库存状态，会自动产生订货数量。这个数量是根据原先确定的最大订货水平和实际库存的差额计算出来的。补货订单随后发出，在一段运输时间之后，补货就运到目的地了。在这个系统中，检查是按规定"时间间隔"进行，但每次补货的数量是不定的。

AutoGiro的信息流

以下6个流程可以说明日常自动补货的执行情况。

流程1：销售点在每天下午6点到晚上10点通过电子商务系统向GM发送电子数据，包括当天销售的部件和库存情况。GM根据提供的数据，就这个销售点的部件做出短期需求预测。在汇总了所有销售点的数据以后，GM就每个部件在每个销售点的库存存储单元（SKU）做出准确预测，确定该地区的补货模式。

流程2和3：每个周一的早晨，AutoGiro会重新进行需求预测，算出本周每个SKU的最大库存水平。更新后的每个销售点的部件最大库存量可以在互联网上查到。周一早晨各销售点的部件管理经理要对这些数据进行分析，进行确认或提出不同意见。引起需求变化的一个主要因素是促销，促销活动带来的销售增长不会从AotoGiro上体现出来，需要部件经理对最大库存量进行修改，部件经理确认后的数据作为自动补货的依据。

流程4：各销售点最后确认的数据以及实际拥有的库存数据发回GM配送中心。

流程5：GM配送中心给每个销售点发出通知，告诉它们补货已经在路上以及这批货物的品种和数量。

流程6：运送的部件经过筛选归类（根据路线的合理安排和装运的需要）后装上运输车辆，然后在沿途分配给各销售点。这里还要考虑到各销售点要货的频率（每周两次、三次还是天天送）。

资料来源：乔尔·威斯纳等. 供应链管理原理——均衡方法（第3版）[M]. 刘学元，等译. 北京：机械工业出版社，2013.

【讨论题】

（1）GM期望降低在销售点和其他网络节点上的安全库存水平的同时，各销售点的销售绩效有所提升。应用AutoGiro管理模式的特点，解释GM这一做法的基本原理。

（2）解释为什么GM的AutoGiro系统会减轻它在巴西供应链环节中的牛鞭效应。

（3）在应用AutoGiro之前，GM的调查显示经销商部件管理经理有80%的时间是用来管理库存和安排补货的。在AutoGiro取代了他们原来的大部分工作以后，你认为部门经理们以后的职责是什么？他们应该做什么？他们是否已经就这个新的角色做好了准备？

第 5 章
供应链关系管控

　　智能优化技术、信息技术的发展为企业改善供应链中进厂物流与出厂物流的管理提供了广泛的技术支持，不断增加的顾客需求和全球竞争也推动着企业去提高供应链进厂及出厂物流的整体绩效。但是这些还远远不够，没有与其他企业的良好协作，任何改善供应链物流绩效的计划都可能是不合理的。供应链关系管控是供应链管理中的一个关键问题。

　　在供应链物流人员看来，做好关系管理很困难，似乎无章可循。尽管管理规章制度健全，但关系管理做不好就容易出问题。供应链中任何一环的关系处理不好，会给其他成员带来严重的、甚至是灾难性的后果。例如，一个不可靠的供应商会使它的下游企业因为原材料不足而停产，因为原材料瑕疵而导致产品报废，这样就给整个供应链，甚至最终消费者都带来很多问题。

　　为了避免这类问题发生，企业必须管控好自身与上游供应商、下游顾客的关系。对于任何企业来说，不管其供应链是全球的还是区域的，是分布分散、距离远，还是分布相对紧凑、距离近，不管它是高科技企业，还是传统制造企业，也不管它是零售连锁，还是电商，想发展牢固可靠的供应链关系都不容易。企业必须考虑自身实际，考虑各方利益，选择好合作伙伴，开发并构建和谐的关系，形成良性循环的"生态"供应链。

5.1　需求管理与客户关系

5.1.1　需求管理

　　市场上经常会出现某种产品供大于求或供不应求的现象，这种现象的产生通常是对市场需求的盲目乐观或过于悲观造成的，此现象不仅使企业遭受经济损失还会造成社会资源的浪费。因此，供应链企业要做好需求管理，以提高企业供应链乃至社会整体的效益。

　　根据Blackwell的观点，需求管理被认为是"集中精力来估计和管理客户需求，并试图利用该信息来制定经营决策"。传统的供应链管理的核心是处于主导地位的制造商或零售商，如通用、沃尔玛等，消费者处于被动接受的地位。大部分关注的焦点是产品渠道上的变化，如信息共享、存货周转率、节点企业的产销率、成本、库存、配送等。远离最终消费者的生产商决定销售什么，何时、何地销售及销售多少，需要消除生产和需求之间的"隔阂"。随着市场竞争日趋激烈、互联网及信息技术的不断发展、消费者服务需求的不断提高，消费者的地位开始逐渐提升，消费者需求在供应链中占据了主导地位，左右着供应链的运营模式。因此，对需求管理的任何关注都将为整个供应链创造效益。

　　需求管理的本质是提高企业在整个供应链管理中的能力，尤其是通过消费者需求获得生产信息，以协调与产品流、服务流、信息流和资金流等相关活动的能力，为最终用户和消费者创造更多的价值。所有的供应链的活动应当为最终消费者而进行，没有消费就没有生产。那么，企业在供应链管理中应如何做好需求管理呢？以下给出三项原则建议。

　　① 把握住最终消费者，就掌握了主动权。真正理解顾客需求，知道顾客是怎么想

的，了解顾客是如何评价产品和服务的；通过收集、分析产品和服务未能满足顾客需求的信息来理解顾客；确保需求信息的正确性、充分性。

②做好供应链关系管理。寻找实施需求管理活动所需的合作伙伴；将需要的职能交给最有效的渠道成员；与供应链中其他成员共享关于顾客及其需求、可获技术、物流业务的挑战与机遇等信息。

③将产品/服务开发设计与物流分销结合起来。开发并设计能够解决顾客问题的产品/服务及其物流分销方式；开发和实施最佳物流方法，并以最适宜的分销方式为顾客提供产品/服务。

管理是一门艺术，在需求管理过程中，企业还应学会如何促进部门之间的协调性，避免"功能孤岛"的存在，使各部门对需求信息做出相应的响应；合理但并不片面强调需求预测，注重供应链的合作，根据预测制定战略与经营计划；需求信息不仅要应用于策略和运营，还要用于战略目的。总之，需求管理是供应链管理中第一个要考虑的关键步骤，它不仅是满足消费者需要的一种过程，也是实现供应链中各部分、各环节最佳衔接及定位的过程。它改变了企业与消费者间的互动方式，由传统供应链中企业主导型的推动管理方式转变为消费者主导型的拉动式管理方式。实现"将特定数量、合适质量的恰当产品以合适的成本，在规定的时间，送到指定的地点，交给特定的消费者"的物流特征，树立时效观念和互联互通意识，以保证供应链运转过程的顺畅和时效，从而实现企业资本的循环和增值。

案例

紧急订单满天飞

前一任采购经理被炒了鱿鱼，猎头推荐茜茜坐上了百芒公司采购经理的椅子。百芒公司的采购管理还是比较超前的，采购部门不仅已经将物料采购，直接采购都收于旗下，还负责公司的间接采购，包括设备、行政采购等活动，因而采购的任务比较大，好在茜茜年轻、能干，精力充沛，但也常常忙得四脚朝天。百芒公司看中茜茜，也是因为茜茜雷厉风行的"女汉子"作风，善于处理繁杂事务性工作。其实，忙一些倒还好，就是百芒公司的紧急订单太多。生产中往往来的都是急活，采购员一下单就开始催货。天天催着供应商交货，生产计划员每天都在和采购员商讨，哪些料最着急，哪些料更加着急，先催哪些料，哪些料可以放一放。最不幸而常常发生的是，催到了货又不要了，可能是客户逃单或者爽约了（销售苦笑说，咱们的客户不知道应该称为上帝还是婴儿，那脸说变就变）。大家对紧急订单已经习以为常，而采购则被折腾的疲惫不堪。采购部有两个戳，一个上面刻着四个字："紧急订单"；另一个是："急件"，如果来的订单是着急的，采购员则在订单上加盖"紧急订单"，如果更着急，则两个戳都盖上。茜茜查阅了最近一个月以来的订单，发现几乎九成的订单都是紧急订单，这其中加盖两个戳的有近四成多。采购员抱怨说，计划和销售知道客户多变，也常常将需求往后推，不敢早下计划，计划其实也很无奈的，计划赶不上变化。

上午刚上班不久，销售经理带着一位新来的销售员造访采购部，这位新人早上9点钟到公司报道，就被派出去出差，下午4点的飞机。销售经理要求采购部在他上飞机之前，替他买一台手提电脑，并将公司的报价软件、ERP系统、远程登录卡等内部工作平台都搭建好。百芒公司和一家品牌计算机公司及其服务代理商签的长期合同，按订单式交付，一般需要15天提前期，须根据员工的职位和权限安装、设置软件。在这种紧急情况下，只能请服务代理商帮忙了，紧急调拨计算机，临时安排工程师装软件，还要和人力资源专员联系，开通各种权限。虽然服务代理商答应帮忙干，但茜茜清楚地知道，这天下没有免费的午餐，这个人情账，不知道什么时候还是要还的。

下午刚刚把销售员送上了去往机场的征途，生产经理的秘书又递来了一个订单，说他们的生产经理家的浴帘坏了，需要换一个，而且是晚上一定要换上，不然睡觉前是没法洗澡了。到底是秘书，连哄带骗地将"紧急订单"和"急件"这两个戳都盖上了。不过秘书细声细气地说："不太着急啦，生产经理每天晚上都要加班到七八点钟才回家呢。"茜茜弄得哭笑不得，这浴帘也算是紧急订单？！（生产经理是外籍经理，所以他的所有生活用品都是公司提供的，公寓是公司租的，公寓内的设备都是公司报销的。）采购员只能安排一家关系不错的办公用品供应商帮忙买一个浴帘，这家供应商还不错，主动要求把浴帘送到生产经理家，并安装上。唉，这都是什么事！又是一笔人情债。俗话说得好：什么都好还，就是人情不好还。

茜茜发现"紧急订单"在百芒公司是一种习惯，她认为这样的无序状况不能这样继续下去了，其实茜茜还是有办法应对这种局面的，但另一个顾虑环绕在她脑海里，采购的职责是为使用者服务，特别是"持续地保障供应"是自己刚刚为采购部门制定的使命描述。而且自己刚刚空降到公司做采购经理，位置还没有坐稳，过于强硬的行动可能会将自己在这家职业生涯逼到死角，无路可走。前任采购经理可能就是自己的一面镜子。犹豫不定的茜茜很难作出自己的抉择。

【讨论题】

（1）百芒公司有哪些问题？

（2）案例中提及"茜茜还是有办法应对这种局面的"，如果您是采购经理，您有什么办法应对日益增多的各种紧急订单？

（3）在这种特定的环境下，作为新人茜茜应该采取哪些措施？

（4）您赞同将行政采购都置于采购部下吗？

■ 5.1.2　客户关系管理及其发展

客户关系管理自20世纪90年代末以来得到了广泛的关注，客户关系是现代企业商务活动的巨大信息资源，企业所有商务活动所需的信息几乎都来自于客户关系管理。客户资源已经成为企业最宝贵的财富。客户关系管理可以使企业全面了解客户，全面利用所有客户信息，从而成为推动企业发展的基本动力。

随着互联网的迅速发展，世界经济进入了高速增长期，电子商务正在造就一个全球范围内的新经济时代，这种新经济就是利用信息技术，使企业获得新的价值、新的增长、新的商机、新的管理。电子商务热潮在推动新经济发展的同时，不仅对传统企业提出了严峻的挑战，也在悄然的改变主导市场的力量，即由卖方主导转变为买方主导，加剧了市场竞争。企业越来越意识到了解自己的服务对象——顾客对企业的重要性。大量的统计数据表明，一个企业80%的利润来自于20%的顾客，吸引一个新顾客的成本是保留一个老顾客成本的5倍。因此，无论是传统企业还是互联网企业都越来越重视客户关系，客户关系管理成为供应链管理的灵魂所在，也成为企业信息技术和管理技术的核心。

何为客户关系管理

客户关系管理（customer relationship management，CRM）是一种以客户为中心的企业发展战略，它借助于信息技术等建立并维护、改善企业与客户之间的长期的、可获利的客户关系，提升客户满意度与忠诚度，最终达到企业利润最大化的目的。CRM主要包含以下内容。

① 客户概况分析：包括客户的基本信息、信用、偏好、习惯等。

② 客户忠诚度分析：包括客户对产品或商家的信任程度、持久性、变动情况等。

③ 获利能力分析：包括不同客户所消费的产品的边际利润、总利润、净利润等。

④ 绩效评价及分析：包括不同客户所消费的产品按种类、渠道、销售地点等指标划分的销售额。

⑤ 客户潜力分析：包括客户数量、类别等情况的未来发展趋势、争取客户的手段等。

⑥ 客户产品分析：包括产品设计、关联性、供应链等。

⑦ 客户促销分析：包括广告、宣传等促销活动的管理。

发展历史

早在1980年美国便有所谓的"接触管理"（contact management，CM）业务，专门收集客户与公司联系的所有信息；到1990年，"接触管理"演变成电话服务，并对客户资料进行分析以支持"客户关怀"。

从20世纪80年代中期开始，为了降低成本，提高效率，增强企业竞争力，许多公司进行了业务流程的重新设计。为了对业务流程的重组提供技术支持，很多企业采用了企业资源计划系统ERP（enterprise resource planning，ERP）。它一方面提高了企业内部业务流程的自动化程度，使员工从日常事务中解放出来；另一方面对原有的流程进行了优化。由此，企业有效提高了内部运作效率和质量，可以有更多的精力关注企业与外部相关利益者的互动，以便抓住更多的商业机会。在企业的诸多相关利益者中，客户的重要性日益突出，并在服务的及时性和质量等方面都提出了更高的要求。企业在处理与客户的关系时，越来越感觉到信息技术支持在与客户建立良好关系中的作用，CRM系统应运而生。

最初的CRM应用是在20世纪90年代初，主要是基于部门的解决方案，如销售队伍自动化（sales force automation，SFA）和客户服务支持（customer service support，CSS）。

它们虽然增强了特定的功能，但却未能为公司提供完整的加强与客户间关系的手段。于是，20世纪90年代中期推出了整合交叉功能的CRM解决方案。它把内部数据处理、销售跟踪、国外市场和客户服务请求融合一体，不仅包括软件，还包括硬件、专业服务和培训，为公司的员工提供全面的、及时的数据，让他们清晰地了解每位客户的需求和购买记录，从而为客户提供相应的服务。

但CRM这一概念直到20世纪90年代末才开始深入到一些公司。IBM调查显示，大多数企业，尤其是中小型商业企业，仅对CRM应用有初步的了解，对特定的解决方案一无所知。并且虽然这些公司中大多数都收集客户信息，但这些信息通常还是分别存储在不同的部门中，没有很好地在全公司内整合与共享。

20世纪90年代后期，互联网技术的迅猛发展加速了CRM的应用和发展。Web站点、在线客户自助服务和基于销售自动化的电子邮件使每一个CRM解决方案的采纳者进一步拓展了服务能力，使CRM真正进入了推广时期。

发展动力

CRM产生的根源在于社会生产力的发展。从人类社会的产生直到当今发达的信息社会时代，生产力的每一次发展都促使社会各个方面发生了深层次的变革。

在生产力发展的较低阶段，消费者需求层次较低，消费者所需要的产品或服务也较为简单，企业面临的市场竞争压力也比较少，简单的生产即可满足消费者的需求，这时企业的经营与管理理念也相应的处于较低层次。或者说在生产力发展的较低阶段，消费者还处于市场的被动地位，只是企业产品或劳务的被动接受者。

19世纪开始的工业革命，使社会生产力得到了前所未有的解放，整个世界的经济水平及结构都发生了天翻地覆的变化。尤其是近年来，在世界范围内兴起了一次又一次的信息技术革命，其影响之广泛、意义之深远，是以往任何一次技术革命所不可比拟的。

在社会生产力的深刻变革下，消费者的需求层次、内容及具体要求也都发生着相应的深刻变化。企业作为产品及服务的提供者，无论是从主动还是被动的角度出发，都必须迎合社会生产力的发展，不断地更新管理理念与经营模式，及时采取最新的技术成果，在满足消费者日益提高的消费需求的同时，赢得企业的生存与发展。

社会生产力的发展是CRM产生的根源。具体来说，CRM的产生也是消费者需求拉动、企业管理理念更新、技术推动这三方面共同作用的结果。

消费者需求拉动

消费观念是消费者对自己的可支配收入如何支配的指导思想和态度，以及消费者对商品价值追求的取向。也可以说，消费观念是消费者主体在进行或准备进行消费活动时，对消费对象、消费行为方式、消费过程及消费趋势的总体认识评价与价值判断。

随着社会生产力的迅速发展，尤其是近些年信息技术的飞跃式爆发，社会经济水平与结构都发生了巨大的变化，消费者价值观念也随之发生了深刻的改变。由于消费者在社会生产中已不仅仅是企业产品或服务的被动接受者，而是决定企业生存与发展的主宰力量。这时，企业就不仅仅需要按照消费者的价值观来决定应该生产什么样的产品、提供什么样的服务，企业的经营理念及具体的经营方式也必须以消费者价值观为核心而建立或运行。

纵观消费者价值观的变迁，可以划分为理性消费时代、感觉消费时代及感性消费时代三个阶段。

第一阶段：理性消费时代。在这个阶段，生产力水平较低，社会经济处于较低的发展水平，市场还处于卖方市场，企业面对供不应求的市场，不需要考虑消费者的需求。而消费者受经济条件的约束，对产品的要求也较低，还停留在产品价格低廉且经久耐用的层次。简单地说，"好"与"差"是这个阶段消费者价值选择的基本标准。

第二阶段：感觉消费时代。在这个阶段，社会经济已经有了长足的进步，人们生活水平有了极大的改善与提高。经济进步使得消费者价值观发生了很大的变化，消费观念从理性消费时代"物美价廉"的需求层次上升到了"重品牌、重样式、重使用"的消费需求层次。消费者开始注意同类产品在质量上的差异，并对创新的产品表现出极大的兴趣，愿意花高一点的价钱去购买质量较高和比较新型的产品。"喜欢"与"不喜欢"成为这个阶段的购买标准。

第三阶段：感性消费时代。在这个阶段，社会经济已经发展到了一个较高的水平，人们的需求已不仅仅停留在物质层面，在文化、精神等非物质方面也有了较高的追求。消费者的需求已经超越了产品与质量的层面，越来越重视消费过程中心灵上的满足感。消费者购买商品所看重的已不是商品数量的多少、质量的好坏以及价钱的高低，而是为了一种感性上的满足，一种心理上的认同。"满意"与"不满意"成为这个时代的消费价值选择标准。

消费价值观的变迁促进了CRM的产生与发展。消费者的需求不仅仅呈现出高水平、多样化与个性化的特性，更是涉及文化、意识及精神领域层次。这种消费价值观的变迁决定了企业必须以客户需求为核心，并将CRM作为企业经营管理的主要理念与模式。

企业管理观念更新

企业管理观念大致经历了生产观念、产品观念、推销观念、市场营销观念和社会市场营销观念五个阶段。其中，前三种观念统称为传统的营销观念，后两种则统称为现代营销观念。

（1）生产观念

生产观念产生于19世纪末20世纪初，它的主要思想是：以产定销、以量取胜。在这种观念的指导下，企业的主要任务就是如何提高生产效率，增加产量，降低成本，生产出让消费者买得起、买得到的产品。生产观念的具体表现是：企业生产什么，就卖什么。生产观念产生的社会背景是生产力水平较低，商品市场呈供不应求的状态，为卖方市场。

当时美国福特公司只是利用流水线加大黑色汽车的批量生产，而不考虑其他款式或颜色的汽车。面对人们的提问，亨利·福特回答说："汽车就是黑色的，我们只生产黑色的汽车！"这即是当时企业生产观念的典型事例。

（2）产品观念

产品观念认为，消费者最喜欢高质量、多功能和具有某种特色的产品，企业应致力于生产增值产品，并不断加以改进。"酒香不怕巷子深"、"皇帝的女儿不愁嫁"等就是产品观念的典型表现。产品观念同生产观念一样，均是产生于市场供不应求的卖方市场下。产品观念导致了企业在营销管理中缺乏远见，只看到了自己的产品质量好，而没有看到市场存在的变化。

（3）推销观念

推销观念是指以推销现有产品为中心的企业经营思想。推销观念认为，消费者通常具有购买惰性，即消费者一般都会购买熟悉厂家的产品，而不会转而购买其他厂家的产品，消费者也对新产品存在抗拒心理。推销观念还认为，有效的推销方式则会改变消费者的购买惰性，并说服消费者购买本企业的产品。因此，推销观念认为企业必须积极推销和大力促销，以刺激消费者大量购买本企业产品。推销观念具体表现为：企业卖什么，人们就得买什么。

由生产观念、产品观念转变为推销观念，是企业经营指导思想上的一大变化。但这种变化没有摆脱"以生产为中心""以产定销"的观念范畴。生产观念与产品观念强调生产产品，推销观念强调推销产品。二者不同的是生产观念是等顾客上门，而推销观念是加强对产品的宣传。

（4）市场营销观念

市场营销观念产生于20世纪50年代，是一种以消费者需求为中心、以市场为出发点的企业经营指导思想。市场营销观念认为，实现企业目标的关键在于正确地确定目标市场的需要与欲望，并要采取比市场其他竞争者更有效、更有利的方式来满足目标市场的需求。"顾客就是上帝"的口号就是市场营销观念的典型体现。市场营销观念的产生背景是市场已由卖方市场转为了买方市场。

市场营销观念的产生，是市场营销哲学的一次质的飞跃和革命，它把推销观念原有的逻辑彻底地纠正了过来。在市场营销观念指导下，企业已不再是以产定销，而是根据消费者的需求决定生产什么，并按照消费者愿意接受的方式去销售，消费者需求在整个市场营销中始终处于最核心的地位。

（5）社会营销观念

社会营销观念是对市场营销观念的重要补充和完善。它的基本思想是企业提供产品不仅要符合消费者的需要与欲望，而且要符合消费者和社会的长远利益。社会营销观念强调企业在自身发展的同时要关心与增进社会福利，强调将企业利润、消费需要、社会利益三个方面统一起来。

社会营销观念出现于20世纪70年代。当时，生态环境全球化的破坏已日趋显著，资源短缺、人口爆炸、通货膨胀和忽视社会服务等问题也日益严重，整个社会要求企业顾及消费者整体利益与长远利益的呼声越来越高。面对这种呼声，西方市场营销学界在人类观念、理智消费观念、生态准则观念等诸多方面提出了一系列新的理论。正是在这种社会背景下，基于市场营销观念的拓展，出现了社会营销观念。

　　企业管理理念的演变，也正是企业管理经营的核心由生产或产品导向转向消费者需求的过程。现阶段，企业已经清醒地认识到，为了更好地满足消费者的需求，就必须采取有效的信息技术手段，将市场细分至每个消费者的具体层面，只有这样才能够充分地了解消费者的个性化需求，并以满足这种个性化需求的理念去经营企业，最终真正地赢得消费者。将市场细分至每个消费者层面，消费者也就有了客户这样的新称谓。正是基于这种以客户为核心的理念，企业凭借信息技术的不断更新，在实践层面实现对每一个客户需求进行一对一的服务，CRM得以产生。

技术推动

　　信息技术对CRM的产生与发展起到了巨大的推动作用。信息技术使整个市场性质发生了重大变化，企业与消费者的市场行为更趋自由化。信息技术不仅促使了全球化市场的形成，使得市场范围突破了原有的地理与空间的约束，同时也深刻地改变了消费者行为，消费者完全可以根据个性化的需求对企业产品或服务发出有针对性的信息，摆脱了以往受生产厂商或零售商信息控制的地位。另外，信息技术也使企业的经营运作方式发生了根本变化，在信息技术的推动下，企业由内部协调转向外部社会化，企业经营结构更趋直接化与高效化。具体到企业层面，信息技术对CRM的推动作用也可以总结为以下几个方面。

　　（1）信息技术有效地解决了CRM中的信息瓶颈

　　传统模式下，企业对客户信息的收集、处理及交换是非常困难的，而且成本非常高。信息技术的不断革新使得企业在采集、加工、分类、存储与应用客户的资料信息方面越来越便捷，可以及时准确地分析客户的消费行为及市场需求的变化趋势。CRM作为一种以客户为中心的管理理念，正是凭借信息技术，才得以在实践中有效地体现。

　　（2）信息技术极大地促进了企业与客户间的沟通与交流

　　企业同客户之间建立并维持有效的沟通是CRM实施的重要环节。信息技术在传统的信息沟通渠道基础上，创造出种类繁多的新型信息沟通方式与方法，如服务中心、呼叫中心、E-mail、虚拟社区、移动通信等。而且，信息技术还改变了传统的单向信息传播模式，现有的信息技术可使企业同客户之间实现"一对一"的双向信息沟通，极大地便利了企业和客户之间的信息沟通与交流。

　　（3）信息技术使企业大规模定制生产方式得以实现

　　CRM以充分满足客户的个性化需求为目的。在传统的技术条件下，企业是无法真正地实现这一理念的。一是企业缺乏了解客户个性化需求的有力工具；二是量身定制对当时的企业来说只是个案，如果规模化生产则意味着很高的成本和风险。信息技术的不断发展正是给企业提供了解决这方面问题的有力工具。企业可借助先进的信息技术，及时有效地了解客户的个性化需求，在生产各部门及各环节间实现信息共享，并利用信息技术对原有生产流程实现以客户为核心的流程再造。信息技术不仅使企业规模化的量身定制方式得以实现，还充分满足了客户的个性化需求，而且，这种高效的规模化生产也极大地降低了生产、运输及销售等方面的成本。

CRM的三个层次

从客户关系管理CRM的定义及其发展历程来看，客户关系管理CRM具有以下三个层面的含义。

（1）关系管理理念

这种管理理念主要来源于市场营销学，可以说是市场营销思想在信息技术时代的新发展。以客户为中心是核心所在。目的就是要实现客户价值最大化与企业价值最大化之间的平衡。企业越能提升客户价值，客户满意度与忠诚度也就越大，客户也就越能为企业创造更多的价值，从而实现企业利润的增长。

（2）关系管理机制

对客户个性化信息进行全面的分析，并将各种信息在市场销售人员、客户服务人员、生产人员及其他人员之间进行共享，指导各部门及人员的具体工作促使各部门及全体人员始终以客户需求为中心，从产品、服务及其他各方面提升客户服务质量，而且在满足客户需求的同时，同客户建立一种亲密信任的关系，并进一步维持这种亲密信任关系。从这个过程来看，这是一种旨在改善企业与客户之间关系的新型管理机制，不仅涉及了市场营销、销售、服务与支持等与客户相关的领域，而且也应用于生产流程再造等与客户间接相关的领域。

（3）关系管理技术

核心思想在于以客户为中心，但是这种核心思想最终是以产品或服务的形式具体体现出来的。在传统的市场营销阶段，为了能更有效地了解并满足消费者的需求，市场营销借助了市场细分这一主要的手段，相应地采取4P（产品、价格、渠道及促销）来实现以消费者需求为中心的思想。信息技术的飞速发展，为企业实现以客户为中心的思想提供了强有力的技术支持。集合了当今最新的信息技术，包括Internet和电子商务、多媒体技术、数据仓库和数据挖掘、专家系统和人工智能、呼叫中心等。凭借先进的信息技术，传统的市场营销已进入了一对一营销的时代，也即企业与每一个客户逐一建立关系进行营销活动。

客户关系管理使企业的客户资源得以合理利用，其目标在于通过提供快速、周到、优质的服务来吸引和保持更多的客户，通过优化面对客户的工作流程来减少获取客户和保留客户的成本。客户是企业发展最重要的资源之一，应对企业与客户发生的各种关系进行全面管理，进一步延伸至企业供应链管理。

■ 5.1.3 客户服务及评价指标

客户服务要素

任何企业的产出，在客户看来都是价格、质量和服务的组合，客户根据这种组合判断是否购买产品/服务。客户服务的含义很广，产品的性能、可获得性、售后服务、用户体验等因素与其直接相关。从供应链的角度来看，客户服务是一切供应链流程的产物。因此，供应链系统的设计与实施决定了企业能够提供的客户服务水平。客户服务水平的高低能够影响企业销售的业绩，是决定企业能否实现利润目标的关键。

客户服务所扮演的角色是在销售者与购买者之间传递货物及服务的过程中，实现"时间与地点效应"。换句话说，只有当产品或服务到达客户或消费者手中的时候，才能体现出自身的价值。因此，从本质上讲，使产品和服务"可得"，才是企业物流最关心的。"可获得性"本身就是一个很复杂的概念，构成客户服务的一系列因素都对其有影响。这些因素可能包括交货频率、可信度、库存水平和订单周期等。其实，客户服务最终是由这些因素的相互作用决定的，它们会影响到生产产品的过程和购买者可获得的服务。

在实际中，客户服务的要素可以通过客户服务的广泛调查得到，LaLonde与Zinszer的调查表明客户服务要素在供方与需方交易前、交易中、交易后都存在。图5-1列举了这三类客户服务要素。

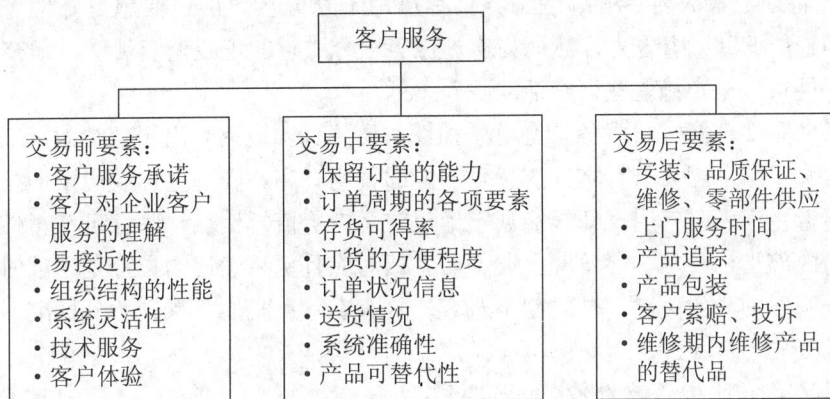

图5-1 客户服务要素

客户服务的"交易前因素"涉及企业的客户服务政策和方案，如关于服务政策的书面文件（是在外部交流还是内部传达？是否被充分了解？是否具体、量化？）、易接近性（是否与客户容易联系？联系渠道是否单一？）、组织结构的性能（是否设置了客户服务管理体系？对服务过程的控制水平如何？）、客户体验（是否接受客户试用的请求？）等。

"交易中因素"是指那些直接行使物流功能的变动要素，如订单周期时间（从收到订单到投递耗时多长时间）、订单状况信息（在固定的前置时间内，订单的完成率是多少？对于包含了特定信息要求的询问，做出回复的时间多长？）、送货情况（送货时间，是否需要转运？）等。

"交易后因素"大体上是指产品付诸使用后的支持性措施，如零配件和维修服务（维修配件的库存水平多高？维修人员到用户所花费的时间多长？）、顾客投诉程序（投诉程序是否复杂？对客户投诉和退换做出迅速反应的程度如何？）、产品追踪（是否可以按照客户期待的服务水平维持/延长我们的保质期限）等。

在任何特定的产品/市场环境中，都会存在某些因素，它们的作用明显超过其他要素。而且，在某个具体的市场上，很可能出现上述要素之外的因素发挥重要作用。因此，不同市场中的客户服务应该因地制宜，不可能找到一个既通用又合理的要素清单。在每个市场上，企业的客户服务要素都会有不同程度的差异。

正因为客户服务的多样性，以及具体市场需求的广泛性及变化多端，拥有一套明确的客户服务策略对每个企业的意义不言而喻。每家企业的市场营销手段都是多种多样的，当越来越多的公司重视服务时，我们惊讶地发现：竟然只有少之又少的公司拥有明确的客户服务策略，更不用说它们能够灵活多变的管理和控制这些服务策略了。大量的证据表明，如果企业无法在客户需要时提供相应的产品和服务，而且没有替代品，那么生意就会流向竞争者，导致企业客户流失。

客户服务需求

世上没有完全一样的树叶，更没有服务需求完全一样的客户。不过，客户的服务需求在一定程度上具有相似性。依照这种相似性，可将客户分门别类，这就是"服务细分"。供应链战略的制定者需要了解哪些服务指标可用于划分客户群。要想更好地进行服务细分，市场调查能够助一臂之力，然而为实施服务细分进行的正式调查活动，却寥寥无几。

怎样才能很好地实施这些调查活动呢？

前提条件是要理解客户服务具有可感知性。要想真实地反映出服务绩效，需要抛开那些硬性的内部指标，因为只有客户的感受才能够说明真相。我们也许误用了一些指标，这些指标在衡量生产率时有用，却不能真实地反映客户价值。例如"库存可获得性"是一个广泛应用的内部指标，从客户角度出发，与之相对应且更为确切的指标是"准时交货"。所以，划分服务细分的关键，是要制定对客户具有实际意义的一系列服务标准。具体实施时，可按以下三个步骤进行：

① 找出在客户眼中关键的客户服务要素；
② 设定客户服务要素的相对重要性；
③ 根据服务需求相似性，划分客户群。

客户服务目标

供应链物流管理的目标是降低供应链总成本的同时，按客户需求提供优质服务。这就要求供应链物流管理需要制定以市场为导向的供应链战略，并且能够运用效益高的可持续方式提供完美服务。

引进"完美订单"（perfect order）的概念，能帮助我们理解服务目标。完美订单意味着企业完美满足了客户的服务需求。虽然这一概念只是以客户个体为标准，不过在实际应用该概念时，更常见的做法是将客户分类，再识别每类客户的核心服务需要。这样，当每项服务需求都能令客户满意时，便可以说，企业实现了完美订单。

因此，"完美订单率"作为服务质量的衡量标准，用顾客需求满足程度百分比来计算。通常，该百分比应根据企业某时期对所有客户的服务水平计算而得。不过，在应用时，可以用它来衡量企业对单个客户甚至任何客户规模的服务水平，如客户群、地区或配送中心。

计算完美订单率常用的指标有"订单准时率"和"订单完成率"，可以将它们扩展成三项要素：订单准时率、订单完成率和订单无错率。最后一个要素涉及文件管理、标签粘贴及产品的包装的损坏程度。运用"完美订单率"来衡量实际服务水平，要求计算出上述每个要素数值，再把这些值相乘。

举例说明，如果某企业最近一年来所有订单的完成情况如下所示：

订单准时率　　　90%

订单完成率　　　80%

订单无错率　　　70%

那么实际的完美订单率应为：90%×80%×70%=50.4%。

也就是说，这一年里，该企业完成的完美订单数仅占总数的50.4%。

客户服务标准

只有事先确定好标准，才可能有效地控制服务绩效。

从根本上讲，服务标准只有一个，就是100%满足客户期望。为此，供应商需要清楚、客观理解客户需求，同时要供应商承担起责任使客户期望的服务形象化。也就是说，供应商所愿提供、所能提供的服务应与客户期望完全匹配。为此，买卖双方需要坐下来，就服务标准问题好好谈判。毕竟，任何一方都不愿意看到由于服务不当而导致利润率下降的情形。

针对某种特定服务要素，应设定何种标准呢？

由客户指定的标准最为有效。因此，需要进行客户调查和竞争性标杆企业的研究，以便客观的设计出每一种市场细分的客户服务标准。

这里，列出一些供应链物流领域的客户服务标准：

- 订单周期
- 存货可获得率
- 订单批量限制
- 下订单的便捷性
- 送货频率
- 交货可信度
- 文档质量
- 索赔程序
- 订单完整性
- 技术支持
- 订单状态信息

接下来，逐一讨论各项标准。

① 订单周期。订单周期是指从客户下订单到送货的这段时间。它的标准要根据客户具体要求而制定。

② 存货可获得率。与此相关的内容是产品现有存货量（以库存单元计）能满足需求量的百分比。有现货可供客户，势必会缩短交货期。

③ 订单批量限制。越来越多的客户希望供应商能对小批量订货及时发运，那么配送系统是否有足够的弹性来应对客户多种多样的需求规模？

④ 下订单的便捷性。客户能很方便地购买吗？他们怎样看待这个问题？系统具有交互性吗？

⑤ 送货频率。客户对"及时制"更加重视，还体现在客户对送货频率的要求上。客

户希望送货频率更高，送货间隔的时间更短。这就要以配送系统响应的弹性作为基础，制定服务绩效标准。

⑥ 交货可信度。全部订单中，有多少实现了准时送货？这一百分比既能说明送货的执行情况，又能反映出存货可得率和订单处理程序的优劣。

⑦ 文档质量。发货单、提货单、同客户的通信记录错误率有多高？文档界面做到用户友好了吗？这些会引起很多服务问题。

⑧ 索赔程序。索赔的原因是什么？处理客户投诉和索赔的速度快吗？有补救服务机制吗？

⑨ 订单完整性。完全执行的订单比例是多少？即未退回或部分送货的订单率为多少？

⑩ 技术支持。货物售出后，还为客户提供哪些技术支持？关于外出修理响应时间和首次修复率的标准恰当吗？

⑪ 订单状态信息。是否有订单在线跟踪等帮助解决客户查询订单进度的功能？是否有一定的程序，能够收集客户收货方面遇到的潜在问题信息？

以上每一项都可定量衡量客户需求。不仅如此，它们也都可用于与竞争对手的绩效比较。

对客户来说，服务水平可能有两种：不是100%，就是0。客户要么是在正确的时间、地点收到了自己预定的货物，要么就不是。由于任何事情都存在偶然性，100%完成订单是难以实现的。如果一份订单上有10件货物，每一件货物库存供货的可能性为95%，那么该订单能够被完全执行的概率仅为 $(0.95)^{10}$，即0.559。这也就意味着，企业只有一半的机会令客户满意。

表5-1的数字显示出随着订单货物品种的增多，完成订单的概率逐步减小。

表5-1　完成订单的概率

一份订单上的产品种类数	各类产品可得率			
	90%	92%	94%	95%
1	0.900	0.920	0.940	0.950
2	0.810	0.846	0.884	0.903
3	0.729	0.779	0.831	0.857
4	0.656	0.716	0.781	0.815
5	0.590	0.659	0.734	0.774
6	0.531	0.606	0.690	0.735
7	0.478	0.558	0.648	0.698
8	0.430	0.513	0.610	0.663
9	0.387	0.472	0.573	0.630
10	0.348	0.434	0.538	0.599
11	0.314	0.399	0.506	0.569
12	0.282	0.368	0.476	0.540

（续表）

一份订单上的产品种类数	各类产品可得率			
	90%	92%	94%	95%
13	0.254	0.338	0.447	0.513
14	0.225	0.311	0.400	0.488
15	0.206	0.286	0.395	0.463
16	0.195	0.263	0.372	0.440
17	0.167	0.243	0.349	0.418
18	0.150	0.223	0.328	0.397
19	0.135	0.205	0.309	0.377
20	0.122	0.185	0.290	0.358

由此发现，你无须惊讶从网上购买的20本不同的书的订单一个月才到。

客户服务评价指标

企业在建立服务标准后，应利用这些标准衡量各项客户服务措施是否合理。考虑到客户服务的不同侧面，有效评价客户服务不是一件简单的事。订单交货期可能是衡量物流企业客户服务的最好的单项指标，因为它是客户非常看重的，是多项客户服务要素指标集成的结果。不难理解一些电商做出客户订单24小时内送达的承诺，就是采用了这项指标。客户也会用这项指标衡量电商服务的优劣。

综合多项服务标准，可以建立一个综合服务指数。这个指数是十分有用的管理工具，尤其可用来综合内部服务标准。表5-2给出了一个综合服务指数的例子，这个指数综合客户认为重要的多项服务要素，将各要素的重要性作为权重。

表5-2 某企业的综合服务指数指标

服务要素指标	重要度权重（w）	服务要素指标值（c）	分值=w×c
订单满足率	30%	70%	0.210
及时送货率	25%	60%	0.150
送货准确率	25%	80%	0.200
单据准确率	10%	90%	0.090
退货率	10%	95%	0.095
指数=0.74			

客户服务是客户关系的重要体现，是企业获得竞争优势的重要因素之一，但又是管理比较薄弱的环节。所有供应链活动的输出构成了客户服务。鉴于此，客户服务指标不仅可以按照交易前、交易中、交易后的指标来评价，也可按照不同的物流活动分别评价。如运输活动，可以用准时交付率、货物损坏率、客户投诉率等指标来进行评价。

■ 5.1.4　客户关系管理发展趋势

理念变化

随着时代的发展，CRM的理念也在不断地更新。从CRM的发展现状来看，在未来一段时期，CRM在理念上将呈现出两种发展趋势。

（1）CRM中的客户范围得以扩展

在CRM中，"C"代表客户，指的是与企业发生各种业务来往的对象，包括个人或组织。随着企业对客户含义的进一步认识，企业意识到，客户不仅仅是与企业发生了各种业务关系的对象，而且也包括还未与企业发生业务关系的潜在对象，甚至还包括没有与企业发生业务关系，但却与企业的经营发展有着直接或间接影响关系的个人或组织。另外，企业也已经认识到，在社会经济中客户定义的角色是常常处于变化之中的，企业必须以动态的观念来理解客户的含义。譬如，企业员工在购买企业产品或服务时，就从企业员工转变成了企业客户。潜在客户一经购买就成为企业的现实客户。竞争对手有时因缔结战略联盟而成为企业的伙伴，这种伙伴其实也是客户的一种类型。

随着企业对客户含义的进一步认识，CRM中的"C"的范围将得到极大地扩展，客户的含义也不再是传统市场营销中的客户概念。概括地说，不管是何种类型或性质的组织或个人，只要对企业的发展有贡献，无论是直接的还是间接的，都是企业的客户。

（2）CRM向CMR转变

Newell与Seth Godin（2003）较早地提出管理客户的关系（customer managed relationship，CMR）。他们认为CRM是流程、人和技术的融合，并且技术只是其中最后的一项，要真正体现以客户为中心的理念，CRM就必须向CMR发展。对于这种想法，一些机构与专家也认为，现有的CRM是以企业利益为中心的，在企业和客户的关系中，企业基本上主导着关系的发展和维持，这种不平等的关系是难以持久化的。要实现以客户为中心的理念，提升客户的满意度，只凭企业单方面的努力是无济于事的，应该将客户纳入管理主体，实行更为人性化的客户管理模式。也可以说，CMR是让客户自己来管理这种企业与客户之间的关系。

CMR的核心思想是企业与客户在平等互利的关系基础之上，实行关系持久化，以达到企业与客户双赢的目的。实施CMR就必须通过多种渠道吸纳客户参与企业的经营活动，通过企业同客户的协同合作，共同来管理客户与企业之间的这种新型关系，充分地调动客户与企业双方的积极性，从而真正实现以客户为中心的理念。

技术发展趋势

CRM不仅是一种以客户为中心的企业管理理念，同时也是一种以信息技术实现客户个性化需求的有效手段。近些年，在信息技术更新的不断推动下，CRM的相关技术更是得到了长足发展。未来几年，CRM技术发展趋势主要表现在以下几个方面。

（1）与企业信息系统的整合

CRM系统、工作流管理系统、电子商务系统、SCM系统、ERP系统以及商业智能等，都是企业信息系统的有机组成部分。企业信息系统进行企业的信息管理，必须从企业总体出发，全面考虑，保证各职能部门共享信息数据，减少信息数据的冗余度，保证信息数据的兼容性与一致性。而目前，各类信息系统存在着较明显的"孤岛效应"，各系统间的兼容性与一致性还存在着较显著的问题。在未来的一段时期，CRM与ERP、SCM、BI、电子商务等系统的有效整合将成为CRM技术的一个重要发展方向。

（2）云计算

CRM系统中信息的头号重要来源已经逐渐开始游离于企业之外，当下社交网络、社区网络及其他外部来源才是信息的真正集散地。传统的CRM其实就是大家在自己的企业内部讨论客户的相关信息。基于云的应用在捕捉这类信息方面可谓得心应手，并能够方便地将其转化为具备操作性的实用情报。在云计算技术下，企业已经不必再花费大价钱打造基础设施，企业可以连接云平台并挖掘客户资料，而基于云的CRM软件能够更加高效地完成这一工作。IDC（internet data center，IDC）的市场调研报告指出，在2010年，亚太地区（不含日本）各个国家的云计算实施部署均大幅上升。已有45%的企业目前已经使用或正在计划部署云计算。CRM在亚太地区所有云计算应用中的比例也在持续增加。

（3）移动性

移动CRM是利用现代移动终端技术、移动通信技术、计算机技术等现代科技，帮助人们在移动的过程中完成相关的CRM任务。移动CRM系统具有传统CRM系统无法比拟的优越性。移动CRM系统使业务摆脱了时间和场所的限制，随时随地与公司业务平台沟通，有效地提高了管理效率，推动企业效益增长。

随着智能手机时代的来临，新型移动设备不断出现，移动CRM将会成为一个真正火爆的CRM领域。有分析认为，移动CRM会通过以下几个方面表现出来：首先，销售和服务团队通过移动设备访问CRM系统将会普及，功能会更丰富；其次，通过移动设备使用CRM系统来促进企业对外联系；最后，利用移动CRM系统与客户进行互动会越来越流行。

（4）平台化

应用程序的易用性当下正逐渐成为企业内部极为重要的一大问题，CRM技术也面临着同样的问题。除了传统的台式机和笔记本电脑、智能手机等电子设备都已经成为CRM的工作设备。CRM用户在选择或使用CRM软件时，应当确保该软件能够同时为传统及移动平台所访问及理解，同时量身打造的友善用户界面也不可或缺。这将促使CRM应用程序在设计上更易于实现集成化，用户也可以方便地通过定制进行有针对性的升级。

另外，CRM软件提供给用户的不只是一个业务功能固化的软件，而应该是一整套可配置的CRM平台。在这个平台上，可以为每一个行业、每一个企业配置特定的功能模块和特定的业务流程。一个企业营销模式是企业最重要的核心能力之一，这种能力每个企业都不一样，CRM软件必须能适应这种不同。因此，CRM系统必须平台化，服务必须专业化。

5.2 供应商关系管理

5.2.1 关系管理的挑战

供应链管理中的组织都要做出关系管理的决策，需要确定与本组织目标及战略相一致的关系类型。在特定的环境下，有多种因素能决定企业与供应商的关系，这些因素是双向的，买方和卖方的行为都会对它产生影响。所寻求的关系会影响这些因素；而这些因素本身也会影响关系各方的行为。在关系的进程中双方的行为也会影响这些因素。图5-2列出了供应商关系路线图及其要素。

（1）受压榨

在双方的关系中，买方处于绝对的劣势，不得不接受卖方的苛刻条件，而卖方寻求其最大利益。买方受压榨往往是因为对方技术、资源、市场地位或品牌的影响力等因素，处于垄断地位，而买方可能处在供应定位中的"战略"或"瓶颈"的象限：风险高，供应市场可选择机会比较稀少，卖方无须关注客户关系的管理和建设，反之，买方关系投入显得更加重要，借此以找到发展长期合作与共赢的可能性，开发新供应商也是买方长期的任务。

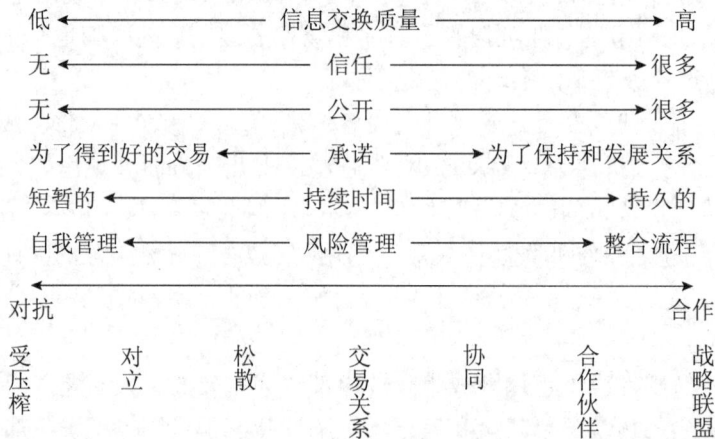

图5-2　供应商关系路线图及其要素

（2）对立

买卖双方都在谋求自身利益最大化，损害对方利益也在所不惜。对立关系通常出现在供应定位中的"杠杆象限"：风险低，供应市场有许多潜在供应商，需求标准化，采购组织在此领域花费较大，因而试图使用竞争性选择方法，诸如招标或电子反向拍卖来平衡对于供应商的花费和实力，采购组织不会寻求长期的关系。对立关系中交易比关系更加重要。

从自我利益和短期关系出发，采购组织的挑战是确保所购产品和服务的最低总拥有成本。采购组织并不追求长期交易，希望在变化的市场中自由更换供应商来确保更好的交易，而不被长期合同所束缚。供应商将寻求每次交易的收入和利润最大化，不会劳而无获。

（3）松散

采购组织从供应商那里采购的次数不多，采购量不大，或没有必要建立更紧密的关系。松散型关系通常出现在供应定位中的"杠杆"或"非关键"象限；供应市场有大量的标准化产品可供购买，低风险，采购组织在这个领域有重大或不经常的花费，采购对不经常购买的产品不熟悉，更倾向于使用竞争性选择方法而非长期固定的合同，招标或电子反拍卖都是常用的工具。保持市场的竞争态势以降低价格或获得最低的总拥有成本是采购的主要目标之一。同样，在松散型关系中，特定的交易比关系更重要。

产品和服务的标准化可以降低更换供应商的风险。买方将关注于价格、交付、指定质量和所需数量等基本要素。而如果采购的产品和服务是非标准化的，或同时需要供应商的参与或设计开发，会更加显现关系管理的重要性。

（4）交易关系

这是采购方最常用的一种形式。买方关注于合格的、有能力的供应商，要求其交付低价值、低风险的产品和服务。交易关系更多地出现在"杠杆"象限。采购组织寻求能够交付产品和符合要求的供应商。在这里交易和关系几乎是同等重要的。

做好平衡是处理这种关系的关键：维持供应市场的竞争性，使得自身利益最大化，同时还要确保产品和服务的持续供应，避免供应商由于各种因素的退出及供应中断。而风险之一是供应商会竭力在采购组织内部确立其供应地位，提升采购方对其依赖程度。

交易关系中另一类供应商是协调下级供应商以保障供应，常常为低风险的产品和服务，例如维护、维修、运营（maintenance repair operating，MRO）供应品的采购。这种关系通常出现在供应定位模型的中心区域。采购组织需要的关系不是伙伴关系或者战略联盟；如果用对立关系来看待显然存在太大的负面影响，其关系的紧密程度会有所提升，如果对二级供应商的协调作用进一步增强，就转化为协同关系。

（5）协同

这种形式需要采购方有一种战略的视角。通过对供应链各个环节竞争优势的整合，共同创造和获取最大的商业价值，并提升各自的获利能力。例如双方将具有共同商业利益的供应链环节整合起来，通过将整个供应链中的信息进行共享，满足不断增长的客户需求，同时也保持自身的竞争性。协同关系更可能放在"战略"象限，但采购组织还想利用供应商的专业特长来从市场中获取最大优势，那么这种关系可能用于供应定位的其他象限。在这里，关系处理和信息沟通尤为重要。

（6）合作伙伴关系

伙伴关系显然是战略性的关系管理。需要双方对长期的关系遵守一种承诺，以信任和明确的双方约定目标为基础，共担风险，共享回报。伙伴关系是那些具备高信任等级、长期合作的关系。这种关系比双方的一次性交易更有价值。

（7）战略联盟

战略联盟上升到组织战略的层面。双方协作提供产品或服务，寻求长期共同利益的最大化。出于共同的利益，组织之间可能就部分或全部服务/产品组合在指定的地理领域、指定的市场结成联盟，双方的关系处于"战略"象限。战略联盟是比合作伙伴更高一个层次的合作关系，这种关系基于完全的信任和双方组织完全的相互依赖，为了共同的长期利益而伸出援助之手，或牺牲自己的当前利益。采购组织的挑战是要实现这种关系的理念，保持新意和创新及维护双方的战略利益。

在众多供应商中选择某个供应商，就某一系列特定部件签订排他性协议，会加强双方的信任和承诺。这种关系通常位于供应定位模型的多个象限。例如，有些高风险"杠杆"项目也可用单一供应源。需要与供应商建立更强的合作关系时，可以选择单一供应源方式，以获得更低成本优势，在交付方面获得更优惠待遇及卓越服务，获得整个供应链的持续改进。双方需要长期战略考虑才能带来这一关系的收益。注意到单一供应源本身是一种风险。单一供应源是合作伙伴及战略联盟关系中常采用的方法之一。企业需要选择一个合适的合作伙伴，对关系进行投资，使其合作高效，并不断改进和发展。

■ 5.2.2　SRM定义及模式

SRM定义

对于供应商关系管理（supplier relationship management，SRM），咨询公司Gartner是这样定义的：供应商关系管理是指企业为了实现盈利，有必要与产品/服务供应商进行沟通，针对其不同的重要性建立相应的商业规则的行为。

供应商关系管理能在以下几个方面帮助企业提高竞争优势。

企业根据供应商的特点以及其对企业的战略价值，采取不同的对待方式，使供应商关系得到优化；

- 通过对更新、更好、以顾客为中心的解决方案的快速引入，建立竞争优势和合作管理，更快速、更灵活的反映市场的需求，以增加营业额；
- 把供应商集成到企业流程中，扩展、加强与重要供应商的关系；
- 维持产品质量的前提下，降低供应链与运营成本；
- 信息与资源得以更快的循环。

在解决企业的库存、产品质量控制、风险等问题时，供应商关系管理是有效措施之一。企业参与竞争并确保获得竞争优势是供应商关系提供的强有力武器和宝贵资源，供应商的关系管理也有利于企业的成本和风险控制。

对于供应商来说，建立良好的供应商关系有着积极意义，供应商需要能够对市场需求的变化做出快速反应，提高了供应商的应变能力和对未来需求的可预见性、可控能力，并使库存成本大大降低；合作伙伴关系稳定了供应计划，也在技术上、质量上、管理上和资金上得到了制造商的支持，提高市场竞争力。

供应商关系模式

在供应商控制模式方面，存在有两种截然不同的模式：竞争与合作。这两种方式各有其优缺点，在实践中都有广泛应用。

（1）竞争模式

供应商控制主要是通过完全竞争控制来实现的，其激励方式以竞争淘汰为主。美国的企业多信奉正常交易的模式，这种模式主要是源于迈克尔·波特企业竞争战略的观点"在采购中相应的目的就是寻找某种能够抵消或超越供应商权力源的机制，通过这种方式，采购行为可以扩展到所有可供选择的供应商，以提高企业讨价还价的能力"（波特五力模型）。采用这种模式进行供应商管理的企业在采购时有意同供应商保持正常交易关系，避免任何形式的相互承诺。这种管理模式的好处是企业在采购过程中不会被任何供应商企业所牵制，企业具有较高的讨价还价能力，能够获得一定的价格优势。但是这种模式要求企业管理大量的供应商，相应的管理费用或交易成本很高，企业在谈判和处理订单上可能花费更多。同时，采购额在多个供应商之间细分也降低了供应商取得规模效益的能力。

（2）合作模式

日本和韩国的供应商控制包括合约控制、股权控制和管理输出控制，以激励扶持为主，日本的企业多与其供应商建立非常紧密的关系，这和正常交易模式完全不同，结成伙伴关系的企业能够共享更多的信息，能够充分信任，协调相互依赖的任务，并且投资创造具有关系特定性的资产，从而降低成本改进质量，加速产品开发。但是建立与维持这种关系的协调成本很高，也可能会降低企业脱离低效益供应商的能力。

（3）差异化的管理模式

这是一种折中的选择方式。这类企业在进行采购时对供应商群体进行了战略性细分，以明确各供应商在多大程度上对企业的核心能力与竞争优势做出贡献，并在这些基础上，采用两种模式有针对性地对供应商进行差异化管理。这不仅能实现正常交易模式的优点也能实现伙伴关系模式的优点。

■ 5.2.3　供应商开发

定义

供应商开发是买方为了满足自身长期或短期的采购需求，开展的任何帮助供方提高其绩效或能力的任何活动。通过供应商选择评估，从中筛选并确认良好的供应商，而且采购方希望与其合作的更紧密，使这种关系向着"合作伙伴"或"战略合作"关系的类型发展。供应商开发的一些表现如下所示。

● 买方积极帮助供应商提升绩效水平；

● 供应商将表现出接受帮助，而且对买方发展有贡献；
● 评价仍然很重要，但是正从基本的业务评价转向流程、设计和管理的综合评价。

买方给供应商提供的财务支持、技术支持或其他形式的帮助，使供应商能够按照买方要求提供产品或服务，或者是以合适的方式与采购组织接口。

供应商协作与供应商开发

供应商协作是供应商开发的先决条件和步骤。供应商协作是通过规范供应商的日常工作来提高供应商竞争力，减少供应商内部浪费，供应商开发则是帮助提高供应商战略、工具和技术来提高其竞争力，通过对供应商提供帮助，例如工厂规划、减少装配时间、帮助实施工艺及管理等手段来提高供应商的能力，其关注点是能力。供应商协作注重企业和供应商的有效联系，而供应商开发的目的是提高供应商的能力。

目标

供应商开发具有前瞻性，供应商开发包含了帮助供应商迅速解决问题，更着眼于在开发过程中帮助供应商掌握学习能力，掌握学习能力对供应商来说很关键，他们可以借此持续改进其内在系统，具有学习能力的供应商还可以帮助其下一级供应商提高能力，最终形成一个更有能力、更具有竞争性的供应链，其目标如下。

（1）长期合作战略

传统情况下，当供应商不能达到要求时，企业通常有三种选择：

① 把外包项目改成自制；

② 寻找更有能力的供应商；

③ 帮助提高现有供应商的能力。

在实践中，企业经常采取多家供应商策略来分担供应中可能出现的风险，但事实上，多家供应商与单个供应商相比在提升质量、降低成本、缩短供货时间等方面并无明显改善，在供应链管理模式下，采购方和供应商的关系不再是独立的竞争关系而是合作伙伴关系，拥有稳定精良的供应商库，是企业在全球化竞争中的一大优势。因此，发现供应商存在问题，明智的做法不是简单地抛弃或淘汰供应商，而是在衡量成本和收益后，基于长期发展的目标，和供应商一起寻求解决问题的方法，一旦企业做出选择，那些最优秀的供应商就不会频繁的从一家客户转向另外一家，明智的供应商也将同采购方一起努力，建立一个能够带来最大利润的企业组合，共同占据全球化竞争中的优势地位。

（2）总成本最低战略

通过对供应商进行压价来降低采购成本已经被证明对买卖双方的长远发展是不利的。首先，这种过分注重价格的做法使采购人员将压价作为完成采购任务的首要目标，忽视该价格的合理性，忽略采购环节等其他方面的因素。其次，供应商为了得到订单而在价格上不得不向采购方做出让步，供应商的对策通常只有两种：从内部挖掘潜力、提高效率来弥补这一损失，或是将该损失再以其他形式追加给采购方。第一种对策在短期内难以实现，第二种则是供应商比较常用的手段，过多的利润榨取将供应商推到了采购方的对立面，最终结果可能包括质量与交付上将频繁出现问题、重要部件不能按期交货、收到劣质部件，甚至在供给短缺时稀缺货源会流向竞争对手等。最后，由于供应商长期被压榨，造成其利润低下，缺乏应有的积累，无法进行设备更新和技术提升，渐渐失去了竞争优势甚至破产。总之，这种凭借自己目前的优势压迫其他供应链上成员放弃利益的做法，只是暂时改变了利润的分配方式，不能增加整个供应链的价值，从长远来看，对买卖双方都没有好处。

越来越多的组织将目光从自己放眼到了供应链上，提出"共创利益，共同分享利益"的双赢做法，致力于实现与供应商建立和维持长久、紧密伙伴关系的管理思想和解决方案，以双方的共同目标为基础，扶持供应商，使供应链总成本达到最小，创造更多的经济效益。

供应商在成本控制、质量绩效等方面所能达到的与目前的水平和期望的水平存在着绩效差距，采购方被认为有责任消除供应商的这种绩效差距。其目的不是要压缩供应商的利润，而是确保供应商的利润额度是合理的，有效的供应商开发不仅能为某一方节约成本，还意味着采购方要帮助供应商削减他们工艺流程中的成本，有效的供应商开发人员将对供应商生产的整个流程予以关注，从而在质量、配送、周期和成本等方面都达到消除浪费并取得改进的目的。

作为供应商来说，面临着一个共同的问题，就是尽力缩短自身与那些高业绩企业之间的差距，最大限度的开发自身潜力资源以满足生产需要。供应商或许已经是某个领域的专家，但大多数中小型的供应商还是无法独自承担大规模的技术革新活动或改进项目，其需要一定的帮助才能发展壮大，作为核心企业的采购方掌握着某些能使买卖双方受益而供应商不了解的信息，这种互惠可能限于特定订单，或者是一些影响深远的方面，如技术、财务、管理制度、技能或质量水平，供应商需要企业的帮助，来获悉先进的技术或者有效的管理方法，来帮助其更有效的缩短绩效差距，提升业绩。

（3）高回报

良好的供应链管理将给企业带来巨大的利润，开展了供应商开发的赢家们都在继续关注着其所蕴含的巨大利润机遇。调查显示，每名专业的供应商开发工程师带给企业的成本节约通常是其薪酬的3～5倍。从供应商开发中获得成本节约的最好案例是21世纪戴夫·纳尔逊在迪尔企业进行的供应管理运作，戴尔和他的开发团队在供应商开发投资中获得500%～1 000%的回报，过程中涉及的每一个供应管理者都获得了5～10倍的报偿。

步骤

供应商开发步骤包括工作流程、开发方法、影响因素和开发实施。

供应商开发计划应集中于提升供应商未来的能力、技术和产品，而不仅仅局限于产品质量和成本。一个清晰的长期战略将会是供应商开发流程的关键成功点，供应商员工、供应商评估、开发目标、投入水平、开发团队、开发流程等因素也会直接影响开发过程。不同的组织机构，开发关键是注重结果还是注重过程，实施的步骤会有所不同，没有两家企业的供应商开发采用完全相同的方法，一些企业已经使用并证明有效的供应商开发一般化模式中应遵循以下九个步骤：

① 确定需要开发的关键产品；

② 确定关键供应商；

③ 评估供应商的执行情况；

④ 确定供应商当前绩效与期望绩效的差距；

⑤ 为供应商的开发组成跨功能团队；

⑥ 与供应商的高层管理小组会面；

⑦ 弥合察觉到的差距；

⑧ 为实现改进设定最后期限；

⑨ 监测改进情况。

供应商开发应该由企业跨部门团队进行，包括采购人员、关键用户、产品设计师、生产方面的人员参加。评估供应商执行情况离不开现场审查，到供应商的工厂去，理解供应商的质量与绩效情况，由跨职能团队来确定供应商的过程能力、物料管理及监控方法。

5.2.4　供应商认证

供应商认证（supplier certification，SC）指"买方取消来料检验的计划，评价关键供应商质量系统的过程"。供应商认证、确定供应商的等级，对企业来说很重要。供应商认证项目也是企业确定战略联盟候选人的一种方式。企业往往要求供应商已经开展了一些国际标准的正式认证项目，如ISO 9000等，类似的认证审核过程可以作为供应商认证的一部分，这可以节省时间，但不能代替企业跨部门团队进行的供应商认证。因为企业要寻找最好的和最可靠的供应商，并确定与供应商的关系模式。这么慎重的决策当然应基于事实，而不能仅仅依据感觉，需要对供应商的质量体系与供应商绩效进行全面的、又要有针对性的客观评价。

进行供应商开发也是获得合作谈判的一个筹码，需要的是双赢。如果供应商提供的是业界第一的产品，技术也是一流的，根本无须进行供应商开发，供应商也不需要买方的帮助。

如果某个供应商对企业很重要，可以作为战略供应商，那么就可以了吗？还要问问人家供应商是否愿意，如果人家认为不重要呢？所以企业还要了解供应商的偏好，了解当前的供应市场状况，才能达成与供应商合作谈判的成功。

5.2.5　供应商偏好及供应市场管理

供应商偏好

供应定位模型并没有考虑供应商对特定情况的看法。因此，即使某种需求对于组织非常关键，供应商也可能认为这个需求对该组织并不重要。另外一个普遍使用的模型是供应商偏好模型（如图5-3所示）。它有助于组织理解供应商如何看待他们以及他们的需求。该模型分为四个象限，Y轴代表业务对供应商的吸引度的评估，X轴代表相对供应商价值的业务规模。

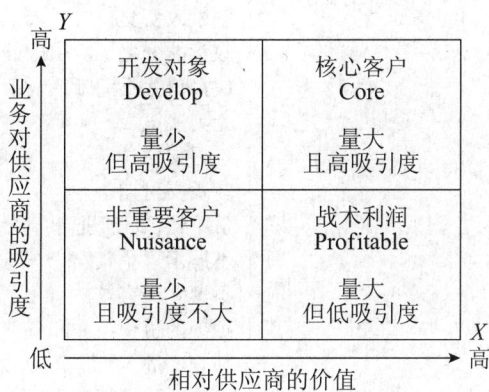

图5-3　供应商偏好模型

买方当然希望做一个对供应商有吸引力的客户，表5-3列举了对应销售方吸引力和非吸引力的典型方面。

供应商偏好的四个象限如下所述。

（1）核心客户

销售组织的现有业务很重要的客户，属于赖以供应的组织类型。核心客户并不等于一定得到最好的价格和服务，但如果出现威胁，销售组织要努力保持与这些客户的业务关系，寻求与采购组织及其人员非常紧密的关系。

（2）开发对象

是销售组织的未来潜力，基本目标是将采购组织推入核心领域。销售团队已经做了深入调查分析，意识到采购方的强烈需求，希望从中获取利润，成功地转换到核心客户被视为成功的象征。

但一些客户虽然采购量不多，但吸引力足以成为开发对象。例如，著名企业的名字出现在销售组织客户名单上就是一种珍贵的荣誉。

（3）战术利润

这些客户并不是很有吸引力，但是仍然拥有大的交易量。卖方没有失去业务的风险，所以仅限于赢得、保持业务的能力，价格成为最重要的因素，采购方任何附加需求都被视为额外工作。采购方过激的进攻态势，或没有长期关系的承诺，对待供应商的个人关系处理不当也可能造成吸引力下降。

（4）非重要客户

与其他业务相比较，低价值且低吸引力，维持提供产品或服务是出力不讨好。对于成本的计算和产生的业务规模的考虑都会促使卖方结束业务。

买方需要站在卖方角度，了解销售方将自己置于那个象限。

表5-3　买方具有及不具有吸引力的因素

买方具有吸引力的因素	买方不具吸引力的因素
拥有最新的技术	傲慢
客户相关利益	官僚
业务扩展可能性	无理要求
信息/需求模式的持久性	频繁改变交付时间表
道德行为	政策的变化影响供应商
财务完善	决策单元不清晰或复杂
良好的公众推广	无力决策
良好的安全习惯	延迟支付
确保支付	较长支付期
订货量大	从不让供应商把事情办好
缺少商业机敏性/判断力	不展示"全景"
长期合同	不遵守诺言
按时支付	烦琐的责任条款和条件
准备倾听	计划不周
有威望的组织	频繁二次投标请求
专业态度	短期合同
赢利性合同	不遵纪守法
很少起诉	没有社会责任
将卖方推荐给其他人	产品或关系生命周期末期

供应市场管理矩阵

将供应定位与供应商偏好结合到一个模型中，形成了供应市场管理矩阵（market management matrix）（如图5-4所示）。

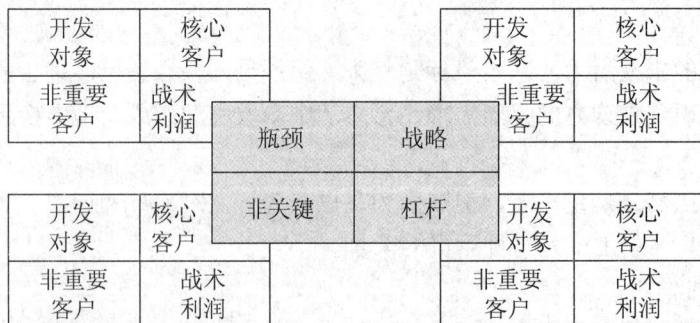

图5-4　供应市场管理矩阵

供应市场管理矩阵帮助买方检验并管理供应市场及其风险，其指导作用在于：创建战略联盟；识别新的供应商和额外业务来源；对未来业务风险的预警；说明何时必须变更供应商；说明何时必须改变关系而不是变更供应商。

买方通常希望供应商将自己放置于供应商偏好模型的上半部。图5-5中的箭头表明了买方希望关系在理想情况下移动的方向。

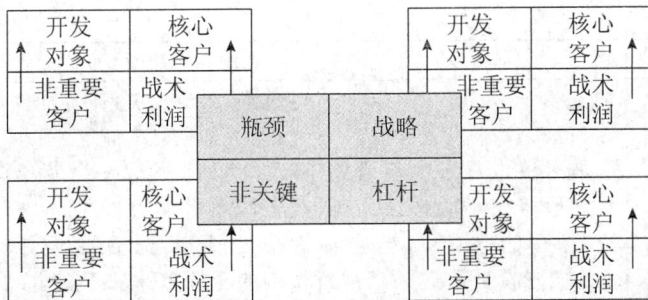

图5-5 关系矩阵的变动

例如，买方拥有"杠杆"这一象限需求，而供应商将他们视为"非重要"象限的情况中，必须得到迅速处理，因为如此供应商会存在将产品和服务提供别的客户的风险。可采取的行动有：提高企业吸引力；更换供应商，因为在此领域中有许多供应商。

拥有"杠杆"这一象限需求的买方和将买方也视作为"战术利润"的供应商可能面临一种对立关系。再有，考察供应定位中与"战略"及"瓶颈"象限相关联的"非重要"和"战术利润"象限的优先次序。这三种情况都是"高风险"。为了避免产生灾难性结果，必须马上采取行动。

买方必须了解矩阵的变化，从而找到自己属于16种局势中的哪一种（如表5-4所示）。

表5-4 关系矩阵描述

（a）关系矩阵描述：瓶颈

定位	偏好	状态	描 述	短期行动	长期战略
瓶颈	开发对象	非稳态，风险	买方需求不旺盛的产品还是被卖方所青睐。可能是被采购方的品牌吸引要加以利用，或是对相关产品有兴趣，希望借此开发自己的其他产品，或是借这个产品作为跳板，获得买方其他业务，或借机开拓其市场，还有可能是供应商错误判断	了解买方需求不旺盛的产品还会被卖方青睐的原因。短期没有风险，但买方需提升吸引力	长期要考虑卖方的策略，若是供应商判断错误，或是作为跳板，或是吸引力不可持续，需要考虑转移，或是找到与供应商长期合作的产品和项目，或是寻找新的供应商
瓶颈	非重要客户	危险	买方重要的产品而又不足以吸引供应商，供应商供货热情不高，随时可以放弃。而采购不得不依赖于卖方，开发新供应商难度大	做好关系维护，保障供货安全，做一个受欢迎的好客户	找出吸引供应商的要素，或转化产品更加标准化，或开发新供应商
瓶颈	战术利润	受盘剥，稳定	对于供应商，这是一块肥肉，可供长期享用，且无忧无虑，可能的原因是没有竞争对手，或是这个微量元素不足以引起其他大供应商的关注	如果采购方手中还有更重要的工作，则可暂时搁置，因为处理的结果不会带来丰厚的回报	寻找可能性，将卖方发展成为战略伙伴，寻求总拥有成本最低，或者考虑是否值得开发新供应商，或者改变产品属性，标准化是一个选择

（续表）

定位	偏好	状态	描　述	短期行动	长期战略
瓶颈	核心客户	稳态	这是对买方最好的组合之一，但需要小心谨慎地呵护。买方的小额产品已足够支持卖方的业务量，可称为靠山吃山，从而找到了事业发展的"火车头"	短期维护和保持关系，绝对不可以与供应商玩弄"画大饼"的游戏。买方产品需求的长期性？双方是否愿意保持长期的合同？未来产品、市场是否转移方向？应建立互相的信任、沟通及承诺，共同规划未来发展愿景	买方需要关注并与供应商讨论其长期发展战略，若战略有冲突，都需要双方对未来可能风险有所预判，做些相应调整。如供应商希望发展壮大，而采购方没有足够需求；或者采购方产品膨胀，或反之

（b）关系矩阵描述：非关键

定位	偏好	状态	描　述	短期行动	长期战略
非关键	开发对象	不稳定，但无大风险	可能原因是卖方希望利用采购方的品牌力量，或是对产品或技术有兴趣，希望借此开发自己的其他产品，或是作为获得买方其他业务的敲门砖，或"借鸡下蛋"，开拓其市场。最不好的情况是供应商错误判断，或是被采购方不切实际的未来需求所误导	了解买方微小的产品需求为何会被销售也不占重要地位的卖方作为重要客户？短期可以没有作为，并不需要投入太多的资源。但如果是卖方的误判，需要及时纠正，以防断货的风险	关注买方吸引力是否可持续，或是买方别的产品形成组合优势吸引卖方，否则买方需要寻找新的出路，好在寻找供应源并非难事
非关键	非重要客户	不稳定，有风险	双方都没有足够的意愿和资源投入以加强关系管理，买方的诉求，例如供货质量或交付问题的投诉不会得到卖方的积极响应，虽然产品不重要，但缺货或质量问题还是会影响生产、运营，特别是如果影响交付，会造成客户的不满意和投诉	买方过度的资源投入是得不偿失的，交易成本、缺货的损失远远高于产品本身的成本。应该也有可能非常容易地从卖方的"非重要客户"中迅速摆脱出来，离开这个不利的组合	寻找更加有利于买方的组合形式，例如，打包以增加采购量，交给有兴趣，有能力的供应商。买方可以将这一活动交给新手处理，以培养新人成长。从战略上，检讨供应商关系管理的实施绩效
非关键	战术利润	稳定，但被盘剥	虽然买方的量不算可观，但足以让卖方作为主要的客户，而且买方成本控制和管理（例如，谈判、寻找新的供应商，获取真实的价格信息等）的费用太高而忽略，使得供应商有丰厚的利润	如果买方考虑降低成本的压力暂时不大，或是手头还有更紧急更重要的工作在等候，则可短期内不作为	长期来说对于细化成本控制，可考虑这是一个小的突破口，常常这也是训练新人新手，管理供应商，选择供应商的试验田
非关键	核心客户	稳定，低风险	这是对于采购方的最佳组合之一，买方没有必要在此投入太多的资源，而卖方因为是其核心客户，愿意为买方尽心尽力	短期可无所作为，关注于关系管理，与供应商沟通需求，防止断货风险	长期关注供应商战略是否有所改变，防止事到临头懊悔太迟，或束手无策

（c）关系矩阵描述：杠杆

定位	偏好	状态	描 述	短期行动	长期战略
杠杆	开发对象	不稳定	显然买方的采购量对卖方来说并不足以构成吸引力，相对于买方，供应商是一个大块头，希望利用采购方的品牌力量这个原因可能性比较小，或是对买方产品或技术有兴趣，希望借此开发自己的其他产品，或是希望获得买方更多的其他业务，或是希望借此机会开拓其市场。或是买方是一个"好客户"，不好的情形是供应商错误判断，当卖方认识错误，纠正之时，便是买方风险变成现实之际	短期可以不作为，需要了解卖方进行"开发"的诉求的驱动力来自何处？是否有足够的长期吸引力？若是对方找到更有吸引力的客户，是否会将买方的重要性降低，如果买方让卖方认为是一个"好客户"，并不是一件坏事，但要注意到，如果价格太"好"，则是买方需要改善之处	不应该长期停留在这个组合，这是一个竞争的市场，应该有许多的供应源可供选择，成本降低是采购在这个象限的重要使命。所以应将供应商牢固地至于"战略"象限之位置
杠杆	非重要客户	冲突，不稳定	这是一个"牛头不对马嘴"的组合，买方试图不断压榨卖方，而卖方则毫不理会，根本没有将买方放在眼里，缺乏与买方做生意的积极性，可能会和买方签合同，但并没有履约的保障，或许这是一个"店大欺客"的供应商	短期做好关系管理。检讨供应商的选择是否恰当，迅速离开这个组合，在竞争市场上，应该比较容易地找到愿意供货的卖家	检讨供应商选择的流程、寻源战略是否需要改善，或是在执行时有偏差。买方的采购成本的战略在制定和实施中是否需要检讨
杠杆	战术利润	竞争	这是"针尖对麦芒"的组合，双方势均力敌，毫不相让，这是考验双方的勇气和智慧的较量场，可能卖方比买方更不愿意放弃这笔业务，所以这个组合应该促使卖方朝向"核心客户"象限移动	短期的竞争和较量不可避免，能力和技巧的运用是关键要素之一	如果长期处于这个组合，采购方应该考虑自身的问题，改变做法，提升供应商管理水平，长期恋战却无功而返，是否需要改变战术，或是战略转移
杠杆	核心客户	稳定，低风险	这个组合是买方的"上上签"。最佳组合中的最佳。买方可以不断寻求降本的机会，而供应商则是不离不弃，重要的是相对于卖方之巨大采购额的支撑。买方能够也有机会在此获得可观的利益，在这个组合中，资源的投入是值得的，有回报的。买方的战略在这个组合是有分歧的，培训战略供应商，长期合作是一个选项；而多个供应商供货，创造更加竞争的环境，也是更多买方的根本理念和行动	在不断降低成本努力的同时，注意供应商关系管理的建设。在这个组合中，采购方占上风，可能的错误是买方人员蛮横无理的粗暴作风，而飞扬跋扈的态度极可能会导致关系的破裂，引发合作终止。再有买方不断地降价要求会导致供应商入不敷出，从而铤而走险，偷工减料、以次充好	短期低风险并不意味着可以一劳永逸，在这个领域中还可不断挖掘新的供应源，新的机会，因为这是一个充满竞争的市场环境。再有对于现存的卖方，需要关注其长期战略的变化。买方不仅要考虑降低价格，还要考虑降低整体成本，或通过质量改进提升附加值、工艺改革降低成本，实现双赢

(d) 关系矩阵描述：战略

定位	偏好	状态	描　述	短期行动	长期战略
战略	开发对象	有风险，不稳定	作为被卖方"开发"的"对象"，都应该问为什么卖方将自己置于"开发对象"？如果有吸引卖方之处是值得拥有的，如品牌，潜在的未来核心客户，短期内不会有风险，但卖方最终还是希望成为对方的核心客户，或找到更多的产品销量和市场	短期可以接受，分析卖方置于"重要"的原因，做出对策。这可能是一家比买方大得多的供应商。是否有可能与供应商结为战略伙伴？买方还应该不断检讨其供应商战略是否正确	对于重要的产品，如果不是长期稳定的组合，需要早做计划，设法改变这个组合。是否未来有更多的产品与供应商合作？是否能够保持供应商的吸引力？否定的回答则应该更换或开发供应商
战略	非重要客户	高风险	这是16种组合中对采购方最不利的局面，糟糕的情形在于供应商对这项业务并不抱有兴趣，可有可无，随时可以丢弃，而买方却是其重要且采购量大的产品，如果这是不可改变的状况，则采购遇到了垄断，而且是巨头型的垄断供应商	像做销售一样做采购，将供应商奉为上帝，做好关系管理。中心工作是保障供应，手段是找出吸引供应商的要素，做一个好客户	考虑是否下决心开发其竞争对手，动用的资源会非常巨大，需要得到组织内部特别是高层的广泛支持和共识，改变组合是组织的高层决策，是战略性的长远产品目标
战略	战术利润	稳定，受盘剥	买方的价格付出特别高，而降低价格的努力非常有限，但一般情况下供货不会受到影响，但额外的要求和附加的条件都不会受到热情的款待。应该考虑为什么这么大的需求还没有足够的吸引力，是买方太小，还是卖方太大？是否是自身的优势没有发挥出来，还是技能问题，或是产品求大于供？还是供应商选错了	分析原因，找到突破口，是否是供应商关系没有处理好，或是买方不够强硬或努力不够造成的局面，积极进取的态势、努力的投入都一定会有回报。能力和技巧的作用不可忽视，管理这一个组合的人员是关键要素之一	长期目标希望转移到下一个组合，成为供应商的核心客户。考虑造成这一现状的原因是供应商关系处理方式不对，还是供应商选择的错误？这是采购方可能的利润点之一，在这一象限做出的投入是值得的
战略	核心客户	稳定	这是对买卖双方都有利，并都可接受的组合，名副其实的战略合作伙伴，双方都有长期合作的意愿。但并不意味着供应商关系不用再维护，一些意外的因素，例如个人沟通的误解、组织结构的改变、人事变动，如果没有处理恰当，也会造成关系破裂	发展和巩固供应商关系，保持高层的参与和沟通。共同寻求提升质量、降低成本之道。关注可能导致关系破裂或可能离开这一组合的潜在风险	关注双方长期的战略是否一致？长期的合作往往会导致变革阻力的惰性的生成，如何克服是一项长期任务，是吐故纳新，还是不断完善自我？这是管理者要做的决断

　　关注买方和卖方对对方的看法，这些看法会随着关系进程而变化。例如，避免出现供

应商关系开始处于"开发对象"，而结束于"非重要客户"象限的局面。

在关系矩阵分析时可能会产生的一个错误是：大供应商和其产品的销量、重要性并不一定画等号，例如，大企业往往分为各个事业部，而某些产品虽然量很小，但对于特定的事业部来说，已经算拳头产品了，而名不见经传的小买家也可能成为其关键客户。

阅读 ## 徐工发展小供应商作为战略伙伴

徐工初创于1943年八路军的鲁南第八兵工厂，最早产品是装备抗战一线的炮弹、手榴弹和拉雷；20世纪60年代初，研制出中国第一台汽车起重机、第一台压路机；20世纪90年代初新组建的徐工集团连续24年实现主要经营指标居全国工程机械第1位。跻身全球工程机械前五强。在不断发展中，供应商管理的理念也在前进中摸索新的方法。过去采购更依赖于竞争性的方法，逐渐地发展了一些战略性的合作伙伴，徐工在发展的同时，也注重与供应商实现共赢。徐工有许多客户定制化产品，其中一些加工件，由于数量少、非标准化，大厂商不愿意承接，而小供应商，特别是周边的小厂家因为没有专用设备及工艺能力低下望而生畏。徐工曾经主动开发过一些小供应商，都因为这些小供应商不愿进行人力、设备、工艺技术的投入，产品质量得不到保障而夭折。深刻的原因在于他们担心前景，短期利益驱动，徐工一直没有培养出可信任的长期合作伙伴。徐工认识到，供应商不可信任，来自于徐工对供应商的不信任，但这是基于事实，供应商对长期投入缺乏的事实，而供应商不投入，则是因为对徐工的不信任。这是一个解不开的死结。这不是一场"囚徒博弈"，而是大小企业间的"智猪游戏"：欲走出困境，必须首先迈出第一步的只能是徐工，特别是建立双方信任和长期合作信心。徐工在对周边供应环境做了深入调查和分析之后，选择了一些供应商，不但在订单上做出了长期的承诺，还在设备、技术、质量和工艺上进行了帮扶，提升了供应水平，使之达到徐工的高要求，更重要的是这些供应商因为有了信心，得到信任，自己也愿意为徐工做进一步的投入。通过不断努力，徐工在自己的周边发展了一批忠实的小供应商群，基本解决了小订单的加工问题。用徐工的一位采购总监的话说："与小供应商建立战略合作伙伴更是供应商管理中不可忽视的重要环节"。

案例 ## "黑天鹅"飞起来

嵩舟公司虽然很小，没有品牌，名气不大，产量也不高，但对质量的追求很高。因而在客户中的口碑非常好，嵩舟公司的高质量源于它对工艺、材料严格的筛选，对供应商的严格要求；来自于从上到下，每一位员工对工作的认真细致的态度。所有的问题都基本解决在生产线上，而在客户那里的"一次开箱合格率"这些年来几乎都保持在100%。也就是说，这么多年以来，嵩舟公司在客户那里从来就没有出现过问题，做到了客户零投诉。嵩舟公司也为自己的高质量产品而感到无比自豪。

嵩舟公司的一个紧固件来自某个供应商，这个供应商的表现一直也非常好，没有出过任何问题，有一次，这家供应商在淬火中突然停电了，好在几分钟后立刻恢复了供电，虽然炉子的温度有些下降，但没有造成影响，在供应商的操作流程中没有对停电处理做规定，炉子的温度不够，对紧固件的硬度有些影响。操作工人并没有把这几个温度低的紧固件挑出来。这几个紧固件的其中一个随着批量送到了崮冉公司，并装上了崮冉公司的产品，这个产品是一个止动控制器，当工件移动碰到这个止动件，控制开关打开，工件再往回运动，周而复始，这个工件需要通过最终的压力测试才能合格出厂。这一天当班检验员正在认真地做着最终的产品检测，有一个员工递给他一个报表，他起身时没有注意碰到的刻度把手，把压力调下一个档次，正好这个带病的止动控制器通过了检验台，顺利地通过了测试。他坐下来时又碰到刻度把手，把压力调了回来，一切恢复了正常，他还是没有注意到。这只止动控制器出厂来到另一家工厂，装上了设备，到了最终的客户，这是一个军工厂，正在为军队开发一个新式火炮，遇到一个军方的高级大人物到厂里调研。这台机器在关键时刻就是不争气，生产的产品怎么调也还是超差，大人物非常生气，认为是操作工人有问题，大发雷霆，要求现场办公，立刻解决问题，全厂上下齐动员，围着机器找问题，几天下来，终于发现，这个止动控制器的紧固件有点软，在工件不断碰撞下，一点一点地弯曲，造成了误差。这本来不是大事，但在大人物现场办公监督下，就根本没有小事，立刻把机器生产厂的厂长找来，骂个狗血喷头。这厂长遭训斥，当然没有好气，一切的愤怒转嫁到崮冉公司，但崮冉公司的老板在外面出差开招标会呢，不让开手机，这怒火更加燃烧，不但对崮冉公司连赔带罚，还生楞楞地把崮冉公司的供应商资格取消了，并将其拉入黑名单。

随后发生的事情一发不可收拾，这个圈子很小，客户们一传十，十传百（本来就没多少客户），"好事不出门，坏事传千里"，许多客户都要求退货，取消订单，不退货的也要求崮冉公司每一批都要附上第三方的检测报告，这小小的启动控制器，本来就没有多少利润，一份检测报告要花费上万元，一个产品还达不到几十元，批量又小，刚开始崮冉公司还硬撑着，但客户对报告的要求已经成为常态，崮冉公司终于支撑不住倒闭破产了。而这些客户也不得不高价向外国采购。而那家军工厂，虽然试制成功，但因为没有后续产品而不得不推迟交付。当然那个大人物对此是浑然不知，其实知道了，他也不会有任何责任的，还会认为他的现场办公是非常有效的。然而，军工厂却不得不自己开模，自己制造这个启动控制器，火炮装备没有赶上一次重要的军事演习，军工厂管理层受到通报批评，几位主要人员被降职处分，故障皆因一次几分钟的断电。

长尾效应还在不断地发酵着……

这崮冉公司老板回顾着所有发生的一切，泣不成声："这只紧固件就像一只黑天鹅，在所有的偶然中，只要有一个没有发生，都不会有今天的下场！过去所有对质量的努力都付之一炬，显得毫无意义，谋事在人成事在天，人之命天注定呀。"

【讨论题】
（1）解释"黑天鹅"现象。
（2）这是崮冉公司的命运吗？如何才能避免这一切的发生？
（3）崮冉公司的质量控制中有什么问题吗？

5.3 供应商质量

5.3.1 质量管理发展阶段

质量的概念

质量，站在供应链的不同的角度，有不同的解释。比如，站在顾客的角度会认为，质量好坏在于产品是否适用和令人满意；站在生产商、经销商的角度会认为，质量好坏在于产品是否符合标准。国际标准化组织（ISO）在国际标准ISO 9000：2014（DIS）《质量管理体系 基础和术语》中，将质量定义为："对象的一组固有特性满足要求的程度"。该定义是从"特性"和"要求"两者之间关系的角度来描述质量的，即某种事物的"特性"满足某个群体"要求"的程度，满足的程度越高，说明质量越好；反之，则认为该事物的质量不好或差。该定义中的"特性"的载体，即质量概念所描述的对象，不局限于产品和服务，而是泛指一切可以单独描述和研究的事物，可以是产品和服务，也可以是活动、过程、组织、体系或人以及上述各项的任何组合。"赋予"或外在的特性如"价格"等，不属于质量的"固有"特性。

该定义中的"要求"是由组织利益相关方，如顾客、股东、雇员、供应商、银行、工会、合作伙伴或社会等所提出的。"要求"反映了利益相关方对于质量概念所描述对象的需要或期望。这些"要求"有时是明确规定的，如产品购销合同中对于产品性能的规定；也可以是隐含的或不言而喻的，如银行对客户存款的保密性，即使人们没有特别提出，也是必须保证的；还可以是由法律、法规等强制规定的，如食品卫生、电器安全等。

质量管理发展阶段

人类社会的质量活动可以追溯到远古时代，但现代意义上的质量管理活动则是从20世纪初开始的。根据解决质量问题的手段和方式的不同，一般可以将现代质量管理分为三个阶段。第二次世界大战以前可以看作是第一阶段，人们通常称之为质量检验阶段。第二阶段是从第二次世界大战开始到20世纪50年代的统计质量控制阶段。第三阶段是从20世纪60年代开始的全面质量管理阶段。

第一阶段 质量检验阶段

这一阶段主要是通过检验的方式来控制和保证产出或转入下道工序的产品质量。18世纪末工业革命后到20世纪初期，伴随着机器和机器体系的广泛采用，工厂制度开始逐步确立，但在质量控制方面，主要依靠手工操作者的手艺和经验来进行把关。进入20世纪以后，随着企业规模的进一步扩大和分工与专业化程度的日益提高，企业中设立了大量检验人员的职位，专职负责产品检验，从成品中挑出废、次品。

第二阶段 统计质量控制阶段

质量检验不是一种积极的质量管理方式，因为它是"事后把关"型的质量管理，无法防止废品的产生。如何才能预防废品的产生，实现被动的"事后把关"向积极的"事前预防"的转变呢？数理统计方法为实现这一转变提供了可能。其中，美国贝尔实验室的统计学家W. A. 休哈特提出的工序质量控制图、以及他的同事道奇（H. F. Dodge）和罗米格（H. G. Romig）进行的抽样检验方面的探索最有影响。

在统计质量控制阶段，质量管理的重点主要在于确保产品质量符合规范和标准。人们通过对工序进行分析，及时发现生产过程中的异常情况，确定产生缺陷的原因，迅速采取对策加以消除，使工序保持在稳定状态。这一阶段的主要特点是：从质量管理的指导思想上看，由以前的事后把关，转变为事前的积极预防；从质量管理的方法上看，广泛深入地应用了统计的思考方法和统计的检验方法。

第三阶段　全面质量管理阶段

第二次世界大战以后，人类在科技上取得了许多划时代的重大突破，生产力获得了前所未有的大发展。"二战"后物资生产的大发展使得人们对产品质量的要求越来越高，世界市场的竞争达到了空前的激烈程度，消费者权益运动呈现出日益高涨的局面，员工的能动性和参与对于企业的成功愈加成为不可或缺的因素。人们开始普遍认识到，依靠制造领域中的统计质量控制已经远远不能满足顾客对于质量的要求，也远远不足以应付日益严峻的挑战。在这样的背景下，朱兰博士明确提出，为了对质量进行有效的控制，除了"统计质量控制"以外，尚有许多其他重要的质量职能必须予以关注。1956年，美国通用电气公司的A.V.费根堡姆，首先提出了"全面质量管理"的概念。菲根堡姆也认为解决质量问题不能只是局限于制造过程，解决问题的手段也不能局限于统计方法。这样，质量管理中制造过程中的"统计质量控制"逐渐发展到了为了满足顾客要求所必须关注的各个方向，全面质量管理的观点在全球范围内得到了广泛的传播，其中，日本是质量管理的最优秀的实践者，对于日本的战后复兴起到了巨大的作用，经过长期而广泛的实践、积累、总结和升华，全面质量管理成为全球企业界的共同实践。全面质量管理逐渐由早期的TQC演变为TQM，从一定意义上讲，它已经不再局限于质量职能领域，而演变成为一套以质量为中心的、综合的、全面的管理方式和管理理念。

全面质量管理注重顾客需要，强调参与团队工作，并力争形成一种文化，以促进所有的员工设法、持续改进组织所提供产品/服务的质量、工作过程和顾客反应时间等，全面质量管理由结构、技术、人员和变革推动者四个要素组成，只有这四个方面全部齐备，才会有全面质量管理这场变革。

供应商质量管理的发展则是建立在此基础之上，从无到有，开始于来料检验，发展到对供应商现场的控制管理，直至帮助供应商建立质量管理体系。

■ 5.3.2　质量管理体系

质量管理体系的建立

质量管理体系（quality management system，QMS）是企业内部建立的、为保证产品质量或质量目标所必需的、系统的质量活动。它根据企业特点选用若干体系要素加以组合，加强从设计研制、生产、检验、销售、使用全过程的质量管理活动，并予制度化、标准化，成为企业内部质量工作的要求和活动程序。质量管理是在质量方面指挥和控制组织的协调活动，通常包括制定质量方针、目标以及质量策划、质量控制、质量保证和质量改进等活动。实现质量管理的方针目标，有效地开展各项质量管理活动，必须建立相应的质量管理体系。如今ISO 9000系列管理标准已经为提供产品和服务的各行各业所接纳和认可，拥有一个由世界各国及社会广泛承认的质量管理体系具有巨大的市场优越性。

图5-6表示了ISO 9000质量保证体系提及的以过程为基础的质量管理体系模式。

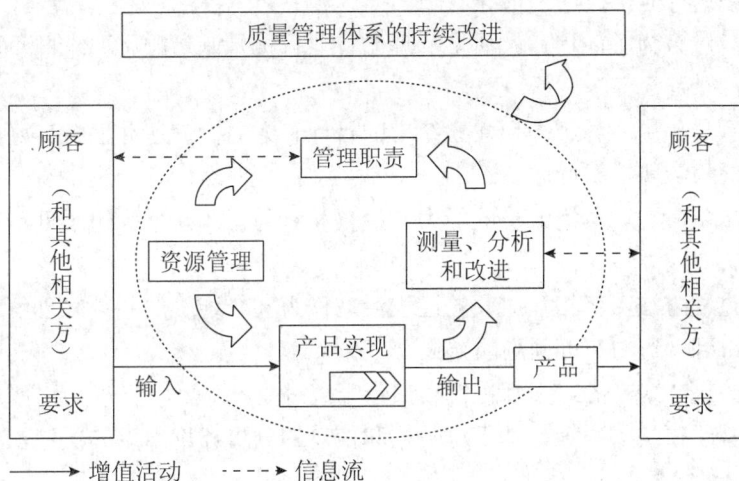

图5-6　以过程为基础的质量管理体系模式

建立ISO 9000质量保证体系，可使企业和组织得到以下一些益处：

① 一个结构完善的质量管理体系，使组织的运行产生更大的效益及更高的效率；

② 更好的培训和更高的生产力；

③ 减少顾客拒收和申诉，有效地节省大量的开支，最终享有一个更大的市场份额；

④ 顾客对企业和企业的产品/服务有了更大的信任；

⑤ 满足市场对ISO 9000认证的要求。

ISO 9000族标准核心标准为下列四个。

第一个是ISO 9000《质量管理体系——基础和术语》。该标准阐述了ISO 9000族标准中质量管理体系的基础知识、质量管理原则，并确定了相关的术语。

第二个是ISO 9001《质量管理体系——要求》。该标准规定了一个组织若要推行ISO 9000，取得ISO 9000认证，所要满足的质量管理体系要求。组织需要通过有效实施和推行一个符合ISO 9001标准的文件化的质量管理体系，包括对过程的持续改进和预防不合格，才能使顾客满意。

第三个是ISO 9004《质量管理体系——业绩改进指南》。该标准以质量管理原则为基础，帮助组织有效识别能满足客户及其相关方的需求和期望，从而改进组织业绩，协助组织获得成功。

第四个是ISO 9011《质量和环境管理体系审核指南》。该标准提供质量或环境审核的基本原则、审核方案的管理、质量或环境管理体系审核的实施、对质量或环境管理体系审核员的资格要求等。

质量管理七原则

质量管理原则是在管理实践经验的基础上用高度概括的语言所表述的最基本/最通用的一般规律，可以实现一个组织在长期内通过关注顾客及其他相关方的需求和期望而改进其总体业绩的目的。它是质量文化的一个重要组成部分。质量管理原则被确定为最高管理者用于领导组织进行行业业绩改进的指导原则。

原则一：以顾客为关注焦点。质量管理的首要目标是满足顾客要求并争取超越顾客的期望。

原则二：领导作用。各级领导建立统一的目标和方向，创造并保持良好的内部环境，使员工能充分参与实现组织目标。

原则三：全员参与。各级人员的能力、授权和参与，才能增强组织创造和实现价值的竞争力。

原则四：过程方法。将相互关联的过程活动作为一个连贯的系统来理解和管理，可以更加有效率地得到一致的和可预测的结果。

原则五：改进。成功的组织都在持续聚焦于改进。

原则六：基于事实的决策。基于对数据和信息的分析评价产生的决策，更有可能得到预期的结果。

原则七：关系管理。为了保障持续的成功，组织需要管理与相关方的关系，如供应商的关系。

上述质量管理原则形成了ISO 9000族质量管理体系标准的基础。而只有真正灵活运用到具体实际工作中，并将其发挥到极致，方能显现其魅力。

波里奇及卓越绩效标准

波里奇国家质量奖的核心是"卓越绩效模式"，代表了一种世界级企业成功的管理模式。其核心是强化组织的顾客满意意识和创新活动，追求卓越的经营绩效，"卓越绩效模式"得到了美国企业界和管理界的公认，该模式适用于制造业、服务业、小企业、医院、学校和非营利组织。世界各国许多企业和组织纷纷引入实施，其中许多世界级企业都是运用卓越绩效模式取得出色经营结果的典范。迄今，卓越绩效管理正日益成为一种世界性标准。全球已有60多个国家与地区，先后开展了卓越绩效管理的推广与普及。参照美国国家质量奖模式，我国近年也开展了国家质量奖的评奖和表彰活动。评奖采用《卓越绩效评价准则》国家标准。

卓越绩效管理虽然起源于质量管理，却超越了质量管理，它将质量管理的系统化、标准化、程序化和规范化的体系理念推广到企业经营管理的所有领域。一个追求成功的企业，可以从管理体系的建立、运行中取得绩效，并持续改进其业绩、取得成功，"卓越绩效模式"对于一个成功的企业如何追求卓越，提供了评价标准，企业可以采用这一标准集成的现代质量管理的理念和方法，不断评价自己的管理业绩，从而走向卓越。

波里奇国家质量奖评奖标准是组织自我评价、评奖和为申请组织提供反馈报告的基础。此外，该标准在增强企业竞争力方面还有三个很重要的作用：

① 有助于改进组织经营方面的实践、能力和结果；
② 促进在各类组织中交流并分享最佳的运作方法；
③ 作为一种理解并管理组织经营的工具，指导策划，并提供学习的机会。

波里奇国家质量奖标准是建立在以下相互关联的核心价值观和概念基础之上：

① 领导的远见卓识；
② 以顾客为导向追求卓越；
③ 组织和个人的学习；
④ 尊重员工和合作伙伴；
⑤ 灵敏性；
⑥ 关注未来；
⑦ 管理创新；
⑧ 基于事实的管理；
⑨ 社会责任；
⑩ 重在结果及创新价值；
⑪ 系统观点。

这些价值和概念，包含了在高绩效组织中所具有的信念和行为。以此为平台把主要经营需求整合在一个关注结果的框架内（如图5-7所示），这种框架为行为和反馈提供了基础。

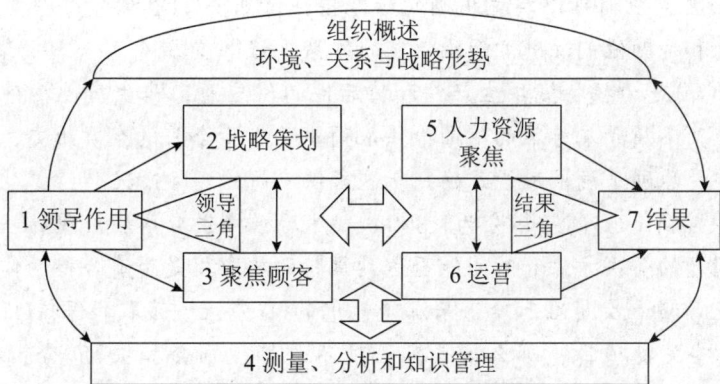

图5-7　波里奇卓越绩效标准框架

波里奇卓越绩效标准的7个条款及其权重分别是：领导作用（120分），战略策划（85分），聚焦顾客（85分），测量、分析和知识管理（90分），人力资源聚焦（85分），运营（85分），结果（450分）。

福特Q1奖

福特Q1奖的设立旨在激励供应商长期、稳定地提供高质量的产品。这一奖项在福特汽车全球供应商体系中实施多年，已成为汽车行业内供应商进行产品质量评估与认证的"标杆"。

Q1评估系统的鉴定内容包括体系建设（ISO 14001、QS 9000/TS-16949、MS 9000），业绩表现，现场改进营运计划以及顾客满意度和持续改进。

Q1不但是福特考核供应商绩效水平的一套综合评价体系，也是供应商的一个质量认证，主要包括合格的体系、持续的实际业绩、制造现场评审、满意的客户、持续改进五个部分。主要目的是帮助供应商创造良好绩效，在整体竞争力上得到提升，从而增强福特的产品核心竞争力。

Q1是一套基本的质量和制造规则，当遵循这套标准时，可以确保供应商获得良好的绩效并可促使供应商持续地改进，供应商被希望于能达到这套标准，在合适的地方运用一些手段和工具来保持他们最佳的质量。虽然Q1是供应商的绩效认证体系，但Q1不是由供应商独立获得的，它是一种合作伙伴关系的体现，应该由供应商和福特共同完成。

Q1不但可以确保福特获得最好的零件来生产出优质的产品以使顾客满意，并且它也可以确保供应商获得良好的绩效。当供应商获得Q1时，它就得到了一种认可，在今后的产品生产中，它将成为福特首选的供应商，同时，这还为供应商起到了宣传和广告的作用，为它成为世界级的企业有相当大的帮助。

Q1应用一些重要的矩阵决定使用哪个供应商的Q1，同样的测量方法来确定谁将拥有Q1的地位。Q1的一个重要组成部分是生产场地。评估是为了估计整个生产过程的能力和为持续改进目标提供框架。对于每一个生产场地，评估是明确的，每一个场地的接受力可以分别确认。而且供应商可以实施明确的场地措施计划。Q1在衡量一个生产厂商是否成功，确认最好的和帮助他们改进方面比以前的体系要好得多。

Q1的适用范围是为福特提供生产件和售后件的供应商，非生产性物料及其他如厂房建筑、设备供应商不属于本标准的范围，供应商有至少六个月的交货历史，因为交货时间太短，按统计学的原则来说，不能正确判断这家供应商的实际情况。

对每一家供应商，Q1的基础分为1 000分。然后根据供应商生产现场评审是否符合要求或所存在的问题的解决方法和时间能否达到福特的要求、是否有合格的体系以及实际的持续交货业绩（质量和交货准时率）来加减他们的Q1分值。获取和保持Q1的最低分值为800分。对于某些关键项目，那么如果那一项不合格，则会扣去250分，也就是说即使其他有较好的成绩，也不能抵扣这250分，最终分值就会少于800分，供应商就会失去Q1资格。

Q1分数=合格的系统+持续的业绩+工厂的行动计划

Q1的分值每月更新一次，供应商通过网络就可以了解他们的产品在福特的实际情况以及和全球同类产品的比较。如果该供应商连续有13个月无交货的质量信息PPM值和7个月的交货准时性的信息资料，那么这时系统就会显示NA，任何有NA显示的时候，都是不完整的Q1分值，供应商就会失去Q1的资格。如果13个月或以后再次进行交货，那么该供应商需根据他后续六个月的交货情况，重新申请Q1资格。

■ 5.3.3　质量检验

质量检验是指检验一个产品以确定其是否满足质量要求，然后决定批准或拒收。

质量检验阶段

质量检验阶段可以分为以下几个内容。

（1）解释文件

质量要求是解释性的。这些要求可在书面规范、图样或指导书等中加以规定；要求也可以是较为含糊的，例如参照商业实例、贸易实例、技术惯例等。

文件还应包括对如何检验进行的指导。

（2）抽样

从被检验的批次中抽取一个给定的数量或单位量进行检验。

（3）检查/试验

包括试验、测量、观察等。

（4）确定

如果清楚地规定了要求，那么可以比较容易地确定所考察的特性是否满足质量要求，并可据此判定是否能够通过。特性可能与要求一致也可能不一致，但很多情况下，这是一种评价。例如，有必要分出符合性的级别。

（5）测量

第一类测量是为决定下一步对这个产品或这批产品采取什么措施：通过、拒收、分类、重检等；第二类测量包括记录和报告检验的结果；第三类测量用于过程：停止过程，改变设置等。

质量检验类型

根据质量检验处于生产流程的地点，可分为以下几种。

（1）接收检验

有时称为进货检验，是防止不符合质量要求的产品进入需求方的活动中并由此引发问题或降低其活动的质量。

（2）过程检验

目的是防止质量不合格的产品被继续制造或仍以其原有方式通过制造过程。过程检验包括以五种。

① 首件检验：是在对过程设置和调整后生产的第一件产品进行检验。检验该过程所影响的特性，意图是尽可能早地发现系统错误。系统错误会使错误一件接一件地重复出现。这些错误可能是由于不正确的过程设置或是有问题的工具、对质量要求或对说明的不

正确理解所造成的。

② 巡检：由检验员轮流监视过程，检查最新生产的产品是否符合质量要求。一旦发现错误，此次检验前生产的所有产品都应进行检查。还应对过程进行调整以防止错误再次发生。

③ 操作者检验：操作员检验指当一批产品开始生产后操作员自己进行的检验。

④ 末件检验：对一个检验批次最后几件产品进行检验。它可以使过程的设备缺陷在下一批生产开始之前得以解决，如果这时没有发现错误，就会有被延生产的风险。

⑤ 试验台检验：又叫持续检验，主要在生产过程中进行，一般情况下在专门检验站进行。

（3）最终检验

是在产品最后完成时进行。最终检验的目的是防止不符合质量要求的成品进入成品库或发送到顾客手中。

（4）开箱复检（open box audit，OBA）

对完成的合格产品再按照一定比例进行开箱，重新复检，以防止在最终检验中可能发生的人为的或是系统的问题而造成的误检、错判。

（5）供方检验

是指将来料检验的责任交给供应商。采购方对来料完全不需要检验，或者适当减少检测指标，或者需要供应商提供质量检测的报告。将传统的针对来料质量的检测转变为对供应商生产全过程的监控，帮助和监督供应商"生产"出质量合格的产品而非"检验"出供应商不合格的产品。

质量检验也可按执行的方式进行分类，分类如下所述。

（1）测量

使用仪器和测量设备来确定特性的测量值。测量结果是特性的测量值。这类检验能确定大小、重量等。

（2）通尺规检验

是用固定或可调节的装置来确定特性是否高于或低于某给定的值。

（3）功能试验

是将产品安装或试运转以确定其是否满足预期的功能要求。

（4）目视检验

就是用眼睛检查，有时可能有目视检验标准，来确定诸如颜色或表面状态能否接受。目视检验标准是进行评价的工具。

根据检验的数量，可分为以下内容。

（5）100%检验

一个检验批次中所有产品的一个或多个特性将受到检验。

（6）抽样检验

对一个检验批次中的一些产品进行一个或几个方面的检验。抽样检验又可分为：

① 现场抽检：从一个检验批次中抽几件进行检验。不要求随机性。

② 百分比检验：是对检验批次中一个给定比例的产品进行检验。但通过检验的概率是随该检验批次的大小而不同的。

③ 统计抽样检验：要运用统计理论的规则。这个规则一般提供了有关抽样量及接收或拒收条件的信息。抽样要在随机的基础上进行，也要考虑接收概率。

不合格品管理

不合格品管理是为了对不合格品做出及时的处置，如返工、返修、降级或报废，但更重要的是为了及时了解制造过程中产生不合格品的系统因素，使制造过程恢复至受控状态。

（1）不合格品的控制程序

不合格品控制程序是对不符合质量特性要求的产品进行识别和控制，并规定不合格品控制措施以及不合格品处置的有关职责和权限，以防止其非预期的使用或交付，应包括：

① 规定对不合格品的判定和处置的职责和权限；

② 对不合格品要及时做出标识，以便识别。标识的形式可采用色标、标签、文字、印记等；

③ 做好不合格的记录，确定不合格的范围；

④ 评定不合格品，提出对不合格品的处置方式，决定返工、返修、让步、降级、报废等处置，并做好记录；

⑤ 对不合格品要及时隔离存放（可行时），严防误用或误装；

⑥ 根据不合格品的处置方式，对不合格品做出处理并监督实施；

⑦ 通报与不合格品有关的职能部门，必要时也应通知顾客。

（2）不合格品处理方法

① 报废，对于不能使用、影响人身财产安全或经济上产生严重损失的不合格品，应予报废处理；

② 返工，返工是一个程序，它可以完全消除不合格，并使质量特性完全符合要求；

③ 返修，返修与返工的区别在于返修不能完全消除不合格品，而只能减轻不合格品的程度，使不合格品能达到基本满足使用要求而被接收的目的；

④ 降级，不合格产品因不符合原有的要求而对其等级的改变；

⑤ 让步，对使用或放行不符合规定要求的产品的许可。

（3）不合格品的现场管理

① 不合格品的标记。凡经检验为不合格的产品、半成品或零部件，应当根据不合格品的类别，分别涂以不同的颜色或做出特殊的标志。

② 不合格品的隔离。对各种不合格品在标记后应立即分区进行隔离存放，避免在生产中发生混乱。

质量检验工作的基本任务之一，是建立并实施对不合格品控制的程序，通过对不合格品的控制，实现不合格的原材料、外构配套件、外协件不接收、不投产；不合格的在制品不转序；不合格的零件不配装；不合格的产品不交付的目的，以确保防止误用或安装不合格的产品。

5.3.4 过程质量控制

过程控制

过程控制是使用一组实践方法、技术和工具来实施、保持和改进过程的有效性。包括策划和设立目标，建立控制，监控和测量业绩，形成文件，改进周期时间，消除浪费，消除限制，消除引起波动的特殊原因、保持增长以及持续改进。

供应链上所有的经营活动都由各种过程所组成，这些过程的输出是供应链交付给顾客的产品或服务，过程必须兼备能力和效率，对过程还必须进行控制以生产出符合要求质量的产品或服务。

过程会产生某种类型的最终结果，我们一般称之为输出。在产品的生产中输出的是产品，而在服务的情况下，输出的就是服务。产品和服务都是要交给顾客的，不管是外部还是内部顾客。

但过程本身并不足以完成输出，还必须给过程以一定的输入。这个输入可以是具体和有形的，如产品、说明或书面的计划，但也可以是抽象和无形的，如一项决定或口头指示。输入由外部或内部的供方提供。

每个过程可以通过识别"供方（S）—输入（I）—过程（P）—输出（O）—顾客（C）"链的过程分析方法来实现（如图5-8所示），再加入评价输入和输出性能的度量以及控制过程中必要的信息和方法。

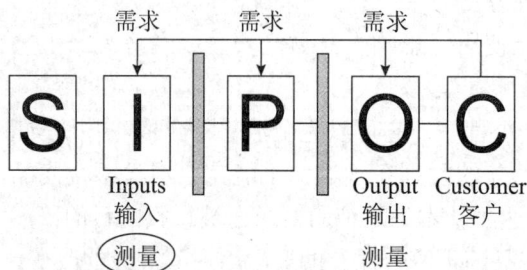

图5-8 SIPOC

SIPOC从定义要了解的过程开始，把那些过程产出提交顾客的内容列在右侧，并将顾客列出。与之相类似，将供应商及他们能够提供给过程（输入）的显示在左侧。这个基本过程图绘好后，便可讨论两个附加项目：需求及测量。

过程能力

过程输出的产品能够满足规定要求及目标的能力被称为过程能力。一个供应链要满足其顾客的要求，具有相应的过程能力是非常重要的，而且其各类活动的效率将取决于它的过程能力。

过程能力是可以度量的。如在某服务活动中的等待时间，若在正常流量情况下，顾客可能根本不用等待，那么这个过程就具有足够的过程能力。如果顾客的流量增加了，而且一天中这样的情况会发生数次，这个过程就不再具有足够的能力。为防止顾客收到的服务质量恶化，这期间的过程能力就必须改进。可以加入附加资源，比如人或是设备以处理增加的顾客流量。

过程能力指数是表示过程能力满足产品质量标准要求（包括产品规格要求和公差要求）的程度。在正态分布时，无偏移的情况下通常记作：

$$C_P = \frac{T}{6\sigma}$$

式中：C_p为过程能力指数；

T为产品质量标准要求的公差范围；

σ为过程特性正态分布的标准差。

当公差中心M与过程分布中心μ不重合，即有偏移时，对于这种情况，计算C_p的公式需要进行修正。引入分布中心μ与公差中心M偏移量的概念。设绝对偏移量ε，相对偏移量K：

$$\varepsilon = |M-\mu|$$

$$K = \frac{\varepsilon}{\frac{T}{2}}$$

C_{pk}的计算公式如下：

$$C_{pk} = (1-K)\frac{T}{6\sigma}$$

C_{pk}的评级标准：（可据此标准对计算出的过程能力指数做相应对策）

A++级$C_{pk} \geq 2.0$特优，可考虑成本的降低；

A+级$2.0 > C_{pk} \geq 1.67$优，应当保持之；

A级$1.67 > C_{pk} \geq 1.33$良，能力良好，状态稳定，但应尽力提升为A+级；

B级$1.33 > C_{pk} \geq 1.0$一般状态，过程因素稍有变异即有产生不良的危险，应利用各种资源及方法将其提升为A级；

C级$1.0 > C_{pk} \geq 0.67$差，过程不良较多，必须提升其能力；

D级$0.67 > C_{pk}$不可接受，其能力太差，应考虑重新整改设计过程。

过程能力强才可能生产出高质量、可靠性高的产品。C_{pk}是工序能力或过程能力指数，是指考虑过程有偏差时，样本数据的过程性能。

■ 5.3.5 质量审核、控制与改进

质量审核

审核的过程是寻找组织的各项活动符合要求的证据的过程。质量审核可分为以下

三种。

（1）产品质量审核

产品质量审核指为了获得出厂产品质量信息所进行的质量审核活动。也即是对已检验入库或进入流通领域的产品实物质量进行抽查、试验，审核产品是否符合有关标准和满足用户需要。它按用户使用质量来检查和评价产品质量。通过调查产品质量，及时发现产品存在的缺陷，特别是防止把有重要缺陷的产品交给用户，同时可及时察觉质量下降的潜在危险，以便及时采取措施；通过审核，发现企业产品质量与质量职能活动上的问题，为制定质量改进目标与措施提供依据；通过连续审核，对比、估计产品质量水平的发展趋势。

（2）工序质量审核

工序质量审核指对工序质量定期或专题的验证、抽查和考核工序中影响产品质量各种因素的变动情况，以便采取对策加以改进。考核各工序或工序中影响工序质量的各种因素是否处于受控状态。也就是要求生产过程必须按规定的标准（规程、规范）程序进行；随时监控质量动向，一旦发生"失控"，必须立即找出异常原因，把质量故障消除在发生之前；万一发生质量问题，能够及时发现，及时纠正，杜绝重复发生；产品质量具有可追查性。

（3）质量体系审核

质量体系审核指对企业为达到质量目标所进行的全部质量活动的有效性进行产品质量审核。这是对企业的质量方针、质量目标、质量计划和产品进行监督检查，对各部门执行质量职能活动的情况进行评价、鉴定并提出改进意见。通常质量体系审核遵循ISO 9000或行业的国际标准如TS 16949，AS 9100等。

质量控制与质量改进

在质量管理活动中，按其对产品质量所起的作用来衡量，可分为两类，一类是通过质量控制，保持已经达到的质量水平，称之为"维持"或"质量控制活动"。另一类是对现有的质量水平在控制、维持的基础上加以突破和提高，将质量提高到一个新水平，这个实现提高的过程称之为"质量改进"。

控制和改进质量是相互联系的。控制的重点是防止差错或问题的重复发生，充分发挥现有的能力，而改进的重点则是提高质量保证能力。首先应搞好控制，充分发挥现有控制系统的能力，使全过程处于受控状态。其次在稳定的基础上进行质量改进，使产品从设计、制造、服务到最终满足顾客需求都达到一个新水平。质量控制和质量改进都依赖于一系列的工具和手段。

PDCA

PDCA循环又叫戴明环，是美国质量管理专家休哈特博士首先提出的，由戴明采纳、宣传并推广普及，从而也被称为"戴明环"。它是全面质量管理所应遵循的科学程序。P（plan）计划：包括方针和目标的确定以及活动计划的制订。D（do）执行：具体运作,实现计划中的内容。C(check)检查:总结执行计划的结果,分清哪些对了,哪些错了,明确效果,找出问题。A(act)处理:对检查的结果进行处理,对成功的经验加以肯定,并予以标准化;对于失败的教训也要总结,引起重视。对于没有解决的问题,应提交给下一个PDCA循环中去解决。PDCA还可以用于三个绩效水平中(如图5-9所示):

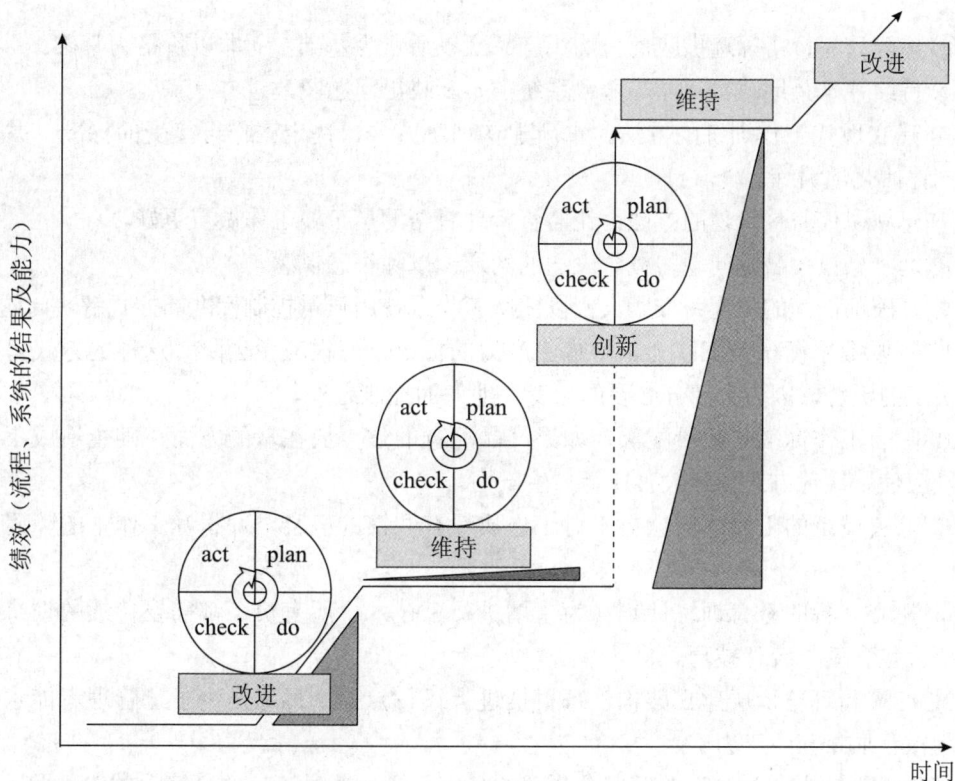

图5-9 PDCA戴明环及三个绩效水平

① 维持:采取行动维持在当前的绩效水平;

② 改进:采取行动提升到更高的绩效水平;

③ 创新:创造或采纳新知识,采取行动提升到新的平台。

以上四个过程不是运行一次就结束,而是周而复始的进行,一个循环完了,解决一些问题,未解决的问题进入下一个循环,这样阶梯式上升的。

戴明十四项原则

戴明认为质量会产生问题,管理方面应负85%的责任。管理者应将焦点放在顾客需求及持续改善以保持竞争力的议题上。他将质量管理放在企业战略的高度,辅之以流程制度改进,系统地提出了"十四条"。"十四条"自提出以来根据实践的不断发展进行了相应的调整,形成了若干个不同的提法。

① 将产品与服务的改善视为持续的目标:最高管理层必须从短期目标归返,转回到

长远建设的正确方向。也就是把改进产品和服务作为恒久的目的，坚持经营，这需要在所有领域加以改革和创新。

② 采用新的哲学：拒绝接受迟缓、质量不佳的工作或散漫的服务成为一般可接受的质量水平。

③ 停止依赖大量检验：调查监控往往太慢且耗费成本。改善过程本身才是最重要的焦点。

④ 不能只靠价格筛选供应商：购买产品应以质量为基础，而非以价格为基础。

⑤ 持续并永久地改善产品与服务系统：不断找出问题及改进方法。

⑥ 建立现代工作训练的方法：重新建构训练方式，决定工作可接受的标准，并以统计方式评估此项训练。

⑦ 建立现代监督管理的方法：让监督管理者帮助员工将工作做得更好。

⑧ 远离恐惧：鼓励问题与概念表达的沟通，以除去恐惧感。

⑨ 打破部门间的障碍：鼓励人们以团队工作或使用质量控制标准的方式解决问题。

⑩ 不以数字衡量员工：为了增加生产力的标语、海报应予去除。这样的方式可能会引起员工的厌恶，因为大部分必要的改变在他们的控制之外。

⑪ 除去工作标准与数量配额：如果产品配额的焦点放在量的方面，则会造成不良的质量，应使用统计方式持续改善质量与生产力。

⑫ 除去员工的阻碍：应让员工对工作质量有回馈的机会，并将其工作中的障碍予以除去。

⑬ 建立完备的教育训练计划：为了增进员工技术，所有员工都需要持续的训练，这些训练应包含基本统计技巧。

⑭ 在最高管理阶层建立架构，每日推进上述13点原则：这是为了让管理者能永久、持续地改善质量与生产力。

"质量无惊人之举。"戴明富有哲理的名言，道出质量管理的真谛。戴明十四项原则基本上被认可，但实际操作时往往是背道而驰。

8D报告

在第二次世界大战期间，美国政府率先采用一种类似8D的流程——"军事标准1520"，又称之为"不合格品的修正行动及部署系统"。现在8D广泛地使用于供应商的质量管理。

8D工作方法指解决问题的8条基本准则或称8个工作步骤，但在实际应用中却有9个步骤：

D0：征兆紧急反应措施；

D1：小组成立；

D2：问题说明；

D3：实施并验证临时措施；

D4：确定并验证根本原因；

D5：选择并验证永久纠正措施；

D6：实施永久纠正措施；

D7：预防再发生；

D8：小组祝贺。

质量管理小组活动

质量管理小组即QC小组是在生产或工作岗位上从事各种劳动的职工，围绕企业的经营战略、方针目标和现场存在的问题，以改进质量、降低消耗，提高人的素质和经济效益为目的组织起来，运用质量管理的理论和方法开展活动的小组。QC小组是企业中群众性质量管理活动的一种有效组织形式，是职工参加企业民主管理的经验同现代科学管理方法相结合的产物。从QC小组活动实践来看，它有以下几个主要特点：

- 明显的自主性；
- 广泛的群众性；
- 高度的民主性；
- 严密的科学性。

QC小组活动的宗旨：

- 提高员工素质，激发员工的积极性和创造性；
- 改进质量、降低消耗，提高经济效益；
- 建立文明的、心情舒畅的生产、服务、工作现场。

QC小组活动具有以下几方面的作用：

- 有利于开发智力资源，发挥人的潜能，提高人的素质；
- 有利于预防质量问题和改进质量；
- 有利于实现全员参加管理；
- 有利于改善人与人之间的关系，增强人的团结协作精神；
- 有利于改善和加强管理工作，提高管理水平；
- 有助于提高职工的科学思维能力、组织协调能力、分析与解决问题的能力；
- 有利于提高顾客的满意程度。

QC小组是企业员工围绕生产活动中的问题自由结合、自愿参加组织起来，主动进行质量管理活动的小组。QC小组活动，是企业职工参加现场质量管理的核心。质量管理的思想及基本方法，主要是通过QC小组活动方式，运用到各种业务工作中去的。企业质量管理工作的改进和产品质量的提高，一个很重要的环节，就是开展QC小组活动。各级管理人员必须十分重视QC小组的组织领导工作，对QC小组活动要给予帮助、支持和鼓励。推动供应商QC小组活动也是供应商管理者的重要任务之一。

质量管理五大工具

质量管理五大工具包括：统计过程控制（statistical process control，SPC）；测量系统分析（measure system analyse，MSA）；失效模式和效果分析（failure mode & effect analyse，FMEA）；产品质量先期策划（advanced product quality planning，APQP）；生产件批准程序（production part approval process，PPAP）。

（1）SPC

SPC是一种制造控制方法，是将制造中的控制项目，依其特性所收集的数据，通过过程能力的分析与过程标准化，发掘过程中的异常，并立即采取改善措施，使过程恢复正常的方法。

利用统计的方法来监控过程的状态，确定生产过程在可控的状态下，降低产品质量的变异。

（2）MSA

使用测量系统分析（MSA）方法对获得测量数据的测量系统进行评估，一是确保测量数据的准确性/质量；二是确保使用了合适的数据分析方法，如使用SPC工具、试验设计、方差分析、回归分析等。MSA使用数理统计和图表的方法对测量系统的分辨率和误差进行分析。

测量系统分析（MSA）是对每个零件能够重复读数的测量系统进行分析，评定测量系统的质量，判断测量系统产生的数据可接受性。

MSA的目的是了解测量过程，确定在测量过程中的误差总量，及评估用于生产和过程控制中的测量系统的充分性。

（3）FMEA

在设计和制造产品时，通常有三道控制缺陷的防线：避免或消除故障起因、预先确定或检测故障、减少故障的影响和后果。FMEA正是帮助我们从第一道防线就将缺陷消灭在摇篮之中的有效工具，是一种可靠性设计的重要方法。它对各种可能的风险进行评价、分析，以便在现有技术的基础上消除这些风险或将这些风险减小到可接受的水平。FMEA实际是一组系列化的活动，其过程包括：找出产品/过程中潜在的故障模式；根据相应的评价体系对找出的潜在故障模式进行风险量化评估；列出故障起因/机理，寻找预防或改进措施。由于产品故障可能与设计、制造过程、使用、承包商/供应商以及服务有关，因此FMEA又细分为设计FMEA、过程FMEA、使用FMEA和服务FMEA四类。

（4）APQP

产品质量先期策划（或者产品质量先期策划和控制计划），是一种结构化的方法，用来确定和制定确保某产品使顾客满意所需的步骤。产品质量策划的目标是促进与所涉及每一个人的联系，以确保所要求的步骤按时并有效地完成。有效的产品质量策划依赖于高层管理者对努力达到使顾客满意这一宗旨的承诺。

（5）PPAP

生产件批准程序。PPAP生产件提交保证书：主要有生产件尺寸检验报告，外观检验报告，功能检验报告，材料检验报告；外加一些零件控制方法和供应商控制方法；主要是制造商企业要求供应商在提交产品时做PPAP文件及首件，只有当PPAP文件全部合格后才能提交；当工程变更后还须提交报告。PPAP是对生产件的批准程序，也是对质量的一种管理方法。

以上质量管理五大工具在汽车制造行业得到了非常广泛的应用。

案例　　　　　　　　　　　争 分 夺 秒

　　轧钢厂的生产线是一天24小时每周7天连续生产，从不间断，轧机的停车只有两种可能：发生故障或是到期的设备保养，轧机是轧钢厂的生命线，每停产一分钟都是巨大损失。在维修保养中，加热炉是最后一个进入保养流程的，只有炉温度从1 100度下降到人能忍受的常温，才可进入施工；又是第一个投产的设备，加热炉要烘干后，在上升到1 100度的均衡温度才可开始生产。但轧钢厂给维修保养留出的时间是有限的，可谓争分夺秒，而加热炉又是一个瓶颈，这才外包给专业的冶金炉维修保养服务商。在这个市场上有许多有能力的供应商，竞争非常激烈，供应商拿到每一个合同都经过了近乎于残酷的浴血奋战，拿到的价格极低了。轧钢厂的采购人员要对每一项成本进行审核，供应商不但要报上每一个维修项目的材料和人工，还要在施工中实际测量核算每天的用料和工时。但供应商得到的却只是一些基本工时费。

　　供应商在操作工人没有进入冷却的炉子内部之前，对炉子的状态并不了解，除了常规的保养更换，不知道哪些部件有问题，需要维修更换，维修的工作量有多大，在这么短的时间内，判断问题，研究问题，并解决问题，对供应商的经验和技术水平都有很高的要求。由于采购部与供应商签订的是材料+工时的合同，如果进入炉子后发现工作太大，就有可能延误交期，供应商会同意加班作业，但质量会受到影响。例如要更换的耐火砖清除后，为了保证质量，必须有足够时间晾干才能重砌，但时间来不及时，质量部必须要做出判断什么时候方可动工。还有加热炉的耐火砖拆除并补砌的面积，更换少了，会留下故障隐患，换多了，显然材料和人工成本大幅度攀升，公司利润锐减，砌砖的质量也是关键控制点之一，最终检验中发现砌砖不平整，会影响炉温均匀性，但判定不合格，重砌返工则会耽误交付。项目中，烦恼最大问题是如何平衡质量、交期和成本。

　　还有一个问题是如何考核供应商的绩效，加热炉的维修保养，如果打开炉子后，发现的问题多，工作量大，维修的时间也长；问题的难度大，解决起来也困难，耗时也多。有些操作工的活干得漂亮，有些人粗糙，对开炉后的质量会有很大影响，但无法用精度来测量和比对。几乎找不到一套能用的、量化的、系统化的指标体系进行衡量。

　　有人提出采购商应该与供应商签固定合同，无论材料工时多少，定一个总价，供应商必须按期交付，不能按期点火加温，按小时罚款，将所有的控制点都交给供应商，质量部负责最终检验验收。但这样的合同供应商的开价必然会上涨，而且供应商在质量控制上显然不如内部控制的严格，在是否能放行的尺度上会松快得多，而且有些质量是由过程决定的，最终检验无法测量，例如上面说的烘干时间。还有一些只能在使用中体现。例如加热炉的维修水平最终决定了炉内温度场的均匀性，温度场的均匀性又决定了轧出钢板的质量。但钢板的质量又不是受到温度场的均匀性这一唯一因素的影响。即使在运行中钢板的质量有问题，也是一个综合性的因素。

在供应商选择上，也存在不同的意见。因为这个市场的竞争激烈，每次维修保养都进行招标可以得到严格且非常好的价格。但使用长期合作供应商也有优势，对现场特别是加热炉的内部熟悉，对过去的维修历史清楚，也有足够时间准备，对可能发生的问题也有估计。但长期供应商的价格不好控制。

【讨论题】
（1）质量管理部门的职责和工作重心放在哪里？质量经理应该抓哪些工作？
（2）如何对供应商进行绩效考核？
（3）在该案例情境下，你更倾向于与供应商建立什么样的关系？
（4）怎样的合同形式更加有利于降低成本、控制交期、保证质量？

5.4 供应商绩效

5.4.1 供应商绩效考核流程

供应商绩效考核可以遵循四个环节的循环过程，包括绩效目标的制定、确定绩效指标、评价考核过程的实施以及评价结果的反馈四个环节，如图5-10所示。

（1）绩效目标的制定

绩效目标的制定过程首先要根据买方自身的需求，分析市场行情，确定哪一类型供应商适合于采购方的发展，并与战略供应商建立长远的合作伙伴关系。其次还要对绩效考核过程的后续工作作出合理的安排，确定绩效考核实施过程中每一环节的责任者，保证每一环节的顺利衔接，以降低成本和减少风险因素的影响为核心目标。

（2）确定绩效指标

根据不同的环境以及不同的条件，指标的设定是不同的。不变的是制定指标的基本原则，涉及供应商绩效考核的基本状况的指标是基本相似的，例如质量、价格、交货能力、服务、技术等同时在此过程中，还应该明确界定每一指标的具体定义以及评判的标准，以便考核者顺利操作。

（3）评价考核过程的实施

评价考核过程的实施是绩效考核体系的重要组成部分。由于涉及的人员数目较多，操作起来具有一定的复杂性。因此，建立一个团队以控制和实施供应商的绩效考核过程是许多买方常常采取的一个主要手段。团队成员以来自采购部门、质量部门、生产部门和工程部门等与供应商合作非常密切的组织部门为主。考核实施过程应该依据不同供应商属性、不同供应商分类而有所不同的侧重并采用不同的考核方法。考核过程主要包括供应商合同实施情况、现场考核、文件评审等多种形式，收集相关方面的数据信息。以收集到的数据为基础，根据指标的性质，最好能采用科学的数学方法计算出供应商的综合绩效水准，从而对供应商进行分级处理，奖励优秀供应商，选择出优质的供应商，并与之建立合作关系。找出需要改进的领域，提升整体供应水平。

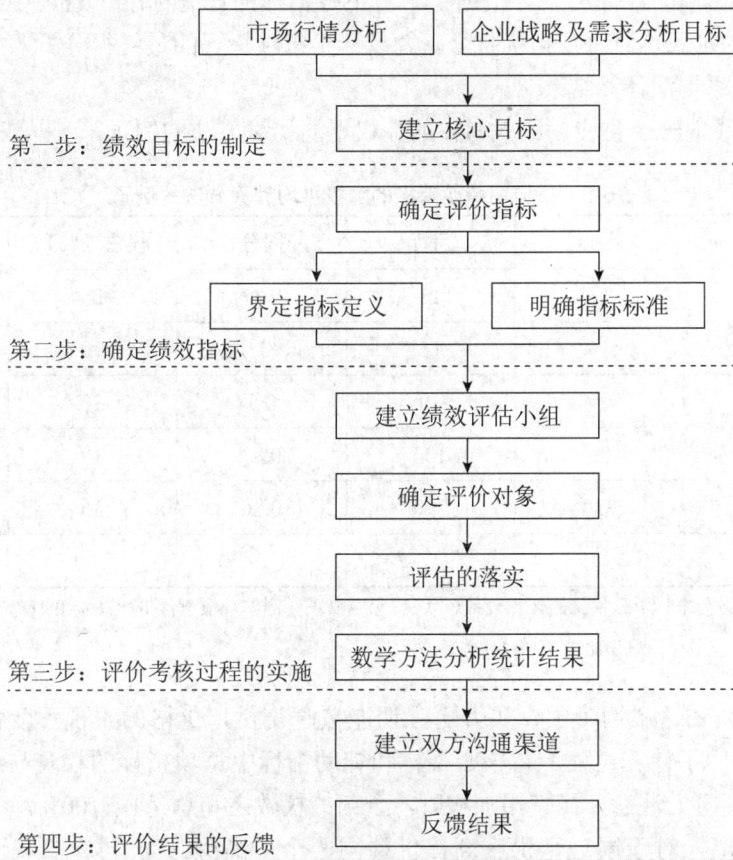

图5-10 供应商绩效考核流程图

（4）评价结果的反馈

考核过程的结果以书面或电子方式及时反馈给供应商，这个过程就是双方发现问题并解决问题的过程。要建立长期的合作伙伴关系必须经过这样一个磨合的过程，才能达到真正意义上"双赢"的局面。

5.4.2 绩效整体指标

计算供应商绩效的整体得分也有许多方法，例如加权平均法、项目列举（或雷达图）

法、仪表盘法、双坐标轴的业绩评估法、标杆学习法、卓越绩效模式等，使用最广泛的是加权平均法。

加权平均法

确定指标权重之后，定量指标采用加权平均法评价。具体步骤如下：

（1）整理基础数据

① 整理各指标的权重数值。通过以上步骤整理出各指标层中指标的最终权重值。

② 整理各指标的评分结果。根据上一节中各指标的评分标准，通过各部门收集的数据或问卷调查的形式，对每项指标打分，并统计出每项指标的最终得分。

（2）加权平均法计算结果

表5-5显示了对一个供应商绩效考核的加权平均计算方法的例子。

表5-5 供应商绩效考核的加权平均计算方法的例子

因素	实际	目标	得分	权重（%）	加权得分
交付质量	13	15	0.87	25	0.218
按时交付	15	15	1	30	0.261
售后服务（天）	20	10	0.5	20	0.100
配合及响应程度	83	100	0.83	10	0.083
价格（元）	330	290	0.86	15	0.129
合计				100	0.791

注释：（1）得分来自于无量化的计算分数。（2）应用权重（例如，质量=0.87×25%=0.218）（3）将加权值加起来。（4）将实际值与目标值作比较（1或100%）。

可以看出，在这个例子中，买方更强调能按时交付，价格的重视程度稍微低些。表5-5的注释栏说明了计算过程，将核心指标和辅助指标中每项指标的权重与得分相乘就是该指标最终的得分。注意，当使用加权时，全部的权数之和总是1或100%。

能够看得出，对于同一个供应商提供的同一个产品/服务，同样的表现，使用加权方法完成率是79%，如果用简单等级评定方法结果（将所有得分不加权重进行平均）为81%，提高了2个百分点。如果以80%分级划分线，就有可能将C级上升为B级。在现实中，它意味着在采购方视角中供应商性质的改变。虽然加权系统更加复杂，但也更加有效。值得注意的是，会存在一些因素能够干扰到计算的过程，从而导致结果有可能的偏离或被歪曲，常见的原因有以下三点：

① 数据不准确，或者数据源不合适；

② 权重不正确，因此数据在不正确的绩效测量中有偏倚；

③ 定性数据基于个人观点，可能有偏倚，或者与定量数据在无量纲化时分值划分不合理。

图5-11显示一个完整的加权平均法供应商绩效考核过程。

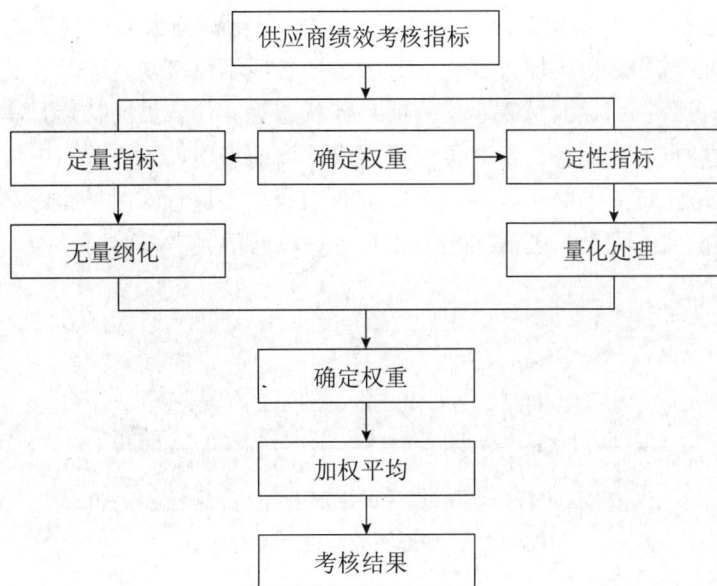

图5-11　加权平均法供应商绩效考核过程

雷达图法

利用加权平均法计算供应商的绩效考核得分有上述所说的主要优点，但权重分配的不同会导致产生的结果不一，再者，仅仅从最终的得分也无法对整个绩效的全貌图有一个展示。而雷达图加列表法，就可以实现这一诉求，但其缺点则是没有总体的得分。为此，更多的买方将这两种方法结合在一起使用，即既给出雷达图，又提供最终的得分。图5-12是表5-5中数据不加权重的雷达图。雷达图还有一个作用，可以将几个供应商的绩效考核得分置于同一个雷达图中进行比较。观察各个供应商的优劣势。

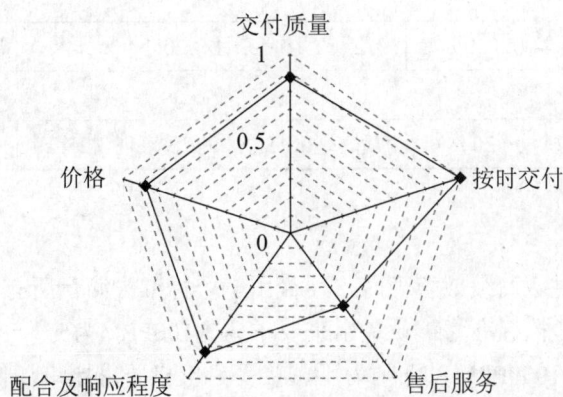

图5-12　供应商绩效考核雷达图

仪表盘法监控

与雷达图相类似，许多供应商采用仪表盘图的方法，将供应商各个指标拆分开，每一个用一个仪表盘来表示（如图5-13），将表5-5中五个指标分为五个仪表盘。仪表盘分为红色区域、黄色区域和绿色区域。红色区域表示警告或不可接受、差等；黄色区域表示可以接受或一般尚可等；绿色区域表示优秀或最佳状态等。仪表盘的特点是实时性。一些买方将实时更新的数据，利用系统随时可以查得供应商的表现。还有些买方将供应商关键绩效指标（key performance indicator，KPI）放在仪表盘中，进行实时性跟踪和监控，形成供应商绩效监控。随时有问题，随时给出纠正指令，不必等到考核时再整改，从而提升绩效改进的时效性。

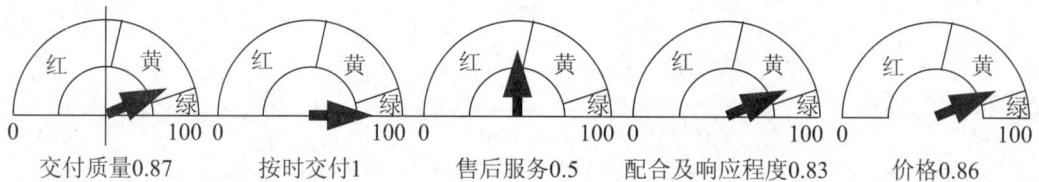

图5-13　供应商绩效监控的仪表盘图

双坐标轴法

也称为双坐标轴的业绩评估方式，其核心体现是对供应商业绩评估过程和结果的共同关注，避免了到底过程和结果哪个权重更高的争论。而采用过程与结果相乘，无论过程和结果哪项不高，都会影响最终的总分。例如：X为原因系列共100分，Y为结果系列也是100分。最终结果得分R：

$$R=\sqrt{X \cdot Y}$$

其原则还是由数据驱动，表5-6列出一个评估方式的例子。

表5-6　双坐标轴法的供应商绩效考核

X坐标：原因系列				
质量管理（50分）	技术能力（20分）	产品及工艺复杂性（20分）	管理合作（10分）	合计
Y坐标：结果系列				
来料质量（20分）	售时质量（20分）	售后表现（15分）	交付表现（25分）　成本表现（20分）	合计

标杆学习法

大多数企业在对供应商绩效管理时，往往用一个标准去衡量所有的供应商。例如，某家企业的供应商绩效考核标准为：质量水平要求达到100PPM为5分，达到500PPM为4分，达到1000PPM为3分，1000PPM以下则为不可接受。价格要求比市场价低5%，每年降价幅度超过10%为5分。价格高于市场价，没有年度降价的为不及格。到货准时率高于98%为5分，小于95%以下的为不及格。容易理解，PPM水平与产品属性息息相关。例如铸造件由于工艺所限，合格率相比于电子元器件的合格率要低得多，简单的产品比起复杂的产品合格率会偏高；价格因素更是与市场紧密关联，供应商降价可能是市场的因素，而涨价未必是其心甘情愿，而是无奈之举，质量高的供应商降价的幅度也可能会低些。交付准时率更是受到外界环境，特别是自然灾害等非人为不可抗力的干扰。事实上，这种比较会造成差的供应商评分反而高，而优秀供应商却被列入不可接受的供应商名单之中。

针对这种情况，标杆对比的方法改变了这种做法。标杆对比第一步是，寻找与供应商相同或相近业内或业外的优秀企业作为基准，通过全方位的比较、分析和学习，找出相对应的指标，作为标杆学习值；第二步，明确本企业在市场中目前的地位及未来的发展目标，分解到对供应商的具体指标要求，再对照第一步中标杆学习值，进行修正和调整，进一步做出分级，例如排列为优秀到可接受的各个级别，做出现实可行的供应商指标体系；第三步，与供应商一起，找出差距，明确问题，为供应商下一步的工作提供方向；第四步，拟定目标，明确企业的问题之后就要确立供应商的改进目标，这个目标应该是细化的可以考量的。它的目标可以以供应商目前的状况作为参照，再与标杆进行对照，通过学习，使供应商在这些重要的指标上达到甚至是超过目标；第五步，执行中的PDCA循环，不断提升；第六步，计划实施效果评定。该阶段，为供应商所制定的标杆学习计划已经顺利完成，但是是否达到了预期的效果还尚未可知，需要作出综合评定。效果的评定主要是指计划的实施是否达到了期望的目标。通过标杆学习，企业希望的是客户价值和供应商价值的共同提升。标杆学习的效果不仅仅是局限在几个具体的指标，更重要的是应当接受市场的检验，达到最终客户的满意。

卓越绩效模式

卓越绩效模式（performance excellence model，PEM）是当前国际上广泛认同的一种组织综合绩效管理的有效方法，供应商作为一个经营组织，其运营体系是围绕组织的业务流程所设立的各管理职能模块组成的，而供应商是否能够长久经营，取决于组织能否正确地做正确的事。卓越绩效模式框架图中由两个三角，领导作用、战略及以顾客和市场为中心组成了"领导三要素"，人力资源、过程管理及经营结果组成了"结果三要素"。其中"领导三要素"强调高层领导在组织所处的特定环境中，通过制定以顾客和市场为中心的战略，为组织谋划长远未来，关注的是组织如何做正确的事。而"结果三要素"则强调如何充分调动组织中人的积极性和能动性，通过组织中的人在各个业务流程中发挥作用和过程管理的规范，高效地实现组织所追求的经营结果，关注的是组织如何正确地做事，解决的是效率和效果的问题。

5.4.3 供应商分级

供应商绩效考核体系设计的一个目标就是通过对供应商的绩效考核，对于各个级别的供应商进行相应的处理，以此能够更好地提高供应商的绩效。图5-14给出了一个供应商评级的案例，表5-7给出了一个具体评级方法案例。根据供应商绩效综合考核得分情况，将其得分按照百分制的方法，划分得分区间，归类到四个等级，并且对供应商绩效处理结果进行分析。

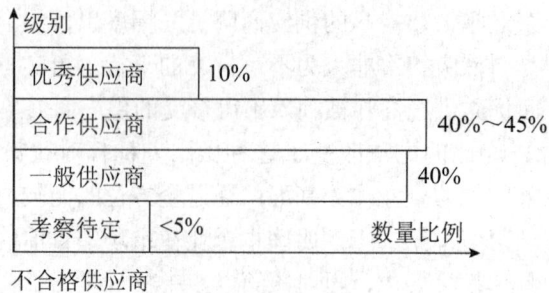

图5-14　供应商分级

表5-7　供应商分级区间

等级	分区间（T）	综合考核
A	80≤T<100	优质的产品质量和服务
B	70≤T<80	产品质量和业务配合较好，基本上能够满足需求
C	60≤T<70	不能够达到所期望的需求，但是没有影响正常作业
D	T<60	不能满足需求，并且已经严重的影响正常作业

对于不同级别的供应商，管理的方式和侧重点也不一样，当供应商的绩效考核级别在C级和D级时，需要对供应商进行相应的处理与整改，而对于A、B两个级别的供应商的重点是在于对供应商的激励和供应商的关系等方面进行管理，而对于C、D两个级别的供应商所采取的措施也不尽相同，级别的类型不同，处理的方式也不同。

5.4.4　供应商绩效改善

供应商绩效考核体系是企业建立的一种客观公正科学的考核手段，保证供应商绩效得到实事求是的体现，它的建立只是管理供应商绩效的一部分工作。企业要追求的主要目标是在得到供应商绩效考核的结果以后，针对考核结果实施后续的对应措施，从而使供应商绩效维持一定水准并持续整体改进，来保证供应链的整体绩效。

对绩效考核结果实施后续对应措施的过程，我们将它称为供应商绩效改善。绩效改善活动是供应商绩效管理的组成部分，是整个供应商管理体系中必不可少的一部分。供应商绩效考核的结果只有在作为绩效改善过程的输入，经过绩效改善过程的运作后才能实现价值，否则绩效考核的所有努力就失去了原本的意义。

绩效改善策略实施流程

供应商绩效改善对采购方而言是一项富有挑战性的工作。改善过程中的每一项决策都会对改善效果造成影响。因此，建立完善的供应商绩效改善流程才能确保改善工作取得预想的成果。

供应商绩效改善是一项需要买方的各部门跨部门沟通合作才能完成的任务，涉及供应商管理部门、采购部门、研发部门甚至生产技术部门，各个部门之间如何分工协作就需要建立明确的程序说明。另外，实施怎样的绩效改善策略，在何时实施等都需要综合大局进行谨慎的评估后才能决定，这些都需要建立明确的可执行标准。因此，买方需要制定供应商绩效改善策略实施流程，将绩效改善实施活动流程化。图5-15给出了一个绩效改善实施流程的例子。在绩效改善的同时，确保未来绩效改善的效果以及最大程度减少对买方营运造成的风险，对绩效还不能满足要求的供应商要有一些限制措施，例如：

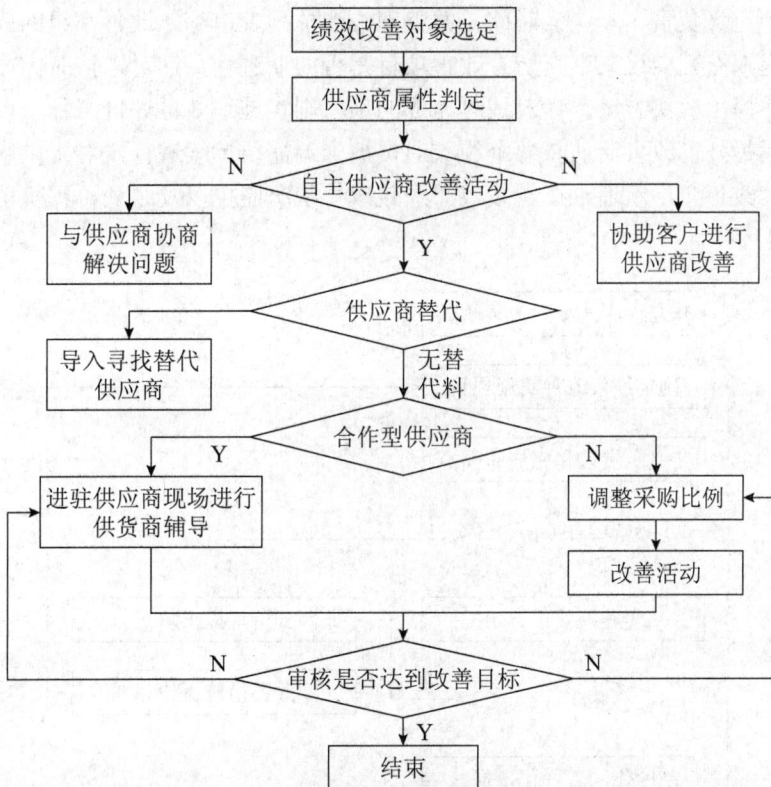

图5-15 供应商绩效改善流程

- 当供应商已经被确定为绩效待改善的对象时，及时停止筹备中的合作及购买计划，直到该供应商改善效果合格再重新启动；
- 当供应商绩效表现异常时，调整采购比例的动作要快速进行，降低生产风险；
- 不论是否继续与供应商配合，当绩效表现异常的供应商是该产品的单一供应商时，要积极寻找替代供应商的资源，并且要保证寻找活动的时效性；
- 当确定要对供应商进行现场辅导时，供应商管理部门、采购部门要依据生产状况、库存状况等共同设定改善完成的时间点，避免生产风险。

由绩效改善策略实施流程使买方内部采购系统、质量管理系统保持正常运作以确保供应商绩效改善取得成果，还应建立内部审核机制，定期审核供应商绩效改善策略实施流程的适当性，以及该流程是否有被正确执行。

绩效改善状况监控以及绩效再评价

供应商绩效改善是一项需要管控时效性的任务，当改善工作没有按时完成或没有达到预期效果时都会引发买方一连串的风险，如生产停止、客户需求不能及时满足等。因此，在整个改善过程中需要随时审查改善进行状况，包括改善活动是否按时进行和改善是否取得预期效果。这就需要供应商管理部门负责紧密监控供应商的绩效改善状况。可以成立专门的改善小组来负责这项工作。改善小组的成员与供应商一起列出所有待改善事项，针对每个事项清楚定义负责人和完成时间，并整理成清单列表追踪。改善小组的成员可以进行现场确认或定期召开会议来审查所有改善项目是否如期进行，针对未按时完成的项目应立即检讨原因并提出解决方案，针对按时完成的项目则实施绩效再评价工作，以检视改善方案是否有效。另外，改善活动在各个领域通常被强调需要持续进行，对于供应商绩效而言同样需要持续改善，不断追求卓越绩效。绩效改善状况监控以及绩效再评价可以依据如图5-16的流程进行。

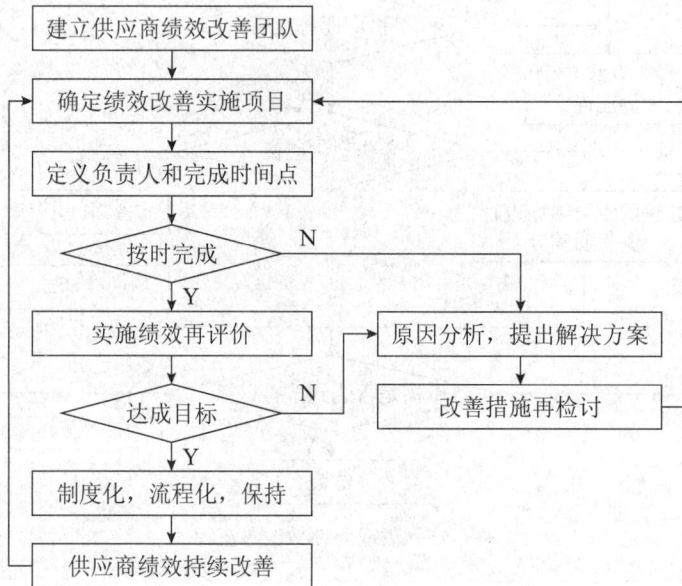

图5-16 供应商改善监控过程

供应商绩效改善对于发展与供应商的长期合作关系具有十分关键的意义。绩效改善的目标在于：

- 缩短供应商的供货周期、提高供应商的快速反应能力；
- 降低企业原材料及零部件的库存水平，提高资金周转率；
- 降低企业管理费用，加快资金周转，增强企业管理效益；
- 提高供应商所供原材料、零部件的质量；
- 增强了企业与供应商的沟通，改善订单处理过程，提高了物料需求的及时性和准确性；

● 能与供应商共享成功经验，推动企业和供应商整体管理水平的提高，促进供应链
整体绩效的提升。

供应商激励机制

买方和供应商间不再是过去简单的交易关系，已经变为供需双方互利共赢、共同发展
的战略合作关系。此种情况下，企业越来越注重对供应商的绩效管理，对供应商进行激励
就是对其实施绩效管理的内容之一。对供应商进行合理的激励，将有助于提升供应商之间
的竞争水平，让供应商间的竞争更加公平、公正与客观。通过对供应商的不断激励，促使
供应商的服务水平不断地得到提高，有效控制企业物资采购的风险。

企业要求供应商持续改善绩效水准，适时地对供应商进行激励是十分必要的。没有有
效的激励机制供应商在绩效改善方面就会缺少动力。在进行绩效激励时，企业要注意充分
体现公平、一致、公正的原则。供应商绩效激励分为正向激励和反向激励两个方向，而在
具体实施手法上，业界较多的是采用价格激励、订单激励、快速回款激励、商誉激励、信
息共享激励以及淘汰激励等方式。

● 价格激励：在供应链管理模式下，公司间是共同发展、互利共赢的关系，但各公
司也站在自己的利益立场。价格对供应商的激励效果非常明显，较高的价格会刺
激供应商的积极性，过于偏低的低价会打消企业的积极性。企业在选择供应商
时，如果一味地追求低价，企业通常会选择报价较低的供应商，而把一些综合实
力较强的供应商剔除。最后可能会影响产品的质量、交付期及客户的满意等。导
致这种现象是因为企业只注重短期效益不注重长远利益，究其本质因素是：在签
订合同前对供应商认识不够充分，未注意到报价太低，违约风险会偏高。所以，
在采用价格激励时要谨慎用之，不能够只关注低价。

● 订单激励：对供应商来说取得额外的订单，对其激励非常大，这意味着营业额的
增加、利润的增加。先决条件是买方不止一家供应商。供应商之间的竞争就变成
了看谁能获取更多的订单，给哪家供应商的订单多就是对他的一种激励。

● 快速回款激励，供应商企业在对客户进行供货时，往往客户会占用供应商大量的
流动资金，因此，为了缓解供应商的财务压力，可以选取在采购之后就对供应商
进行快速回款，提高供应商资金周转率。

● 商誉激励：对供应商来说商誉是他的无形资产，对企业未来的发展非常重要。商
誉主要来自于合作企业间的评价，能够在一定程度上证明供应商的社会地位。如
果供应商的商誉比较差，这样一方面会导致供应商很难得到订单；另一方面企业
会认为与商誉差的企业合作具有一定的风险。要让供应商认识到商誉对企业的重
要性，以长期的规划目标为基础，逐渐提升供应商对守信用、重合同与注重商誉
的认识。这样不仅可以帮助供应商提高商誉度，还能让供应商获得更多的新客
户，对供应商是一种非常有效的激励方式。

● 信息共享激励：是一种间接的激励方式，它的作用是不可忽视的，因为企业能获

取更多的商业信息及更多的参与机会就意味着将会有更多的发展机会。信息还包括发展目标、新产品的研发以及市场的反馈等。与有技术能力的合作伙伴共同开发新产品和新技术，使供应商充分掌握最新的产品和新的信息技术的发展，同时具有促进新技术在供应链中的应用，这样不仅有利于新技术在供应链中的推广，而且也能起到激励供应商的作用。将信息主动提供给供应商伙伴，并让他们感到是买方发展过程中不可或缺的伙伴，从而激发他们合作的积极性。

- 淘汰激励：淘汰激励属于负激励。优胜劣汰是市场经济环境下竞争的重要法则。为了使供应商的服务质量得到不断的提升，必须建立供应商的淘汰机制。买方也面临被市场淘汰，采用淘汰激励对供应商与买方来说都能起到激励作用。对于表现较好的供应商，别除表现较差的供应商让其得到更多的订单；对于表现较差的供应商，不让自己被淘汰，它会努力做到最好。淘汰激励能让企业的供应商越来越优秀，更好地为企业服务，实现与供应商互利共赢、共同成长与共同发展。

阅读　波音的供应商绩效考核管理体系

波音公司作为世界上最大的客运飞机制造公司，在供应链整合和供应商管理方面代表了世界飞机制造产业的最高水平。通过十多年的实践，波音建立完善的供应商绩效考核管理体系。

供应商绩效测量报告是波音用来评估供应商绩效的标准。波音公司从以下三方面对供应商绩效进行评估：质量、交付和综合。

供应商质量评估方法有以下三种：

传统方法：在十二个月内供应商被接收的产品的百分比；

价值法：十二个月内接收的不合格产品成本；

指标法：根据波音公司和供应商共同选择的标准进行评估。

交付的评价方法：供应商在十二个月内准时交付的产品的百分比。包括根据消耗制定的定购单，通过对在规定期限之外接收的全部零件的统计。

综合评定（general performance assessment，GPA）：综合评定包括管理、进度、技术、成本和质量。

在供应商激励方面，根据绩效考核设置了四级管理，如表5-8所示。对于绩效优秀的供应商，设立了波音卓越绩效奖。

表5-8　波音公司供应商绩效考核

级别	状态	描述	指标
金色	优秀	供应商的绩效和为波音公司带来的收益远远超出了期望的水平，供应商完成的评估要素很少存在问题，其改进措施非常有效	交付：在12个月内100%准时交付； 质量：在12个月内波音100%接收其产品； GPA：大于或等于4.8，并且没有黄色或红色等级

（续表）

级别	状态	描述	指标
银色	很好	供应商的绩效和为波音公司带来的收益满足或超出了期望水平，供应商完成的评估要素存在少量问题，其改进措施是有效的	交付：在12个月内98%准时交付； 质量：在12个月内波音99.8%接收其产品； GPA：小于4.8大于或等于3.8，并且没有黄色或红色等级
黄色	需要改进	供应商的绩效不满足期望水平，通过评估反映出严重的问题，供应商还没有确定纠正措施或没有完全实施，即使实施了，其改进措施也不够有效	交付：在12个月内90%准时交付； 质量：在12个月内波音98%接收其产品； GPA：小于2.8大于或等于1
红色	不合格	供应商的绩效明显不满足期望水平，改进也不及时。通过评估，供应商绩效存在严重问题，其纠正措施没有效果	交付：在12个月内准时交付低于90%； 质量：在12个月内波音接收其产品少于98%

通过供应商的绩效考核成绩，波音公司进行金色维护伙伴、年度优秀供应商等评比活动来实现该公司的理念。通过树立示范公司来引导供应链各参与公司的行为，逐步发展为供应链系统内的群体规范，影响和带动其他成员公司经营理念和经营方式改善。树立示范公司以提高供应链的协同性，进而提高供应链的整体绩效水平。

5.5 战略联盟合作关系

5.5.1 合作关系

概念

合作关系不同于市场化的交易关系，合作者认识到合作的相互依赖性和合作的必要性，合作会给双方带来很多益处。成功的合作关系的建立离不开双方的沟通、离不开对合作内容与范围的清晰表示、离不开信息的相互反馈。合作双方需要共同努力，相向而行，了解对方需求、培养合作意识、建立信任。合作关系常常是构建战略联盟关系的一个良好的开端。

合作是大势所趋。供应链上的合作，可以降低总成本，使需求具有较大的确定性和连续性，有利于供应链战略的实现。

供应经理如何决定是否与供应商建立合作关系？确定合作关系需要考虑的战略因素如下所述。

（1）供应商的可替换性。如果供应市场存在很多并无差别的供应商，合作关系就不合适。

（2）供应商发展的潜力。供应商如果有发展的经济实力，可以考虑合作关系，也可考虑交易关系。

（3）合作的潜在利益大，且双方有共识，有合作需求，那么合作关系通常是合适的。

（4）合作带来竞争优势的提升，促进企业的战略成长。

（5）供应商在价格、创新、适应能力、团队工作能力、承担风险能力等方面具有综合优势。

（6）战略相关性。

（7）灵活性与响应性的传导性。供应商的灵活性和响应性对企业的灵活性与响应性有直接的影响，合作就可以带来竞争优势的提升。

合作伙伴关系

供应链合作伙伴关系（supply chain partnership，SCP）也就是卖方/供方与买方/需方成为合作伙伴的关系，这是一种紧密的供应商合作关系，指在一定时期内，卖方/供方与买方/需方之间共享信息、共担风险、共同获利的契约（协议）关系。

必须通过合理设计契约，减少合作双方的机会主义行为，促进企业之间的紧密合作，确保有效地完成任务，保证产品质量，提高顾客满意度，降低供应链成本，提高供应链整体绩效及合作伙伴企业的绩效。

合作契约可增强供应链成员的合作关系，降低"牛鞭效应"的影响。契约中可规定具体场景的决策权，决策机制，规定降价条件、数量折扣规则，规定订货最小批量，规定回购条件、规定退货方式、质量规范及异议处理，规定收益分配方式、激励方式、信息共享机制等，规定损害双方合作行为的判定标准，以及相应行为的惩罚措施。

值得注意的是合作伙伴是相互的、平等的关系。企业需要选择好的供应商，供应商也需要选择好的顾客。一个企业能否被看作是一个好顾客呢？以下是供应商最关心的几个方面。

（1）支付能力。顾客是否按时支付？这方面名声如何？现金流是所有供应商关注的主要方面。

（2）人品。顾客企业的采购员好打交道吗？供应商更愿意同坦率的、可接近的采购员打交道。

（3）业务的及时响应与回复。与顾客企业的供应管理部门联系能否得到及时的答复，供应机构存在官僚主义吗？供应商期望对方是易于取得联系的。

（4）企业管理的规范性与专业化。世界级供应商需要为世界级企业服务。

■ 5.5.2 战略供应商联盟

概念

供应链中的战略供应商联盟开发是指增加关键或战略供应商能力的供应商开发的延伸，开发战略联盟的目的在于缩减一般供应商的数量，提升战略供应商的能力。建立战略供应商联盟，联盟的合作伙伴成员间一定要存在合作空间，具有价值互补特征（有对方看重的价值），具有各自的需求，具有共同的理想，在合作领域内能够达成共识。战略联盟还需要共同制定持续改进目标，共同制定"章程"、准则及规章制度，确立联盟解散的条件与清算机制，建立有效的正式与非正式的沟通机制与信任机制，如联盟成员可以在合作范围内交流彼此的战略计划，共享相关的成本信息、预测、设计和制造质量规范、风险防范手段，成员基层部门的沟通机制、信息系统访问机制等。

联盟成员可以从战略联盟中获得产品价值的提升，更好的市场渗透途径及更广泛的市场机会，获取新技术、新知识，提高组织技能，增强技术力量，相互学习，提高运营能力，进而得到较高的投资回报率，增强企业的财务优势等。

随着企业关键供应商构建其自身联盟发展活动进行，战略联盟的开发最终会延伸至企业供应商的供应商。企业与其关键供应商之间的联盟发展趋向于更加紧密的多合作伙伴关系。需要各方投入更多的时间、人力、沟通和资金来实现共赢目标。伴随着联盟伙伴内部的质量改进与学习活动的展开，供应商的关键能力得以扩散，并延伸至供应链中。

管理

战略供应商联盟拥有自己的生命周期，需要战略联盟项目的协调者和联盟活动的促进者（可设立一定的部门）来进行持续的管理和发展，协调各项活动，做好监督、管控好冲突、定期评估联盟绩效以及合作伙伴的适配性，做好联盟合作伙伴的选择，不断吸收新伙伴。战略联盟可以基于供应链战略对联盟伙伴做出相应的调整。

在联盟合作伙伴的选择中，供应商认证项目是确定战略联盟伙伴候选人的一种重要方式。可以不断规范正式的供应商认证项目，也有必要要求ISO 9000或类似的质量认证审核过程作为其认证的一部分。

选择战略联盟伙伴首先要考察是否具有合作关系的基础。在合作关系基础上再发展战略联盟关系，主要看以下三个关键点。

① 创新能力。战略联盟是企业获得新知识和增强创新能力的最佳途径。供应链战略联盟需要合作伙伴之间资源和信息的共享，通过共同努力，形成技术创新应用的相互依赖与支持。

② 互补优势。优势互补是战略联盟存在的基础。合作伙伴必须有互补性的优势，只有这样才能达到双赢的效果。同时，一个有活力的组织应具有很强的学习能力，学习合作伙伴先进的组织管理经验、先进的企业文化和创新的能力等，也是企业参与供应链战略联盟的重要目标。

③ 文化相融。供应链的运作以统一的协调行动为基础，合作各方在实现供应链整体价值基础上，实现自我价值增值。因此，它要求联盟企业有协同行动的基础。而企业文化体现企业的核心价值观念，是企业的精神支柱。合作企业必须有共同的价值观念，才能有效地实现行动的协调性。因此，价值观念的相容，以及由此决定的相容的企业文化是企业选择合作伙伴的重要因素。

优势

战略供应商联盟可给联盟成员带来竞争优势的提升，至少表现在以下五个方面。

（1）降低供应链总成本。联盟中产生的协同运作是一般合作关系所不能达到的。联盟伙伴部门间的协同运作能够减少劳动力、机器、物料和总体直接或间接成本。

（2）缩短产品入市时间。减少设计、开发和分销产品与服务时间是提高市场份额和增加边际收益的关键推动力。

（3）提高质量。战略供应联盟使设计和制造符合质量要求，而不是停留在检验上。通过更低的总成本改进了质量。

（4）提高了技术人员的交流与技术共享程度。开放和信任机制增加了联盟中合作伙伴的技术交流，加大了团体内的技术扩散，从而有利于新产品升级与问题的解决。

（5）提高供应的连续性。通过战略供应联盟确保在突发事件出现时供应不中断。

5.5.3　构建步骤

构建供应链战略联盟，不管是与关键供应商建立战略供应商联盟，还是与第三方物流商建立物流联盟，或者与连锁零售商建立供货联盟等，都应考虑下列步骤。

（1）明确目标

实施供应链联盟的目的在于实现企业的战略规划和目标，企业首先必须明确战略目标和规划。根据战略目标、战略规划，确定企业建立供应链联盟的策略。

（2）环境分析

企业必须全面了解和评价企业内部和外部环境，认真思考企业经营战略、组织结构和人员安排等，以便能使战略联盟顺利推进。首先，根据企业创建战略联盟的目标，分析企业的核心竞争力和核心能力、企业竞争优势的真正源泉、企业可以利用的资源（包括人力、财力和便利条件等）、企业能够控制及吸收的资源等。同时，企业还必须认真分析目标市场目前的状态，掌握顾客目前的和未来的真实需求，以及竞争对手的优势和劣势，掌握其未来发展潜力和动向等。

（3）理解合作伙伴关系及其依赖性

供应链联盟企业之间是一种战略合作伙伴关系，对企业来说，建立战略联盟给企业带来的竞争优势是什么？联盟企业必须正确地认识和把握相互间的关系，了解对方如何看待自己，坚持信任与合作原则，在合作中提高企业竞争力。合作中要注意学习对方的核心能力与技术，适当保护本企业的核心能力与核心技术。

（4）理性选择联盟合作伙伴

战略联盟伙伴的选择是实施供应链战略联盟非常关键的一步。战略联盟失败的主要原因往往与伙伴的选择有关。在长期的合作过程中选择那些可以帮助企业实现战略目标的联盟伙伴。

（5）确定适合的战略联盟形式

企业应该根据自己的战略目标、自身条件和需求，与合作伙伴协商，选择并采用适当的联盟方式，如股权式联盟或契约式联盟等，并明确联盟的权利和义务关系。并对厂址选择、成本分摊和市场份额等通常的细节以及对知识创新和技术协同等方法进行约定，以确保联盟得以顺利实施。

（6）构建联盟实施的条件

供应链战略联盟实施的条件包括确立适当的战略伙伴关系模式，就运作模式、利润分配和成本分摊等问题达成一致，建立有效的绩效评价体系、解决冲突的机制和机构，以及利用信息技术和网络工具建立共同的信息交流平台等。信息交流和信息共享是供应链战略联盟运营的基础。合作伙伴一旦确立了战略联盟关系，就应立即着手建立共同的信息平台，建立联盟内信息共享和信息交换的通道。

（7）实施供应链战略管理

根据供应链联盟业务需要，企业可以重新勾画自己的市场边界，对供应链关系实施有效的管理，合作开发充满活力的产品，拓展目标市场，并运用适当的绩效评价手段，按照已经确定的评价体系，对供应链效果进行评价和监控，并将监控结果进行反馈。定期召开伙伴会议，交流并解决协作中的问题和矛盾。必要时对供应链业务流程进行重组，在动态中管理和发展供应链联盟。

案例

主动降价的供应商

在装饰件行业，司蓝公司在全球的市场能排到前几位，无论在质量还是价格都处于第二梯队的地位。过去的几十年中，公司的产品在国际市场上声誉很好，价格也比较稳定。客户群更关注产品的品牌，对价格不太敏感。从公司内部运营状况来看，正因为产品有足够的利润支撑，无论在生产还是原材料采购，关注点多聚焦于质量，成本压力不大。而供应商也愿意为司蓝公司供货：虽然说质量要求高，但利润不错，有足够资金支持高质量产品，也有足够动力驱动质量的持续改进，再加上付款及时，供应商乐意与司蓝公司打交道，从司蓝公司自身的供应商管理战略上来说，希望与供应商建立长期、稳定的互利和双赢的关系。从本质上，也是由于足够的利润和供应商关系管理的战略，使得供应商能够与司蓝公司共同地走过了过去的几十年历程。当然供应管理人员和供应商的个人关系相处的也很融洽。

例如，同一类型的产品，第一梯队的产品价格可以在50元/个左右，司蓝公司的产品也可以标到40元/个以上，而来自低成本国家的产品，单价最多也就六七元，因为没有品牌，根本构不成威胁，目标客户群完全不一致。然而，这几年市场的竞争越来越激烈，低档产品不断提升自己的质量，逐步侵蚀高端客户的市场，客户对产品的价格也越来越敏感，而低价格不仅仅对客户有诱惑力，同样对司蓝公司等这样的第一、第二梯队的吸引力也无法抗拒。虽然管理大师们都说，企业不能靠价格战取胜，降价无法最终赢取客户和市场，但价格似乎还是一副定心剂，就连世界最著名的品牌也不得不降价促销，其实装饰件并非高科技产品，竞争者的进入门槛也不高。经过一场市场重新洗牌，各个品牌都在市场中找到了自己的位置，但价格和份额却有了变化：上述的同样类型的产品，第一梯队的产品价格下降了40%多，不超过20元/个，司蓝公司的产品也只可以标到十六七元/个，而来自低成本国家的产品，单价维持于原来的六七元，更不同的是，高端产品的份额还是丢失近30%，为此，司蓝公司不断地开发高科技的LED新产品，但科技的发展速度实在太快，今天还是世界领先的产品，明日就成为大众化日常用品了，就连街边小店也闪烁着时尚但廉价的电子液晶广告牌。

产品价格降低对公司的冲击是无法想象的，各种战略随即发生了天翻地覆的变化。价格和成本控制已经成为每一个管理层的口头禅，但司蓝公司还是力图保证过去高质量的传统。也就说，成本要下降，质量还要维持，并不断提升。自然这种变化会传导并放大到供应商那里。从司蓝公司自身的供应商管理战略上来说，还是希望与供应商建立长期、稳定的互利和双赢的关系，但价格不能维持过去的水平了，采购们每年的降价目标也毫不犹豫地强加到各个供应商头上，人人都能感受到这种完全不同的风格，供应商也不同于昔日了，讨价还价，斤斤计较。公司在变化，员工的工作作风也在变化，今非昔比。

话说，一位欧洲的采购经理，刚刚到日本的司蓝公司工厂上任，正在办公室里熟悉着充满日本风格的环境，一位供应商老总蹑手蹑脚地走进来，有礼貌的地鞠一个大躬，咿哩哇啦地介绍一番，随后拿出了一份合同，告诉采购经理，经过公司的严格考核和成本计算，决定给出下一年度的价格，比上一年下降了近8%。采购经理以为自己听错了，还是看错了，问道："确定是下调8%而不是上升8%吗？"供应商肯定而确定的点点头："没错，是下降8%，是经过我们极其认真仔细的测量的结果。"这位采购经理张着嘴，直到供应商走，也没有合上。

渐渐地，新来的采购经理发现，在日本的司蓝公司，战略没有变，工作作风没有变，供应商关系也没有变，大家在自己的成本节约上打算盘，供应商也在协助减成本。大家希望，将来有一天司蓝公司会好起来的。

【讨论题】

（1）您认为司蓝公司的战略变化有问题吗？供应管理者们如何去适应这种战略变化？

（2）这位采购经理所在的部门拒绝变化，您赞同吗？为什么？

（3）如何在不断降低供应商价格的同时，维持长期、稳定的互利和双赢的供应商关系？

习题

1. 需求管理对供应链管理重要吗？在供应链管理中如何做好需求管理？
2. 给出一个客户关系管理的定义。是什么引起了客户关系管理的不断发展？
3. 举例说明为什么在供应链管理中CRM是如此重要。
4. 客户服务要素有哪些？

5. 为什么要对客户服务进行细分？

6. 客户服务的标准是什么？有哪些评价指标？

7. 什么是云计算？对CRM系统而言，云计算有什么优势？

8. 银行怎样评价客户满意度？对于餐馆、生产型企业和零售商呢？

9. 组织为什么注重供应商关系？

10. 为什么要了解供应商的偏好？为什么要了解供应市场？

11. 有助于与供应商建立长期合作伙伴关系的关键因素有哪些？

12. 为什么很大一部分战略联盟关系会破裂，其中有哪些原因？

13. 评估供应商所使用的标准有哪些？

14. 什么叫供应商开发？

15. 供应商认证有什么必要性？

16. 供应商质量为什么对供应链很重要？如何控制好供应商的质量？

17. 建立客户与供应商的关系时，保持距离（或对抗式）的状态与合作伙伴关系状态有何不同？

18. 确定与供应商的合作关系时需要考虑哪些战略因素？同样地，确定与供应商建立战略联盟关系时呢？

19. 战略供应商联盟有哪些优势？如何保持联盟的良好发展？

20. 小组讨论一下：组织该如何开展供应商绩效评定与认证项目。

实践　万科的供应商分级管理标准

万科官网发布了2014年合格供应商名单，这是万科集团继首次向公众发布2013年合格供应商名单之后，第二次发布该名单。这一名单被业内俗称为供应商"白皮书"。与上一份供应商"白皮书"相比，万科这一次分级更加明确，而且标注了评级单位。

万科公司仅对A级供应商授予A级证书，其他级别均不颁发证书，万科A级供应商数量从2013年的35家增加到了2014年的319家。根据万科的评分机制，主要关注安全、质量、服务三大维度，年度评估成绩由过程评估得分（70%）+年度评估得分（30%）得出，根据得分情况在材料设备类供应商中进行排名。与A级供应商相比，B级供应商虽然享受不了增加下年度合作业务规划的奖励，但仍具备下年度被发展为战略供应商的资格。

从万科2014年供应商"白皮书"来看，一些供应商维持原级别，一些遭到降级处理，一些则退出了供应商名单。一些被降级的供应商将受到很大的影响。

根据万科《招投标管理办法》，对于A级供应商有优先谈判权、优质优价系数等奖励政策。同时，万科分公司在年初进行合作业务量规划时，也会优先考虑级别更高的供应商。

这就意味着，供应商级别下降将导致合作变少、议价能力变弱。

万科推出供应商"白皮书"之后，引起了消费者、供应商和其他房企的高度关注。对万科而言，其在某种程度上成为规则制定者，进而在质量与成本之间找到了一种巧妙的平衡。对于供应商而言，"白皮书"将直接影响其与其他房企的合作以及产品定价，因而与万科的合作显得更为微妙。

在第一次公布供应商"白皮书"时，万科内部曾担心此举会增加供应商的议价能力，进而导致优质供应商流失。不过，就目前情况而言，当时的担心是多余的，其合格供应商数量已从824家增加至1 522家。

万科表示，通过对供应商进行分级管理，能够激励供应商持续保持积极的合作态度。表现优良的供应商，通过分级可提升其在各自行业的竞争力与影响力的同时，也能提高美誉度。

同时，万科在招标过程中，可以给予A级供应商相应的优质优价系数，作为对优秀供应商的奖励；对于表现一般的供应商，会有针对性的帮助，使其尽快提升质量与服务水平，从而在下一年度做得更好。

但是采购不能只盯价格，质量同样不能忽视。此前，万科方面曾表示，地板开裂、渗漏是质量投诉高发地，万科要在2015年内解决这一问题。

案例　比令设备公司的供应工程师左右为难

比令设备公司的事业部总经理于7月5日下令重新审议现有采购协议，要减少10%的供应商，原因在于采购成本超过了预期水平。杰夫是一名供应管理工程师，他和负责物料采购的采购员们保持联系，并与供应商直接联系。削减供应商计划对供应商而言可能是最坏的消息，但杰夫不得不这样做。

公司背景

早在两年前，比令设备公司就组成了新的事业部，建立了新的生产线，为建筑行业生产一种新的地面移动机器。比令设备公司拥有深受供应商赞誉的历史，并被视为这个行业的领导者。在最近两年时间里，杰夫主动参与了减少供应商采购成本和周期时间的活动。所有参与者都认为大家热情高涨，伴随着合作者的心血、汗水的辛勤付出。杰夫的供应商为了及时满足这些目标也投入了大量时间和费用，包括个人的时间。这种关系已经变得有些紧张但仍是工作关系。

与供应商的关系

在这个项目的启动阶段，一个非常极端的时间期限和成本目标足以使大家"发疯"。在新产品原型和设计阶段供应商的早期参与，同样也激励了它们在产品开发过程中的参与，使供应商同产品的未来紧密联系在一起。供应商在物料供应和加工提前期方面被推到极限，企业的承诺力降低，信誉也时刻面临挑战。为了满足产品上市时间要求，包括供应商在内的每个人都投入了大量的个人时间和努力。大家商讨了采购协议，现在生产所需零部件都能按时收到，能够满足市场需要。

问题

对生产的推动迫使企业要接受许多零部件的早期设计，而这些制约了额外的成本削减。按照惯例，80%的成本削减都发生在设计阶段。为了满足生产计划的要求，在早期的设计配置中开发了系列工具。因为产品设计完成以后，成本信息已经比较完整，那么计划的总成本将会超过目标水平20%。当物料清单（BOM）的成本在目标水平之上继续上升时，大家认识到这并非因程序上的或财务计算上的错误所致，而是代表着真实的成本。总经理认识到这种成本上涨的状况超出了可接受的范围，并会影响市场价格以及整个产品系列的成功。到这个时候比令设备公司已经在工厂和试生产的计划中投入了2 000万～3 000万美元。这时是该采取一些大动作了。

道德问题

7月5日比令设备公司向几家供应商发了信，信中声明了歉意并表示需要在30天之内降低价格10%。供应商不顺从重新商谈以前的协议就会面临整个产品系列的供应商地位可能被取消的威胁，至少也要重新考虑其他的供应部件。杰夫相信他的举动将会冒犯原有的相互信任的供应商关系，但他如何将这一信息带给供应商呢？

随着价格让步的要求还有其他一些条件，杰夫成功地在30天之内同五家核心供应商中的四家谈妥了协议，这占到他所负责的物料的采购成本的80%。其他供应商中的20%也都在30天之内接受了要求。当然每一家都不怎么舒服，因为这样将供应商关系从基于成本考虑的方法简单地变成了降价要求。

再降价要求

在最守信用的核心供应商勉强同意降低价格后不久，总经理在采购团队的一次战略会议上宣布："因为一些供应商已经同意了10%的降价，我们现在将要求再降低5%"。这暗示供应商仍有可降的空间，而且不排除后续还有新的降价要求。事实上，最早同意降价的供应商受到了处罚。

现在杰夫面临道德的困境，一方面从对总经理负责的角度必须这么做，另一方面还要小心地维护与供应商关系。

资料来源：乔尔·威斯纳等. 供应链管理——均衡方法（第3版）[M]. 刘学元，等译. 北京：机械工业出版社，2013.

【讨论题】

（1）如果你处在杰夫的境况，你会如何来保持同各方的关系？

（2）对总经理为了实现成本目标所采取举措做出评价。

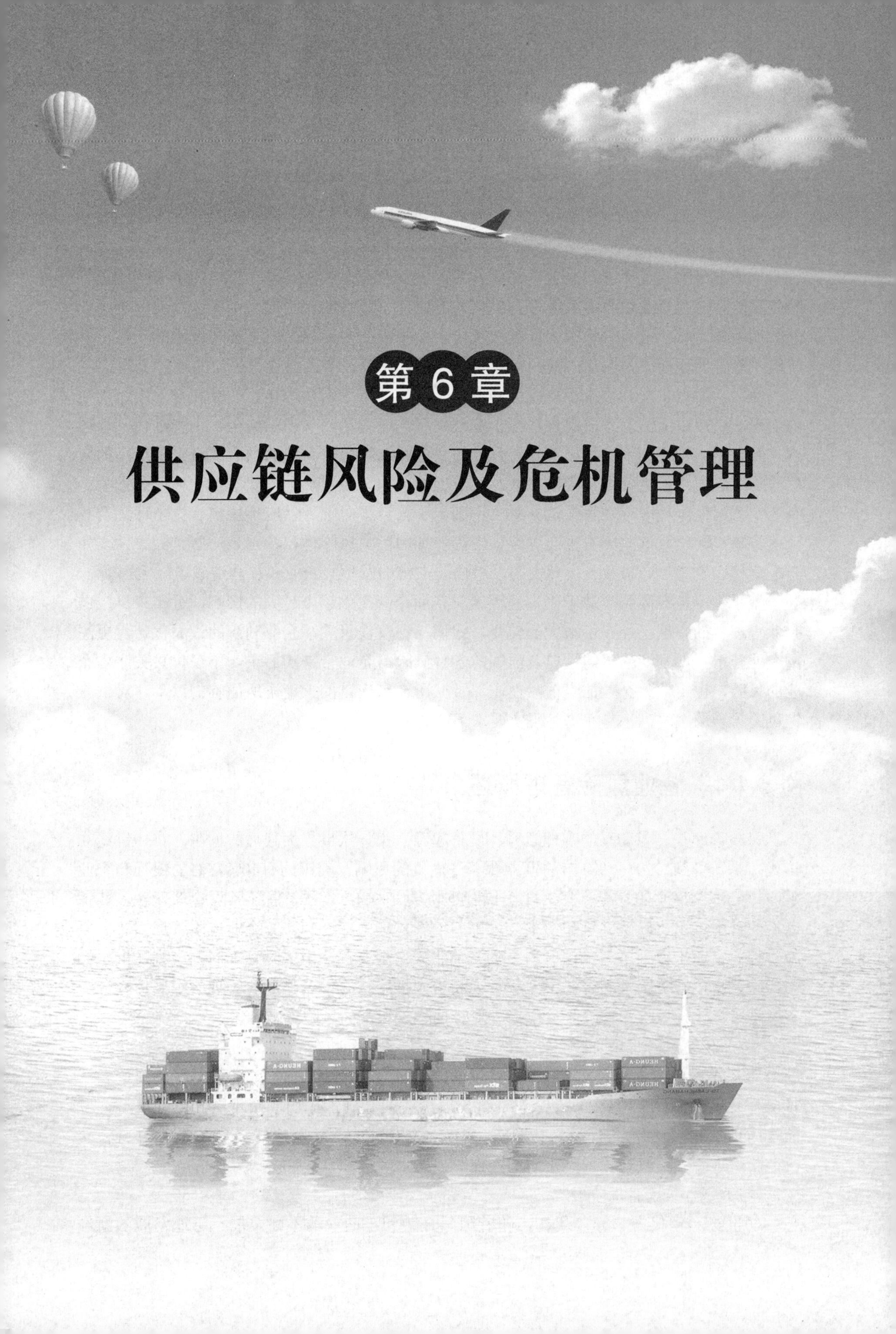

第6章 供应链风险及危机管理

6.1　供应链风险管理

供应链风险管理对传统企业内部业务部门以及企业之间的职能和策略在供应链上进行跨越职能和跨越企业边界的系统性、战略性的协调，其目的在于提高供应链以及每个企业的长期绩效。供应链风险管理的优越性及给企业带来的多赢局面，早在20世纪90年代，供应链风险管理逐渐成为企业"抱团取暖"共同获取竞争优势及增强竞争力的重要手段。

然而，随着供应和需求不确定性的增加、运作与市场的全球化、产品和技术生命周期的缩短，企业供应链运作的内外环境正在发生着快速变革，从产品结构、生产过程、管理方式到组织结构准则都在经历着日新月异的变化。这既会给企业的供应链带来了更高的效率与响应能力，但也使得供应链整体及环节上面临的风险在加大。除了外在环境的影响，企业实际运作过程中存在大量诸如需求不确定、信息不对称、供应不稳定、竞争环境及其干扰等随机因素，这些因素也会导致供应链管理的巨大风险性，特别是一些重大事件，如金融危机、安全生产事故、自然灾害、恐怖袭击等的发生给企业和社会造成了巨大影响。

鉴于供应链风险和全球不确定性因素对企业经营产生越来越大的影响，近年来供应链企业管理者的态度已经有了很大的转变，他们已不仅仅只关注企业利润的最大化，而更注重企业获得预期利润的可能性以及面临的各种风险给企业带来的后果，不仅仅只关注本企业的风险，也更关注企业的"前后左右"及其所在供应链的上下游所面临的风险。对供应链风险管理的关注，正是在这种现实要求下产生的。

■ 6.1.1　企业风险管理概述

风险管理是一门新兴的管理学科，最早起源于第一次世界大战后的德国。在19世纪30年代，由于受到1929—1933年的世界性经济危机的影响，美国约有40%左右的银行和企业破产，经济倒退了约20年。1931年美国管理协会（AMA）首先倡导风险管理理念，并在以后的若干年里，以研究班和学术会议等多种形式集中探讨和研究企业风险管理问题。风险管理问题逐步得到了理论探讨和一些大企业的初步实践，但风险管理问题直到20世纪50年代，才真正在美国工商企业中引起重视和得到推广。有学者将风险管理的发展历程分为三个阶段：传统风险管理阶段、现代风险管理阶段和全面风险管理阶段。

（1）传统风险管理阶段

风险管理内容主要针对信用风险和财务风险：如1952年的马克维茨"组合理论"，1965年夏普（SHARP）在马克维茨"组合理论"的基础上提出的资本资产定价模型，罗斯（ROSS）的套利套价理论，1973年，Black & Scholes提出的期权定价公式。并且在传统风险管理阶段，风险管理是事后的管理，缺乏系统性和全局性。

（2）现代风险管理阶段

20世纪80年代末、90年代初，随着国际金融和工商业的不断发展，迅速发展的新经济使企业面对的社会大环境发生了很人的变化。企业面临的风险更加多样化和复杂化，从墨西哥金融危机、亚洲金融危机、拉美部分国家出现的金融动荡等系统性事件，到巴林银行、爱尔兰联合银行、长期资本基金倒闭等个体事件，都昭示着损失不再是由单一风险造成，而是由信用风险、市场风险和操作风险等多种风险因素交织作用而成的。人们意识到以零散的方式管理公司所面对的各类风险已经不能满足需要，于是全面风险管理的思想得以发展。其标志有以下四个。

① 1993年CRO（Chief Risk Officer，CRO）"首席风险总监"的头衔第一次被使用。CRO的诞生，是风险管理由传统风险管理向现代风险管理过渡的转折点，标志着现代风险管理阶段的开始。

② 1995年由澳大利亚标准委员会和新西兰标准委员会成立的联合技术委员会经过广泛的信息收集、整理和讨论，并多次修改，制定和出版了全球第一个企业风险管理标准——澳大利亚/新西兰风险管理标准（AS/NZS4360，以下简称澳洲风险标准）。

③ 1996年全球风险管理协会（GARP）成立。

④ 整体风险管理（TRM）的思想形成及成熟。

（3）全面风险管理阶段

1999年，《巴塞尔新资本协议》形成了全面风险管理发展的一个推动力，《巴塞尔新资本协议》将市场风险和操作风险纳入资本约束的范围，提出了资本充足率、监管部门监督检查和市场纪律三大监管支柱，蕴含了全面风险管理的理念。进入21世纪，尤其以2001年美国遭受9·11恐怖主义袭击、2002年安然公司倒闭等重大事件为标志，使众多企业意识到风险是多元的、复杂的，必须采用综合的管理手段。全面风险管理的概念获得广泛认同。2004年，反虚假财务报告委员会下属的发起人委员会COSO（The Committee of Sponsoring Organizations of the Treadway Commission，COSO）在《内部控制整体框架》的基础上，结合《萨班斯—奥克斯法案》（Sarbanes-Oxley Act）在报告方面的要求，同时吸收各方面风险管理研究成果，颁布了《企业风险管理框架》（Enterprise Risk Management Framework，ERM）。COSO的风险管理框架中的风险管理概念、内容、框架构成了现代全面风险管理理论的核心。ERM框架定义全面风险管理，阐述原则、模式、标准，为企业和其他类型组织评价和加强全面风险管理提供了基础，并引入了风险偏好、风险容忍度等概念和风险评估方法，为企业有效实施风险管理提供指导。

《企业风险管理框架》旨在为各国的企业风险管理提供一个统一术语与概念体系的全面的应用指南。COSO将企业风险管理定义为：

"企业风险管理是一个过程，受企业董事会、管理层和其他员工的影响，包括内部控制及其在战略和整个公司的应用，旨在为实现经营的效率和效果、财务报告的可靠性以及法规的遵循提供合理保证。"

COSO-ERM框架是一个指导性的理论框架，为公司的董事会提供了有关企业所面临的重要风险，以及如何进行风险管理方面的重要信息。企业风险管理本身是一个由企业董事会、管理层和其他员工共同参与的，应用于企业战略制定和企业内部各个层次与部门的，用于识别可能对企业造成潜在影响的事项并在其风险偏好范围内进行多层面、流程化的企业风险管理过程，它为企业目标实现提供合理保证。

COSO风险管理框架把风险管理的要素分为八个：内部环境、目标制定、风险事项识别、风险评估、风险应对、控制活动、信息与沟通、监控，如图6-1所示。

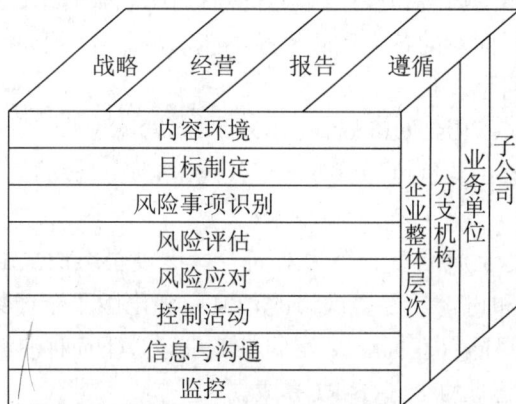

图6-1　企业风险管理框架

① 内部环境。企业的内部环境是其他所有风险管理要素的基础，为其他要素提供规则和结构。内部环境影响企业战略和目标的制定、业务活动的组织和风险的识别、评估和执行等。它还影响企业控制活动的设计和执行、信息和沟通系统以及监控活动。内部环境包含很多内容，包括企业员工的道德观和胜任能力、人员的培训、管理者的经营模式、分配权限和职责的方式等。董事会是内部环境的一个重要组成部分，对其他内部环境的组成内容有重要的影响。而企业的管理者也是内部环境的一部分，其职责是建立企业的风险管理理念、确定企业的风险偏好，营造企业的风险文化，并将企业的风险管理和相关的行动计划结合起来。

② 目标制定。根据企业确定的任务或预期，管理者确定企业的战略目标，选择战略方案，确定相关的子目标并在企业内层层分解和落实，各子目标都应遵循企业的战略方案并与战略方案相联系。

③ 风险事项识别。管理者意识到了不确定性的存在，即管理者不能确切地知道某一事项是否会发生、何时发生或者如果发生其结果如何。作为事项识别的一部分，管理者应考虑会影响事项发生的各种企业内、外部的因素。外部因素包括经济、商业、自然环境、政治、社会和技术因素等，内部因素反映出管理者所做的选择，包括企业的基础设施、人员、生产过程和技术等事项。

④ 风险评估。风险评估可以使企业了解潜在事项如何影响企业目标的实现。管理者应从两个方面对风险进行评估——风险发生的可能性和影响。

⑤ 风险应对。管理者可以制订不同风险应对方案，并在风险容忍度和成本效益原则的前提下，考虑每个方案如何影响事项发生的可能性和事项对企业的影响，并设计和执行风险应对方案。风险管理所要做的就是考虑多种风险应对方案，并选择和执行一个方案。有效的风险管理要求管理者选择的风险应对方案，可以使企业风险发生的可能性和影响都

落在风险容忍度范围之内。

⑥ 控制活动。控制活动是帮助保证风险应对方案得到正确执行的相关政策和程序。控制活动存在于企业业务的各个部分、各个层面和各个部门。控制活动是企业努力实现其商业目标的过程的一部分。通常包括两个要素：确定企业管理活动决策问题的策略和影响该策略的一系列过程。

⑦ 信息与沟通。来自于企业内部和外部的相关信息必须以一定的格式和时间间隔进行确认、捕捉和传递，以保证企业员工能够履行其职责。有效的沟通也是广义上的沟通，包括企业内自上而下、自下而上以及横向沟通。有效的沟通还包括将相关的信息与企业外部相关方的有效沟通和交换，如客户、供应商、政府管理机构和股东等。

⑧ 监控。对企业风险管理的监控是指评估风险管理要素以及一段时期内的运行质量的过程。企业可以通过两种方式对风险管理进行监控——持续监控和重点评估。持续监控和重点评估都是用来保证企业风险管理在企业内各管理层面和各部门得到持续执行。

另外，美国项目管理协会在2000年版的PMBOK中将风险管理分为六个阶段：风险管理计划、风险识别、风险估计、风险量化、风险处理、风险监控。中国内部审计协会颁布的《风险管理审计准则》第六条规定，风险管理包括以下主要阶段：

（1）风险识别，即根据组织目标、战略规划等识别所面临的风险；

（2）风险评估，即对已识别的风险，评估其发生的可能性及影响程度；

（3）风险应对，即采取应对措施，将风险控制在组织可接受的范围内。

国务院国资委颁布的《中央企业全面风险管理指引》将风险管理基本流程分为以下五个阶段：收集风险管理初始信息、进行风险评估、制定风险管理策略、提出和实施风险管理解决方案、风险管理的监督与改进。

6.1.2　供应链风险识别

风险与不确定性

英国皇家采购与供应协会（CIPS）将风险定义为："不希望的结果所发生的概率。"概率是某一事件或结果发生可能性的度量。风险管理国际标准（ISO 31000：2009）简单地将风险定义为："不确定性对目标造成的影响。"

任何在未来结果上包含不确定性要素的交易或工作都伴随着风险要素。不确定性源自其易变性与模糊性。易变性是指某一刻测量因素可能是一系列可能值中的某一个值的情形。因为某一情形可能演化或发展出许多可能的方式，所以就产生了不确定性。模糊性是指含义的不确定性，由于某一情形的信息存在多种解释方法，所以产生了不确定性。

风险管理包含有关风险本质的认识与分析、风险事件发生概率的计算（常常是计算过去类似事件发生的频率）、风险事件后果或影响的计算、抵消或降低风险的备选方案的制定等方面。

风险管理是一门应对不确定性的学科，它可以定义为：

"组织处理与其业务活动有关联的风险的过程，通过这一过程，组织处理风险可以做到有条不紊，有望实现每项业务活动及跨所有业务活动组合的持久收益的目标。"（风险管理学会）

"指挥并控制组织应对风险的各种经过协调的活动。"（ISO 31000）

供应链风险可以定义为："由供应链内、外部环境中存在的不确定性因素所导致的造成供应链崩溃或运营障碍的可能性"。供应链风险来源于供应链不确定性，供应链不确定性的存在和传播会影响整个供应链。

表6-1给出了不确定性在供应链中的常见表现形式。

表6-1   供应链不确定性分析框架

类型	表现形式	内容	原因
需求	时间、延迟	不规则的订购时间；客户要求提前或延迟取货；预测的时间错误	供应链组织成员间信息的不对称和信息传递过程中的信息扭曲（包括非主观故意与主观故意造成）
	数量、中断、库存	不规则的订购数量；预测数量错误；客户要求增减数量、产品过时报废	
	信息、预测	消费者偏好改变；市场产品组合改变；不可预测的竞争者；产品的退化率；新产品出现	
供应	时间、延迟	承诺的供货时间与实际不符	供应商的败德或机会主义行为、自身素质（能力）及自然灾害和突发公共事件[包括恐怖袭击、游行、罢工、瘟疫（如SARS）]等
	数量、中断	与订购量不符	
	质量	毁损率过大；原材料的质量不符合要求	
	成本、预测、汇率	原材料售价的变动、供应商的变化	
生产	时间、延迟	生产周期不稳定	机器故障；机器损坏（正常损坏/非正常损坏如天灾）；备用零件不足；信息系统出错；员工疏失
	质量	质量不稳定	
	数量、中断	数量不稳定	
	产能	产能成本、产能柔性	
	库存	库存持有成本	
物流	时间、延迟、中断	车辆出行时间、到达时间不稳定	车辆故障；道路拥堵；驾驶员缺乏时间意识；路途颠簸导致货物破损；天气等原因导致货物损坏；配送路线变更导致成本增加
	质量	破损率不稳定	
	成本	运输线路、运输距离不确定	

风险的后果

尽管风险的常用定义与"不希望的结果"相联系，但风险在引起可能损失的同时也带来了机会。消除所有的不确定性或风险的尝试可能使组织处于瘫痪的境地，组织将没有能力承担不确定的投机与投资活动来实现自己想要的结果，"风险大，收益也大"就是这个道理。创新本身就是一种风险。开发一种新的产品或进入一个新的市场，这也是一种风险。风险的结果可以是正面的，也可以是负面的。因此，合理的风险评估对于组织目标的实现是必需的，它能使企业绩效和利润率达到最大。

塞德格洛夫在《商务风险管理完全指南》中指出，大量的风险事件会最终或间接地导致财务上的损失，如表6-2所示。这就是风险管理对于企业和供应链管理至关重要的原因。其他类型的损失包括信誉损失、环境损失和机会损失，关键损失种类如表6-3所示。

表6-2　不可控风险的后果

风险类型	最初的影响	最终的影响
质量问题	产品召回，顾客流失	财务损失
环境污染	不良的公众形象、客户不满意与背叛、法律措施、罚款	财务损失
健康和安全伤害	不良的公众形象、工人赔偿诉讼、员工不满、依法处罚的罚款	对人的伤害、财务损失
火灾	对人造成伤害、生产和资产受损	对人的伤害、财务损失
计算机故障	无法接单、处理工作或发出发票；顾客流失	财务损失
市场风险	收入下降	财务损失
欺诈	金钱偷盗	财务损失
安全	金钱、资产或计划的偷盗	财务损失
国际贸易	外汇汇率损失	财务损失
政治风险	外国政府冻结资产、阻碍利润汇回本国	财务损失

表6-3　关键损失种类

关键损失	影响	减轻措施示例
财务损失（如事件造成汇率损失、利润损失、成本增加、资产损失）	●财务损失 ●利润率下降 ●生存能力下降 ●投资损失	●保险 ●财务控制 ●财务管理 ●安全措施
信誉损失（如源于违法的或不道德的贸易、雇佣以及环境事件、质量或交付故障等）	●吸引高素质员工和供应商能力下降 ●失去投资者的支持 ●失去商誉和影响力 ●商标权益的贬值 ●监督出现漏洞	●积极主动的问题管理 ●危机管理计划 ●道德和质量政策和政策监督与检查 ●供应商监督和管理
环境损失（如自然力量造成的供应中断、资源稀缺性恶化、资源价格攀升、"污染者支付"的罚款和环境恢复成本）	●声誉损失 ●环境恶化 ●"污染者支付"的罚款 ●环境修复的成本 ●环保组织的抵制	●环境风险及其影响的分析与监督 ●环境政策与控制

（续表）

关键损失	影　响	减轻措施示例
健康与安全损失（如医疗福利成本、生产损失、更高的保险费、诉讼、赔偿和人员流动率）	● 生产率下降 ● 成本（如维修、处罚、赔偿、更高的保险费） ● 信誉和员工关系受损	● 健康与安全政策和规定 ● 沟通、培训 ● 风险防范 ● 安全文化 ● 防护设备 ● 保险
机会损失（如风险厌恶或成本中心导致投资小和创新少）	● 投资回报损失 ● 改进机会丧失 ● 想法、供应和收入等来源少了	● 支持企业家精神 ● 提高授权风险偏好 ● 创建可接受风险的文化

有效风险管理的益处

塞德格洛夫认为，"为了应付外部因素，如丑闻、法律法规，公司倾向于引入风险管理。他们不太可能是由于风险管理会帮助企业产出更好的结果才引入风险管理的"。

事实上，主动积极的和系统性的对供应链进行风险管理可以带来如下好处：

① 避免风险事件的打击和危机等因素的成本或将这些因素最小化；

② 避免生产流程或收入流的中断；

③ 通过减轻供应链的脆弱性，保障供应安全；

④ 提高企业和供应链弹性，促进业务的持续性，支持供应链的灾后恢复；

⑤ 使组织吸引并挽留高素质的员工、供应商和风险伙伴；

⑥ 促进组织和供应链的合作；

⑦ 提高利益相关者的信心和满意度。

……

风险识别技术

风险识别和分析流程是指对导致某一活动可能出现问题的所有可能因素进行识别并且估计其发生概率的一个过程。风险识别是风险管理中努力发现潜在问题或不确定性领域的一个系统过程。

风险识别是一门不精确的学科，它依赖于人们在潜在风险领域的认识和经验。最初的风险识别可能结合了下述活动：

① 风险顾问对结果和报告的追踪；

② 环境扫描与评估；

③ 范围扫描（发现是否会带来新机会和风险）；

④ 监测同类组织中的风险事件；

⑤ 市场情报收集和管理信息系统；

⑥ 关键事件调查（调查重大意外合同或项目偏差/问题的原因）；

⑦ 情景分析（例如，利用计算机模型或电子表格来模拟变量变化的效果，或者措施的后果）；

⑧ 过程审计（检查质量管理、环境管理、绩效管理和其他流程的效果）；

⑨ 对健康和安全、质量、维护等进行定期检查和检验；

⑩ 研究项目计划、供应链等，发现可辨认的脆弱性；

⑪ 开展正式的风险评估（针对环境变化中的高价值项目或活动，以及已发现的脆弱性）；

⑫ 征求关键利益相关者和行业专家的意见：利用头脑风暴法、调查问卷、讨论会，以及思维图、石川图（因果分析图）、决策树、供应链图析等视觉捕捉工具；

⑬ 聘用第三方风险审计和风险顾问。

目前，常用的风险识别方法如图6-2所示。

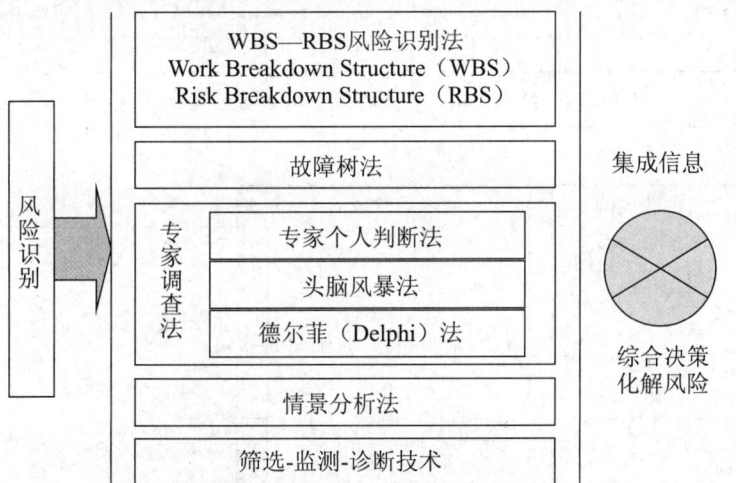

图6-2　常用的风险识别技术

供应链图析技术

供应链风险识别的一个有用工具是供应链或价值流图析。来自克兰菲尔德大学的研究《建立适应性强的供应链》表明，在价值朝向客户流动中的某个点，或者该链条中的某个"节点"，有必要利用系统的方法，识别供应链内部故障引发的商业、供应和合同风险。

供应链图析（supply chain mapping）是一种基于时间展示流程的技术，该流程包括物料、信息和其他增值资源沿着供应链移动的过程。该图（如网络图或流程图）显示了链条内连接点之间或移动点上所花费的时间。这可以让组织决定如下内容。

① 供应商的交互连接"管道"。增值要素必须通过这条管道才能到达终端用户。

② 运输路线。增值要素通过该路线从一个节点转移到链上的另外一个节点。

③ 管道中每阶段半成品或库存的储存数量。

④ 在供应链中断的情况下，从管道中的不同点补充库存所花费的时间。

图6-3是简单的供应链图析模型。通过供应链图析得到的信息可以帮助我们识别供应链的风险领域，并计划下列行动。

① 征求供应链伙伴的意见并与其合作，控制已发现的脆弱性领域。

② 对于易受攻击的连接点或供应商关系，加强关系保护与契约保护。

③ 对于供应链中第一级供应商对更低级别供应商的管理状况进行监督与控制，降低更低层次供应商的脆弱性。

④ 确定替代的供应源。

⑤ 增加安全库存。

⑥ 在易于中断供应的领域，为备选的运输安排制订应急计划。

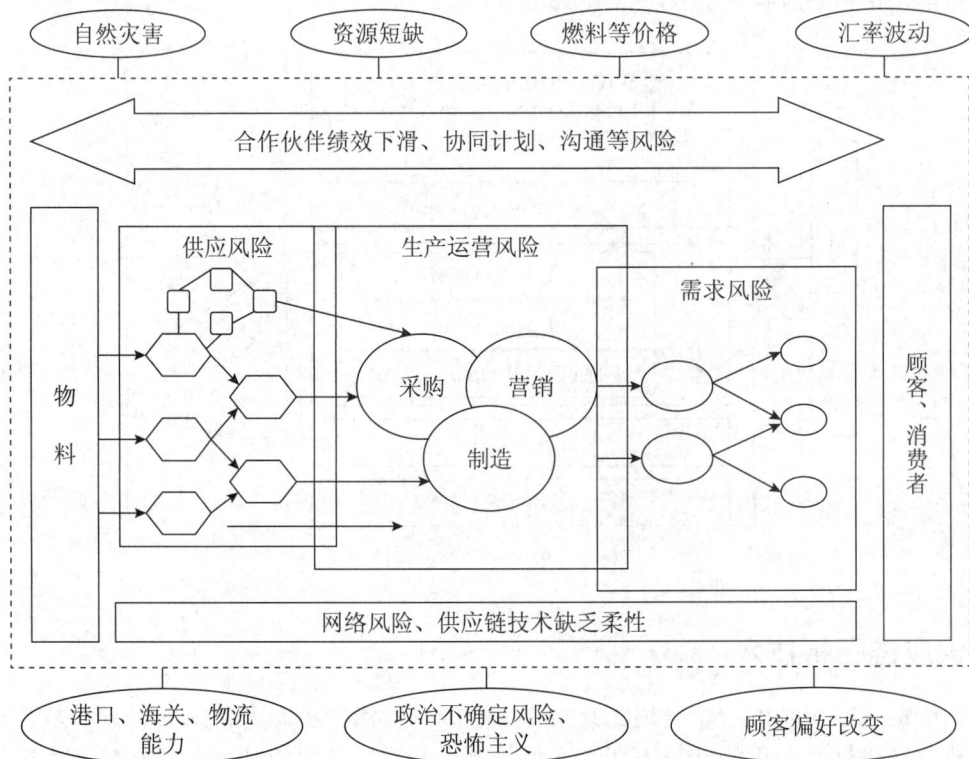

图6-3　供应链图析模型

6.1.3　供应链风险评估

风险评估

风险评估是对潜在的已识别风险事件的概率和严重程度进行评估。换句话说，就是问"它发生的可能性有多大，它可能造成多坏的结果"。

对于风险，可以用基本公式进行量化，其公式为

$$风险=可能性(概率)×影响(负面的后果)$$

（1）风险可能性（risk likelihood）是指在假定风险性质和当前风险管理做法的情况下发生的概率。它可以用0（没有机会）到1（确定）之间的一个数字来表示，或者用百分比（0～100%）、分值（0～10分）或等级（低、中、高）等来表示。风险事件发生的可能性越高，风险管理的优先级就越高。

（2）风险影响（risk impact）是指给组织造成的可能损失或成本，或者对组织完成其目标的能力可能的影响水平。对影响的严重性可以进行量化（例如，用估算的成本或损失）、计分（1～10分）或评级（低、中、高）。

供应链风险的大小本质上取决于不确定事件发生的概率和后果的严重程度。

高概率事件不太可能找到将事件发生风险最小化的方法。相反，我们要调动资源来将其影响最小化。对于小概率事件，如果造成的影响很大，那么需要制订应急和恢复计划，这样组织就可以在事件发生时做出有效响应。那些发生概率小却会造成灾难性后果的事件，更应该引起我们的重视。

下面介绍一些常用的定性/定量风险评估工具与技术。

定性风险评估：风险概率/影响矩阵

可以利用矩阵或风险图来进行简单的风险或影响评估，根据威胁和危险发生的可能性及其一旦发生所造成影响的严重性，在图上绘出相应的点，如图6-4所示。

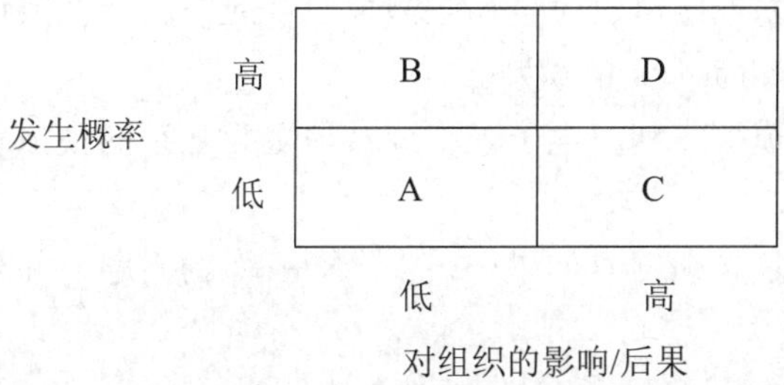

图6-4　风险评估栅格

风险矩阵法将风险事件后果按其严重程度定性分级，将风险事件发生概率也定性分级，将二者分别作为横纵坐标制成表，交点给出加权指数，加权指数代表风险等级。注意B、C区相比而言，C区更不可忽视。该方法在确定风险可能性以及后果严重程度时过于依赖分析者的经验，主观性也较大，精度不高。

更为详细地，塞德格洛夫通过对影响的严重性（微小的、较小的、严重的、惨重的）和发生概率（非常不可能、不太可能、相当可能和确定/非常可能）进行了简单的、定性的分类，建立了风险图分析方法。然后，将风险绘制在一个简单的栅格上，如图6-5所示。对角线代表一个分界线，即将大体尚可接受的风险分开，分为风险管理的高优先级（线上）与低优先级（线下）两类。

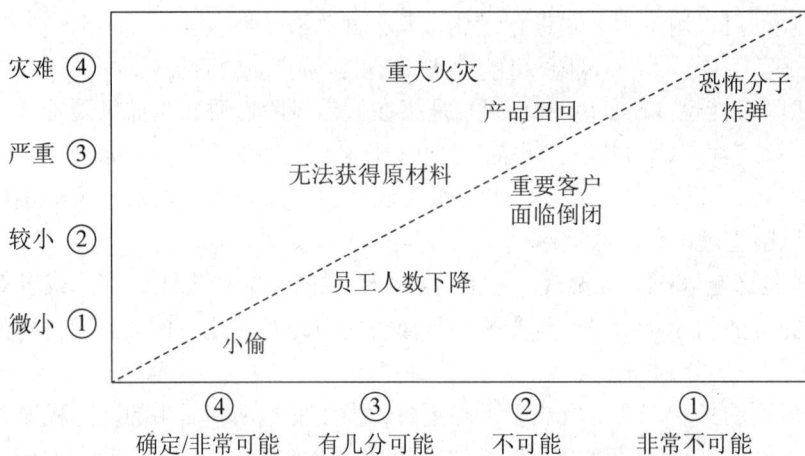

图6-5 定性的风险矩阵

定性风险评估：情景分析

情景分析（scenario analysis）中，必须回答"如果……，会……"之类的问题，并试着对决策的行动和结果进行预测。例如，如果原材料价格翻倍，情况会怎么样呢？如果我们失去两个最大的客户，情况会怎样？如果互联网崩溃了，情况会怎么样？如果希腊退出欧元区，情况会怎么样？

简而言之，情景分析包括以下几个方面。

（1）利用头脑风暴或团组研讨会，以激发对供应链、行业或市场以及更广外部环境中问题和可能性（正面和负面）的识别。

（2）描述或计算模拟（利用电子表格或其他更为复杂的模拟软件）某情境中的关键变量。

（3）改变所选变量（根据"如果……，会……"的问题）并观察对其他变量和对总体结果的影响。

（4）创建最优的、最可能的和最坏的情形来测量影响。

有学者采用系统动力学方法对供应系统稳定性进行评估，以发现影响系统稳定性的风险因素。考虑供应策略的不同情形，将系统内部和外部各环节不确定因素纳入到模型中，风险因素包括：企业环境风险、质量风险、订购风险、物流风险、需求预测风险、维修风险、信息传递风险、财务风险、人力风险等。分析各因素与供应系统运行之间的因果关系，建立系统动力学模型，设计实验并通过仿真模拟和敏感性分析方法对关键因素进行选择。根据系统动力学仿真分析结果，考虑关键风险因素，优化供应系统规避风险的策略。

定量风险评估：统计学和概率论

估计事件发生概率的关键技术是从历史经验数据外推，预测未来事件发生的可能性。在风险评估的例子中，过去一个风险事件的发生是推断其未来发生可能性的很好的指导。风险评估师会利用一系列的风险数据，特别是可计量的、可统计的数据，如发生频率和成本，还包括风险事件发生所处的环境，当时采取了（或者没有采取）哪些减轻或预防措施。

例如，某公司为了将市场营销风险降至最低，他们就应该重视新产品在市场上受青睐的概率。通过在具有代表性的消费者正交样本中开展市场研究工作，公司可以预测更广泛市场可能的反应。

概率是我们在日常生活中经常碰到的概念。我们会说今天有没有可能下雨，以及我们买的彩票中奖的可能性有多大。人们将概率理论用作量化工具，旨在给"非常可能"或"相当可能"等概念加上一个用数字表示的比例量度。

在风险管理中，常见的概率分布主要有三种类型，分别为二项分布、泊松分布和正态分布，如表6-4所示。

表6-4　概　率　分　布

分布	要　　点	应　用　示　例
二项分布	试验重复进行n次，试验只有两个可能的结果（各次试验结果互不影响），概率为p或$q=1-p$（如成功或失败，具有或不具有某种属性，"是"或"否"，有故障或无故障）。事件发生的次数服从二项分布。$P_n(k)=C_n^k p^k q^{n-k}$（$k=0,1,2,\cdots,n$）	●某一批次包含缺陷品或合格品的概率； ●客户购买或不购买某一品牌； ●项目成功或失败；准时或延迟交付
泊松分布	当试验的总数n很大（多于10），事件试验中发生的概率p很小（不超0.1）时，用泊松分布代替二项分布。$P(k)=\dfrac{\lambda^k}{k!}e^{-\lambda}$　式中$\lambda=np$	●质量控制：在一定长度的电缆上或在一定期间出现的缺陷数 ●风险评估：在给定时间间隔发生问题的次数
正态分布	基于连续的历史数据，形成一个频率分布，用直方图来呈现。连续型随机变量$X\sim N(\mu,\sigma^2)$。变量可能值落在某区间的概率为$P(x_1<X\leq x_2)=\int_{x_1}^{x_2}f(x)\,dx=F_S\left(\dfrac{x_2-\mu}{\sigma}\right)-F_S\left(\dfrac{x_1-\mu}{\sigma}\right)$，式中$F_S$为标准正态分布累积函数	●产品在某一市场的需求量服从正态分布 ●测量误差一般服从正态分布

定量风险评估：决策树分析

决策树分析（decision tree analysis）是一个可以在不确定情况下用于评估决策方案的图形工具。每一个决策都涉及许多可能的结果。决策树以一种结构化的方式，将决策和结果的各种组合图表示出来。通过估算各种可能结果的概率，并且为其分配可能的收益或损失，提高了决策相关风险的可视性，从而让管理者做出最优决策方案的选择。一般情况下，决策者会选择利润期望最高的方案，但应注意还存在许多我们不应忽视的非财务决策因素。

在下列情况下，决策树是很有用的。具体的供应管理问题或项目决策问题可以抽象为一套互斥的要素；每个决策都有一套可识别的方法，对每个结果都可以评估出发生可能性（概率）和现金价值（收益）。在实际工作中，可以利用合适的计算机软件来绘制决策树。如决策时设定多种情境，确定不确定性因素，确定每一个不确定性因素的表示，服从什么分布？从现有状态开始，考虑状态的持续改变及状态转移概率，画出决策树；从决策树末端开始（T期），确定最优决策和期望收益，返回到T-1期，再确定最优决策和期望收益，直到返回决策树根部（0期）。

相关性建模

建模是为了理解事物而对事物做出的一种抽象，是对事物的一种无歧义的书面描述。在风险管理中，风险不一定是由某个单一的故障引起的，相反，常常是由多种因素结合在一起从而产生了风险，如人、系统和环境等。因此，我们可以利用建模的方法来分析那些共同导致风险产生的相关变量之间的联系。

在对企业供应链风险进行建模时，我们可以从公司目标开始，沿着实现目标所需的所有变量组成的相互依赖的网络分析下去。模型的输出包括：组织所面临的风险的分析；这些风险可能的影响；在关键节点上可能的应对措施。

■ 6.1.4 供应链风险应对

可从改变风险后果的性质、风险发生的概率或风险后果大小三个方面提出多种策略。下面介绍风险回避、风险转移、风险缓解、风险预防、风险自留和后备措施六种，每一种都有侧重点，具体采取哪一种或几种取决于供应链风险形势。

风险回避

风险回避是指当项目风险潜在威胁发生的可能性太大，不利后果也很严重，又无其他策略来减轻，主动放弃项目或改变项目目标与行动方案，从而消除风险或产生风险的条件，从而达到回避风险的一种策略。

在供应链风险管理的选择阶段，对于已识别的政治风险、经济风险、社会风险，通过风险澄清、获取信息、加强沟通、听取专家意见的方式进行风险评价，如果发现项目的实施将面临巨大的威胁，供应链管理者又没有其他可用的措施控制风险，甚至保险公司亦有可能认为风险太大而拒绝承保，这时就应当考虑放弃执行，避免巨大的经济损失。比如当某国家政局不稳定时，放弃在该国家设立工厂。而在供应链运营阶段，通过增加项目资源或时间，采用一种熟悉的，而不是创新的方法，或避免使用一个不熟悉的开发方法，来达到风险规避的目的。

风险转移

风险转移是设法将某风险的结果连同应对风险的权利和责任转移给他方。风险转移应当是正当的、合法的转移方式，而不是无限制的、无约束的，甚至带有欺诈性的风险转移。项目风险转移分为保险和非保险两类，非保险风险转移的主要途径有合同、保证。

针对海外供应商可制订保险计划，应对突发商业事件给企业供货流程带来的麻烦。

为避免供应延误而导致的生产中断，制造商将供应委托给第三方物流服务商，实现了供应风险的转移。

风险缓解

风险缓解即通过缓和或预知等手段将项目风险的发生概率或后果降低到某一种可以接受的程度。相对于风险回避而言，风险缓解措施是一种积极的风险处理手段，也是应对无预警项目风险的主要措施之一，它是指设法将某一负面风险事件的发生概率或其后果降低到可以承受的限度。

风险缓解的形式多种多样，它可以是执行一种减少问题的新的行动方案。例如，增加供应链运营中项目资源或延长进度计划。当不可能减少风险发生的概率时，可以针对那些决定风险严重性的关联环节，采取措施减少风险对项目的影响。举例来说，对于关键供应商或唯一供应商，如果出现问题将直接影响公司运营，此时可考虑增加备份供应商或可替代的产品，以减少质量不良所导致的影响。

风险预防

风险预防是一种主动的风险管理策略，其目的在于控制风险事件的发生。供应链风险管理中通常采取缩短供应链的策略，以达到缩短供应链周转时间、避免"战线"过长而导致供应链中断风险，如汽车装配商的供应商大都在"汽车城"内。供应链弹性网络设计不失为一种供应链风险管理策略，采取供应链网络资源优化的方法，做好选址，设计抵抗风险的供应链网络，通过多样化来获取灵活性。

当企业面向全球市场，进行全球供应链运营时，缩短供应链策略是不切合实际的，与企业战略目标不符。此时，全球供应链网络设计就变得重要了。优化企业全球资源，平衡不同的资源获取方案所带来不同的收益和风险，设计弹性网络。

在实践中还采用一些切合实际的风险预防方法，来增强组织学习能力，防止风险因素出现、从而降低风险。

（1）应用协同需求预测、VMI，与分销商、零售商建立更加紧密的合作关系，提高需求规划的准确性。合作伙伴是朋友，合作关系有助于缓冲不利时机，长期合作关系与友谊有助于企业在逆境中获得合作伙伴支持。发展合作及联盟关系可有效降低需求或供应的不确定性。

（2）提高供应链的可视化程度。从下订单到接收，都能对运输及库存进行全程监控，实现货物流的全球跟踪。企业可以根据需要适时调整运输计划。

（3）加强产品零部件的标准化，同时混合使用不同供应商的零部件能使制造商的供应链变得更加灵活，例如戴尔、IBM等制造商。采用多采购渠道有助于避免供货风险。通过供应商绩效评价建立备选供应商方案。

（4）在供货服务协议方面适当增加柔性要求。

（5）降低产品的复杂性，不仅有助于缩短生产时间，还能提高企业对供应危机的响应速度。

（6）需要区别对待不同产品的订货策略，对它们的库存单独进行建模和优化。考虑交货延误及提前期的波动等不确定性。

（7）监控风险预警信号。通常跟踪的绩效参数包括服务水平、提前期、库存以及物流成本等。然而，要有效地管理供应链风险，这些参数是远远不够的。还需要对其他一些供应链风险指标进行跟踪，例如订单拖延时间、零部件交付可变性以及汇率变动等。它们能提供一些至关重要的警报。

使用预防策略时需要注意的是，在供应链管理部门的组织结构中加入风险预防机构，增加其责任意识，提高了项目成本，但他们有经验的专业工作会帮助供应链消除风险因素。

风险自留

这种手段意味着供应链团队决定以不变的计划去应对某一风险，或团队不能找到其他合适的风险应对策略。主动的风险自留是指供应链管理者在识别和衡量风险的基础上，对各种可能的风险处理方式进行比较，权衡利弊，从而决定将风险留置内部，即由供应链管理部门自己承担风险损失的全部或部分。由于在风险管理规划阶段已对一些风险有了准备，所以当风险事件发生时可以马上执行应急计划。主动的风险自留是一种有周密计划，有充分准备的风险处理方式。

最通常的风险接受措施是为了应对已知风险，建立一项应急储备，包括一定量的时间、资金或其他资源，应急救助应由已接受的风险影响程度来决定，在某一可接受的风险基础上进行测算。

与供应商共同制订突发事件应变计划。例如，美国一家大型的汽车供应商，在"9·11"事件发生后，这家公司立即启动原有的运输紧急服务关系来补充空运自欧洲的汽车零部件的不足。通过对同一时间的空运部件的风险评估，该公司能够提前进行海运的排期，保有相当的库存，从而为汽车制造商的持续运营提供了有力的保证。

后备措施

有些风险要求事先制定后备措施，一旦项目实际进展情况与计划不同，就动用后备措施，主要有费用、质量和技术等后备措施。

在实践中风险处置的各种策略都是组合使用的，对于风险太大的供应链项目一开始就应该拒绝；在那些被接受的供应链项目中，减轻、预防、转移、回避、自留风险和后备措施等策略，都应随时间、环境、条件的不同，而被用于不同的组合策略中。

6.1.5 风险监控与分析

任何供应链风险都有一个发生、发展过程，必须对供应链风险管理过程实施监控，以动态掌握供应链风险及其变化情况，跟踪并控制供应链风险管理计划，同时对供应链风险进行存档与总结。供应链风险监控与分析就是为确保高效的达成供应链目标而设计。

通过有效的风险监控，在风险事件发生时能够及时实施风险管理计划中预定的规避措施。另外，当实际情况发生变化时，要重新进行风险分析，并制定新的规避措施。

风险监控的主要工具和技术有核对表、定期评估、净值分析、风险应对计划、风险分析等。风险监控的成果表现在随机应变措施、纠正行动、变更请求、修改风险应对计划等。

风险管理应该具有行政层的优先级，应该考虑潜在的风险，并且要设计合理的响应，这样才能使损失最小。这种机制应该发展到能够快速、有序地修复，并且对公司的声誉和客户的满意度带来最小的损失。同时也需要采取有效措施来监督正在提高的风险管理能力。

公司风险管理监控信息系统应该监督风险和调整公司风险管理计划方向。这样才能保证及时制订降低风险计划，并及时修复供应链合作风险带来的破坏。例如，2005年，Tractor 供应公司开发了一个灾难恢复系统，作为风险管理的一部分。一年以后，公司在得州的威客配送中心遭到夜晚台风的破坏，设备上有厚厚的积水，物品散落在附近几英里。当物流副总裁第二天回到办公室时，修复计划很快就得以制订，其他地区的设备已经在服务威客配送中心的客户了，尽管这个月是需求高峰期，但在随后的一周内，威客配送中心没有遗漏过一次交货。

阅读　　　　　阿斯顿·马丁召回跑车

2014年2月，英国豪华车制造商阿斯顿·马丁因油门踏板臂塑料材问题，可能断裂增加车祸风险，召回17 590辆跑车，预计本次大规模召回事件导致直接经济损失约150万英镑（折合245万美元，折合约1 500万元人民币），但这并不包括转移油门踏板臂生产等间接经济损失。在提交给美国高速公路安全管理局（NHTSA）的文件中，阿斯顿·马丁解释道：问题油门踏板臂是由中国深圳科翔模具工具有限公司负责生产，该公司使用了由东莞合成塑料原材料有限公司提供的伪劣塑料材料，该假冒材料涉及22种零部件，截至目前还未有相关事故或伤亡报告。阿斯顿·马丁女发言人萨拉·卡拉姆（Sarah Calam）称，公司将"尽快"将油门踏板臂生产从中国转移至英国。将召回原因归咎于中国供货商造假引起，召回产品竟可追溯到6年前，以及召回数量所占到6年间近75%的生产比例，引发大量热议。

案例　　　　　"翻身农奴直接把歌唱"

旺奔制造厂是飞锦公司一手提携起来的供应商，早年旺奔制造厂是一个小作坊，只是飞锦公司的二级供应商，替飞锦公司的外协件厂加工一些金属扣等非常低端的配件，但旺奔制造厂的老板不但胸怀鸿鹄大志，脑袋瓜还异常聪明，手脚也勤快，服务意识更是无微不至，真正做到"召之即来挥之不去"，深得飞锦公司从上到下各个部门的喜爱，不但采购员和技术、生产工程师认为与旺奔制造厂合作简直是无缝接轨，就是飞锦公司老板也愿意和他们打交道。渐渐地，旺奔制造厂地位也得到了提升，成为一级供应商，加工的产品也越来越多。

旺奔制造厂的老板非常热情主动，常常有事没事地到飞锦公司转转，一则增进感情，更重要的捕捉一些机会，能得到更多的订单。他是生产现场的常客，这位老板深深地知道，依赖于采购员的口头承诺"如果表现好，多给些份额"是远远不够的，因为订单量不是采购决定的，是市场和客户的需求。从别的供应商嘴里挖出来，那是虎口夺食，实属不易。只有不断增加种类，才是拓展财路的主旋律。有一次，他在生产线发现工人正在做塑料管的切割，他立刻找到生产经理，表示愿意把这道加工转移到自己的车间。生产经理也乐意将这些不大增值，还没有技术含量的活交与旺奔制造厂。一来二去，旺奔制造厂所承接的活越来越宽泛。开始是一些不起眼的附件，慢慢地，做的产品也越来越多，越来越复杂，因为旺奔制造厂的服务，绩效表现都很好，技术上也愿意投入，飞锦公司也考虑到这是一家可以发展的供应商，应该作为合作伙伴对待，常常派技术人员到旺奔制造厂的现场指导工作，旺奔制造厂对到来的客人照顾得非常周到，车接车送，虚心学习，人心都是肉长的，技术人员也毫无保留地将经验传授给供应商。逐渐地，旺奔制造厂成为飞锦公司的第一大供应商，为飞锦公司生产主控设备，在订单紧张忙不过来时，还替飞锦公司装配主机，以解燃眉之急。

飞锦公司是一家跨国企业，本身也是一些通用件的提供商，主要为一些世界著名公司供货，长期以来，质量稳定，供货稳定可靠，在业界建立了比较高的声誉。虽然不是最终产品的提供商，但在市场上品牌还是有一定的知名度。但近年来，市场越来越不好做，客户降价的呼声一浪高过一浪，飞锦公司怎么也扛不过，公司的利润越来越薄，客户的压力自然不能自己顶着，一定要传递给供应商，本来对供应商就有年度降价的要求，随着客户的压力的不断提升，对供应商的压力也变本加厉，不但价格苛刻，付款周期也不断延长，以缓解自己的资金短缺压力。

虽然，仍然能看到旺奔制造厂老板那热情、卑谦的笑脸，一如既往的"召之即来挥之不去"的响应速度。但明显感到供应商心中流露出的不快。但飞锦公司的采购经理的名言是："供应商过着舒适美满的幸福生活则说明我们采购员的工作还没有做到位，价格还太高。如果你不把供应商压得喘不过气来，我不会让你过舒坦的日子。他们的油水还可以再拧一拧。"不完全是采购经理的无情，他也是被公司的"降本"指标所逼的。

终于有一天，年底合同结束要续签之际，旺奔制造厂的老板向飞锦公司递交"辞职报告"，不干了，说"过不下去了"。飞锦公司开始还以为是旺奔制造厂的老板要手腕，要挟公司要涨价呢，采购经理说，先晾着他，看他还回头找我们不，可事实上，一个月过去了，合同也到期了，旺奔制造厂的老板还是没有露面。采购经理坚持要再忍一忍，看看到底谁先低头，可计划员，叫嚷上了，要是逾期旺奔制造厂不交货，仓库里的库存不多啦，坚持不了一周的生产的。采购经理胸有成竹地说，不要急，不要慌。旺奔制造厂的老板一定会来找我们的。要是我们先找他，明年的合同价格难谈啦。

但市场上传来一条对于飞锦公司来说是噩耗般的惊人消息：旺奔制造厂开始在市场上销售它自己品牌的产品，成为飞锦公司的竞争对手，而且已经从飞锦公司手里抢走了一部分客户。市场部从客户那里得到的反馈是，原来从飞锦公司购买的产品就是出自旺奔制造厂，现在直接从供应商那里采购，价格还便宜，何乐而不为呢？再有客户在采购战略上做了一些调整，向小企业倾斜，增加小供应商的比例，增加公司对供应商的控制力度，并降低采购成本。从旺奔制造厂内部传来的信息是，政府最近提升观念，执行党中央精神从"中国制造"转型为"中国设计"，积极为自主品牌鸣锣开道，正好与旺奔制造厂不谋而合，将旺奔制造厂从一个代工厂发展成为品牌提供商，政府在资金、政策上都给予了大力支持，旺奔制造厂也趁势飞跃而起，摆脱了飞锦公司的控制。在自己眼皮子底下成长起来。飞锦公司的采购经理感叹这是"翻身农奴把歌唱呀"，旺奔制造厂真不应该叫这个名字，它应该叫"忘本"制造厂，忘记了当年我们是如何手把手地教它，把它扶植起来，徒弟学了手艺，却抢夺了师傅的饭碗呀！重要的是，来料断货成了飞锦公司采购最刻不容缓要面对的现实。

【讨论题】

（1）在这个案例中，飞锦公司有哪些问题？

（2）在培养供应商时，如何防范各种未知的风险？

6.2 供应链危机管理

在变化迅速的市场经济条件下，供应链也有脆弱的一面。供应链中潜伏着危机，如在自然灾害、人为因素等方面。在这种情况下，企业要积极应对，主动采取措施，建立"生于忧患"的危机意识，发展多种供应渠道，与供应商结成战略合作伙伴关系，建立多种信息传递渠道，防范信息风险。

但现实中。供应链会遇到灾难事件或突发性障碍，供应链管理者应该怎样应对呢？面对SARS事件、美伊战争以及恐怖袭击，危机管理理论更加受到关注。美国管理学家孔茨曾说："企业不担心正常的事件发生，最担心的是突发事件。"来自企业内外的危机或突发事件，随时可能冒出来点中企业管理的死穴，供应链也是一样。

供应链及物流都有脆弱的一面，就算物流发达的国家——美国也是一样，供应链管理的两位教授曾经做过调查，他们追究供应链一直处于脆弱的原因，是供应链物流的管理者很少制定有效的危机应变策略，所以当遇到突发性事件，他们立即束手无策。供应链管理需要危机管理。

■ 6.2.1 含义及特性

危机是指影响到组织并使组织的利益相关者或公众受到威胁的重大事件，而危机管理则是对这种事件进行预测、预防及应对的一系列过程。危机管理起源于20世纪80年代大规模工业和环境灾害的研究，被认为是公共关系中的最重要的一环。

危机的三要素包括：①组织的共同威胁；②意外因素；③决策时间短。

从以往供应链危机的发生、表现与影响等方面，可以将供应链危机的主要特性总结如下。

（1）突发性

突发性的含义包括危机何时、何地、以何种形式发生难以预测；危机起因、发展过程及趋势难以把握；危机影响难以及时评估。这就给处理供应链危机带来极大的不确定性。

（2）扩散性

供应链作为一个因上下游协作关系而形成的网状运作组织，危机对组织内任何成员的危害，都将直接或间接扩散到其他成员及整个供应链组织。同时，供应链危机的危害不仅体现在直接的经济损失上，也会扩散到合作成员的心理层面，打击合作信心，给今后供应链协调造成困难，这种危害带来的损失可能比直接经济损失更大。

（3）复杂性

造成危机的原因是复杂的，既有供应链外部因素，也有供应链内部因素。外部因素主要有自然灾害、政治经济事件、社会突发事件等，而内部因素主要来自供应链成员的协调失误、利益冲突以及企业自身运作中出现的问题。同样，危机发生过程和产生后果也是复杂的，这主要由危机中信息获取与沟通困难造成，使得供应链成员难以评估影响并准确及时地做出决策，极大地影响危机的应对。

（4）持续性

一方面，危机发生虽然突然，但其过程和危害势必将持续一段时间。持续时间的长短视事件本身危害程度与应对事件的措施而定；另一方面，供应链危机要完全杜绝，从以往历史来看，几乎不可能，很多不可抗拒因素成为供应链危机的直接导火索，如自然灾害、地区和平与战争。因此，从历史的角度来看，供应链危机自供应链这种生产组织形式产生以来就是持续存在的。因此，通过对以上供应链危机主要特性的分析，我们可将供应链危机的一般性含义总结归纳如下：供应链危机是由供应链系统内外部突发因素引起，能迅速扩散至整个供应链系统，危害严重且发展趋势难以及时准确把握，能造成供应链系统运营障碍甚至断裂的，急需处理的非常规恶性事件。

6.2.2　分类

根据危机管理理论，首先应该分析供应链中潜伏着哪些危机。

供应链的危机来自多方面，从危机来源上看，可以将其分为两大类。

（1）自然灾害类

台风、地震、洪水、雪灾、疾病等来自大自然的破坏和袭击，时刻威胁着供应链的安全。飞利浦公司的大火就是因为大自然的破坏引起的，暴风雨中的雷电引起高压增高，陡然升高的电压产生电火花点燃了车间的大火。又如，中国台湾"9·21"地震，引起全球

IT业的震动。还有SARS，让许多企业面临了空前的危机，航空、餐饮、旅游业等服务业更是遭受重创。人类目前普遍面临着环境恶化的问题，天灾爆发的频率也越来越高，作为一种不可抗力，它将成为供应链的致命杀手。

（2）人为因素

①供应链的连锁反应。完善的供应链系统固然能够节省成本，加快产品生产和发展速度，但由于供应链同时连接供应商、制造商、分销商以至客户，架构日趋复杂，每个环节都潜伏危机。其中一家公司出了问题，就可能产生连锁反应，影响到供应链上多家公司，破坏力也因此比以往任何时候都大，特别是当供应链上有些企业是独家供应商供货时，潜在危机更大，供应链上出现独家供应商，是各种利益冲突比拼形成的结果，从爱立信案例可以看出，采取独家供应商政策存在巨大风险：一个环节出现问题，整个链条就会崩溃。②IT技术的缺陷制约供应链作用的发挥。如网络传输速度，服务器的稳定性和运行速度，软件设计中的缺陷，还有令人防不胜防隐伏于各个角落虎视眈眈的病毒等。③信息传递方面的问题。当供应链规模日益扩大，结构日趋繁杂时，供应链上发生信息错误的机会也随之增多，例如：信息的输入错误，理解错误等。④企业文化方面的问题。不同的企业一般具有自己的企业文化，它表现在企业管理理念、文化制度上，也表现在员工的职业素质和敬业精神上等。不同的企业文化会导致对相同问题的不同看法，从而采取有差异的处理手法，最后输出不同的结果。如何协调供应链成员之间不同的企业文化，也是供应链上各厂家头痛的问题。⑤政治经济风波。最明显的是恐怖袭击和罢工。"9·11"事件后，美国所有机场，港口关闭数天，航班、船期全部延误，货物不能马上进入美国。"9·11"事件后的几年时间，世界爆发了南美金融风暴、美国海运工人大罢工、伊拉克战争等多次危机。在全球化时代，美国一群海运工人罢工便酿成全球供应链中断。另外，经济高速增长容易导致企业原材料供应出现短缺，影响企业的正常生产，而经济萧条，会使产品库存成本上升。

从危机对供应链的不同影响来对供应链危机分类，可分为以下三种。

①造成供应失效的危机。造成供应失效的危机既包括发生在供应链上游的供应商，导致供应中断的危机，也包括发生在分销中心造成供应链零售商的供应中断的危机。

②造成需求失效的危机。造成需求失效的危机主要是指由于短时间内无法满足市场需求及其变化，而造成客户信心丧失、市场份额下降，重要客户流失的一类供应链危机。

③造成内部运营失效的危机。这里内部的含义是针对供应链系统而言，既包括供应链各成员内部的运营，也包括成员之间的运营。这一类危机具体体现为企业产生设备的破坏和信息系统等的失效造成的危机。

6.2.3 危机应对措施

由以上所述的有关供应链危机，我们可以看出，有些危机是可控的，有些危机是不可控的。针对危机的不同特性我们可以采取不同的应对措施。

一般来说，供应链危机管理可以分为危机防范和应急管理。危机防范指的是如何预防危机的发生；而应急管理指的是在面临危机的情况下，应采取何种手段来降低或转移危机，并把危机可能造成的危害减到最小。有些危险如关键人员、技术流失、关键客户流失、产品信誉、契约风险可以采取危机防范手段来预防发生；而对于恐怖袭击、SARS等事先无法预料的危机，只有通过应急管理来妥善化解。对于应急管理，本章第3节将做详细的说明。

供应链危机管理可以采取的措施包括如下内容。

① 建立"生于忧患"的危机意识。危机意识不是泛指能够防范和应对企业危机的所有管理意识，而是特指防范与应对企业危机内涵层的思维意识。比尔·盖茨的"微软破产永远只有18个月"与张瑞敏的"我每天的心情都是如履薄冰，如临深渊"和任正非的"华为总会有冬天，准备好棉衣，比不准备好"，及所有国内优秀企业领袖的危机观点，都是各自成功企业危机意识的精髓。

② 发展多种供应渠道，多地域的供应渠道，对供应商的情况进行跟踪评估。为确保产品供应稳定，供应链上应发展多个供应渠道，不能单单依靠某一个供应商，否则一旦该厂商出现问题，势必影响整个供应链的正常运行。同时在对某些供应材料或产品有依赖时，还要考虑地域风险。比如，战争会使某些地区原材料供应中断，如果没有其他地区的供应，势必造成危机，除建立多地域、多个供应商外，还须对每个供应商情况进行跟踪，随时了解供应商的供货情况。

③ 与供应商结成战略合作伙伴关系。在供应链中，战略伙伴关系就意味着，厂商与供应商不仅仅是买家和卖家的关系，更重要的是一种伙伴甚至是朋友关系，双方在买卖之外还应有更多其他方面的往来，与供应商建立信任、合作、开放性交流的供应链长期合作关系，必须首先分析市场竞争环境，目的在于找到针对哪些产品市场开发供应链合作关系才有效，必须知道现在产品的需要是什么，产品的类型和特征是什么，以确定用户的需求，确认是否有建立供应链合作关系的必要，如果已建立供应链合作关系，对供应商的业绩、设备管理、人力资源开发、质量控制、成本控制、技术开发、用户满意度、交货协议等方面也要做充分调查，它很可能成为影响供应链安全的一个因素。一旦发现某个供应商出现问题，应及时调整供应链战略。

④ 建立多种信息传递渠道，防范信息风险。供应商、厂家、消费者在供应链中起着多种作用，他们之间的互动日益加快，关系也变得越来越复杂，因此，这就要求给予支持的网络基础设施必须确保供应链所要求的数据的完整、可靠和安全。

总之，危机管理的目的并不是去百分百地避免危机，而是去了解究竟会面临哪些危机，有哪些是可以预防的，出现危机应采取何种手段去降低或转移危机，并把危机可能造成的危害减到最小。

6.2.4 供应链安全管理

整个供应链生态系统依赖于每个环节的安全性能。供应性安全管理（supply chain

seourity management）旨在降低有意造成供应链中断的运营风险，管控可能引发供应链危机的因素，防范各类给供应链带来损失的因素，包括产品和信息的盗窃、员工安全以及任何可能对供应链框架造成破坏的因素。

供应链的安全性取决于供应链网络最脆弱那个环节的安全性。因此，供应链企业不仅要做好本企业的安全管理，还要管控供应链合作伙伴的安全性。安全管理在供应链管理的各个进程中显得非常重要。比如，某化学品从工厂开始包装、装运，接着是物流公司运送到港口、港口码头装船，海运到目的地港口，由运输公司运送到配送中心，由配送中心发运到工厂。哪个环节有安全隐患，都会影响到供应链的安全性。安全管理需要供应链的合作，安全系统的合同要求，商品移动中的安全提示，搬运和储存的注意事项等安全防范意识与措施都应到位。加强各环节，特别是薄弱环节的安全程序并且整合到安全系统中，才会有整个供应链的安全。

乔尔·威斯纳提出了供应链安全管理的四类措施：基本措施、反应措施、预防措施、先进措施。

（1）基本措施

最基本的要求，安全系统应该包括办公室、生产工厂、仓库和其他设施的安全，此外，应该包括提供个人人身安全、设备安全、计算机安全和货运安全。管理者应该考虑使用安全徽章、安排警卫、核实客户及合作者背景、运用反病毒反黑客软件、使用加密通行证、使用货物全程跟踪技术等。运用高科技手段防止货物运输途中丢失和被盗。

（2）反应措施

与基本措施相比，反应措施代表着对安全管理的更深刻的理解，但是对安全管理仍然缺少系统的、全面的、长期坚持的全企业计划。许多公司往往是在危机出现后，进行安全措施的补救，"吃一堑，长一智"防止类似危机的出现。这些措施有时与国家或地区的反恐活动密切相关。

美国"9·11"恐怖分子袭击事件后，政府各类组织都加强了安全防范措施。美国海关、国际货运安全理事会和全球性安保评估公司Pinkerton成立了海关商贸反恐怖联盟（C-TPAT），评估供应商安全系统，制订业务持续性发展计划，实施具体的安全训练和教育项目。达到C-TPAT安全标准，加入联盟，全面提升供应链安全的公司，可以获得过境处"快车道"的回报，而非联盟参与者可能接受集装箱安全检查的概率高。还有，所有进入美国的货船集装箱施行进口安全申报制度，所有空运到美国的货物施行检验认证程序（CCSP）。

（3）预防措施

预防措施应该是公司系统化的正规的安全管理方法。公司安全措施包括设立安全管理职能部门与安全管理经理，可以招聘前军队、情报机关或者法律部门有安全管理经验的人员；成立跨部门的安全管理委员会；全面评估公司的安全隐患和安全风险；强化信息安全，构建反黑客、反入侵的网络信息侦测系统与防火墙；开发综合的供应链物流合作安全计划；开发或购买安全管理软件应用系统，快速评估风险，及时发出风险预警；积极参与安全管理协会。

（4）先进措施

有远见的领导者善于采用先进的安全管理措施。这类措施着眼于整个供应链的合作，在供应链签订合作契约时就规定供应链中断时采取的恢复方案；着眼于对已经发生安全事故的全球类似公司的反思，并将其反应措施充实到公司的安全管理系统中。安全管理的先进措施包括与关键供应商和顾客在供应链中断后的快速恢复和持续计划中的全面合作，完善公司安全系统，吸取其他公司及本公司的教训，设计更综合、有效的包括所有关键合作伙伴的全面供应链安全管理系统，开展各类安全训练活动，检验各类应急措施是否充分，建立供应链范围的紧急控制中心与大数据中心，来应对突发的供应链危机。

陶氏化学公司的运输安全与保安部总管亨利说，"我们把安全看作是一种确保我们保持可靠的市场产品供应商的措施之一，我们从供应链整体上考虑，采取供应链安全的综合措施。"陶氏化学提高供应链可视性和安全性的计划使得公司商业运输保持50%的增长速度、终端存货降低20%。随着大规模的联合运输集装箱从北美运往亚洲，陶氏化学使用RFID和全球定位系统（GPS）来进行全程追踪。陶氏化学清楚地意识到，与政府和供应链合作伙伴的合作是成功的关键，没有安全，一切无从谈起。

全面落实供应链安全管理措施，决不能拖延。供应链安全漏洞的成本不可低估，安全漏洞带来的危机会对社会及无辜的人造成伤害，甚至会演变为公共危机。随着供应链低成本战略的扩散，越来越多的供应链企业通过寻找更廉价的供应商来降低成本，运用大型远洋巨轮运输及大容量陆上运输来降低成本，与此同时，安全风险却在迅速增加。不幸的是，只有少数公司拥有有效的供应链安全监控及防范系统。管理者和政府监控部门面临的挑战是空前的。另外，不可忽视的是贪污腐败问题。贪污是企业管理者必须开始面对的潜在问题，应防止贪污腐败对供应链各环节的安全措施的执行带来影响。

阅读　　　　　　　　　**大悲剧来自小火灾**

爱立信终于宣布退出手机生产，根据《华尔街日报》的分析，爱立信之所以选择退出，原因有飞利浦芯片厂火灾引起的损失，市场营销不力和产品设计等方面的问题，其中在飞利浦芯片厂火灾之后，没有迅速作出反应，是爱立信和诺基亚拉开距离的主要原因。

火灾引发致命危机

一年前的3月17日晚上，美国新墨西哥州大雨滂沱，电闪雷鸣。雷电引起电压陡然增高，不知从哪里迸出的火花点燃了飞利浦第22号芯片厂的车间，工人们虽然奋力扑灭了大火，却无法挽回火灾带来的损失。塑料晶体格被扔得满地都是，足够生产数千个手机的8排晶元被烧得粘在电炉上动弹不得，从消防栓喷射出来的水布满了车间，车间里烟雾迷漫，烟尘落到了要求非常严格的净化间，破坏了正在准备生产的数百万个芯片。

严重的是，这场持续了10分钟的火灾居然影响到远在万里之外欧洲两个世界上最大的移动电话生产商。因为这家工厂40%的芯片都由诺基亚和爱立信订购，此外还有30多家小厂也从这家芯片厂订货。更令人意想不到的是，火灾成全了诺基亚，害苦了爱立信。因为火灾发生以后，处理无线电信号的RFC芯片一下子失去了来源。

诺基亚火线突围挽残局

大火发生之后，飞利浦需要几星期才能使工厂恢复生产，但是诺基亚和爱立信谁也等不起。39岁的诺基亚负责零部件供应经理名叫高亨（Korhonen），他也是理零部件供应问题的能手。在大火发生以后的两个星期，诺基亚动员了30多名欧洲，亚洲和美国各地的经理与工程师一起讨论解决方案。他们在飞行旅途中重新设计了芯片，并想方设法提高生产速度，他们尽了最大努力寻找任何一点可以腾出来的生产能力，争取了所有可能的供应商。高亨事后说："危机是你改进的机遇！"

在火灾发生后的几天内，诺基亚就发现订货数量上不去，似乎感到事情有一点不对。3月20日接到来自飞利浦方面的通知，飞利浦方面尽量把事情淡化，只是简单地说火灾引起某些晶元出了问题，只要一个星期就能恢复生产。这个信息传到高亨那里，高亨决定派两位诺基亚工程师到飞利浦的工厂去看看。但是飞利浦怕造成误会，婉言拒绝了诺基亚的要求。高亨随即就把飞利浦供应的这几种芯片列在了特别需要监控的名单上，这种情况在诺基亚每年会出现十几次，当时也没有人太在意。在随后的一个星期里，诺基亚开始每天询问飞利浦工厂恢复的情况，而得到的答复都含糊其辞。情况迅速反映到了诺基亚高层，诺基亚手机分部总裁马蒂·奥拉库塔（Matti Alahuhta）在赫尔辛基会见飞利浦代表时，把原来的议题抛在一边，专门谈火灾问题，他还特别说了一句话："现在是我们需要下很大的决心来处理这个问题的时候了。" 可以很明显地看出来，诺基亚方面非常生气，这种感觉就好像是在"生死之间作选择一样"。3月31日，也就是火灾两个星期以后，飞利浦正式通知诺基亚，可能需要更多的时间才能恢复生产。高亨听到这个消息后，就不停地用计算器算来算去：他发现这可能影响到诺基亚400万台手机的生产，这个数字足以影响整个诺基亚5%的销售额，而且当时手机市场的需求非常旺盛。

高亨发现由飞利浦生产的5种芯片当中，有一种在世界各地都能找到供应商，但是其他4种芯片只有飞利浦和飞利浦的一家承包商生产。在得到这个坏消息几小时之后，高亨召集了中国，芬兰和美国诺基亚分公司负责采购的服务工程师，芯片设计师和高层经理共同商讨怎样处理这个棘手的问题。高亨专门飞到飞利浦总部，十分激动地对飞利浦的CEO科尔·本斯特（Cor Boonstra）说："诺基亚非常非常需要那些芯片，诺基亚不能接受目前的这种状况，即使是掘地三尺也要找出一个方案来。"经过高亨的不懈努力，他们找到了日本和美国的供应商，承担生产几百万个芯片的任务，从接单到生产只有5天准备时间。

诺基亚还要求飞利浦把工厂的生产计划全部拿出来，尽一切努力寻找可以挖掘的潜力，并要求飞利浦改变生产计划。飞利浦迅速地见缝插针，安排了1 000万个Asic芯片，生产芯片的飞利浦工厂一家在荷兰，另一家在上海。为了应急，诺基亚还迅速地改变了芯片的设计，以便寻找其他的芯片制造厂生产。诺基亚还专门设计了一个快速生产方案，准备一旦飞利浦新墨西哥州的工厂恢复正常以后，就可快速地生产芯片，把火灾造成的200万个芯片的损失补回来。

爱立信反应迟缓失良机

与诺基亚形成鲜明对照的是，爱立信的行动相当迟缓。爱立信几乎是和诺基亚同时收到火灾消息，但是爱立信投资人关系部门的经理说，当时对爱立信来说，火灾就是火灾，没有人想到它会带来这么大的危害。爱立信负责海外手机部门的华而比先生直到4月初还没有发现问题的严重性。他承认说："我们发现问题太迟了。"

爱立信没有其他公司生产可替代的芯片，在市场需求最旺盛的时候，爱立信由于短缺数百万个芯片，一种非常重要的新型手机无法推出，眼睁睁地失去了市场。人们突然发现，生产跟不上了。飞利浦实在没有办法生产爱立信所急需的芯片，"已经尽了最大努力"。几个非常重要的零件，包括Asic芯片一下子断了来源。近十年来，爱立信为了节省成本简化了它的供应链，基本上排除了后备供应商。此外，当火灾发生的时候，很多高级经理们刚刚坐上新的位置，还不熟悉火灾会造成多大的影响。

火灾可能导致公司损失了4亿美元的销售额，"可惜的是，我们当时没有第二个可选择方案。"当爱立信宣布由于火灾影响所受的损失以后，几个小时以后它的股票就下跌了14%。从那以后股票就一直下跌，现在比火灾发生以前已经下跌了50%。

高亨的努力没有白费，诺基亚的手机生产赶上了市场需求的高潮，诺基亚预测当年和次年手机的需求还将快速地增长。诺基亚成功地利用火灾给爱立信带来的困难，扩大在全球手机市场的市场份额。诺基亚的市场份额现在已经达到30%，而一年以前还只是27%，诺基亚从爱立信的手中抢夺了3%的市场份额，爱立信目前的市场份额为9%，一年以前则是12%。全年亏损金额高达164亿瑞典克朗（约合17亿美元）。火灾发生的第二年，爱立信1月26日宣布，它决定对其产品结构进行重大的战略调整，不再经营手机生产业务。

6.3　供应链应急计划

■ 6.3.1　应急计划

应急计划（contingency planning）是指通过制订第二计划、权宜之计、退却阵地或"B计划"以防止情况变糟或者最初的计划失败，从而减轻风险事件、偏差和失败所造成的影响。换句话说，应急计划就是提出这样的问题："如果出现突发事件，我们将如何根据危机程度制定相应的预案。"

在供应链应急中，直接的应急响应计划应当与更全面的计划联系起来，应发挥两个作用。

① 维持。维持业务持续性，让基本流程和服务在风险事件中能够连续下去。

② 恢复。开始灾难恢复，即开始恢复风险事件后丢失的数据、资产、基础设施和职能。

应急计划基于如下三点认识。

① 意外事件或突发事件引起风险。在风险管理中，由组织所能控制之外的因素引起的风险（如自然灾害、疾病暴发、恐怖主义或者第三方行动）是不可能消除的。组织如果

为了消除风险，对组织的正常活动大加限制，就会造成组织功能失调，失去判断力、灵活性、创新性和机会。不能因为会有意外发生，就什么也不做，杞人忧天对企业也是灾难，这种企业注定不能生存，正确的做法是对突发意外事件有应对。

②　小概率事件引起风险但影响大。一个风险可能发生的可能性太小，以至于不值得采取持续的或代价高昂的措施来预防它的发生，但是其影响足够大，有理由做出减轻措施计划（使成本或后果最小化）以防止它真的发生，制订应急计划避免小概率事件发生后造成大的损失。

③　积极主动的风险减轻措施比被动的措施更加有效。风险减轻要求组织进行系统的计划、资源配置和执行提前期，因为一旦发生风险事件或在事件过程中可能会出现供应短缺。应急计划是当有风险发生时有资源可调配使用。

应急计划制定的一般过程包括：

①　识别关键风险；

②　评估风险程度，制订应急计划方案；

③　明确方案中可选择的应急措施；

④　明确应急措施的触发条件与计划执行者；

⑤　建立和培训应急团队；

⑥　对计划的宣传，让人人在需要的时候可应对。

6.3.2　业务持续性计划

业务持续性计划是通过对组织关键活动执行成功因素的分析，识别潜在威胁，降低威胁的危险等级，制定应对措施，确保在风险事件中业务职能和流程的运行。它关系到组织在供应链中断期间或局势持续变化期间是否能够维持基本的可交付业务成果。

业务持续性计划是应急计划的一个分支，它特别强调威胁运营连续性的因素，以及在面临潜在的中断事件、问题或故障时企业职能如何维持（或恢复）。如果应急计划提出的问题是"如果意外事件X发生，B计划是什么？"那么业务持续性计划提出的问题就是"能够使我们业务中断的意外事件是什么？如果意外真的发生了，我们如何才能保持核心职能的运营？"

业务持续计划框架与系列计划

业务持续性计划提供了一个框架，具体如下所述。

①　目的是确保企业的弹性和连续生存能力。

②　根据企业层次的风险评估，做出应对预案。

③　避免在对企业关键的流程或资源（包括数据和知识、系统、人才）上造成损失、损害、故障或中断，强化核心业务，确保其可交付成果的连续性。

④　在受到破坏影响的时候，确保给关键客户服务的连续性，确保现金流。

业务持续性计划涉及有关确保核心业务职能免遭重要威胁的一系列计划的制订、测试和维护流程与程序，它包括：

① 管理者继任计划（确保领导和管理"人才"的连续性）；

② 知识管理计划（保护和保存对业务关键的知识）；

③ 供应商过渡计划（将更换供应商引起的供应中断和资产、知识产权或交付情况等风险降至最低）；

④ 技术更新或系统变革计划。

灾难恢复计划

灾难恢复计划是指在重大危机事件、自然或人为灾难或故障之后，特定运营、职能、场所、服务和应用的恢复计划。

这也是应急计划的重要部分。尽管事前有应急预案，事后也要立即派遣危机处理小组赶到现场，根据现场实际情况，展开紧急救援行动计划以及救援后的恢复计划。

一个全面的业务持续性恢复计划涉及以下7项内容。

① 人员：角色、责任、意识和教育。

② 计划：积极主动的过程管理。

③ 流程：所有业务流程，包括供应和信息管理。

④ 建筑物：大楼和设施。

⑤ 供应商：供应链及外包供应商。

⑥ 形象：品牌、形象和信誉。

⑦ 绩效：指标、评价和审计。

习题

1. 请给出风险管理的定义，说明一个风险管理的框架。

2. 列举供应链中可能存在的风险源。

3. 有效风险管理的好处有哪些？

4. 有哪些风险识别技术？

5. 如何进行风险的评估？分别解释风险可能性和风险影响的含义。

6. 举例说明风险评估方法的应用与步骤。

7. 查阅文献，说明定量评估风险的方法有哪些？你认为哪个最好？

8. 对供应链中的风险可采取哪些应对策略？

9. 说明企业供应链风险管理中风险预防的措施有哪些？

10. 供应链风险管理和供应链安全管理有什么不同？你认为哪个更重要？为什么？

11. 什么类型的供应链最可能受到风险和危机的影响？为什么？

12. 什么是危机管理？危机管理有什么特征？

13. 说明供应链安全管理的四项措施。

14. 说明供应链应急计划的重要性。

15. 如何制订供应链应急计划？

16. 什么是业务持续性计划？说明业务持续计划的框架。

17. 业务持续性计划属于应急计划吗？为什么？

18. 灾难恢复计划属于应急计划吗？为什么？

实践 利用供应链危机管理转"危"为"机"

戴尔的危机意识

在"9·11"危机的处理中，由于戴尔考虑到了最糟糕的状况并设置了相关规划，才最终化险为夷。"9·11"事件后，美国立即宣布封锁各机场，并暂停所有飞入美国的飞机。这对于立足于全球采购的戴尔来说，无疑是最大的危机。但戴尔设置的危机管理处理小组及全球供应链监督小组立即发挥作用，与代理加工厂商密切合作，找出绕道飞行的货运飞机，将笔记本电脑等以空运为主的产品，先运到美洲其他国家，再以货运方式运进美国，而在SARS危机中，为应付可能出现的供应链中断，戴尔未雨绸缪，早在暴发SARS高潮之前便提高了旗下工厂的库存。

戴尔的危机管理已经相当完善了，但仍时刻有着很高的危机意识，这样才能让戴尔在绝处逢生，化"危"为"机"。每一次的危机，让戴尔的危机处理小组的处理能力也在不断的提高。也许危机对戴尔这样的企业来说，都是新机遇的开始。

高效的应急管理

1999年9月21日，中国台湾集集镇发生7.3级地震，供电系统受损，全台湾晶圆厂密度最高的新竹高科技园区的芯片生产顿时陷于停顿。台积电等生产厂商设备受损，使全球最大的晶圆设备供货商应用材料公司受到严峻考验。事件发生3分钟内，应用材料公司立即召集"紧急应变小组"成员抵达灾难现场，当日晚间7点立即完成公司损害的复原工作，同时，公司迅速向美国总部报告了灾损评估报告。总部立刻筹组了18人的安全评鉴小组带着测试装备抵达台湾，积极协助客户进行灾后重建。此外，总部还在第一时间调集包括日本、韩国等地的设备工程师来台协助客户尽快完成生产复原工作，并成立了台湾地震复原项目小组，统筹全球物料供应，以协助台湾灾后复原。

案例 惠普公司的供应链危机

2000年惠普公司经历过一次供应链危机。由于迅猛发展的移动电话制造商们大量使用闪存，原本使用于打印机里面的内存数量就明显不够，惠普公司无法获得充足供应来满足利润颇丰的打印机生产需求。公司无法按计划生产出大约250 000台打印机，这意味着高达几千万美元收入损失。为了确保闪存的供应量，惠普公司被迫和供应商签订了为期三年的合同，合同中规定了固定供应数量和恒定价格。别忘了，闪存市场可是一个高度动荡的市场，价格变化很大。

这次危机促使了惠普公司建立评估和管理供应链危机的框架——采购风险管理框架（procurement risk management，PRM）。该框架涵盖了相关流程和技术，运用于公司内部许多业务部门，每年涉及的费用支出为560亿美元上下。由于PRM的实施，迄今为止已为公司节省了1亿多美元。

这次建立风险管理解决方案的任务落到了由纳吉利领导的研究小组身上，他本人也是惠普公司的技术专家。纳吉利表示："我们启动时第一件事就是研究其他制造商是如何管理供应链风险的。令我们大吃一惊的是，我们发现几乎没有一个制造商设立了相关完善的流程。"该研究小组发现，正是由于供应链风险导致了许多厂商收入损失和股东价值下滑。惠普公司是许多计算机零部件的大买家，其中包括存储芯片、硬盘，LCD屏幕。其购买量巨大，这一方面反映着公司的采购实力；另一方面也意味着庞大的风险。就成本和可获得性而言，高科技产品一直处于动态变动之中，价格随时间波动的趋势非常明显。同时高科技产品的生命周期非常短，特别是计算机市场需求变化可谓是水涨潮落、瞬时即逝。

小组对许多失败的案例进行了仔细研究和归纳，问题主要分成了以下三种情况：价格风险，需求风险和可获得性风险。纳吉利从这三种风险着手工作。

华尔街模式？

纳吉利带领的小组成员以前在金融市场有着丰富的风险管理经验，他们将华尔街模式运用到新的PRM中。华尔街上的许多风险管理原则是可以适用于供应链，但其基本战略无法轻而易举地转移至供应链管理上，纳吉利表示："金融工程实践能通过买卖期权来管理成本风险，但这种工具不适用于高科技产品。"同时，金融风险管理方法也无法解决需求和可获得性方面不确定性的问题。

如今供应链管理实践强调的是通过安全存货战略来控制需求和可获得性风险，但安全存货在控制产品成本上又束手无策。有人提出将所有风险推向供应商，但纳吉利指出供应商可以从中要求风险溢价，即涨价来控制风险，这实际上对购买方而言是隐含的成本，而且达不到双赢的目的。他认为在整个供应链中，成本、需求和可获得性三种风险都需同等重视，并且三者之间互相关联，这意味着需要同时应对。纳吉利表示："我们所需要做的是开发一种全新的风险管理架构。"

该研究小组面临的第一个挑战是：如何评估和分析三种不确定性。为此小组研发了一种全新的软件HP Horizon，该软件运用预测方法，使用历史数据和现实的需求数据，建立了数据分析模型，计算出需求的波峰和波谷情况，进行了相关性检测和显著性分析。这样一来对今后产品需求的预测准确率就大幅提高了。研究小组使用类似的数理统计分析方式对零部件的成本进行了分析，一般是计算出6个月后的成本价格。纳吉利表示："我们研发了有自主产权的、专门用于计算高科技产品部件成本问题的分析模型。"

在确定"可获得性风险"方面，研究小组遇到了不少困难。小组决定通过和市场专家当面交谈的方法了解现货市场的具体情况。由于暂时没有足够的数据，研究小组无法建立起相应的模型。

需求的分类

一旦三种风险都经过了精确的评估和计算，也建立了PRM，如今的问题就成了如何使用PRM进行决策。目前惠普公司在采购方面实施的战略是和供应商共担风险。比如说，对于不确定性很低的部分需求，惠普公司就和对方签署固定数量、固定价格合同，在合同中考虑到合理的时间范围。这种做法和以往截然不同，以往向供应商提供的是预测数据，这样一来就相当于将全部需求风险都转嫁到供应商那里，正如纳吉利所言："这是不公平的。"通过使用PRM，惠普能向供应商提出："我们能完全确认部分需求，并且保证采购这些确认后的需求量。"通常供应商会对这些保证要量给予部分折扣优惠。

除此之外，对于那些数量很大的采购项目，供应商们也能随时调整生产线以降低成本。纳吉利专门举例说明了这种双赢的结果：一家打印机部件供应商正是因为惠普提供的确定订货量而修改了原有的流程，供应商降低了成本，同时公司由于得到数量折扣优惠也相应降低了成本。对于那些不确定性很高的需求量，公司则采用"灵活数量协议"的方式。当订购数量上升时，通常供应商所给予的折扣也会上升。如果采购方作出某些承诺，就会减少供应风险，并进一步节省成本。公司许多内存产品的订购都是通过灵活性供应协议进行的，但与众不同的是：这种协议中还附带了一些自我约束型条款。合同执行期通常和产品生命周期相一致，并考虑供应商生产提前期。对于那些高度不确定性的需求，惠普和供应商都不作出承诺，公司采取的做法是通过公开和现货市场的采购满足需求，如果这些市场无货可供，那么公司就寻求二级采购市场，比如通过中间商采购，或产品回收利用等方式。尽管这一方法意味着较高的价格，但公司认为这比保持存货要好。纳吉利认为这种方式所带来的供应链风险比预期的要小。

合同的选择

PRM小组迎接的下一个挑战是如何帮助公司内部使用者决定一个最佳的合同内容，以便能够达到特殊的业务目标。小组专门研发了全新的HPRisk软件，它能提供合同价值的分析。

因为许多合同在任何时候都需要执行到位，HPRisk必须关注现有的需求，价格和零部件的可获得性，同时也必须关注正在执行中其他合同的特别结构和条款。纳吉利表示："这套软件能展现在你面前：这一合同和另一合同的区别，这样就帮助你决定哪一合同最符合你的目标。"

不同业务单元有着不同的目标，有的是削减成本，有的可能是要确保供应。通过使用HPRisk，公司能够将不同的目标合二为一。纳吉利表示目前最大的挑战是如何让PRM框架嵌入惠普的组织机构内，毕竟只有部分员工接受过风险管理的培训，同时现有的ERP（企业资源计划）软件和SCM（供应链管理）系统并不支持前瞻性的决策，也没有风险管理的评估工具。PRM流程是跨职能的。这正如纳吉利直言不讳所表示的那样："如果风险管理想要发挥作用的话，你需要以垂直整合的方式让采购、财务、销售和供应链等业务单元通力合作。每一参与者都拥有着对整个流程至关重要的信息。目前惠普公司已建立了一套跨职能的流程，各业务单位定期地评估风险，并时常关注如何管理风险。"这种跨职能的流程在结构上非常简单，但在执行上非常严格。

益处

在过去五年中，惠普公司已经在一些战略性商品，以及一些特定非直接性材料和服务（比如广告宣传）上实施了PRM战略。PRM的广泛运用表明了PRM的能力及其通用性。

据惠普公司统计，成本节省达到了总成本的5%，同时由于需求量稳定和数量保证还获得了供应商的额外折扣。这一措施也降低了供应商的需求风险，因为供应商面对的不再是那些没有任何约束力的预测数据。同时能更有效地规划和安排生产流程。在合同中加入特定的价格条款，其中包括价格的上下限，惠普公司已提前主动地管理成本并且保证利润。

PRM的一个关键目标是管理零部件需求和可获得性的不确定性。它已经提高了产品在行业面临紧缺时的"确保供应"能力。比如某一年整个行业都急需内存产品，惠普公司就能够保证自己的需求得到100%的保证。通过使用PRM能精确地衡量不确定的需求量，这让惠普公司能优化内外部存货水平，从而进一步降低成本。

在一些关键零部件上，惠普公司与供应商达成了"锁定"供应的协议。这产生了一种连锁反应，供应商向它们的下级供应商订货时，数据更准确，避免了订单的不确定性，同时避免了供应链中常出现的"牛鞭效应"。

目前，公司已认为PRM是一项竞争优势。这正如纳吉利所言："我们公司有一项雄心勃勃的规划，在供应链上继续领导行业和设定全新的行业风险控制标准。"

资料来源：民航资源网，倪海云，从惠普公司供应链危机看如何管理供应链风险，Http：//news.carnoc.com/list /67/ 67362.html。

【讨论题】

（1）如何识别惠普采购所面临的风险？采用什么方法？

（2）帮助纳吉利设计一下公司的供应链采购风险管理框架。

（3）纳吉利团队采用了哪些风险应对策略？结合案例给出具体措施。

（4）在评估可获得性风险方面，需要哪些数据？如何评估？

（5）实施供应链风险管理会给公司带来哪些益处？

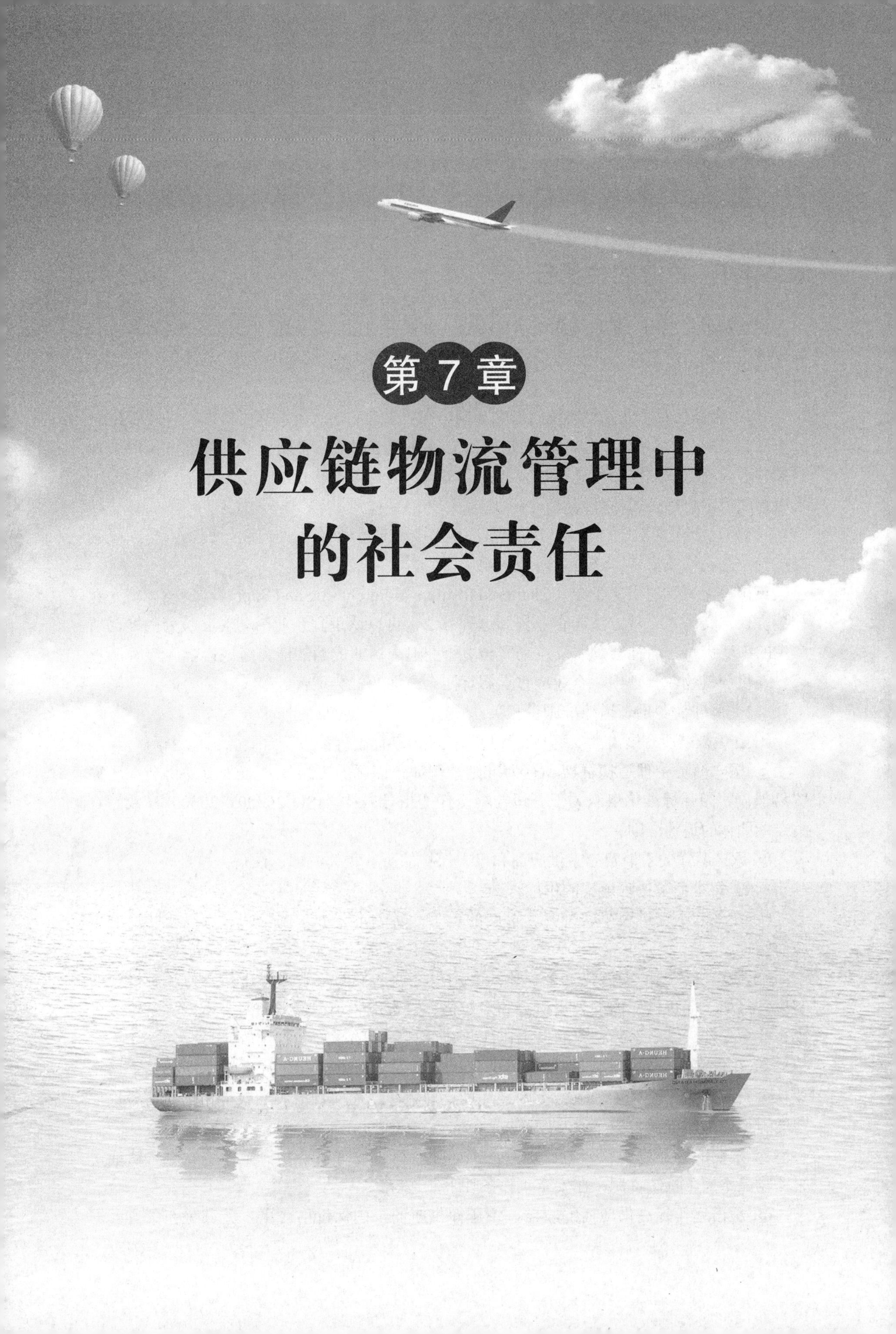

第 7 章

供应链物流管理中的社会责任

7.1 企业社会责任与可持续供应链

7.1.1 企业社会责任

道德和道德准则,是预防欺诈和贪污的一个重要因素。商务伦理道德是道德准则在商业环境中的运用。事实上,从更广的视角来看,商务伦理道德问题可能会在不同层次影响组织。

(1)全球化及工业化对环境的影响加剧,在更宏观的层次上,有可持续发展的需要。

(2)在公司层次上,组织在制定如何与各种利益相关者打交道的战略和政策时会遇到各种道德问题。这些一般是指"企业社会责任"所覆盖的、组织为了利益相关者利益所采用的政策,包括公司治理问题。

(3)在个人层次上,个人与组织供应链打交道时会面临道德问题。例如,个人是否要接受一些礼物或招待,这些东西会影响选择的。

英国皇家采购与供应学会(Chartered Institute of Purchasing and Supply,CIPS)将企业社会责任定义为"一种方法,企业依靠这种方法,可以认识到企业活动对其所处的社会所产生的广泛影响,而社会发展反过来又会对企业追求商业成功的能力造成影响"。

在供应链物流管理中,企业应重点履行四个方面的社会责任。

(1)坚守商务伦理道德准则、相关法规。

① 在供应链所有层次上,贸易、环境责任和劳动标准等都应符合商务伦理道德规范。

② 坚守商务伦理道德框架和行为准则。例如,国际劳工组织、公平贸易协会或道德贸易倡议,国际标准化组织关于公司社会责任的指导方针(ISO 26000:2000),或者有关专业团体的道德准则。

③ 承诺遵守关于消费者、供应商和工人保护的所有相关法律、法规。

(2)符合商务伦理道德的供应管理。

① 在采购中促进公平、公开、透明的竞争,避免不公平、欺骗的、操纵或胁迫的供应商管理。

② 促进供应商的多源化、多样化,利用供应商选择的政策来促进社会与经济目标的实现。例如,促进供应商的公平机会和多样化、对本地和小型供应商多多支持、对少数民族企业多支持、实现运输路程的最小化(并减少对环境的影响和碳排放)等。

③ 在供应商开发与管理中注重商务伦理,例如,对供应商进行资格认证时要审核企业社会责任政策、商务伦理道德准则、环境管理体系、逆向物流和回收能力;对商务伦理中的道德模范供应商,应予以奖励。

④ 采购的物品也应符合道德规范,例如,获得"没有在动物身上做测试"的认证,采购物品不属于稀缺资源,在安全工作条件下制造等。

⑤ 承诺逐年提高供应商的收益,不压榨供应商,确保价格公平,尤其是在买方占据

主导地位时。

⑥ 承担对供应商的社会责任意识的教育、监督和管理，以确保供应商公平地对待员工并且遵守环境标准。

（3）保护自然环境。

要给后代留下一个健康的、可持续的、多样化的世界，要承担起这个责任，必须明白保护环境和经济增长并不是互斥的目标。时代在变，商业环境的推动力量也在变，环境保护可以是重要的推动社会发展的动力。由于对全球资源的过度开发与消耗，生态系统逐渐变得脆弱，生物多样化和清洁健康的空气正在消失，海洋污染也正在急剧增加，环境保护成为影响人类生活质量的重要因素，同时也给企业带来了更多的市场机会。环境保护应首先集中在对各种污染的预防上，企业可以开发环保类产品、环保型包装和绿色生产工艺，自行制定环境保护规则，构建绿色、低碳供应链，满足追求环保的消费者的需求，树立良好的企业形象，形成自己独特的竞争战略。一旦绿色行动成为一个时尚的媒体话题，电视和报纸杂志就将它推向深入，环保企业就会获得更广泛的顾客群体。

随着环境保护的立法，保护自然环境已经成为企业不可逾越的"红线"。各类环境问题的责任追究与认定更加清晰，处罚及法律惩治更加明确。

（4）为所在地带来价值，尊重当地文化。

企业应为当地社区、城市居民带来价值，遵守当地法律与习俗，为当地文化注入新能量。传播新技术，为当地带来就业，提升当地员工知识水平与能力；传播先进环保理念，促进当地环境保护；平等对待当地员工，提供安全健康的工作场所；倡导公平竞争理念，杜绝收受贿赂；为所有员工提供平等机会，杜绝性别、年龄、种族、宗教信仰等的歧视。

现在，企业不能承担社会责任已经成为一种重要的商业风险，会产生重大的潜在成本。例如，某化工企业的超标排放，被当地政府依法关闭。苹果公司的中国装配工厂恶劣的工作条件被曝光，使畅销的苹果品牌受到来自公众的压力，苹果公司在中国的供应商对环境的污染，受到环保组织的指责。企业社会责任和道德风险以及控制/减轻措施如表7-1所示。

表7-1 企业社会责任和道德风险概览

企业社会责任和道德风险	减轻措施示例
对不负责任行为的财务惩罚和运营处罚（如"污染者支付"的税金、诉讼成本、清洁成本）	制定并贯彻企业社会责任目标、政策和实践准则
由于不公平、抗议、"经营许可证"吊销等导致的社会、政治或经济不稳定性	通过供应链中的供应商认证、合同KPI和罚金等，鼓励企业社会责任做法
资源利用的不可持续性，导致稀缺性和价格上涨	对员工和供应链进行教育、培训和发展
企业社会责任问题对信誉和品牌的影响，失去客户忠诚度、品牌权益和信誉资本	企业社会责任、道德监督与汇报（特别是在问题严重的地区）
由于公众曝光，销售额、利润、股东价值、信用评级等受损	分享最佳实践，向企业社会责任领先企业看齐
丧失首选雇主或交易伙伴地位，对可靠性、关系、资源造成损害	企业社会责任和道德论坛和研讨会，鼓励以企业社会责任为中心的交流

■ 7.1.2 可持续供应链

可持续发展

1987年4月，布伦特夫人在题为《我们共同的未来》工作报告中第一次提出"可持续发展"的概念，指出要综合考虑人口、资源、环境和发展，强调发达国家应与发展中国家广泛合作。1992年联合国环境和发展大会（UNCED）把可持续发展作为21世纪人类的共同发展战略，并正式提出了可持续发展的概念，标志着可持续发展理论的产生，其含义表明人类社会在经济增长的同时，也要适应并满足生态环境的承载能力，促进人口、环境、生态和资源与经济的协调发展。对于商业及贸易伙伴，可持续性如今被认为是一种正确的经济发展方式，要维护人类所赖以生存的共同世界，也要维护组织的可持续性。

可持续发展考虑"三重底线"的理念，不仅考虑经济方面，而且要考虑到环境，还要考虑到社会。

- 经济可持续性：可持续的经济绩效及其对社会的效益（如就业、货物和服务的可持续获得性、纳税和社区投资等）。
- 环境的可持续性：可持续的环境措施，要么有益于环境，要么对自然环境造成的不良影响降到最小。
- 社会可持续性：对劳动力和企业所处的社会应该是公平的和有益的，践行促进社会发展的商业实践。社会可持续性问题中包含员工安全、小时工资、工作环境、童工使用和基本人权等内容。

企业及供应链运营应当符合可持续发展的要求，这样运营才是可持续的。企业的绩效不应当仅仅用营利、利润来衡量，而应当考虑对环境的友好，将环境的负面影响降到最低，促进员工的快乐和社会的和谐。

企业在环境方面和社会方面保持可持续性，可以从以下方面入手：

① 确保组织获得政府部门的经营许可证；

② 通过可持续品牌的树立，增加企业信誉，获得盈利潜力；

③ 将不道德的行为或不负责任的行为（或者有关的供应商不道德的行为或不负责任的行为）造成的信誉损失和风险降至最低；

④ 保护稀缺的、不可再生的资源；

⑤ 通过多种途径提高收益，降低成本，如节省资源，使资源浪费最小化；循环利用资源；减少包装和能源的使用；

⑥ 降低社会责任与道德风险。

可持续供应链管理

目前，在全球化趋势影响下的供应链竞争战略已经成为企业的新型竞争力，可持续性供应链管理是企业的核心战略武器。可持续供应链管理（sustainable supply chain management，SSCM）是可持续理念在供应链管理中的体现，"在不阻碍子孙后代应对经济、环境和社会挑战等方面能力的前提下，满足现有供应链成员的需求的能力"。考虑到客户和利益相关方的需求驱动，通过系统协调跨组织的核心业务流程，对供应链中的物流、信息流和资金流以及与供应商等企业间的合作进行管理，对组织的社会、环境和经济目标进行战略的、透明的集成和实现。实施可持续供应链管理，在组织管理活动的发展模式、文化价值观、生产方式、产品性能和技术管理等方面突出人与自然关系，重新认识企业的社会责任，对知识和技术进行全面整合，是一种企业综合竞争力的提升和长期战略规划，对企业的可持续发展具有深远意义。

在可持续供应链环境下，可持续采购成为其中最重要的一种活动，包括绿色采购，还包括注重社会责任和财务绩效方面的采购等。可持续采购被认为是一项"考虑到对人类、利润和地球造成长期影响的购买产品和服务的过程"。英国"可持续采购小组"《未来采购》报告中，将可持续采购定义为："以对组织、社会和整个经济都有利，同时对环境损害最小的方式，满足组织对货物、服务、工程和公共事业需求的过程，获得全生命周期的价值。"

实施可持续采购战略的企业通常采取以下活动。

① 推出可持续的环境友好型新产品/服务来增加收入。

② 节省资源，提高能源效率，选择可持续的供应商，优化分销网络来降低成本。

③ 重视品牌管理，视信誉为生命，发展具有社会与环境意识的顾客群体来控制风险。

④ 打造企业社会责任和环境责任的品牌，提升这方面的信誉价值，构建企业无形资产。

⑤ 发展企业与关键供应商和顾客间密切的合作关系。

绿色采购理念来自环境保护意识，指为确保所购买的物料满足组织环境保护目标的活动，如减少浪费、消除风险、资源循环利用等都属于组织的环境保护目标。根据全球供应管理协会的规定，绿色采购是指在采购过程中所做出的决策始终考虑到对环境的影响，始于产品与流程设计并贯穿整个产品加工直至产品生命周期结束。

全球领先的零售商沃尔玛是供应链管理的领跑者之一，近年来也带头实施可持续运营，如降低5%的包装费，这不仅意味着巨大的碳减排，而且还减少了运输和燃料成本。沃尔玛希望使用可再生能源，销售有利于资源和环境可持续性的产品，它要做环境、经济上都具有可持续性的公司。

7.2　绿色供应链与绿色物流

7.2.1　绿色供应链

企业重视绿色供应链管理，上下游企业之间互相沟通，从产品最开始的设计到材料的选择、产品的制造、包装、物流、销售回收利用等方面都考虑到环境影响，体现绿色理念。企业在对产品进行设计时，要面向产品的全寿命周期，即在概念设计阶段，充分考虑产品制造、销售、使用及报废后对环境的影响，使得在产品再制造和使用过程中可拆卸、易收回，不产生毒副作用及保证产生最少的废弃物。产品内部构成部件尽量标准化、通用化，以便于在产品消费后回收利用内部部件。产品材料尽量选用一般材料，避免使用稀缺材料；尽量使用环境友好型、废弃后能自然分解且能被自然界吸收的材料；产品应以较少的材料承载相同的功能，或以同样的材料承载更多的功能。在生产过程中，全面实施清洁生产，有效使用和替代原材料，改革生产工艺和设备，改进运营管理，从而实现节能、降耗、减污。产品包装功能应当单一，应避免过度包装，同时提高物料利用率，做到省料，废弃最少。

针对功能型产品的供应链，可以评估其对环境的影响，对环境影响严重的部分，可以考虑改进，特别是使用环保替换件，新型材料或部件的替换有时会大大提升原有产品的性能。对于这类供应链，还应帮助供应商，成为环保友好型供应商。对于功能型产品中的重要一类——维护/维修/作业（MRO）用品，改进的机会更大，因为随着技术的发展，维修维护方式必然会发生深刻的变化。重视MRO用品也是对环境的贡献，因为良好的维护维修会延长产品生命周期，促进产品的再使用。对于创新型产品供应链，在设计阶段就应考虑环境友好特性。新型应用软件或者智能系统是受欢迎的创新方向。供应商选择要重声誉、重技术，运用有道德和可持续的长期采购战略，尽管创新型产品生命周期短，供应的部件或原材料不会长期不变，但供应商的产品也可不断升级，随供应链产品而更新。

7.2.2 绿色物流

定义

我国2001年版的《现代物流手册》对绿色物流的定义是：在物流过程中抑制物流对环境造成危害的同时，实现对物流环境的净化，使物流资源得到充分利用。绿色物流的目标是将环境管理导入物流业的各个系统，加强物流业中保管、运输、包装、装卸搬运、流通加工和废旧物资回收等各个部门的环境管理和监督，并配合政府相关的政策和法规，来有效地遏止物流发展造成的污染和能源浪费。可见，绿色物流不仅指企业的绿色物流活动，而且宏观上也指社会化绿色物流设施、活动的管理与统筹。

内容

绿色物流具体体现在以下几个方面。

① 绿色运输。环境污染的主要原因之一是运输产生的燃油消耗和污染。绿色运输，首先，要对运输工具、运输线路合理规划和布局，提高车辆装载率，缩短运输路线，缓解交通拥堵，使得运输过程最优化，实现节能减排的目的。其次，使用清洁燃料，防止泄漏，提高能效，减少污染。物流运输安排应考虑交通拥堵时段，运用好时间窗口、促进并和运输与共同配送的发展、发展物流联盟合作。另外，在宏观方面，城市也要规划好道路

建设、注重公路、铁路、水路的衔接与交叉发展，构建综合的交通管制系统，还需要统筹物流园区建设。

② 绿色仓储。仓库合理选址，仓储科学布局，利用先进技术，从而降低运输成本，提高仓储利用率，降低仓储设施能耗。有些物品在保管过程中会发生物理或化学变化，对周围环境存在潜在的危害，对这些物品应进行科学养护和维护。因此，应制订物品科学储存规划，采取一定的防护措施，抑制其变化、释放和泄漏，并建立环境管理体系和科学保管程序，以确保周围环境的安全，减少物品损耗和环境损失。

③ 绿色包装。避免包装过程中产生不可燃废弃物等，应选用简化的可降解的包装材料，提高包装材料与器具的利用率，控制资源的消耗。当前，很多企业使用绿色包装材料，如可食性包装，这种包装是可以食用的，比如，大豆蛋白可食性包装膜、耐水蛋白质薄膜、豆渣为原料的可食性包装纸等，这些都是可以食用的包装；可回收再利用的包装，啤酒玻璃瓶就是可回收的；纸质包装，如牛奶、饮料等液体食品的纸质包装盒就是利用无菌保鲜纸盒包装。

④ 绿色装卸搬运。减少装卸搬运环节产生的粉尘烟雾，减少泄漏和损坏，采用防尘装置，加强现场管理和监督。

⑤ 绿色流通加工。以规模作业的集中加工方式来操作，提高资源利用率。统一处理加工过程中产生的废料，以减少分散加工带来的污染。

⑥ 逆向物流。它是指所有与产品循环、产品替代、产品回收利用和产品退回处置有关的物流活动，强调要有完善的产品召回制度、废物回收制度以及危险废物处理制度。逆向物流为了重塑产品价值，强调资源的回收再利用，它与顺向物流是相对的，它在一定的成本下，对未实现其本身价值的物品进行再加工利用，是绿色物流中一个非常重要的内容。

绿色物流的发展，不可忽视环境友好的文化建设与人的作用。应加强对企业员工绿色物流理念的宣传，可在仓库、货车等处张贴一些标语，可随时提醒保管员与驾驶员，对他们进行环保知识宣传。员工们意识到绿色环保的重要性之后，会不自觉地应用到日常活动中，如驾驶员在等待装货和卸货的时候会自觉关闭货车的发动机引擎。

各国的重视

世界各国非常重视绿色物流的发展。举例如下。

我国在《物流业发展中长期规划（2014—2020）》中提到将节能减排，绿色环保作为物流业发展的主要原则。提出到2020年，基本建立布局合理、技术先进、便捷高效、绿色环保、安全有序的现代物流服务体系的发展目标。

美国在其2015年的《国家运输科技发展战略》中规定，交通产业结构或交通科技进步的总目标是："建立安全、高效、充足和可靠的运输系统，其范围是国际性的，形式是综合性的，特点是智能性的，性质是环境友善的"。

欧洲不仅是引进"物流"概念较早的地区之一，而且也是将现代技术用于物流管理、提高物流绿色化的先锋。欧洲最近又提出一项整体运输安全计划，目的是监控船舶运行状态，通过测量船舶的运动、船体的变形情况和海水的状况，就可以提供足够的信息，避免发生事故，或者是在事故发生之后，能够及时采取应急措施。

日本自 1956 年从美国全面引进现代物流管理理念后，把物流行业作为本国经济发展的生命线，重视绿色物流，除了在传统的防止交通事故、抑制道路沿线噪声和振动等问题方面加大政府部门的监管和控制作用外，还特别设定了一些实施绿色物流的具体目标值，如货物的托盘使用率、货物在停留场所的滞留时间等，来减轻物流对环境带来的负荷。

阅读   **城市地下物流系统**

荷兰发展城市地下物流系统。在荷兰首都阿姆斯特丹有着世界上最大的花卉供给市场，往返在机场和花卉市场的供给完全依靠公路，对于一些时间性要求很高的鲜花等，拥挤的公路交通将是重大的威胁，供给和配送的滞期会严重影响货色质量（鲜花耽搁 1 天贬值15%）。在机场和花卉市场之间建立一个专业的地下物流系统，使整个花卉的运输过程全部在地下进行，达到快捷、平安的运输效果。该物流系统的特点是服务对象明晰，针对性强，要求系统设计、构建和运行等过程必须完全按照严格质量标准来规划，缺点是建造费用高，工程量大。

地下物流在人口相对集中、国土狭小的日本获得了关注。2000年日本将地下物流技术列为未来10年政府重点研发的高新技术领域之一，主要致力于研究开通物流专用隧道并实现网络化，建立集散中心，形成地下物流系统。日本建设厅的公共行动措施研究院对东京的地下物流系统进行了二十多年的研究，研究内容涉及东京地下物流系统的交通模拟、经济环境因素作用分析以及地下物流系统的构建方式等诸多方面。拟建系统地下通道总长度达到201公里，设有106个仓储设施，经由这些设施可以将地下物流系统与地上物流连接起来。系统建成之后能承担整个东京地区将近36%的货运，地面车辆运行速度提高30%左右；运输网络分析显示每天将会有超过32万车辆使用该系统，成本效益分析估计每年的总收益能达到12亿日元，其中包括降低车辆运行成本、减少行驶时间和事故发生率，降低二氧化碳和氮氧化物的排放量带来的综合效益。该系统规模大、涵盖规模广，它的优势在于综合运用知识，并与地理信息系统紧密结合，保证了地下物流系统的高效率、高质量、高经济效益以及高社会效益。

7.2.3　逆向物流中的退货管理

逆向物流发生在供应链的向上游的流动，退货是其中一个非常重要的内容。因为网上购物、直接到店和直接到户的出货量的增长，分销中的退货率呈现增加趋势。还有，利用廉价的和未经测试的供应商也造成相对较高数量的产品的退回或企业的召回。退货以及召回会产生额外的运输、装卸、维修、翻新、重新包装、转售、处置和销售损失，这无疑增加了企业的成本。更重要的，如果不能及时妥善处理退货，或尽快召回，就会对客户服务、公司信誉和赢利能力产生较大的负面影响。"你已经令顾客失望一次，现在你必须尽快解决问题，挽回声誉。"

处置退货要考虑的问题很多，例如：信息系统是否可以处理退货并监视整个逆向过程，逆向物流过程中的工人是否经过培训，没有退货包装的产品如何识别，是否需要借助于检验和测试设备工具，如何将损坏的退货产品与正常销售库存分开。

退货成本远高于正向物流的成本，处理步骤也远多于正向物流。尽管如此，企业也要做好逆向物流系统，因为逆向物流系统的完备性直接影响整个供应链的效益及顾客满意度，并且也会影响未来销量的提升，直接影响企业竞争力。一个便利、快速的退货过程有利于吸引顾客，因为它可以降低顾客购买产品的风险，这是一个好的营销手段。退货往往意味着产品的缺陷，这类缺陷信息的及时返回可以供设计人员研究分析原因使用，由此成为改进产品质量，减少产品未来缺陷的新起点。当然，退回产品可以通过维修、坏件更换、翻新等创造价值。

7.3　低碳供应链物流

7.3.1　碳足迹

目前关于碳足迹并没有形成统一定义，各国研究者从不同的角度出发，对其进行了不同的定义，其中比较有代表的主要包括以下几种。Global Footprint Network于2007年提出碳足迹是生态足迹的一部分，可以看作化石能源的生态足迹，即某一区域内吸收相应的碳排放所需的林地面积；Energetics指出碳足迹是人类在经济活动中所直接和间接排放的二氧化碳总量；ETAP指出碳足迹是指人类活动中所产生的温室气体转化成的二氧化碳等价物；Hammond指出碳足迹是指人类个人或者进行的各种活动所产生的二氧化碳的碳重量。WRI/WBCSD将碳足迹分为三个层面：第一个层面是来自各类机构自身的直接碳排放；第二个层面是将统计的边界扩大到为该机构提供能源的各部门的直接碳排放；第三个层面包括供应链全生命周期的直接和间接碳排放；Grub&Ellis将碳足迹定义为化石燃料燃烧时所释放的二氧化碳的总量；Carbon Trust指出碳足迹是衡量某一种产品在其全生命周期中（包括原材料的开采、加工、废弃物的处理）所产生的温室气体转化为二氧化碳等价物的量。

以上不同学者和机构对碳足迹的定义不尽相同，但碳足迹是一种度量人类活动温室气体排放的量，在这一观点上基本是一致的。从现有研究来看，碳足迹的度量主要从两个角度来衡量，一是以土地面积为度量单位，即吸收人类活动排放的二氧化碳所需要的生产力土地面积，碳排放量和土地碳吸收能力会影响碳足迹的大小；二是以二氧化碳排放量（或二氧化碳当量排放量）为度量单位，并且碳排放与碳足迹的关系也由此来进行区分。这里采用后者的定义，碳足迹即是碳排放总量。

目前，关于供应链物流碳足迹的测算，一种方法是基于供应链物流过程中的能源消耗量，不同的能源其碳排放系数不同；另一种方法是基于供应链物流运输距离的计算，根据单位运输距离的碳排放系数计算。

7.3.2 低碳政策

低碳政策体系应从传统经济向低碳经济发展模式转型的高度，重新审视各行业政策措施，既参照国外已有成功经验，也考虑我们发展经济的实际；既要考虑惩罚，也考虑奖励，按照自上而下的原则进行设计。我国低碳经济发展的政策体系应包括多个层次。

清洁能源

能源战略是我们的首要考量。能源战略下的低碳政策所关注的焦点集中在减少碳排放量的数据指标及在此基础上改造高碳产业、积极发展可再生能源与新型清洁能源，广泛开展国际碳减排合作等方面。2012年10月24日，《中国的能源政策》白皮书中概述了中国能源的发展现状和面临的诸多挑战，指出2015年中国非化石能源占一次能源消费比重达到11.4%，单位国内生产总值CO_2碳排放比2010年降低17%。2020年非化石能源占一次能源消费比重将达到15%左右，单位国内生产总值CO_2排放比2005年下降40%至45%。

减少能源消费、增加可再生能源及使用清洁能源是减轻能源生产和消费负面影响的重要手段；提高能源效率和低碳技术，促进城市转型；发展清洁能源，降低碳排放量。

在大幅度节能降耗，促进经济发展方式转变与国民经济结构调整的同时，还应注意强制性政策工具的慎重、适当地运用。

碳减排政策

碳减排政策工具有基于价格和数量两类，包括碳税、碳总量交易，碳排放总量限制政策等。在完全竞争市场情况下，采用碳价等市场手段通常比指挥和控制手段具有更好的表现，碳税要比碳排放限额更具有促进技术研发和创新的效果。不仅需要对制造业，也要对物流服务业开征碳税，并可参与碳交易市场交易。碳税实际上是一种矫正税，有的国家称为能源税。20世纪90年代初，芬兰、瑞典、丹麦、荷兰四个北欧国家先后开征碳税，1999年意大利开始征收，2007年和2008年加拿大魁北克省和不列颠哥伦比亚省先后开征碳税，又为碳税的理论和实践注入了新的活力。国外学者对于碳税的研究主要集中在碳税的可行性及其对经济社会的影响等方面。Andrew等人指出，碳税作为一种治理污染的政策手段源于社会和经济活动对碳减排的需求，碳税基本上对经济结构中各个行业的产出都会产生影响。

为降低减排的成本，可以建立长期有效的合约，将不同国家和地区的碳交易系统联系起来，建立一个全局的碳交易市场。英国政府曾提出建立个人碳交易制度，尽管构建和运行个人碳交易制度的成本是高昂的，但个人碳交易制度能够为整个经济社会带来更多收益。无论是征收碳税或建立碳交易市场，都需要政府干预。建立碳市场需要政府制定相关的法律法规，并为一些相关的基础设施建设投资；开征碳税也需要政府立法来确保其合法性，并制定合适的税率等。目前中国国家发改委也在研究碳税范围在0.01～0.10元/千克CO_{2eq}之间。如果从企业征收的碳税能用来开展政府采购的话，可以实现碳税政策的双倍红利效应。碳税的征收应遵循循序渐进的原则，以便企业和居民能够在较低的税收下不断调整其能源消费行为。

对于企业来讲，控制碳排放一方面是企业的社会责任所在；另一方面也会造成企业成本的增加。在国内大中型城市里，市内交通一般被认为是导致污染的重要原因之一，物流业又是城市交通的重要组成部分，它所带来的城市交通拥塞和环境污染也因此日益受到政府和居民的重视，这也是福利经济学所重点研究的经济活动外部不经济性问题，它也是碳税政策的理论依据。

由于企业是减排主体，无论是开征碳税或建立碳市场，都会对企业产生影响。税率的固定性会使企业面对更加确定的结果，这对于企业相对有利；而在碳交易机制下，由于供求关系的变动而导致的价格变化，将使得企业面临更多的不确定性因素。尽管两者存在差异，但并不导致两者彼此冲突，恰恰相反，两者可以实现优势互补。从实践情况来看，碳排放权交易制度是除碳税之外，促使排放主体自主减排的重要推动力，两者可以形成有益补充。

成熟的国际碳交易市场是最终实现全球节能减排的终极举措，世界银行甚至预测，在不久的将来，碳交易市场将超越石油，成为全球最大的商品交易市场。然而它的形成并非一日之功。目前，在欧洲、澳大利亚、美国、加拿大、英国、新加坡、中国、东京等都建立了自己的碳交易市场，其中运转的最为成熟、参与实体最多、效果最大的市场即欧盟排放交易所（EU-ETS）。欧盟排放交易所的运行机制是配额-市场制，即每家企业都会得到一个配额，对于企业超标排放的部分或减额排放的部分，都需要到市场上购买或销售，市场上的价格根据市场需求进行动态变化。中国也在"十二五"期间抓紧建立全国性的碳交易市场，目前试点工作已在全国7个地区展开，北京、上海已进入实质操作阶段，一些地区的重点高能耗领域被选择首先进入市场交易，起步阶段以现货为主，逐步考虑增加期货等金融衍生产品等。

行政措施与法律制度

最快捷有效的政策措施恐怕要属行政关停减措施了。政府政策可以分为"一刀切"和循序渐进两种形式。前者指的是，政策设立一个明确的能效阈值，达不到这个阈值的就要关停改，直到达标为止；后者指的是一个根据不同时间段设立的不同指标，以此来促进行业整体的低碳技术升级和改造。

另外，政策还可以从某一个地区或者行业的碳排放总量上加以控制。一旦地区或行业的排放超标，将不得不接受严厉的惩罚，付出一定代价。这就要求地方政府或企业必须在一个生产和碳排放监测周期内，对每一个环节或小周期的碳排放，以及对应的生产、配送及销售计划进行统筹安排，以满足最终的碳排放总量目标。这种政策还可能有两个变种，一种是，不仅仅在总量超标时对企业进行处罚，在企业碳排放目标完成较好，甚至低于设定的排放指标时，要对企业进行额外的奖励。这种额外的奖励可以是定额的，也可以是按照减排总量阶梯定价的，再或者也可以是按照每一个减排单位贴上一个价格标签。这种机制可以继续保持经济活力的同时，可以更好地促进节能减排技术的应用，因为此时的标杆企业，可以通过技术上的努力在经济上得到一定的回报。如果这种回报对企业的吸引力足够大的话，就能够促进企业更好地降低碳排放；另外一个变种是碳补偿，即超标排放的企业，要通过给予第三方企业一定的价格，让第三方企业通过种植适当的树种，来抵消企业多余的碳排放。

7.3.3 低碳物流

低碳物流是生态物流、可持续物流、绿色物流等理论理念的继承和发展。低碳物流的概念是，在产品从企业到顾客、废弃物从顾客再回到回收企业这样的一个整体循环过程中，利用先进的物流技术和环境管理理念，对物流活动进行规划、计划、控制并实施，从而实现降低能耗和污染物（不仅仅是温室效应气体）排放的活动。

低碳物流理念包含了可持续发展和三重底线原则的思想，低碳物流的发展不仅要满足消费者和企业机构的需求，也要满足城市对于物流活动环保、无污染、民生的要求。即物流活动不应该只有短期的经济目标，还应该和社会发展的长远目标结合起来。低碳物流其实是涵盖产品从原材料获取直至报废回收的整个过程，包括了原材料的采掘、产品的生产、运输、销售、库存、使用、报废、回收再利用等。从物流作业环节来看，低碳物流应该包括低碳供应、低碳生产、低碳运输、低碳仓储、低碳消费、低碳流通加工与低碳回收等。

如果把物流活动和其所在的外部环境看成两个相互独立又联系的系统，可以知道，物流活动需要从外部汲取其所需的资源和能源，这些资源和能源经过使用后的副产物——三态废弃物，则必须通过环境来吸收及循环，如图7-1所示。

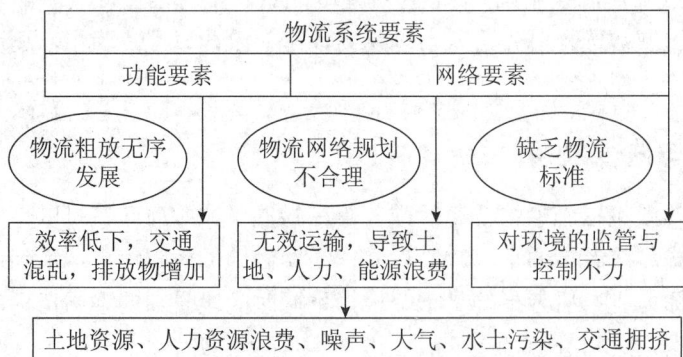

图7-1 物流系统与环境系统之间的交互影响

对于物流作业来讲，排放物或污染或许是不可避免的，但有些排放是没有必要的，是过量的。比如，物流网络设计得不够合理，库存决策不到位，车辆运输路线规划不周，或者多品种少批量的需求与大规模经济性配送之间不可调和的矛盾等。在城市物流中，由于文化或环境的原因，顾客的需求越来越难以得到满足，他们对从下订单到收到货物之间的等待时间越来越没有耐心，导致了货物运输的严重不经济性，提升了市区拥堵状况并且增加了环境污染。

反过来，由于物流活动的这些外部不经济性、不可持续性，导致居民低碳意识的觉醒和政府不断对物流低碳化进行管制。另外，环境的污染导致的社会成本是巨大的，甚至有时难以逆转，是多少经济代价都无可挽回的；并且，对于城市物流来讲，交通的拥堵和混乱造成了社会秩序的混乱，也是事故频发的源头，严重影响了社会治安、经济效率和物流自身的效率。还有，环境的污染会导致员工和居民身体状况的恶化，加重社会医疗和保险的负担。在国外，也往往由于某些国家和地区对我国产品收取碳关税，导致物流企业在这些地区的业务成本急剧增加，在国际市场竞争中处于劣势。

一个产品或一个系统的碳排放是可以度量的，借助生命周期分析法和经济投入产出法可以达到这一目的。对于物流系统的减排，需要从碳效率角度来考量，应当建立碳效率指标，以便于物流系统之间的比较，并以此促进低碳物流以及低碳配送的发展。

习题

1. 如何定义企业的社会责任？
2. 供应链上的企业应履行哪些社会责任？
3. 企业不能承担社会责任会有哪些风险？
4. 什么是"可持续发展"？供应链中引入可持续发展的意义是什么？
5. 可持续供应链的含义是什么？
6. 可持续采购与绿色采购有什么不同？
7. "三重底线"是什么意思？
8. 绿色供应链与可持续供应链有何不同？
9. 列出组织坚守道德的供应管理所能采取的措施。
10. 什么是绿色物流？有哪些具体内容？
11. 什么是逆向物流？
12. 退货物流与逆向物流相同吗？
13. 为什么说企业建立良好的退货物流系统是重要的？
14. 通过调查研究，提出绿色运输的具体措施。
15. 什么是低碳物流？
16. 发展低碳物流，有哪些具体的举措？
17. 低碳物流与绿色物流有何区别与联系？
18. 为什么说发展低碳物流也是履行企业社会责任？

实践　　　　　绿色物流之路

德国道路运输行业大力提倡"环保、绿色、节能"，政府对环保、能源问题规定严格。包括道路货运企业在内的德国物流企业对环境维护和节能也都非常重视。例如，德国运营的车辆必须符合环保方面的要求，使用节能环保的设备可以得到政府的补贴；经过对驾驶员的节能驾驶培训，可以节油10%~20%；通过组织创新和技术创新，整合运输资源，组合不同物流企业的货物，提高货车的实载率；鼓励多式联运，优化不同运输方式的组合，长距离运输中尽可能以铁路、水路运输为主，短途运输中则采用近距离配送和夜间送货的方式，减少交通拥堵、节省燃料并降低排放；广泛使用甩挂运输，提高运输效率，降低库存；采用带支架的桥式集装箱，待到指定位置后可以放下支架使其充任临时仓库；公路集装箱运输中应用中挂车列车；注重回收物流，采取垃圾分类，重视对饮料瓶、旧电器、轮胎、汽车等可循环使用资料的回收等，废料的收集运输、转运仓储、加工与贸易也都由专业废品物流公司负责。

德国对绿色物流理论和技术的研究及应用十分重视，政府对科研机构给予资助。通过推动科研机构与企业的合作来促进科研成果的应用，增强企业竞争优势。行业协会和物流企业对各种交通运输方式的能耗和排放进行统计分析，测算，比较各种运输方式碳排放水平，同时对联运方式的碳排放量也进行统计和测算，得到：水运370公里碳排放、铁路300公里碳排放、公路100公里碳排放是等同的。加强最新物流技术和信息技术在行业中的应用，尽可能地整合物流功能和资源、协调供应链各环节的准确快速运行、提高物流系统的快速反应能力、创建新型管理模式、降低物流总成本、促进绿色物流的发展。

德国政府还针对基础设施及装备制定基础性和通用性规范，针对环境与安全制定强制性规范，支持行业协会对各种物流作业和服务制定相关行业规范，并制定物流用语规范、物流从业人员资格规范等，实现了物流装卸作业的自动化和机械化，促进了不同企业间的相互合作，大大提高了物流系统运作效率。

完善的交通基础设施和先进的自动化、信息化及智能化物流设备都为德国发展绿色物流奠定了坚实的基础。绿色物流是融入了环境可持续发展理念的物流活动，利润和环境之间寻求发展的平衡。通过实施绿色物流可以达到降低环境污染、减少资源消耗以及充分利用资源的目的。

案例 ## 从坟墓到再生——M1主战坦克的翻新和持续改进

每一种军事装备都有其使用寿命，即便是弹药也有其使用年限，何况坦克这种庞然大物了。报废的产品去了哪里？如何减少对环境的影响？美军将已经投用了近30年的M1艾布拉姆斯主战坦克变废为宝、再次焕发新的生命并适应现代数字化战争的需要。

M1坦克是美国陆军配备的一款主要装备，在伊拉克战争中起着关键的作用，是典型的开始性能不佳但依靠改进而获得高性能的一款坦克。美军从1993年就没有生产过新的M1坦克，由内至外进行全新的改造和升级，过程很复杂，在两座大型工厂进行。第一座工厂分解坦克并翻新零件，第二座工厂是重新组装，这样升级后生产出的坦克比当时新出厂的更好。

解体的第一步是炮塔的拆离和引擎从壳体中拆解。M1坦克是一种二合一的机器，上部是重达29吨的炮塔——战斗部，可以做全方位的平面旋转，装备着所有武器，包括120毫米的主炮；下部是41吨重的壳体——运动部，引擎、6个燃料箱和2条15米长的履带。

拆解之后，就是对各种零件进行维护。M1坦克所装备的引擎是涡轮发动机，重约一吨半，动力输出是1 500马力。经过十年以上的使用，尤其是经过海湾战争，引擎的涡轮叶片被沙石损坏得不能修理，但昂贵的引擎零件不能丢弃，采用复杂的过程，修复受损的涡轮叶片，清除铁锈及碎片，还需要重造很多零件。在战场上，M1坦克会被撞击，空隙中到处是灰尘和油痕，再加上正常的十几年的磨损。乍看上去壳体难以修复，但是依靠现代科技，经过九十分钟的喷砂和三个多小时的清理，壳体像是新出厂的一样。从壳体、炮塔上拆下来的近四百万个零件整新以后，还要一一保管妥当。

重新组合。经过第二步的各种零件、配件会运至新的生产地，根据需要对壳体、炮塔等进行改造，需要打洞就利用各种先进设备进行切割，或者是加装新配件如装甲、遥控武器等。

测试。所有翻新的M1坦克都要通过各种测试，以判断是否做好了参战的准备。

经过十个月的全新修理、升级，这些垃圾又成为随时准备作战的尖端武器系统。虽然重新组装M1坦克费时费力，但是使得坦克再以重生，降低了开销。通过应用新科技加以修整，重新组装并测试，符合新军备的标准，M1坦克不但恢复到了零里程的崭新状态，而且升级的坦克较原来的有了更大的战斗力和适应性。

【讨论题】
（1）装备翻新、再利用有哪些好处？
（2）在装备翻新方面是否需要投入研究力量？为什么？
（3）装备的回收再利用还有哪些途径？如何做好装备回收再利用工作。

参考文献

[1] 苏尼尔·乔普拉，彼得·迈因德尔. 供应链管理（第5版）[M]. 陈荣秋，等译. 北京：中国人民大学出版社，2013.

[2] 乔尔·威斯纳等. 供应链管理原理——均衡方法（第3版）[M]. 刘学元，等译. 北京：机械工业出版社，2013.

[3] 罗伯特·蒙茨卡，罗伯特.特伦特，罗伯特.汉德菲尔德.采购与供应链管理（第3版）[M]. 北京：电子工业出版社，2008.

[4] Ronald H Ballou. 企业物流管理（第2版）[M]. 王晓东，等译. 北京：机械工业出版社，2006.

[5] 大卫·伯特等. 世界级供应管理.（第7版）[M]. 何明珂，等译. 北京：电子工业出版社，2003.

[6] 大卫·辛奇-利维等. 供应链设计与管理（第3版）[M]. 季建华，等译. 北京：中国人民大学出版社，2008.

[7] 英国皇家采购与供应协会.供应链风险管理[M]. 北京中交协物流人力资源培训中心，译. 机械工业出版社. 2014.

[8] 马士华.新编供应链管理[M]. 北京：中国人民大学出版社，2014.

[9] 苏雄义.企业物流总论——新竞争力源泉[M]. 北京：高等教育出版社，2003.

[10] 张群. 生产与运作管理（第3版）[M]. 北京：机械工业出版社，2013.